2024年度
貸金主任者試験
分野別
精選過去問解説集

■　はじめに　■

貸金業務取扱主任者の国家資格制度は，2009年８月に第１回の国家資格試験が行われ，2011年からは年１回，毎年11月に試験が実施されています。

『貸金主任者試験 分野別 精選過去問解説集』は，貸金業に係る法令等に精通した貸金業務取扱主任者による助言・指導等を通じて，貸金業者の法令等遵守を徹底させることにより，貸金業の適正な運営と資金需要者等の利益の保護を図るために導入された国家資格制度を，学習教材を通じてサポートすることを目的として制作されています。

全体の構成は，「法及び関係法令に関すること」（第１章），「貸付け及び貸付けに付随する取引に関する法令及び実務に関すること」（第２章），「資金需要者等の保護に関すること」（第３章），「財務及び会計に関すること」（第４章）の全４章となっており，日本貸金業協会から発表されている貸金業務取扱主任者資格試験「科目別出題範囲」に準拠しています。

過去問題については，過去４年分の問題（四択・計200問）を分野別に再構成してすべて掲載したうえで，それ以前に遡って重要度の高い問題を○×・四択形式で掲載し，2024年度試験の出題の根拠となる法令基準日に基づいて，簡潔かつポイントを押さえた解説を付しています。

過去問と解説は，見開き２ページで掲載されています。加えて，難易度の高い問題については，問題の趣旨を理解するための「解答のポイント」を掲載しています。

本試験では，貸金業務取扱主任者の役割を担うことが可能か，特に貸金業法と自主規制の内容について詳細な知識を有するかを判定するために，多様な形式の問題が出題されています。また，過去に出題された本試験では，正誤択一のみではなく，穴埋め，正解数，正誤列の表示からの選択方式など，さまざまな形式で出題されていますので，受験にあたっては事前に，解答形式に慣れておく必要があります。

貸金業務取扱主任者資格試験に合格するためには，再度類似問題が出題される可能性の高い過去問を集中的に学習し，出題傾向を掴むことが必要です。とりわけ「法及び関係法令に関すること」の分野においては，重要な論点が限られているため，類似した問題が毎年出題される傾向にあります。過去問を繰り返し学習することにより，「試験ではどういった内容が問われるのか」，「問題文のどこに誤りがあるのか」等，分野別の特徴や出題パターンを理解することができ，短期間で合格基準点に近づくことが可能となります。

併せて，弊会で開講している『貸金業務取扱主任者資格試験対策講座』をご活用いただくことで，学習効果はより高まります。

みなさまが，『貸金主任者試験 分野別 精選過去問解説集』で貸金業に係る法令等の知識を十分に習得し，「貸金業務取扱主任者資格試験」に合格され，実務で活躍されることを願ってやみません。

2024年４月

一般社団法人金融財政事情研究会
教育研修事業部

凡　例（2024年４月１日現在公表されている法令等を掲載）

貸金業法……………………「貸金業法」（昭和58年法律第32号）
貸金業法施行令…………「貸金業法施行令」（昭和58年政令第181号）
貸金業法施行規則………「貸金業法施行規則」（昭和58年大蔵省令第40号）
監督指針…………………… 金融庁が策定する「貸金業者向けの総合的な監督指針」
自主規制規則……………日本貸金業協会が策定する「貸金業の業務運営に関する自主規制基本規則」
貸付自粛規則……………日本貸金業協会が策定する「貸付自粛対応に関する規則」
紛争解決規則……………日本貸金業協会が策定する「紛争解決等業務に関する規則」
出資法………………………「出資の受入れ，預り金及び金利等の取締りに関する法律」（昭和29年法律第195号）
利息制限法…………………「利息制限法」（昭和29年法律第100号）
利息制限法施行令………「利息制限法施行令」（平成19年政令第330号）
民法…………………………「民法」（明治29年法律第89号）
商法…………………………「商法」（明治32年法律第48号）
会社法………………………「会社法」（平成17年法律第86号）
手形法………………………「手形法」（昭和７年法律第20号）
電子消費者契約法………「電子消費者契約及び電子承諾通知に関する民法の特例に関する法律」（平成13年法律第95号）
電子記録債権法…………「電子記録債権法」（平成19年法律第102号）
民事訴訟法…………………「民事訴訟法」（平成８年法律第109号）
民事執行法…………………「民事執行法」（昭和54年法律第４号）
破産法………………………「破産法」（平成16年法律第75号）
民事再生法…………………「民事再生法」（平成11年法律第225号）
会社更生法…………………「会社更生法」（平成14年法律第154号）
犯罪収益移転防止法……「犯罪による収益の移転防止に関する法律」（平成19年法律第22号）
個人情報保護法…………「個人情報の保護に関する法律」（平成15年法律第57号）
個人情報保護法施行令‥「個人情報の保護に関する法律施行令」（平成15年政令第507号）
個人情報保護ガイドライン‥「個人情報の保護に関する法律についてのガイドライン」
金融分野ガイドライン…「金融分野における個人情報保護に関するガイドライン」
消費者契約法……………「消費者契約法」（平成12年法律第61号）
景品表示法…………………「不当景品類及び不当表示防止法」（昭和37年法律第134号）
会社計算規則……………「会社計算規則」（平成18年法務省令第13号）
企業会計原則……………「企業会計原則」（昭和24年企業会計制度対策調査会）
財務諸表等規則…………「財務諸表等の用語，様式及び作成方法に関する規則」
財務諸表等規則ガイドライン…「『財務諸表等の用語，様式及び作成方法に関する規則』の取扱いに関する留意事項について」

＜2024年度　貸金業務取扱主任者資格試験概要＞

受験資格	年齢，性別，学歴等に関係なく，誰でも受験することができます。
試験方法	筆記試験
試験問題数	50問
出題形式	4肢択一方式
試験時間	2時間（13時00分～15時00分）
受験申込 受付期間	2024年7月1日（月）～ 2024年9月10日（火）
試験日	2024年11月17日（日）
合格発表日	2025年1月10日（金）
解答方式	マークシート方式
試験地	札幌，仙台，千葉，東京，埼玉，神奈川，高崎，名古屋，金沢， 大阪，京都，神戸，広島，高松，福岡，熊本，沖縄 全国17地域 ※受験申込者は希望試験地を選択することができます。 ※試験会場は試験機関で決定し通知されます。
受験手数料	8,500円（非課税）
個人の受験申込	日本貸金業協会HP（https://www.j-fsa.or.jp/）より，貸金業務取扱主任者試験・講習・登録の該当ページをご覧ください。

＜試験結果の開示請求＞

開示請求できる方	貸金業務取扱主任者資格試験の受験者本人またはその代理人
開示する内容	全50問に対する正答数，順位，受験者本人の解答および正誤
開示期間	試験の合格発表日以降から次年度の試験日までの期間
開示請求の方法	（1）インターネットによる開示請求…無料 （2）書面による開示請求…1,000円（税込）

※詳細については，日本貸金業協会のホームページをご覧ください。

本試験の実施結果

第４回までの試験は，近年の試験と比較すると難易度が低く，合格率も60～70％前後で推移していました。

	第１回	第２回	第３回	第４回	第５回	第６回
合格率	70.1%	65.2%	65.4%	61.7%	32.9%	21.8%
合格基準（50問中）	30問	30問	33問	31問	30問	27問
合格ライン	６割	６割	６割６分	６割２分	６割	５割４分
受験者数	44,708人	16,597人	12,101人	8,867人	12,081人	10,966人
合格者数	31,340人	10,818人	7,919人	5,474人	3,979人	2,393人

近年，合格ラインは30問（６割）前後，合格率は20～30％前後で推移しています。

	第７回	第８回	第９回	第10回	第11回	第12回
合格率	25.8%	28.1%	24.5%	31.2%	30.5%	32.5%
合格基準（50問中）	29問	30問	30問	31問	30問	34問
合格ライン	５割８分	６割	６割	６割２分	６割	６割８分
受験者数	10,088人	9,571人	10,169人	10,186人	10,139人	10,214人
合格者数	2,599人	2,688人	2,493人	3,178人	3,095人	3,317人

合格基準は年によって変動するので，「30問正解したから必ず合格する」といった保証はありません。受験者の上位25％以内に入れるよう，頑張りましょう。

	第13回	第14回	第15回	第16回	第17回	第18回
合格率	31.5%	30.0%	33.9%	32.2%	26.6%	31.0%
合格基準（50問中）	32問	29問	33問	31問	28問	31問
合格ライン	６割４分	５割８分	６割６分	６割２分	５割６分	６割２分
受験者数	9,958人	10,003人	10,533人	10,491人	9,950人	9,448人
合格者数	3,132人	3,001人	3,567人	3,373人	2,644人	2,928人

分野別出題数の変化

第４回までの試験では，「法及び関係法令に関すること（貸金業法関連）」からの出題が近年よりも若干多く，「貸付け及び貸付けに付随する取引に関する法令及び実務に関すること（民法関連）」からの出題が少ないという傾向がありました。

分野	第１回	第２回	第３回	第４回	第５回	第６回
法及び関係法令に関すること	30	30	29	30	27	27
貸付け及び貸付けに付随する取引に関する法令及び実務に関すること	12	12	13	13	15	15
資金需要者等の保護に関すること	5	5	5	4	5	5
財務及び会計に関すること	3	3	3	3	3	3
合　計	50	50	50	50	50	50

近年，分野別の出題数が固定化される一方で，複合的な問題が出題される（一つの四択問題のなかで，「法及び関係法令に関すること」と「資金需要者等の保護に関すること」についての選択肢が同時に出題される等の）ケースも増えています。

分野	第７回	第８回	第９回	第10回	第11回	第12回
法及び関係法令に関すること	27	27	27	27	27	27
貸付け及び貸付けに付随する取引に関する法令及び実務に関すること	15	15	15	15	15	15
資金需要者等の保護に関すること	5	5	5	5	5	5
財務及び会計に関すること	3	3	3	3	3	3
合　計	50	50	50	50	50	50

分野	第13回	第14回	第15回	第16回	第17回	第18回
法及び関係法令に関すること	27	27	27	27	27	27
貸付け及び貸付けに付随する取引に関する法令及び実務に関すること	15	15	15	15	15	15
資金需要者等の保護に関すること	5	5	5	5	5	5
財務及び会計に関すること	3	3	3	3	3	3
合　計	50	50	50	50	50	50

近年の分野別出題傾向

法及び関係法令に関すること （第１章） 出題数：50問中27問	試験問題全体の半分以上が「法及び関係法令に関すること」から出題されており，『用語の定義』『貸金業登録』『届出』『外部委託』『監督指針』『取立て行為規制』『禁止行為』『広告・勧誘』『貸付条件等の掲示・広告』『貸金業務取扱主任者』『契約締結前書面・契約締結時書面』『契約変更時の書面交付』『保証人への書面交付』『帳簿等の記載・開示』『保存記録・保存書類』『債権譲渡』『極度方式基本契約』『基準額超過極度方式基本契約』『返済能力の調査等』『資力を明らかにする書面の提出等』『除外貸付』『例外貸付』『上限金利規制』『保証料』等といった分野から多数出題されています。 　また，最近の傾向として一つの分野からの出題ではなく，分野横断的な出題が散見されます。
貸付け及び貸付けに付随する取引に関する法令及び実務に関すること （第２章） 出題数：50問中15問	民法全般から出題される関係で，出題範囲は広いものの，『制限行為能力者』『意思表示と取消し・無効』『契約の効力・解除』『代理』『債務不履行』『債権譲渡』『連帯債務・連帯保証』『質権・抵当権』『時効』『弁済』『相続』『倒産手続（破産）』『手形・電子記録債権』『犯罪収益移転防止法』といった分野から出題される傾向が強いといえます。 　また，『委任・請負』『金銭消費貸借契約』『条件・期限』『債権の消滅』『不当利得・不法行為』なども，比較的出題される傾向の強い分野です。第17回試験では，改正民法から５問出題されています。
資金需要者等の保護に関すること （第３章） 出題数：50問中５問	『個人情報保護』から１～２問，『消費者契約法』から１問，『景品表示法』から１問，『（紛争解決等業務以外の）貸金業協会規則』から１問，『紛争解決等業務』から１問が出題されることがほとんどです。
財務及び会計に関すること （第４章） 出題数：50問中３問	『資力を明らかにする書面』『企業会計原則』『貸借対照表』『損益計算書』の４つの分野から計３問出題されるケースが大半です。

「第○回・第×問からの出題」という情報と併せて，過去問を分野別にまとめてあります。本試験では過去問と同じ問題が出題されるケースや，（数字は変わっているものの）解き方は変わらない計算問題等が出題されることもあります。

1－44 取立て行為規制Ⅰ

第15回・問題14

次のa～dの記述のうち，日本貸金業協会が定める貸金業の業務運営に関する自主規制基本規則において，協会員が取立て行為を行うにあたり，貸金業法第21条第1項に定める「威迫」及び「その他の人の私生活もしくは業務の平穏を害するような言動」に該当するおそれがあるとされているものの個数を①～④の中から1つだけ選び，解答欄にその番号をマークしなさい。

a　多人数で訪問すること。例示として，3名以上が挙げられる。

b　不適当な時期に取立ての行為を行うこと。例示として，親族の冠婚葬祭時等が挙げられる。

c　反復継続した取立て行為を行うこと。例示として，電子メールや文書を用いた連絡を，前回送付又は送信から3日以内に行うこと等が挙げられる。

d　親族又は第三者に対し，支払の要求をすること。例示として，支払申し出があった際，支払義務がないことを伝えないこと等が挙げられる。

出題パターンは「適切なものを1つだけ選ぶ」「適切でないものを1つだけ選ぶ」「個数を選ぶ」「適切なものの組み合わせを選ぶ」等，複数存在します。特に「適切なもの」と「適切でないもの」については，読み違えないよう注意しましょう。

分野別出題率では，「ここ数年連続して出題されており，今後も出題される確率が高そうな問題」「毎回ではないが，隔年ペースで出題される問題」「しばらく出題されていないが，かつては頻繁に出題されており，いつ出題されてもおかしくない問題」等の出題傾向をつかみましょう。

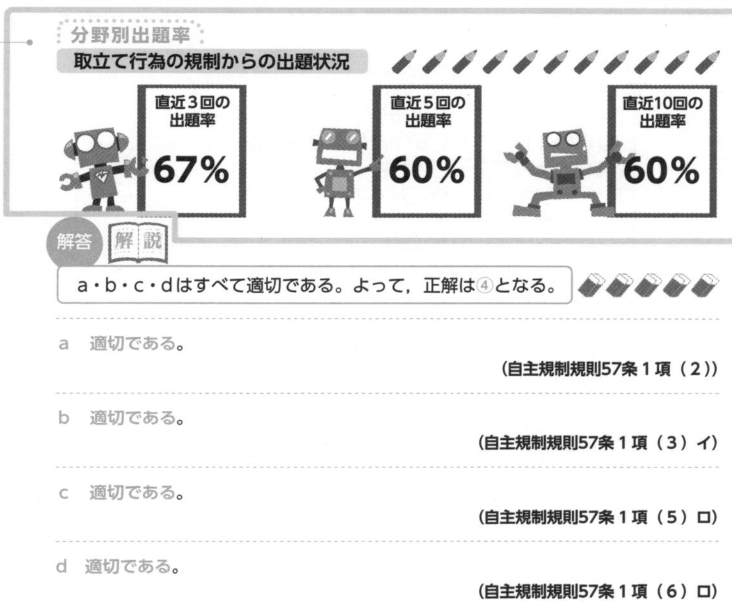

a・b・c・dはすべて適切である。よって，正解は④となる。

a　適切である。

（自主規制規則57条１項（２））

b　適切である。

（自主規制規則57条１項（３）イ）

c　適切である。

（自主規制規則57条１項（５）ロ）

d　適切である。

（自主規制規則57条１項（６）ロ）

■ 解答のポイント

自主規制規則の取立てに関する規定内容は，実務につながる細かい規定（＝社内規定に反映されている）があるので，覚えておこう。

難易度の高い問題については，「解答のポイント」で詳しく解説。一度問題を解いた後に「解答のポイント」を読むことで，より理解が深まります。

Contents

第1章　法及び関係法令に関すること

第2章　貸付け及び貸付けに付随する取引に関する法令及び実務に関すること

第3章　資金需要者等の保護に関すること

第4章　財務及び会計に関すること

第 1 章

法及び関係法令に関すること

1-1 用語の定義Ⅰ

第18回・問題1

貸金業法上の用語の定義等に関する次のa～dの記述のうち，その内容が**適切なもの**の個数を①～④の中から1つだけ選び，解答欄にその番号をマークしなさい。

a　貸金業者とは，貸金業法第3条第1項の登録を受けて貸金業を営む者をいい，これには貸付けに係る契約について業として保証を行う者も含まれる。

b　資金需要者等とは，資金需要者である顧客，債務者又は債務者であった者をいう。

c　住宅資金貸付契約とは，住宅の建設もしくは購入に必要な資金（住宅の用に供する土地又は借地権の取得に必要な資金を含む。）又は住宅の改良に必要な資金の貸付けに係る契約をいう。

d　手続実施基本契約とは，紛争解決等業務の実施に関し指定紛争解決機関と貸金業者との間で締結される契約をいう。

選択肢

①1個　②2個　③3個　④4個

解答欄

①◯　②◯　③◯　④◯

チャレンジ問題

第12回・問題1

●電磁的記録とは，電子的方式，磁気的方式その他人の知覚によっては認識することができない方式で作られる記録であって，電子計算機による情報処理の用に供されるものとして内閣府令で定めるものをいう。

分野別出題率

用語の定義からの出題状況

直近3回の出題率 100%

直近5回の出題率 100%

直近10回の出題率 100%

解答 解説

c・dは適切であるが，a・bは不適切である。よって，正解は②となる。

a　**不適切**である。貸金業とは，金銭の貸付けまたは金銭の貸借の媒介で業として行うものをいう。業として保証を行うことは貸金業に含まれない。

(貸金業法２条１項)

b　**不適切**である。資金需要者等とは，顧客等または債務者等をいう。また,「顧客等」は，資金需要者である顧客または保証人となろうとする者をいい,「債務者等」は債務者または保証人をいう。よって，債務者であった者は「資金需要者等」には含まれない。

(貸金業法２条４項～６項)

c　**適切**である。

(貸金業法２条17項)

d　**適切**である。

(貸金業法２条23項)

チャレンジ問題・解答

○　**適切**である。なお，電磁的方法とは，電子情報処理組織を使用する方法その他の情報通信の技術を利用する方法であって内閣府令で定めるものをいう。

(貸金業法２条11項，12項，貸金業法施行規則１条の２，１条の２の２)

1-2 用語の定義Ⅱ

第16回・問題1

貸金業法上の用語の定義等に関する次のa～dの記述のうち，その内容が適切なものの個数を①～④の中から1つだけ選び，解答欄にその番号をマークしなさい。

a　貸金業とは，金銭の貸付け又は金銭の貸借の媒介（手形の割引，売渡担保その他これらに類する方法によってする金銭の交付又は当該方法によってする金銭の授受の媒介を含む。）で業として行うものをいうが，貸金業から除かれるものの1つとして，物品の売買，運送，保管又は売買の媒介を業とする者がその取引に付随して行うものがある。

b　債務者等とは，債務者又は債務者であった者をいい，保証人及び保証人であった者は債務者等に含まれない。

c　貸付けの契約とは，貸付けに係る契約又は当該契約に係る保証契約であって，資金需要者等の利益を損なうおそれがないと認められるものをいう。

d　手続実施基本契約とは，紛争解決等業務の実施に関し，指定紛争解決機関，紛争当事者である貸金業者及び資金需要者等の三者間で締結される契約をいう。

選択肢

①1個　②2個　③3個　④4個

解答欄

①○　②○　③○　④○

チャレンジ問題

第9回・問題1

●極度方式保証契約とは，極度方式基本契約に基づく不特定の債務を主たる債務とする保証契約をいう。

分野別出題率

用語の定義からの出題状況

解答 解説

ａは適切であるが，ｂ・ｃ・ｄは不適切である。よって，正解は①となる。

ａ　適切である。

（貸金業法２条１項本文，３号）

ｂ　不適切である。「債務者等」とは，債務者または保証人をいう。

（貸金業法２条５項）

ｃ　不適切である。「貸付けの契約」とは，貸付けに係る契約または当該契約に係る保証契約をいう。

（貸金業法２条３項）

ｄ　不適切である。「手続実施基本契約」とは，紛争解決等業務の実施に関し指定紛争解決機関と貸金業者との間で締結される契約をいう（二者間の契約である）。

（貸金業法２条23項）

チャレンジ問題・解答

○　適切である。

（貸金業法２条９項）

1-3 用語の定義Ⅲ

第15回・問題1

貸金業法上の用語の定義等に関する次のa～dの記述のうち，その内容が適切なものの個数を①～④の中から1つだけ選び，解答欄にその番号をマークしなさい。

a　貸金業とは，金銭の貸付け又は金銭の貸借の媒介（手形の割引，売渡担保その他これらに類する方法によってする金銭の交付又は当該方法によってする金銭の授受の媒介を含む。）で業として行うものをいうが，貸金業から除かれるものの1つとして，事業者がその従業者に対して行うものがある。

b　資金需要者等とは，資金需要者である顧客又は債務者をいい，保証人となろうとする者及び保証人は，資金需要者等に含まれない。

c　個人信用情報とは，資金需要者である顧客又は債務者の借入金の返済能力に関する情報をいう。

d　住宅資金貸付契約とは，住宅の建設又は購入に必要な資金（住宅の用に供する土地又は借地権の取得に必要な資金を含む。）の貸付けに係る契約をいい，住宅の改良に必要な資金の貸付けに係る契約は，住宅資金貸付契約に含まれない。

選択肢

①1個　②2個　③3個　④4個

解答欄

①◯　②◯　③◯　④◯

分野別出題率

用語の定義からの出題状況

解答 解説

aは適切であるが，b・c・dは不適切である。よって，正解は①となる。

a　適切である。

(貸金業法2条1項本文，4号)

b　不適切である。「資金需要者等」とは，「顧客等」または「債務者等」を指し，「顧客等」とは，資金需要者である顧客または保証人となろうとする者，「債務者等」とは，債務者または保証人を指す。

(貸金業法2条4 ～ 6項)

資金需要者等の概念図

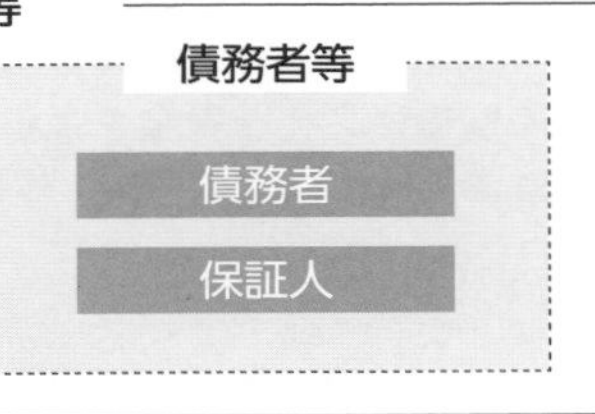

c　不適切である。本肢は「個人信用情報」ではなく「信用情報」に関する説明である。「個人信用情報」とは，個人を相手方とする貸付けに係る契約（極度方式基本契約その他の内閣府令で定めるものを除く）に係る貸金業法41条の35第1項各号に掲げる事項（当該顧客の氏名および住所その他の当該顧客を識別することができる事項として内閣府令で定めるもの，契約年月日，貸付けの金額等）をいう。

(貸金業法2条14項，13項)

d　不適切である。「住宅資金貸付契約」とは，住宅の建設もしくは購入に必要な資金（住宅の用に供する土地または借地権の取得に必要な資金を含む）または住宅の改良に必要な資金の貸付けに係る契約をいう。したがって，「住宅資金貸付契約」には住宅の改良に必要な資金の貸付けに係る契約も含まれる。

(貸金業法2条17項)

1 - 4 用語の定義Ⅳ

第17回・問題1

貸金業法上の用語の定義等に関する次のa～dの記述のうち，その内容が適切なものの個数を①～④の中から１つだけ選び，解答欄にその番号をマークしなさい。

a　貸金業とは，金銭の貸付け又は金銭の貸借の媒介で営利の目的をもって行うものをいう。

b　個人信用情報とは，個人を相手方とする貸付けに係る契約（極度方式基本契約その他の内閣府令で定めるものを除く。）に係る貸金業法第41条の35（個人信用情報の提供）第１項各号に掲げる事項をいうが，個人信用情報には，個人顧客の氏名，住所，生年月日のほか，当該個人顧客が運転免許証等(注)の交付を受けている場合における運転免許証等の番号も含まれる。

c　住宅資金貸付契約とは，住宅の建設又は購入に必要な資金（住宅の用に供する土地又は借地権の取得に必要な資金を含む。）の貸付けに係る契約をいい，住宅の改良に必要な資金の貸付けに係る契約は，住宅資金貸付契約に含まれない。

d　紛争解決手続とは，貸金業務関連紛争（貸金業務に関する紛争で当事者が和解をすることができるものをいう。）について裁判上の和解により解決を図る手続をいう。

（注）　運転免許証等とは，道路交通法第92条第１項に規定する運転免許証又は同法第104条の４第５項に規定する運転経歴証明書をいう。

選択肢

①１個　②２個　③３個　④４個

解答欄

①◯　②◯　③◯　④◯

分野別出題率

用語の定義からの出題状況

bは適切であるが，a・c・dは不適切である。よって正解は①となる。

a　不適切である。「貸金業」とは，金銭の貸付けまたは金銭の貸借の媒介で業として行うものをいう。したがって，非営利事業も貸金業に含まれる。

(貸金業法２条１項)

b　適切である。

(貸金業法２条14項，41条の35第１項，貸金業法施行規則30条の13第１項６号)

c　不適切である。「住宅資金貸付契約」には，住宅の建設または購入に必要な資金の貸付けに係る契約だけでなく，住宅の改良に必要な資金の貸付け（いわゆるリフォームローン）に係る契約も含まれる。

(貸金業法２条17項)

d　不適切である。紛争解決手続とは，貸金業務関連紛争について訴訟手続によらずに解決を図る手続を指す。いわゆる金融ADRの１つであるが，貸金業については「貸金業相談・紛争解決センター」で実施されている。

(紛争解決等業務に関する規則２条)

1-5 貸金業の登録等Ⅰ（登録申請書の記載事項）

第15回・問題 2

貸金業者の登録等に関する次のa～dの記述のうち，その内容が適切なものの個数を①～④の中から1つだけ選び，解答欄にその番号をマークしなさい。

a　貸金業法第4条（登録の申請）第1項第2号等に規定する政令で定める使用人は，貸金業の登録を受けようとする者の使用人で，貸金業に関し貸金業法第4条第1項に規定する営業所又は事務所の業務を統括する者その他これに準ずる者で内閣府令で定めるものである。

b　貸金業者は，貸金業の登録の更新を受けようとするときは，その者が現に受けている貸金業の登録の有効期間満了の日までに当該登録の更新を申請しなければならない。

c　貸金業者登録簿には，貸金業者の商号，名称又は氏名及び住所，営業所又は事務所の名称及び所在地等のほか，業務の種類及び方法も登録される。

d　貸金業法第4条第1項の登録申請書に記載する営業所又は事務所とは，貸金業者又はその代理人が一定の場所で貸付けに関する業務の全部又は一部を継続して営む施設又は設備をいうが，貸金業者が既存の営業所又は事務所の隣接地に新たに設置する，現金自動設備及び自動契約受付機は，いずれも営業所又は事務所には該当しない。

選択肢

①1個　②2個　③3個　④4個

解答欄

①◯　②◯　③◯　④◯

分野別出題率

貸金業の登録要件と申請(登録等記載事項)からの出題状況

直近3回の出題率 **67%**

直近5回の出題率 **60%**

直近10回の出題率 **50%**

a・cは適切であるが，b・dは不適切である。よって，正解は②となる。

a　適切である。なお，「政令で定める使用人」とはいわゆる重要使用人である。

(貸金業法4条1項2号，貸金業法施行令3条)

b　不適切である。貸金業の登録の更新は，有効期間満了の日の2カ月前までに行うこととされている。

(貸金業法施行規則5条)

c　適切である。

(貸金業法4条1項8号，5条1項)

d　不適切である。現金自動設備については，営業所等（現金自動設備を除く）の同一敷地内（隣接地を含む）に設置されたものは営業所等の定義からは除外されるが，自動契約受付機についてはそのような除外規定はない。

(貸金業法施行規則1条の5第3項)

1-6 貸金業の登録等Ⅱ（登録申請書の記載事項）

第17回・問題2

貸金業法第３条（登録）に規定する貸金業者の登録等に関する次のａ～ｄの記述のうち，その内容が適切なものの組み合わせを①～④の中から１つだけ選び，解答欄にその番号をマークしなさい。

a　貸金業の登録を受けようとする者が，貸金業法第４条第１項の規定に基づき内閣総理大臣又は都道府県知事に提出する登録申請書（以下，本問において「登録申請書」という。）には，営業所又は事務所（以下，本問において「営業所等」という。）ごとに置かれる貸金業務取扱主任者の氏名及び住所を記載しなければならない。

b　貸金業者の支店（従たる営業所等）であってその貸付けに関する業務に従事する使用人の数が50人であるものにおいて，当該支店の業務を統括する者の権限を代行し得る地位にある者があるときは，支店次長，副支店長，副所長その他いかなる名称を有する者であるかを問わず，その者の氏名を登録申請書に記載しなければならない。

c　登録申請書に記載する，その業務に関して広告又は勧誘をする際に表示等をする営業所等の電話番号については，場所を特定するもの並びに当該場所を特定するものに係る着信課金サービス及び統一番号サービスに係るものに限られる。

d　登録申請書に記載する営業所等のうち，代理店とは，貸金業者の委任を受けて，当該貸金業者のために貸付けに関する業務の全部又は一部を代理した者が，当該業務を営む施設又は設備をいい，代理店には銀行の現金自動設備が含まれる。

選択肢

①ab　②ad　③bc　④cd

解答欄

①◯　②◯　③◯　④◯

分野別出題率

貸金業の登録要件と申請（登録等記載事項）からの出題状況

解答　解説

b・cは適切であるが，a・dは不適切である。よって，正解は③となる。

a　不適切である。貸金業務取扱主任者の氏名および登録番号の記載が必要であり，住所は不要である。

（貸金業法４条１項６号）

b　適切である。貸金業者の支店（従たる営業所等）において，その貸付けに関する業務に従事する使用人の数が50人以上の場合には，本肢の地位にある者を重要な使用人として登録申請書に記載する必要がある。

（貸金業法４条１項２号，貸金業法施行令３条，貸金業法施行規則３条１項３号）

c　適切である。

（貸金業法４条１項７号，貸金業法施行規則３条の２第１項１号）

d　不適切である。銀行等の金融機関の営業所または事務所のうち現金自動設備に係るものは，代理店から除かれる。

（貸金業法施行規則１条の５第４項）

1-7 貸金業の登録等Ⅲ（拒否）

第18回・問題2

次のa～dの記述のうち，貸金業法第6条第1項各号のいずれかに該当する者として貸金業の登録を拒否されるものの組み合わせを①～④の中から1つだけ選び，解答欄にその番号をマークしなさい。

a　破産手続開始の決定を受けて復権を得た日から5年を経過しない者

b　出資法(注)の規定に違反し，罰金の刑に処せられ，その刑の執行を終わり，又は刑の執行を受けることがなくなった日から5年を経過しない者

c　貸金業法第24条の6の4（監督上の処分）第1項の規定により貸金業の登録を取り消された株式会社の取締役を当該取消しの日の30日前に退任した者であって，当該取消しの日から5年を経過しないもの

d　株式会社であって，その常務に従事する取締役がすべて，貸金業者以外の金融機関での貸付けの業務に3年以上従事した経験を有するが，貸金業者での貸付けの業務に従事した経験を有しないもの

（注）出資法とは，出資の受入れ，預り金及び金利等の取締りに関する法律をいう。

選択肢

①a b　②a d　③b c　④c d

解答欄

①〇　②〇　③〇　④〇

分野別出題率

登録の拒否事由からの出題状況

解答 解説

ｂ・ｃは該当するが，ａ・ｄは該当しない。よって，正解は③となる。

ａ　**該当しない。**復権すれば貸金業登録の拒否事由ではなくなる。５年の経過を待つ必要はない。

（貸金業法６条１項２号）

ｂ　**該当する。**

（貸金業法６条１項５号）

ｃ　**該当する。**

（貸金業法６条１項３号）

ｄ　**該当しない。**貸金業登録には，「常務に従事する役員のうちに貸付けの業務に３年以上従事した経験を有する者があること」が必要であるが，ここでいう「貸付けの業務に…従事した経験」は貸金業者での経験に限られず，銀行等での経験でもよい。

（貸金業法６条１項15号，貸金業法施行規則５条の７第１項２号）

1 - 8 貸金業の登録等Ⅳ（拒否）

第15回・問題17

次の①～④の記述のうち，貸金業法第6条（登録の拒否）第1項各号のいずれにも**該当しない**ものを1つだけ選び，解答欄にその番号をマークしなさい。

① 貸金業法第24条の6の4（監督上の処分）第1項の規定により貸金業の登録を取り消された株式会社の取締役を当該取消しの日の60日前に退任した者であって，当該取消しの日から5年を経過しないもの

② 破産手続開始の決定を受けて復権を得ない者

③ 禁錮以上の刑に処せられ，その刑の執行を終わり，又は刑の執行を受けることがなくなった日から5年を経過しない者

④ 株式会社であって，再生手続開始の決定又は更生手続開始の決定のいずれも受けておらず，その純資産額が3,000万円である者

解答欄

分野別出題率

登録の拒否事由からの出題状況

②・③・④は該当するが，①は該当しない。よって，正解は①となる。

① **該当しない**。貸金業の登録を取り消された者が法人である場合，当該取消しの日前30日以内に当該法人の役員であった者であって，当該取消しの日から５年を経過しないものは拒否事由に該当する。

（貸金業法６条１項３号，９号）

② **該当する**。

（貸金業法６条１項２号，９号）

③ **該当する**。

（貸金業法６条１項４号，９号）

④ **該当する**。純資産額が5,000万円に満たない場合には貸金業登録の拒否事由とされているが，再生手続開始の決定または更生手続開始の決定を受けたこと（当該決定に係る再生手続または更生手続が終了している場合を除く）という事由がある場合には，例外的に純資産が5,000万円に満たなくてもよいとされている。再生手続開始の決定または更生手続開始の決定を受けていない場合には，純資産額は5,000万円以上でないと貸金業の登録が拒否される。

（貸金業法６条１項14号，貸金業法施行令３条の２，貸金業法施行規則５条の５）

1-9 貸金業の登録等Ⅴ（拒否）

第14回・問題19

株式会社であるＡが貸金業の登録の申請をした。次の①～④の記述のうち，その事由が貸金業法第６条（登録の拒否）第１項各号のいずれにも**該当しない**ものを１つだけ選び，解答欄にその番号をマークしなさい。

① Ａの取締役の中に，Ｂ株式会社の営業秘密を不正に取得し，不正競争防止法第21条（罰則）第１項第１号の罪を犯して罰金の刑に処せられ，その刑の執行を終わった日から５年を経過しない者がいる。

② Ａの取締役の中に，貸金業法第24条の６の４（監督上の処分）第１項の規定により貸金業の登録を取り消されたＢ株式会社の取締役を当該取消しの日の２週間前に退任した者であって，当該取消しの日から５年を経過しないものがいる。

③ Ａの取締役の中に，道路交通法の規定に違反し，懲役の刑に処せられ，その刑の執行を終わった日から５年を経過しない者がいる。

④ Ａの常務に従事する取締役が３名であり，いずれの取締役も貸付けの業務に３年以上従事した経験を有しない。

チャレンジ問題

第13回・問題２

●Ａの取締役の中に，貸付けの契約に基づく債権の取立てに当たり，刑法の罪を犯し，罰金の言渡しを受けその刑の全部の執行を猶予され，当該執行猶予の言渡しを取り消されることなくその猶予の期間を経過した日から５年を経過しない者がいる。

分野別出題率

登録の拒否事由からの出題状況

直近3回の出題率 100%

直近5回の出題率 100%

直近10回の出題率 100%

解答 解説

②・③・④は該当するが，①は該当しない。よって，正解は①となる。

① **該当しない。**不正競争防止法は，貸金業法6条1項5号に指定された法律に含まれておらず，禁錮以上の刑でなければ，貸金業の登録拒否事由に該当しない。

（貸金業法6条1項4号，5号，9号）

② **該当する。**監督上の処分により貸金業登録を取り消され，その取消しの日から5年を経過しない者（当該登録を取り消された者が法人である場合においては，当該取消しの日前30日以内に当該法人の役員であった者で，当該取消しの日から5年を経過しない者を含む）は，貸金業の登録拒否事由に該当する。

（貸金業法6条1項3号）

③ **該当する。**「禁錮以上の刑に処せられ，その刑の執行を終わり，又は刑の執行を受けることがなくなった日から5年を経過しない者」が法人の役員等にいる場合には，貸金業の登録の拒否事由に該当する。

（貸金業法6条1項4号，9号）

④ **該当する。**常務に従事する役員のうち貸付け業務に3年以上従事した者がいなければ，貸金業の登録拒否事由に該当する。

（貸金業法6条1項15号，貸金業法施行規則5条の7第1項2号）

チャレンジ問題・解答

× **登録を拒否されない。**貸金業法や出資法に違反，または刑法もしくは暴力行為等処罰に関する法律の罪を犯し，罰金の刑に処せられ，その刑の執行を終わり，または刑の執行を受けることがなくなった日から5年を経過しない者は，登録拒否事由に該当するが，刑の執行猶予の言渡しを取り消されることなく，その猶予の期間を経過したときは，刑の言渡しは効力を失うとされているため（刑法27条），執行猶予期間が経過した場合は，その日から貸金業登録が可能となる。

（貸金業法6条1項5号，9号）

1-10 貸金業の登録等Ⅵ（拒否）

第16回・問題15

株式会社であるＡが貸金業の登録の申請をした場合に関する次の①～④の記述のうち，その事由が貸金業法第６条（登録の拒否）第１項各号のいずれにも**該当しない**ものを１つだけ選び，解答欄にその番号をマークしなさい。

① Ａの取締役の中に，精神の機能の障害のため貸金業に係る職務を適正に執行するに当たって必要な認知，判断及び意思疎通を適切に行うことができない者がいる。

② Ａの取締役の中に，破産手続開始の決定を受け復権した日から５年を経過しない者がいる。

③ Ａの政令で定める使用人の中に，貸金業法の規定に違反し，罰金の刑に処せられ，その刑の執行を終わった日から５年を経過しない者がいる。

④ Ａの政令で定める使用人の中に，貸金業法第24条の６の４（監督上の処分）第１項の規定により貸金業の登録を取り消されたＢ株式会社において，当該取消しの日にＢ株式会社の取締役であった者で，当該取消しの日から５年を経過しないものがいる。

解答欄

①○ ②○ ③○ ④○

分野別出題率

登録の拒否事由からの出題状況

①・③・④は該当するが，②は該当しない。よって，正解は②となる。

① 該当する。心身の故障のため貸金業に係る職務を適正に執行することができない者として内閣府令で定める者は，登録の拒否事由に該当する。

（貸金業法６条１項９号イ，貸金業法施行規則５条の４）

② 該当しない。破産手続開始の決定を受けて復権を得ない者は，登録の拒否事由に該当するが，復権を受けた者は，登録の拒否事由に該当しない。

（貸金業法６条１項９号ロ，２号）

③ 該当する。

（貸金業法６条１項９号ロ，５号）

④ 該当する。貸金業法24条の６の４第１項などにより，貸金業登録を取り消された法人において，当該取消しの日の前30日以内に当該法人の役員であった者で，当該取消しの日から５年を経過しない場合は，登録拒否事由に該当する。

（貸金業法６条１項９号ロ，３号）

1-11 貸金業の登録等Ⅶ（拒否）

第17回・問題18

株式会社であるAが貸金業の登録の申請をした。この場合に関する次の①～④の記述のうち，その内容が**適切でない**ものを１つだけ選び，解答欄にその番号をマークしなさい。

① Aの取締役の中に，刑法の罪を犯し，懲役の刑の言渡しを受けその刑の全部の執行を猶予され，当該執行猶予の言渡しを取り消されることなくその猶予の期間を経過したが，その日から５年を経過しない者がいる場合，貸金業法第６条（登録の拒否）に規定する登録の拒否事由（以下，本問において「登録拒否事由」という。）に該当する。

② Aの常務に従事する役員は取締役３人であり，その全員が，貸付けの業務に従事した経験をまったく有しない場合，登録拒否事由に該当する。

③ Aの取締役の中に，道路交通法の規定に違反し，懲役の刑に処せられ，その刑の執行を終わり，又は刑の執行を受けることがなくなった日から５年を経過しない者がいる場合，登録拒否事由に該当する。

④ Aが，再生手続開始の決定又は更生手続開始の決定のいずれも受けておらず，その純資産額が3,000万円である場合，登録拒否事由に該当する。

解答欄

①〇 ②〇 ③〇 ④〇

分野別出題率

登録の拒否事由からの出題状況

②・③・④は適切であるが，①は不適切である。よって，正解は①となる。

① 不適切である。刑の全部の執行猶予の言渡しを取り消されることなく，その猶予の期間を経過したときは，刑の言渡しは効力を失う，とされているため，執行猶予期間が満了すれば５年経過しなくても貸金業登録の登録拒否要件に該当しない。

（刑法27条，貸金業法６条１項５号）

② 適切である。常務に従事する役員のうちに貸付けの業務に３年以上従事した経験を有する者があることが必要である。

（貸金業法施行規則５条の７第１項２号）

③ 適切である。法人でその役員または政令で定める使用人のなかに，禁錮以上の刑に処せられ，その刑の執行を終わり、または刑の執行を受けることがなくなった日から５年を経過しない者がいる場合には，貸金業登録の登録拒否事由となる。

（貸金業法６条１項４号）

④ 適切である。株式会社である貸金業者は，純資産額としては5,000万円以上必要である。

（貸金業法６条１項14号，貸金業法施行令３条の２，貸金業法施行規則５条の５）

1-12 貸金業の登録等Ⅷ（取消し等）

第14回・問題15

次の①～④の記述のうち，内閣総理大臣又は都道府県知事が，貸金業法第24条の6の5（登録の取消し）の規定に基づき，その登録を受けた貸金業者の登録を取り消さなければならない場合に該当するものを1つだけ選び，解答欄にその番号をマークしなさい。

① 自己の名義をもって，他人に貸金業を営ませたとき。

② 純資産額が貸金業の業務を適正に実施するため必要かつ適当なものとして政令で定める金額に満たなくなったとき。

③ 貸金業法第24条第3項に規定する取立て制限者に対して貸付けに係る契約に基づく債権を譲渡したとき。

④ 貸金業者について破産手続開始の決定があったとき。

解答欄

①◯ ②◯ ③◯ ④◯

チャレンジ問題

第5回・問題25

●登録行政庁は，貸金業法第24条の6の4第1項（監督上の処分），同法第24条の6の5第1項（登録の取消し）又は同法第24条の6の6第1項（所在不明者等の登録の取消し）の規定による処分をしたときは，内閣府令で定めるところにより，その旨を公告しなければならない。

分野別出題率

登録の取消事由からの出題状況

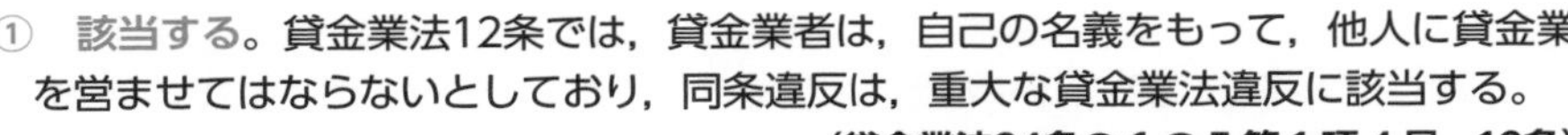

① **該当する**。貸金業法12条では，貸金業者は，自己の名義をもって，他人に貸金業を営ませてはならないとしており，同条違反は，重大な貸金業法違反に該当する。

（貸金業法24条の６の５第１項４号，12条）

② **該当しない**。「純資産額が貸金業の業務を適正に実施するため必要かつ適当なものとして政令で定める金額に満たない者」に該当する場合は，行政庁は，当該貸金業者に対し登録を取り消し，または１年以内の期間を定めて，その業務の全部もしくは一部の停止を命ずることができるが，重大な貸金業法違反には該当しない。

（貸金業法24条の６の４第１項１号，６条１項14号）

③ **該当しない**。貸金業法24条３項に規定する取立て制限者に対して貸付けに係る契約に基づく債権を譲渡したときは，行政庁は，当該貸金業者に対し登録を取り消し，または１年以内の期間を定めて，その業務の全部もしくは一部の停止を命ずることができるが，重大な貸金業法違反には該当しない。

（貸金業法24条の６の４第１項３号，４号）

④ **該当しない**。貸金業者について破産手続開始の決定があった場合，その破産管財人は，その日から30日以内に，廃業をその登録をした行政庁に届け出なければならない。

（貸金業法10条１項３号）

チャレンジ問題・解答

○ **適切**である。なお，公告について，金融庁長官の登録を受けた貸金業者に係る場合にあっては官報により，都道府県知事の登録を受けた貸金業者に係る場合にあっては，当該都道府県の公報への掲載，インターネットの利用その他適切な方法によるものとされている。

（貸金業法24条の６の８，貸金業法施行規則26条の28）

1 - 13 貸金業の登録等Ⅸ（取消し等）

第12回・問題25

甲県知事がその登録を受けた貸金業者であるAに対して行う処分に関する次の①～④の記述のうち，その内容が**適切でない**ものを１つだけ選び，解答欄にその番号をマークしなさい。なお，Aは，法人であり，貸金業のみを営んでいるものとする。

① 甲県知事は，Aが，甲県に設置している営業所又は事務所（以下，本問において「営業所等」という。）での営業に加え，内閣総理大臣の登録を受けることなく，乙県において新たに営業所等を設置し，引き続き貸金業を営んでいる場合，Aの貸金業の登録を取り消さなければならない。

② 甲県知事は，Aが，甲県に設置していた全ての営業所等を廃止して甲県での一切の貸金業の業務をやめ，乙県知事の登録を受けることなく，乙県において新たに営業所等を設置し，引き続き貸金業を営んでいる場合，Aの貸金業の登録を取り消さなければならない。

③ 甲県知事は，Aが，正当な理由がないのに，引き続き３か月貸金業を休止した場合，Aの貸金業の登録を取り消すことができる。

④ 甲県知事は，Aの役員の所在を確知できない場合において，内閣府令で定めるところにより，その事実を公告し，その公告の日から30日を経過してもAから甲県知事に申出がないときは，Aの貸金業の登録を取り消すことができる。

解答欄

①〇 ②〇 ③〇 ④〇

分野別出題率

登録の取消事由からの出題状況

直近３回の出題率 0%

直近５回の出題率 40%

直近10回の出題率 70%

解答 解説

①・②・④は適切であるが，③は不適切である。よって，正解は③となる。

① 適切である。１つの都道府県の区域内に営業所等を設置して貸金業を営んでいた貸金業者が，複数の都道府県の区域内に営業所等を設置して貸金業を営む場合は，都道府県ではなく内閣総理大臣（主たる営業所または事務所の所在地を管轄する財務（支）局長）の貸金業登録を受ける必要がある。

貸金業者が，この内閣総理大臣の貸金業登録を受けることを怠った場合，行政庁は当該貸金業者の貸金業登録を取り消さなければならない。

（貸金業法24条の６の５第１項２号，７条３号，３条１項）

② 適切である。貸金業者が，甲県に設置していた営業所等を廃止して，乙県に営業所等を設置する場合，乙県知事の貸金業登録を取得する必要がある。

この乙県知事の登録を受けることを怠った場合，行政庁は当該貸金業者の貸金業登録を取り消さなければならない。

（貸金業法24条の６の５第１項２号，７条２号，３条１項）

③ 不適切である。行政庁が貸金業登録を取り消すことができるのは，貸金業者が正当な理由なく，引き続き６カ月以上貸金業を休止した場合である。

（貸金業法24条の６の６第１項２号）

④ 適切である。

（貸金業法24条の６の６第１項１号）

解答のポイント

行政庁は，貸金業者が，貸金業の業務に関し法令に違反した場合などには，貸金業登録の取消し等の処分をすることができるとされているが，貸金業者において重大な貸金業法違反等が発生した場合には，必ず貸金業登録の取消しをしなければならないとされている。本問は，必ず貸金業登録の取消しをしなければならない重大な貸金業法違反を問う問題である。

1-14 貸金業の登録等X（更新）

第16回・問題2

貸金業者の登録等に関する次のa～dの記述のうち，その内容が適切なものの組み合わせを①～④の中から1つだけ選び，解答欄にその番号をマークしなさい。

a　貸金業を営もうとする者は，２つ以上の都道府県の区域内に営業所又は事務所を設置してその事業を営もうとする場合にあっては，その本店の所在地を管轄する都道府県知事を経由して内閣総理大臣の登録の申請をしなければならない。

b　貸金業者は，貸金業の登録の更新を受けようとするときは，その者が現に受けている貸金業の登録の有効期間満了の日の２か月前までに当該登録の更新を申請しなければならない。

c　貸金業の登録を受けるための登録申請書には，営業所又は事務所ごとに置かれる貸金業務取扱主任者の氏名及び住所を記載しなければならない。

d　貸金業の登録は，３年ごとにその更新を受けなければ，その期間の経過によって，その効力を失う。

選択肢

①ab　②ac　③bd　④cd

解答欄

①◯　②◯　③◯　④◯

チャレンジ問題

第6回・問題2

●貸金業者向けの総合的な監督指針では，貸金業法第６条第１項第15号に規定する「貸金業を的確に遂行するための必要な体制が整備されていると認められない者」であるかどうかの審査に当たっては，登録申請書及び同添付書類をもとに，ヒアリング及び実地調査等により検証し，特に申請者の社内規則等は貸金業協会の自主規制規則と同等の社内規則等となっているか等の点に留意するものとされている。

分野別出題率

貸金業の登録更新手続からの出題状況

直近3回の出題率 33%

直近5回の出題率 20%

直近10回の出題率 30%

解答 解説

b・dは適切であるが，a・cは不適切である。よって，正解は③となる。

a　**不適切**である。２以上の都道府県の区域内に営業所または事務所を設置してその事業を営もうとする場合には内閣総理大臣に登録申請書を提出しなければならないが，この内閣総理大臣の権限は主たる営業所または事務所の所在地を管轄する財務局長に委任されている。　**(貸金業法４条１項，貸金業法施行規則１条の５第１項)**

b　**適切**である。　**(貸金業施行規則５条)**

c　**不適切**である。営業所または事務所ごとに置かれる貸金業務取扱主任者の住所の記載は不要であり，氏名および登録番号が必要である。　**(貸金業法４条１項６号)**

d　**適切**である。なお，内閣総理大臣の貸金業の登録を受けた貸金業者は，貸金業の登録の更新を受けようとする場合，15万円の手数料を納めなければならない。
(貸金業法３条２項，３項，貸金業施行令２条１項)

チャレンジ問題・解答

○　**適切**である。このほか，以下の３つについても，留意点とされている。
(i) 社内規則等および監督指針Ⅱ－１（経営管理等）ならびにⅡ－２（業務の適切性）に掲げた主な着眼事項について，当該貸金業者の規模・特性等からみて，適切に対応するための態勢が整備されているか。特に，組織態勢の確認にあたっては，法令等遵守のための態勢を含め，相互牽制機能が有効に機能する内部管理部門の態勢（業容に応じて，内部監査態勢）が整備されているか (ii) 営業所等に個人情報の保管のための適切な設備，資金需要者等からの苦情対応および帳簿の閲覧のための場所等が確保されるなど，当該貸金業者の規模・特性等に応じて，貸金業の適正な業務運営を行うための必要かつ十分な設備が整っているか (iii) 申請者が法人（人格のない社団または財団を含む）の場合，法人の定款または寄付行為等に法人の目的として貸金業を営むことが含まれているか。
(監督指針Ⅲ－３－１（２）⑥イ〜ニ)

1-15 貸金業の登録等XI（無登録営業）

第8回・問題14

無登録営業の禁止等に関する次の①～④の記述のうち，その内容が**適切でない**ものを１つだけ選び，解答欄にその番号をマークしなさい。

① 貸金業の登録を受けていない者は，貸金業を営む旨の表示又は広告をしてはならず，また，貸金業を営む目的をもって，貸付けの契約の締結について勧誘をしてはならない。

② 個人である貸金業者が死亡した場合において，その唯一の相続人は，自ら貸金業の登録の申請をしないときであっても，当該貸金業者が死亡した日から90日間は，引き続き貸金業を営むことができる。

③ 貸金業者が自己の名義をもって他人に貸金業を営ませる行為は，刑事罰の対象となるだけでなく，貸金業の登録の取消しの対象となる。

④ 貸金業者向けの総合的な監督指針によれば，監督当局は，貸金業の登録の申請の審査については，貸金業者が適切な業務を運営することに疑義がある場所を営業所等(注)として記載することや，他人に成りすます又は他人の名義を借りて貸金業登録を行うなど，登録行政庁を欺き貸金業の登録を受けることは，虚偽記載又は不正な手段による登録となるため，特に，新規の登録申請又は過去に貸出実績のない者からの登録の更新申請に当たり，登録申請者（法人の役員を含む。）や重要な使用人を財務局に招聘してヒアリングを行い又は営業所等の現地調査を行うなど，不適切な登録申請を排除するよう努めるものとされている。

（注） 営業所等とは，営業所又は事務所をいう。

解答欄

①○ ②○ ③○ ④○

分野別出題率

罰則（貸金業の無登録営業）からの出題状況

直近３回の出題率 **0%**

直近５回の出題率 **0%**

直近10回の出題率 **20%**

解答 解説

①・③・④は適切であるが，②は不適切である。よって，正解は②となる。

① **適切**である。

（貸金業法11条２項）

② **不適切**である。個人である貸金業者が死亡した場合，相続人は原則として被相続人の死後60日間は，引き続き貸金業を営むことができる。

（貸金業法10条３項）

③ **適切**である。

（貸金業法12条，24条の６の５第１項４号，47条３号）

④ **適切**である。

（監督指針Ⅲ－３－１（２）①）

解答のポイント

不適切な選択肢の場合，問題文中の期間や金額，人数などの数字を変えて出題されることが多いので，問題を解く際には，まず数字からチェックする習慣を身につけておきたい。

1-16 届出Ⅰ（変更）

第15回・問題18

貸金業法第8条（変更の届出）に関する次の①～④の記述のうち，その内容が**適切でない**ものを1つだけ選び，解答欄にその番号をマークしなさい。

① 貸金業者は，その商号，名称又は氏名に変更があった場合，その日から2週間以内に，その旨を貸金業の登録を受けた内閣総理大臣又は都道府県知事（以下，本問において「登録行政庁」という。）に届け出なければならない。

② 株式会社である貸金業者は，その取締役の氏名に変更があったときは，その日から2週間以内に，その旨を登録行政庁に届け出なければならない。

③ 貸金業者は，営業所又は事務所に置いた貸金業務取扱主任者がその登録の更新を受けたときは，その日から2週間以内に，その旨を登録行政庁に届け出なければならない。

④ 貸金業者は，その業務に関して広告又は勧誘をする際に表示等をする営業所又は事務所のホームページアドレスを変更しようとするときは，あらかじめ，その旨を登録行政庁に届け出なければならない。

解答欄

①◯　②◯　③◯　④◯

チャレンジ問題

第13回・問題17

●貸金業者は，その従たる営業所等（貸付けに関する業務に従事する使用人の数が50人以上であるものとする。）において，支店次長，副支店長，副所長その他いかなる名称を有する者であるかを問わず，当該営業所等の業務を統括する者を代行し得る地位にある者を変更したときは，その日から2週間以内に，その旨を登録行政庁に届け出なければならない。

分野別出題率

変更の届出事項と時期からの出題状況

直近3回の出題率 100%

①・②・④は適切であるが，③は不適切である。よって，正解は③となる。

① 適切である。

(貸金業法8条1項，4条1項1号)

② 適切である。

(貸金業法8条1項，4条1項2号)

③ 不適切である。貸金業務取扱主任者の氏名および登録番号は届出義務があるが，登録の更新については届出不要である。

(貸金業法8条1項，4条1項6号)

④ 適切である。

(貸金業法8条1項，4条1項7号，貸金業法施行規則3条の2第1項2号)

チャレンジ問題・解答

○ 適切である。変更後は「2週間以内」に，登録行政庁に届け出る必要があるという部分がポイントであり，不適切な問題の場合に想定される問題文の文言としては，「あらかじめ」，「1週間以内」，「30日以内」といった表現が考えられる。

(貸金業法8条1項，4条1項2号，3号，貸金業法施行令3条，貸金業法施行規則3条3号)

1-17 届出Ⅱ（変更）

第17回・問題3

貸金業者であるAの登録行政庁(注)への届出に関する次の①～④の記述のうち，その内容が適切なものを1つだけ選び，解答欄にその番号をマークしなさい。

---

① Aは，営業所の所在地を変更した場合，その日から2週間以内に，その旨を登録行政庁に届け出なければならない。

---

② Aは，その業務の種類を変更し新たに極度方式貸付けを行おうとする場合，あらかじめその旨を登録行政庁に届け出なければならない。

---

③ Aは，貸金業を廃止した場合，その日から2週間以内に，その旨を登録行政庁に届け出なければならない。

---

④ Aは，その役員に貸金業の業務に関し法令に違反する行為があったことを知った場合，その日から2週間以内に，その旨を登録行政庁に届け出なければならない。

（注） 登録行政庁とは，貸金業者が貸金業の登録をした内閣総理大臣又は都道府県知事をいう。

解答欄

①◯ ②◯ ③◯ ④◯

分野別出題率

変更の届出事項と時期からの出題状況

直近３回の出題率

100%

直近５回の出題率

100%

直近10回の出題率

100%

④は適切であるが，①・②・③は不適切である。よって，正解は④となる。

① 不適切である。営業所の所在地を変更しようとするときは，変更する前に，その旨を登録した内閣総理大臣または都道府県知事に対して事前届出をする必要がある。

（貸金業法８条１項，４条１項５号）

② 不適切である。変更があった日から２週間以内に，その旨を登録した内閣総理大臣または都道府県知事に対して届出をすることで足りる。

（貸金業法８条１項，４条１項８号）

③ 不適切である。貸金業を廃止した日から30日以内に，その旨を登録した内閣総理大臣または都道府県知事に対して届出をすることとされている。

（貸金業法10条１項５号）

④ 適切である。

（貸金業法24条の６の２第４号，貸金業法施行規則26条の25第１項４号）

1-18 届出Ⅲ（変更）

第16回・問題3

貸金業法第8条（変更の届出）に関する次の①～④の記述のうち，その内容が適切なものを1つだけ選び，解答欄にその番号をマークしなさい。

① 貸金業者は，その商号，名称又は氏名を変更しようとする場合は，あらかじめ，その旨をその登録をした内閣総理大臣又は都道府県知事（以下，本問において「登録行政庁」という。）に届け出なければならない。

② 貸金業者は，その業務に関して広告又は勧誘をする際に表示等をする営業所又は事務所の電話番号（場所を特定するもの並びに当該場所を特定するものに係る着信課金サービス及び統一番号サービスに係るものに限る。）を変更しようとする場合は，あらかじめ，その旨を登録行政庁に届け出なければならない。

③ 貸金業者は，その業務の種類及び方法を変更しようとする場合は，あらかじめ，その旨を登録行政庁に届け出なければならない。

④ 貸金業者は，貸金業の他に事業を行っている場合において，その事業の種類を変更しようとするときは，あらかじめ，その旨を登録行政庁に届け出なければならない。

解答欄

①〇 ②〇 ③〇 ④〇

分野別出題率

変更の届出事項と時期からの出題状況

解答 解説

②は適切であるが，①・③・④は不適切である。よって，正解は②となる。

① **不適切**である。貸金業者は，商号，名称または氏名および住所に変更があったときは，変更があった日から２週間以内に登録行政庁に届け出ることとされており，あらかじめ届出をする必要はない。

（貸金業法８条１項，４条１項１号）

② **適切**である。

（貸金業法８条１項，４条１項７号，貸金業法施行規則３条の２第１項１号）

③ **不適切**である。貸金業者は，その業務の種類および方法を変更する場合，変更があった日から２週間以内に登録行政庁に届け出ることとされており，あらかじめ届出をする必要はない。

（貸金業法８条１項，４条１項８号）

④ **不適切**である。貸金業者が貸金業のほかに事業を行っている事業の種類を変更したときは，変更があった日から２週間以内に登録行政庁に届け出ることとされており，あらかじめ届出をする必要はない。

（貸金業法８条１項，４条１項９号）

1-19 届出Ⅳ（変更）

第14回・問題2

株式会社であるAは，甲県知事の登録を受けた貸金業者である。次の①～④の記述のうち，その内容が適切なものを1つだけ選び，解答欄にその番号をマークしなさい。

① Aは，その商号の変更をしようとするときは，あらかじめ，その旨を甲県知事に届け出なければならない。

② Aは，金銭の貸借の媒介を新たに行うとともに媒介手数料の割合を定めるなど，その業務の種類及び方法を変更したときは，その日から2週間以内に，その旨を甲県知事に届け出なければならない。

③ Aは，B営業所の所在地を変更したときは，その日から2週間以内に，その旨を甲県知事に届け出なければならない。

④ Aは，その業務に関して広告又は勧誘をする際に表示等をするC営業所の電話番号を変更したときは，その日から2週間以内に，その旨を甲県知事に届け出なければならない。

解答欄

①〇 ②〇 ③〇 ④〇

チャレンジ問題

第13回・問題17

●貸金業者は，その主たる営業所等において，部長，次長，課長その他いかなる名称を有する者であるかを問わず，それらと同等以上の職にあるものであって，貸付け，債権の回収及び管理その他資金需要者等の利益に重大な影響を及ぼす業務について，一切の裁判外の行為をなす権限を有する者を変更したときは，その日から2週間以内に，その旨を登録行政庁に届け出なければならない。

分野別出題率

変更の届出事項と時期からの出題状況

直近３回の出題率　100%

直近５回の出題率　100%

直近10回の出題率　100%

解答　解説

②は適切であるが，①・③・④は不適切である。よって，正解は②となる。

①　不適切である。貸金業者の商号は，貸金業登録申請時の登録事項に該当する事項であるが，変更した日から２週間以内に，その旨をその登録をした内閣総理大臣または都道府県知事に届け出るものとされている。

（貸金業法８条１項，４条１項１号）

②　適切である。

（貸金業法８条１項，４条１項８号）

③　不適切である。営業所の所在地を変更するときは，あらかじめ，その旨をその登録をした内閣総理大臣または都道府県知事に届け出るものとされている。

（貸金業法８条１項，４条１項５号）

④　不適切である。貸金業者は，その業務に関して広告または勧誘をする際に表示等をする営業所または事務所の電話番号，ホームページアドレス，電子メールアドレスについて変更がある場合，あらかじめその旨をその登録をした内閣総理大臣または都道府県知事に届け出る必要がある。

（貸金業法８条１項，４条１項７号，貸金業法施行規則３条の２第１項）

チャレンジ問題・解答

○　適切である。変更事項の届出については，届出必要事項と事前届出か，2週間以内の届出義務かに分けて正確に覚えるのがポイントであり，不適切な問題の場合に想定される問題文の文言としては,「あらかじめ」「１週間以内」「30日以内」といった表現が考えられる。

（貸金業法８条１項，４条１項２号，３号，貸金業法施行令３条，貸金業法施行規則３条２号）

1-20 届出Ⅴ（変更）

第18回・問題17

貸金業法第８条（変更の届出）に関する次の①～④の記述のうち，その内容が**適切でない**ものを１つだけ選び，解答欄にその番号をマークしなさい。

① 貸金業者は，営業所又は事務所ごとに置かれる貸金業務取扱主任者の氏名及び登録番号に変更があったときは，その日から２週間以内に，その旨をその登録をした内閣総理大臣又は都道府県知事（以下，本問において「登録行政庁」という。）に届け出なければならない。

② 株式会社である貸金業者は，その取締役に変更があったときは，その日から２週間以内に，その旨を登録行政庁に届け出なければならない。

③ 貸金業者は，その業務に関して広告又は勧誘をする際に表示等をする営業所又は事務所のホームページアドレスを変更しようとするときは，あらかじめ，その旨を登録行政庁に届け出なければならない。

④ 貸金業者は，その業務の種類及び方法を変更しようとするときは，あらかじめ，その旨を登録行政庁に届け出なければならない。

解答欄

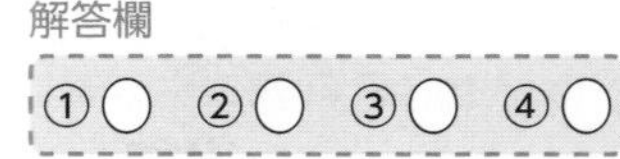

分野別出題率

登録の拒否事由からの出題状況

①・②・③は適切であるが，④は不適切である。よって，正解は④となる。

① 適切である。

(貸金業法８条１項，４条１項６号)

② 適切である。

(貸金業法８条１項，４条１項２号)

③ 適切である。

(貸金業法８条１項，４条１項７号)

④ 不適切である。変更した後，２週間以内に登録行政庁に届出をする。

(貸金業法８条１項，４条１項８号)

1-21 届出Ⅵ（開始等）

第14回・問題14

次のa～dの記述のうち，貸金業者が，貸金業法第24条の６の２（開始等の届出）に基づき，その登録をした内閣総理大臣又は都道府県知事に届け出なければならない事由に該当するものの個数を①～④の中から１つだけ選び，解答欄にその番号をマークしなさい。

---

a　日本以外の国にその本拠地を置く外国法人との合弁により，日本国外において合弁事業として金銭の貸付けを行うこととなった場合

---

b　役員又は使用人に貸金業の業務に関し法令に違反する行為又は貸金業の業務の適正な運営に支障を来す行為があったことを知った場合

---

c　特定の保証業者との保証契約の締結を貸付けに係る契約の締結の通常の条件とすることとなった場合

---

d　他人から貸付けに係る契約に基づく債権の譲渡を受けた場合

選択肢

①1個　②2個　③3個　④4個

解答欄

①◯　②◯　③◯　④◯

分野別出題率

開始・廃業・譲渡等の届出と義務者からの出題状況

解答　解説

ｂ・ｃは該当するが，ａ・ｄは該当しない。よって，正解は②となる。

ａ　該当しない。日本国外において合弁事業として金銭の貸付けを行うこととなった場合，届出事由はない。

（貸金業法24条の６の２）

ｂ　該当する。

（貸金業法24条の６の２第４号，貸金業法施行規則26条の25第１項４号）

ｃ　該当する。

（貸金業法24条の６の２第４号，貸金業法施行規則26条の25第１項５号）

ｄ　該当しない。貸付けに係る契約に基づく債権を他人に譲渡した場合には，その旨をその登録をした内閣総理大臣または都道府県知事に届け出なければならないが，貸付けに係る契約に基づく債権の譲渡を受けた場合には届け出る必要はない。

（貸金業法24条の６の２第４号，貸金業法施行規則26条の25第１項３号）

1-22 届出Ⅶ（開始等）

第13回・問題14

貸金業法第24条の6の2（開始等の届出）に関する次の①～④の記述のうち，その内容が適切なものを1つだけ選び，解答欄にその番号をマークしなさい。

① 貸金業者は，貸付けに係る契約に基づく債権を他人に譲渡した場合（法令の規定により貸金業法第24条（債権譲渡等の規制）の規定を適用しないこととされる場合を除く。），その日から2週間以内に，その旨をその登録をした内閣総理大臣又は都道府県知事（以下，本問において「登録行政庁」という。）に届け出なければならないが，貸付けに係る契約に基づく債権を他人から譲り受けた場合は，登録行政庁に届け出る必要はない。

② 貸金業者は，指定信用情報機関と信用情報提供契約を締結した場合，その日から2週間以内に，その旨を登録行政庁に届け出なければならないが，当該信用情報提供契約を終了した場合は，登録行政庁に届け出る必要はない。

③ 貸金業者は，第三者に貸金業の業務の委託を行った場合，その日から2週間以内に，その旨を登録行政庁に届け出なければならないが，当該業務の委託を行わなくなった場合は，登録行政庁に届け出る必要はない。

④ 貸金業者は，貸金業協会に加入した場合，その日から2週間以内に，その旨を登録行政庁に届け出なければならないが，貸金業協会を脱退した場合は，登録行政庁に届け出る必要はない。

解答欄

①◯　②◯　③◯　④◯

チャレンジ問題

第12回・問題15

●貸金業者は，営業所又は事務所に置いていた貸金業務取扱主任者が急死し，貸金業法第12条の3（貸金業務取扱主任者の設置）に規定する要件を欠くこととなった場合，その日から30日以内に，その旨をその登録をした内閣総理大臣又は都道府県知事に届け出なければならない。

分野別出題率

開始・廃業・譲渡等の届出と義務者からの出題状況

①は適切であるが，②・③・④は不適切である。よって，正解は①となる。

① 適切である。

（貸金業法24条の６の２第４号，貸金業法施行規則26条の25第１項３号，２項）

② 不適切である。指定信用情報機関との信用情報提供契約が終了した場合も，その日から２週間以内にその旨を登録行政庁に届け出なければならない。

（貸金業法24条の６の２第２号，貸金業法施行規則26条の25第２項）

③ 不適切である。第三者に貸金業の業務の委託を行った場合だけでなく，当該業務の委託を行わなくなった場合も，その日から２週間以内にその旨を登録行政庁に届け出なければならない。

（貸金業法24条の６の２第４号，貸金業法施行規則26条の25第１項６号，２項）

④ 不適切である。貸金業協会に加入した場合だけでなく，貸金業協会を脱退した場合も，その日から２週間以内にその旨を登録行政庁に届け出なければならない。

（貸金業法24条の６の２第４号，貸金業法施行規則26条の25第１項７号，２項）

チャレンジ問題・解答

× 不適切である。予見しがたい事由により，営業所における貸金業務取扱主任者の数が貸金業法上必要な人数を下回った場合は，その日から２週間以内に，登録行政庁に届け出る必要がある。

（貸金業法24条の６の２，貸金業法施行規則26条の25第１項１号，２項）

1-23 届出Ⅷ（開始等）

第16回・問題24

貸金業法第24条の6の2（開始等の届出）に関する次の①～④の記述のうち，その内容が**適切でない**ものを1つだけ選び，解答欄にその番号をマークしなさい。

① 貸金業者は，貸金業協会に加入又は脱退した場合，その日から2週間以内に，その旨をその登録をした内閣総理大臣又は都道府県知事（以下，本問において「登録行政庁」という。）に届け出なければならない。

② 貸金業者は，特定の保証業者との保証契約の締結を貸付けに係る契約の締結の通常の条件とすることとなった場合，その日から2週間以内に，その旨を登録行政庁に届け出なければならない。

③ 貸金業者は，第三者に貸金業の業務の委託を行った場合又は当該業務の委託を行わなくなった場合，その日から2週間以内に，その旨を登録行政庁に届け出なければならない。

④ 貸金業者は，貸付けに係る契約に基づく債権を他人から譲り受けた場合，その日から2週間以内に，その旨を登録行政庁に届け出なければならない。

解答欄

①◯ ②◯ ③◯ ④◯

チャレンジ問題

第10回・問題26(改)

●貸金業者は，純資産額が貸金業の業務を適正に実施するため必要かつ適当なものとして政令で定める金額を下回り貸金業法第6条（登録の拒否）第1項第14号に該当するに至ったことを知ったときは，内閣府令で定めるところにより，その旨をその登録をした内閣総理大臣又は都道府県知事（登録行政庁）に届け出なければならない。

分野別出題率

開始・廃業・譲渡等の届出と義務者からの出題状況

①・②・③は適切であるが，④は不適切である。よって，正解は④となる。

① 適切である。

(貸金業法24条の６の２第４号，貸金業法施行規則26条の25第１項７号，２項)

② 適切である。

(貸金業法24条の６の２第４号，貸金業法施行規則26条の25第１項５号，２項)

③ 適切である。

(貸金業法24条の６の２第４号，貸金業法施行規則26条の25第１項６号，２項)

④ 不適切である。貸付けに係る契約に基づく債権を他人に譲渡した場合には，その日から２週間以内に登録行政庁に届け出る必要があるが，債権を譲り受けた場合には，届出の義務はない。

(貸金業法24条の６の２第４号，貸金業法施行規則26条の25第１項３号，２項)

チャレンジ問題・解答

○ 適切である。

(貸金業法24条の６の２第３号)

1 - 24 届出Ⅸ（廃業）

第 15 回・問題 3

貸金業法第10条（廃業等の届出）に関する次の①～④の記述のうち，その内容が適切なものを１つだけ選び，解答欄にその番号をマークしなさい。

① 株式会社である貸金業者がその株主総会における解散決議により解散した場合，当該株式会社の貸金業の登録は，その清算人がその旨をその登録をした内閣総理大臣又は都道府県知事（以下，本問において「登録行政庁」という。）に届け出た時に，その効力を失う。

② 株式会社である貸金業者が合併により消滅した場合，合併による存続会社又は新設会社を代表する役員は，その日から30日以内に，その旨を登録行政庁に届け出なければならない。

③ 個人である貸金業者について破産手続開始の決定があった場合，当該個人は，その日から30日以内に，その旨を登録行政庁に届け出なければならない。

④ 個人である貸金業者が死亡した場合においては，相続人（相続人が２人以上ある場合において，その全員の同意により事業を承継すべき相続人を選定したときは，その者）は，被相続人の死亡後60日間（当該期間内に貸金業法第６条第１項の規定による登録の拒否の処分があったときは，その日までの間）は，引き続き貸金業を営むことができる。

解答欄

①◯ ②◯ ③◯ ④◯

チャレンジ問題

第 13 回・問題 3

●貸金業者である法人がその貸金業を廃止した。この場合，当該法人を代表する役員がその旨を登録行政庁に届け出なければ，当該法人の貸金業の登録は，その効力を失わない。

分野別出題率

開始・廃業・譲渡等の届出と義務者からの出題状況

直近3回の出題率	直近5回の出題率	直近10回の出題率
100%	100%	100%

解答 解説

④は適切であるが，①・②・③は不適切である。よって，正解は④となる。 

① **不適切**である。法人が合併および破産手続開始の決定以外の理由により解散（人格のない社団または財団にあっては，解散に相当する行為）をした場合は，清算人が登録行政庁に対して届出をすることとされているが，貸金業法３条１項の貸金業登録の効力は，届出をする前の解散時に失うとされている。

（貸金業法10条１項４号，２項）

② **不適切**である。貸金業者の合併の場合，届け出なければならないのは，消滅した会社を代表する役員であった者である。

（貸金業法10条１項２号）

③ **不適切**である。破産手続開始の決定があった場合の届出義務は，貸金業者ではなく破産管財人にある。なお，株式会社である貸金業者において，その取締役が破産手続開始の決定を受けたとしても，それを登録行政庁に届け出る義務はない。

（貸金業法10条１項３号）

④ **適切**である。なお，個人である貸金業者が死亡した場合には，相続人がその事実を知った日から30日以内に登録行政庁に届出をする必要がある。

（貸金業法10条１項１号，３項）

チャレンジ問題・解答

× **不適切**である。貸金業を廃止した場合には，貸金業者であった個人または貸金業者であった法人を代表する役員が，廃業等の届出義務を負う。ただし，届出義務者が届出を行わなかったとしても，廃止の時点で登録の効力は失われる。

（貸金業法10条１項５号，２項）

1-25 届出X（廃業）

第18回・問題18

貸金業法第10条（廃業等の届出）に関する次の①～④の記述のうち，その内容が**適切でない**ものを１つだけ選び，解答欄にその番号をマークしなさい。

---

① 貸金業者であるＡ株式会社が破産手続開始の申立てを行った場合，Ａ社は，当該申立てを行った日から30日以内に，その旨を貸金業の登録をした内閣総理大臣又は都道府県知事（以下，本問において「登録行政庁」という。）に届け出なければならない。

---

② 個人である貸金業者Ｂが死亡した場合，その相続人Ｃは，Ｂが死亡したことを知った日から30日以内に，その旨を登録行政庁に届け出なければならない。

---

③ 貸金業者であるＤ株式会社がＥ株式会社との合併により消滅した場合，Ｄ社の代表取締役であったＦは，当該合併によりＤ社が消滅した日から30日以内に，その旨を登録行政庁に届け出なければならない。

---

④ 貸金業者であるＧ株式会社が金融サービスの提供に関する法律第12条の登録（貸金業貸付媒介業務の種別に係るものに限る。）を受けた場合，Ｇ社は，当該登録を受けた日から30日以内に，その旨を登録行政庁に届け出なければならない。

解答欄

①〇　②〇　③〇　④〇

チャレンジ問題

第9回・問題18

●法人である貸金業者について再生手続開始の決定があった場合，その法人を代表する役員は，その旨を貸金業の登録をした内閣総理大臣又は都道府県知事（登録行政庁）に届け出なければならない。

分野別出題率

開始・廃業・譲渡等の届出と義務者からの出題状況

直近３回の出題率 100%

直近５回の出題率 100%

直近10回の出題率 100%

②・③・④は適切であるが，①は不適切である。よって，正解は①となる。

① 不適切である。届け出義務者は，会社ではなく，破産管財人になる。

(貸金業法10条１項３号)

② 適切である。

(貸金業法10条１項１号)

③ 適切である。法人が合併により消滅した場合には，「その法人を代表する役員であつた者」が届出義務者となる。

(貸金業法10条１項２号)

④ 適切である。

(貸金業法10条１項６号)

チャレンジ問題・解答

× 不適切である。法人である貸金業者について，再生手続開始の決定があった場合，登録行政庁に対して届出を行うとはされていない。

※ (i) 合併により消滅した場合，(ii) 破産手続開始の決定があった場合，(iii) 合併および破産手続開始の決定以外の理由により解散をした場合，(iv) 貸金業を廃止した場合などは，登録行政庁に対して届出を行うとされている。

(貸金業法10条１項)

1-26 外部委託Ⅰ（第三者委託）

第15回・問題4

貸金業者向けの総合的な監督指針において，監督当局が，外部委託（貸金業者が貸金業の業務を第三者に委託すること）について貸金業者を監督するに当たって留意するものとされている事項に関する次の①～④の記述のうち，その内容が適切なものを１つだけ選び，解答欄にその番号をマークしなさい。

① 外部委託には，形式上，外部委託契約が結ばれていなくともその実態において外部委託と同視しうる場合や当該外部委託された業務等が海外で行われる場合も含まれる。

② 委託業務に関して契約どおりサービスの提供が受けられず，顧客利便に支障が生じるおそれがある場合，直ちに外部委託先を変更して変更後の外部委託先に対応させるための態勢を整備しているか。

③ 外部委託先において漏えい事故等が発生した場合に，適切な対応がなされ，速やかに外部委託先から監督当局に報告される体制になっていることを確認しているか。

④ 二段階以上の委託が行われた場合であっても，再委託先等の事業者に対して貸金業者自身による直接の監督を行い，外部委託先に対して再委託先等の事業者への監督を行わせないような措置が講じられているか。

解答欄

①◯　②◯　③◯　④◯

チャレンジ問題

第9回・問題3

- 委託先における目的外使用の禁止も含めて顧客等に関する情報管理が整備されており，委託先に守秘義務が課せられているか。
- 委託業務に関する苦情について，資金需要者等から外部委託先の責任者への直接連絡を徹底し委託元である貸金業者に連絡することがない体制が整備されているか。

分野別出題率

業務の第三者委託からの出題状況

直近３回の出題率 **33%**

直近５回の出題率 **40%**

直近10回の出題率 **50%**

①は適切であるが，②・③・④は不適切である。よって，正解は①となる。

① **適切**である。

（監督指針Ⅱ－２－３（１）③（注））

② **不適切**である。委託業務に関して契約どおりサービスの提供が受けられない場合，委託先の変更ではなく，「貸金業者は顧客利便に支障が生じることを未然に防止するための態勢を整備しているか」が監督上の留意点とされている。

（監督指針Ⅱ－２－３（１）④）

③ **不適切**である。外部委託先において漏えい事故等が発生した場合には「速やかに委託元に報告される体制になっていることを確認しているか」が監督上の着眼点とされている。

（監督指針Ⅱ－２－３（１）⑧）

④ **不適切**である。２段階以上の委託が行われた場合には，「外部委託先が再委託先等の事業者に対して十分な監督を行っているかについて確認しているか。また，必要に応じ，再委託先等の事業者に対して貸金業者自身による直接の監督を行っているか」が監督上の着眼点とされている。

（監督指針Ⅱ－２－３（１）⑩）

チャレンジ問題・解答

○ **適切**である。 **（監督指針Ⅱ－２－３（１）⑤）**

× **不適切**である。監督当局は，「委託業務に関する苦情等について，資金需要者等から委託元である貸金業者への直接の連絡体制を設けるなど適切な苦情相談態勢が整備されているか」を留意すべき事項としている。

（監督指針Ⅱ－２－３（１）⑪）

1-27 外部委託Ⅱ（第三者委託）

第17回・問題4

次のa～dの記述のうち，貸金業法施行規則第10条の5（委託業務の的確な遂行を確保するための措置）の規定により，貸金業者が，貸金業の業務を第三者に委託する場合において，当該業務の内容に応じて講じなければならない措置として適切なものの個数を①～④の中から1つだけ選び，解答欄にその番号をマークしなさい。

a　当該業務を的確，公正かつ効率的に遂行することができる能力を有する者に委託するための措置

b　当該業務の委託を受けた者（以下，本問において「受託者」という。）における当該業務の実施状況を，定期的に又は必要に応じて確認すること等により，受託者が当該業務を的確に遂行しているかを検証し，必要に応じ改善させる等，受託者に対する必要かつ適切な監督等を行うための措置

c　受託者が当該業務を適切に行うことができない事態が生じた場合には，他の適切な第三者に当該業務を速やかに委託する等，当該業務に係る資金需要者等の保護に支障が生じること等を防止するための措置

d　貸金業者の業務の健全かつ適切な運営を確保し，当該業務に係る資金需要者等の保護を図るため必要がある場合には，当該業務の委託に係る契約の変更又は解除をする等の必要な措置を講ずるための措置

選択肢

①1個　②2個　③3個　④4個

解答欄

①◯　②◯　③◯　④◯

分野別出題率

業務の第三者委託からの出題状況

直近3回の出題率
33%

直近5回の出題率
40%

直近10回の出題率
50%

解答　解説

a・b・c・dはすべて適切である。よって，正解は④となる。

a　適切である。

（貸金業法施行規則10条の５第１号）

b　適切である。

（貸金業法施行規則10条の５第２号）

c　適切である。

（貸金業法施行規則10条の５第４号）

d　適切である。

（貸金業法施行規則10条の５第５号）

1-28 監督指針Ⅰ（内部管理態勢）

第16回・問題4

貸金業者向けの総合的な監督指針（以下，本問において「監督指針」という。）において，監督当局が貸金業者を監督するに当たっての主な着眼点とされている事項に関する次のa～dの記述のうち，その内容が適切なものの組み合わせを①～④の中から1つだけ選び，解答欄にその番号をマークしなさい。

a　監督指針によれば，社内規則等(注)については，貸金業者のそれぞれの規模・特性に応じて，創意・工夫を生かし，法令及び法の趣旨を踏まえ自主的に策定する必要があるとされており，協会員が策定する社内規則等は，貸金業協会の自主規制規則に則った内容となっている必要があるが，非協会員が策定する社内規則等は，その独自性に配慮し，貸金業協会の策定する自主規制規則に則った内容である必要はないこと，などが着眼点とされている。

b　監督指針によれば，「内部管理部門」とは，法令及び社内規則等を遵守した業務運営を確保するための内部事務管理部署，法務部署等をいうが，内部管理部門において、業務運営全般に関し，法令及び社内規則等に則った適正な業務を遂行するための適切なモニタリング・検証が行われているか，また，重大な問題等を確認した場合，経営陣に対し適切に報告が行われているか，などが着眼点とされている。

c　監督指針によれば，他に貸金業の業務に従事する者がいない個人の貸金業者においては，当該個人が貸金業法に規定された主任者（同法第24条の25第1項の登録を受けた貸金業務取扱主任者をいう。）であることをかんがみ，内部監査に代わる措置として自己の行う貸金業に関する業務の検証を行う場合には，自己検証を実施する頻度が少なくとも年3回以上となっているか等の点を踏まえ，業務の適切性を確保するために十分な態勢を整備しているか，などが着眼点とされている。

d　監督指針によれば，貸金業者の経営陣は，利益相反が生じる可能性のある業務に係る内部牽制や営業店長の権限に応じた監視などについて，内部管理部門が顧客対応を行う部署に対し，適切な業務運営を確保するためのモニタリング・検証及び改善策の策定等を行う態勢を整備しているか，などが着眼点とされている。

（注）　社内規則等とは，貸金業協会の定款，業務規程，その他の規則を考慮し，当該貸金業者又はその役員もしくは使用人が遵守すべき規則をいう。

選択肢

①ａｂ　②ａｃ　③ｂｄ　④ｃｄ

解答欄

①◯　②◯　③◯　④◯

分野別出題率

内部管理態勢の整備からの出題状況

直近３回の出題率 **67%**

直近５回の出題率 **60%**

直近10回の出題率 **40%**

b・dは適切であるが，a・cは不適切である。よって，正解は③となる。

a　不適切である。監督指針は，「基本的には，非協会員にも同水準の社内規則等の整備を求める」としており，「非協会員の社内規則等については，「Ⅱ．貸金業者の監督に当たっての評価項目」の各項目の主な着眼点に加え，協会の自主規制規則の水準に則った適切な社内規則等の作成・変更を命じることとする」としている。

(監督指針Ⅰ－２，Ⅲ－１－２)

b　適切である。なお，営業部門から独立した検査部署，監査部署等は「内部監査部門」であり，内部管理の一環として被監査部門等が実施する検査等を含まないとされている。

(監督指針Ⅱ－１（１）①（注），⑤)

c　不適切である。監督指針によれば，他に貸金業の業務に従事する者がいない個人の貸金業者の場合，「自己検証を実施する頻度が，少なくとも月１回以上となっているか」などの点を踏まえ，「業務の適切性を確保するために十分な態勢を整備しているか」を着眼点としている。

(監督指針Ⅱ－１（１）⑥ハｃ)

d　適切である。

(監督指針Ⅱ－１（１）②)

1-29 監督指針Ⅱ（内部管理態勢）

第18回・問題19

貸金業者向けの総合的な監督指針（以下，本問において「監督指針」という。）における経営管理等及び業務の適切性に関する次の①～④の記述のうち，その内容が**適切でない**ものを１つだけ選び，解答欄にその番号をマークしなさい。

---

① 監督指針では，社内規則等については，貸金業者のそれぞれの規模・特性に応じて，創意・工夫を生かし，法令及び法の趣旨を踏まえ自主的に策定する必要があるが，その内容については貸金業協会の策定する自主規制規則に則った内容が求められるとされている。

---

② 監督指針では，適切な内部監査態勢構築の観点から，他に貸金業の業務に従事する者がいない個人の貸金業者においては，当該個人が貸金業法に規定された貸金業務取扱主任者であることをかんがみ，内部監査に代わる措置として自己の行う貸金業に関する業務の検証を行う場合には，自己検証を実施する頻度が少なくとも年１回以上となっているか等を踏まえ，業務の適切性を確保するために十分な態勢を整備しているか，等が着眼点とされている。

---

③ 監督指針では，貸金業者が貸金市場の担い手としての自らの役割を十分に認識して，法令及び社内規則等を厳格に遵守し，健全かつ適切な業務運営に努めることは，貸金業者に対する資金需要者等からの信頼を確立することとなり，ひいては貸金市場の健全性を確保する上で極めて重要であるとされている。

---

④ 監督指針では，金融機関においては，経営者保証に関し，経営者保証に関するガイドライン（以下，本問において「ガイドライン」という。）の趣旨や内容を十分に踏まえた適切な対応を行うことにより，ガイドラインを融資慣行として浸透・定着させていくことが求められている。

解答欄

①○　②○　③○　④○

分野別出題率

内部管理態勢の整備からの出題状況

直近3回の出題率

67%

直近5回の出題率

60%

直近10回の出題率

40%

①・③・④は適切であるが，②は不適切である。よって，正解は②となる。

① 適切である。

(監督指針Ⅱ－２－１本文)

② 不適切である。内部監査に代わる措置として，自己で検証を行う場合には，自己検証を実施するために十分な時間を確保すること，自己検証リスト等に基づき自己検証項目を設定すること，自己検証の頻度は少なくとも月１回以上とすること，実施した自己検証を記録し，少なくとも３年間保存することが求められている。

(監督指針Ⅱ－１（１）⑥ハ)

③ 適切である。

(監督指針Ⅱ－２－１本文)

④ 適切である。

(監督指針Ⅱ－２－13－３本文)

1-30 監督指針Ⅲ（内部管理態勢）

第17回・問題5

貸金業における金融ADR制度に関する次のa～dの記述のうち，その内容が適切なものの組み合わせを①～④の中から1つだけ選び，解答欄にその番号をマークしなさい。

a　貸金業者は，指定紛争解決機関である日本貸金業協会に加入していない場合，当該協会との手続実施基本契約を締結する措置に代えて内閣府令で定める貸金業務に関する苦情処理措置及び紛争解決措置を講じなければならない。

b　貸金業者は，貸金業法第12条の２の２（指定紛争解決機関との契約締結義務等）第１項の規定により手続実施基本契約を締結する措置を講じた場合には，当該手続実施基本契約の相手方である指定紛争解決機関の商号又は名称を公表しなければならない。

c　紛争解決委員は，紛争解決手続において，貸金業務関連紛争の解決に必要な和解案を作成し，当事者に対し，その受諾を勧告することができ，加入貸金業者(注)は，紛争解決委員から和解案が提示され，受諾を勧告されたときは，これを拒否することはできない。

d　指定紛争解決機関は，当事者である加入貸金業者に係る資金需要者等の申出があるときは，紛争解決手続における和解で定められた義務の履行状況を調査し，当該加入貸金業者に対して，その義務の履行を勧告することができる。

（注）　加入貸金業者とは，指定紛争解決機関と手続実施基本契約を締結した貸金業者をいう。

選択肢

①ａｂ　②ａｃ　③ｂｄ　④ｃｄ

解答欄

①○　②○　③○　④○

分野別出題率

内部管理態勢の整備からの出題状況

直近３回の出題率 67%

直近５回の出題率 60%

直近10回の出題率 40%

b・dは適切であるが，a・cは不適切である。よって，正解は③となる。

a　不適切である。本肢は，指定紛争解決機関がない場合に講じなければならない措置である。現在，貸金業法上の指定紛争解決機関として日本貸金業協会が指定を受けているため，貸金業者は日本貸金業協会との間で手続実施基本契約を締結する義務がある。

(貸金業法12条の２の２第１項２号)

b　適切である。

(貸金業法12条の２の２第２項)

c　不適切である。和解案に当事者双方が受諾した場合には和解が成立するが，当事者は和解案を受諾することは強制されない。

(紛争解決等業務に関する規則89条)

d　適切である。

(紛争解決等業務に関する規則98条４項)

1 - 31 監督指針Ⅳ（反社対応）

第18回・問題3

貸金業者向けの総合的な監督指針における反社会的勢力による被害の防止について，監督当局が貸金業者を監督するに当たって留意することとされている事項に関する次のa～dの記述のうち，その内容が**適切なもの**の個数を①～④の中から1つだけ選び，解答欄にその番号をマークしなさい。

---

a　反社会的勢力との関係を遮断するための対応を総括する部署（以下，本問において「反社会的勢力対応部署」という。）を整備し，反社会的勢力による被害を防止するための一元的な管理態勢が構築され，機能しているか。一元的な管理態勢の構築に当たっては，反社会的勢力対応部署において反社会的勢力に関する情報を積極的に収集・分析するとともに，当該情報を一元的に管理したデータベースを構築し，適切に更新（情報の追加，削除，変更等）する体制となっているか。

---

b　反社会的勢力との取引を未然に防止するため，反社会的勢力に関する情報等を活用した適切な事前審査を実施するとともに，契約書や取引約款への暴力団排除条項の導入を徹底するなど，反社会的勢力が取引先となることを防止しているか。

---

c　反社会的勢力との取引が判明した場合，直ちに取引を解消することは，貸金業者が回収不能による経済的損失を被り，当該回収不能の結果として反社会的勢力が利益を得ることとなるほか，役職員の安全が脅かされる等不測の事態が危惧されるため，弁済が滞る又は不当な要求行為等があるまで，契約解消は行わないこととしているか。

---

d　反社会的勢力からの不当要求に対しては，あらゆる民事上の法的対抗手段を講ずるとともに，積極的に被害届を提出するなど，刑事事件化も躊躇しない対応を行うこととしているか。

選択肢

①1個　②2個　③3個　④4個

解答欄

①〇　②〇　③〇　④〇

分野別出題率

反社対応からの出題状況

a・b・dは適切であるが，bは不適切である。よって，正解は③となる。 

a　適切である。

(監督指針Ⅱ－２－６　(１) ②柱書，イ)

b　適切である。

(監督指針Ⅱ－２－６　(１) ③)

c　不適切である。監督指針では，「事後検証の実施等により，取引開始後に取引の相手方が反社会的勢力であると判明した場合には，可能な限り回収を図るなど，反社会的勢力への利益供与にならないよう配意しているか」が留意事項とされている。

(監督指針Ⅱ－２－６（１）⑤ハ)

d　適切である。

(監督指針Ⅱ－２－６　(１) ⑥ハ)

1-32 監督指針Ⅴ（反社対応）

第15回・問題19

貸金業者向けの総合的な監督指針における反社会的勢力による被害の防止に関する次の①～④の記述のうち，その内容が**適切でない**ものを1つだけ選び，解答欄にその番号をマークしなさい。

① 反社会的勢力による不当要求への対処として，反社会的勢力からの不当要求があった場合には積極的に警察・暴力追放運動推進センター・弁護士等の外部専門機関に相談するとともに，暴力追放運動推進センター等が示している不当要求対応要領等を踏まえた対応を行うこととしているか。特に，脅迫・暴力行為の危険性が高く緊急を要する場合には直ちに警察に通報を行うこととしているか。

② 反社会的勢力との関係を遮断するための対応を総括する部署において，反社会的勢力による被害を防止するための一元的な管理態勢が構築され，反社会的勢力に関する情報を積極的に収集・分析するとともに，当該情報を一元的に管理したデータベースを構築し，適切に更新する体制となっているか。ただし，当該情報の収集・分析等に際し，グループ内で情報の共有をすることは，個人情報の保護に関する法律への抵触を避けるために，行わないこととしているか。

③ 反社会的勢力との取引を未然に防止するため，反社会的勢力に関する情報等を活用した適切な事前審査を実施するとともに，契約書や取引約款への暴力団排除条項の導入を徹底するなど，反社会的勢力が取引先となることを防止しているか。また，提携ローンについては，暴力団排除条項の導入を徹底の上，貸金業者が自ら事前審査を実施する体制を整備し，かつ，提携先の信販会社における暴力団排除条項の導入状況や反社会的勢力に関するデータベースの整備状況等を検証する態勢となっているか。

④ 反社会的勢力との取引解消に向けた取組みとして，いかなる理由であれ，反社会的勢力であることが判明した場合には，資金提供や不適切・異例な取引を行わない態勢を整備しているか。

解答欄

①◯ ②◯ ③◯ ④◯

分野別出題率

反社対応からの出題状況

直近3回の出題率 **33%**

直近5回の出題率 **40%**

直近10回の出題率 **30%**

解答 解説

①・③・④は適切であるが，②は不適切である。よって，正解は②となる。

① **適切**である。

(監督指針Ⅱ－2－6（1）⑥ロ)

② **不適切**である。監督指針では，グループ内の共有について「また，当該情報の収集・分析等に際しては，グループ内で情報の共有に努め，業界団体等から提供された情報を積極的に活用しているか」と規定されている。個人情報保護法においても，反社情報の共同利用は第三者提供の原則禁止の例外として認められている。

(監督指針Ⅱ－2－6（1）②イ)

③ **適切**である。

(監督指針Ⅱ－2－6（1）③)

④ **適切**である。

(監督指針Ⅱ－2－6（1）⑤ニ)

1-33 監督指針Ⅵ（情報管理態勢）

第16回・問題16

貸金業者向けの総合的な監督指針において，顧客等に関する情報管理態勢について，監督当局が，貸金業者の監督に当たって留意するものとされている事項に関する次の①～④の記述のうち，その内容が**適切でない**ものを1つだけ選び，解答欄にその番号をマークしなさい。

① クレジットカード情報等について，利用目的その他の事情を勘案した適切な保存期間を設定し，保存場所を限定し，保存期間経過後適切かつ速やかに廃棄しているか。業務上必要とする場合を除き，クレジットカード情報等をコンピューター画面に表示する際には，カード番号を全て表示させない等の適切な措置を講じているか。独立した内部監査部門において，クレジットカード情報等を保護するためのルール及びシステムが有効に機能しているかについて，定期的又は随時に内部監査を行っているか。

② 法人関係情報を利用したインサイダー取引等の不公正な取引の防止に係る着眼点として，法人関係情報を入手し得る立場にある役職員が当該法人関係情報に関連する有価証券の売買その他の取引等を行った際には報告を義務付ける等，不公正な取引を防止するための適切な措置を講じているか。

③ 個人データの第三者提供に関して，特に，その業務の性質や方法に応じて，第三者提供の同意の取得にあたって，優越的地位の濫用や個人である資金需要者等との利益相反等の弊害が生じるおそれがないよう留意しているか。例えば，個人である資金需要者等が，第三者提供先や第三者提供先における利用目的，提供される情報の内容について，過剰な範囲の同意を強いられる等していないか。

④ 顧客等に関する情報管理態勢に係る着眼点として，顧客等に関する情報へのアクセス管理の権限等を複数の役職員に分散させることなく特定の役職員に集中させ，幅広い権限等を有する当該特定の役職員の責任において適切な管理を行わせる等，顧客等に関する情報を利用した不正行為を防止するための適切な措置を図っているか。

解答欄

①◯　②◯　③◯　④◯

分野別出題率

情報管理態勢からの出題状況

直近3回の出題率 **33%**

直近5回の出題率 **20%**

直近10回の出題率 **40%**

解答 解説

①・②・③は適切であるが，④は不適切である。よって，正解は④となる。

① **適切**である。

（監督指針Ⅱ－２－２（１）②ハｃ）

② **適切**である。

（監督指針Ⅱ－２－２（１）②ニｂ）

③ **適切**である。

（監督指針Ⅱ－２－２（１）④ニ）

④ **不適切**である。「特定役職員に集中する権限等の分散や，幅広い権限等を有する役職員への管理・けん制の強化を図る等，顧客等に関する情報を利用した不正行為を防止するための適切な措置を図っているか」とされている。

（監督指針Ⅱ－２－２（１）②ロａ）

1-34 監督指針Ⅶ（情報管理態勢）

第10回・問題18

貸金業者向けの総合的な監督指針において，顧客等に関する情報管理態勢について，監督当局が，貸金業者の監督に当たって留意するものとされている事項に関する次の①～④の記述のうち，その内容が**適切でない**ものを１つだけ選び，解答欄にその番号をマークしなさい。

---

① 社内規則等において，法令及び貸金業協会の自主規制規則等を踏まえ，適切な顧客等に関する情報管理のための方法及び組織体制の確立（部門間における適切なけん制の確保を含む。）等を具体的に定めているか。

---

② 顧客等に関する情報の漏えい等が発生した場合に，適切に責任部署へ報告され，二次被害等の発生防止の観点から，対象となった資金需要者等への説明，指定信用情報機関及び消費者委員会への報告並びに必要に応じた公表が迅速かつ適切に行われる体制が整備されているか。

---

③ クレジットカード情報等について，利用目的その他の事情を勘案した適切な保存期間を設定し，保存場所を限定し，保存期間経過後適切かつ速やかに廃棄しているか。業務上必要とする場合を除き，クレジットカード情報等をコンピューター画面に表示する際には，カード番号を全て表示させない等の適切な措置を講じているか。

---

④ 顧客等に関する情報へのアクセス管理の徹底（アクセス権限を付与された本人以外が使用することの防止等），内部関係者による顧客等に関する情報の持出しの防止に係る対策，外部からの不正アクセスからの防御等情報管理システムの堅牢化，営業所等の統廃合等を行う際の顧客等に関する情報の漏えい等の防止などの対策を含め，顧客等に関する情報の管理状況を適時・適切に検証できる態勢となっているか。

解答欄

①〇　②〇　③〇　④〇

分野別出題率

情報管理態勢からの出題状況

直近3回の出題率
33%

直近5回の出題率
20%

直近10回の出題率
40%

①・③・④は適切であるが，②は不適切である。よって，正解は②となる。

① **適切**である。

(監督指針Ⅱ－2－2（1）①)

② **不適切**である。情報漏えい等の報告先は，指定信用情報機関や消費者委員会ではなく，金融当局と規定されている。

(監督指針Ⅱ－2－2（1）②ロb)

③ **適切**である。

(監督指針Ⅱ－2－2（1）②ハc)

④ **適切**である。

(監督指針Ⅱ－2－2（1）②ロa)

1 - 35 監督指針Ⅷ（システムリスク管理態勢）

第14回・問題21

貸金業者向けの総合的な監督指針（以下，本問において「監督指針」という。）におけるシステムリスク管理態勢に関する次の①～④の記述のうち，サイバー攻撃に備えた多段階のサイバーセキュリティ対策として列挙されている入口対策，内部対策，出口対策の例として，その内容が監督指針の記載に**合致しない**ものを1つだけ選び，解答欄にその番号をマークしなさい。

① ファイアウォールの設置，抗ウィルスソフトの導入，不正侵入検知システム・不正侵入防止システムの導入

② 特権ID・パスワードの適切な管理，不要なIDの削除，特定コマンドの実行監視

③ システム部門から独立した内部監査部門による実効性のある内部監査，外部監査人による第三者評価

④ 通信ログ・イベントログ等の取得と分析，不適切な通信の検知・遮断

解答欄

①◯ ②◯ ③◯ ④◯

チャレンジ問題

第11回・問題17

●貸金業務に影響を及ぼすシステム障害が発生した場合，監督当局は，直ちに，貸金業法第24条の6の4に基づく業務停止命令を発出するものとし，更に，資金需要者等の利益の保護の観点から重大な問題があると認められるときには，同法第24条の6の3に基づく業務改善命令を発出するとともに，同法第24条の6の10に基づき追加の報告を求めるものとする。

分野別出題率

システムリスク管理態勢からの出題状況

①・②・④は合致するが，③は合致しない。よって，正解は③となる。

① **合致する**。サイバー攻撃に備えた入口対策に関する記述である。

(監督指針Ⅱ－２－４（１）⑤ハ)

② **合致する**。サイバー攻撃に備えた内部対策に関する記述である。

(監督指針Ⅱ－２－４（１）⑤ハ)

③ **合致しない**。サイバー攻撃に備えた入口対策，内部対策，出口対策ではなく，システム監査に関する記述である。

(監督指針Ⅱ－２－４（１）⑦)

④ **合致する**。サイバー攻撃に備えた出口対策に関する記述である。

(監督指針Ⅱ－２－４（１）⑤ハ)

チャレンジ問題・解答

× **不適切**である。障害発生時の監督当局の対応については，まず，必要に応じて貸金業法24条の６の10に基づき追加の報告を求め，資金需要者等の利益の保護の観点から重大な問題があると認められるときには，同法24条の６の３に基づく業務改善命令を発出する等の対応を行うものとされている。

さらに，重大・悪質な法令違反行為が認められる等のときには，貸金業法24条の６の４に基づく業務停止命令等の発出も含め，必要な対応を検討するものとされている。

(監督指針Ⅱ－２－４（２）②ロ)

1-36 監督指針Ⅸ（システムリスク管理態勢）

第13回・問題4

貸金業者向けの総合的な監督指針（以下，本問において「監督指針」という。）におけるシステムリスク管理態勢に関する次のa～dの記述のうち，その内容が監督指針の記載に合致するものの組み合わせを①～④の中から1つだけ選び，解答欄にその番号をマークしなさい。

a 「サイバーセキュリティ事案」とは，情報通信ネットワークや情報システム等の悪用により，サイバー空間を経由して行われる不正侵入，情報の窃取，改ざんや破壊，情報システムの作動停止や誤作動等のサイバー攻撃のほか，データセンター建屋への不正侵入といったサイバー空間を経由せずに行われる行為等のセキュリティが脅かされる事案をいう。

b サイバーセキュリティについて，組織体制の整備，社内規程の策定のほか，サイバー攻撃に対する監視体制，サイバー攻撃を受けた際の報告及び広報体制，組織内CSIRT（Computer Security Incident Response Team）等の緊急時対応及び早期警戒のための体制，情報共有機関等を通じた情報収集・共有体制等のようなサイバーセキュリティ管理態勢の整備を図っているか。

c コンティンジェンシープランは，他の貸金業者におけるシステム障害等の事例を考慮することなく自社の貸金業務の実態やシステム環境等に即して作成及び見直しを実施し，その実効性が維持される態勢となっているか。

d 外部委託契約において，外部委託先との役割分担・責任，監査権限，再委託手続，提供されるサービス水準等を定めているか。また，外部委託先の役職員が遵守すべきルールやセキュリティ要件を外部委託先へ提示し，契約書等に明記しているか。

選択肢

①ab　②ac　③bd　④cd

解答欄

①○　②○　③○　④○

チャレンジ問題

第11回・問題17

●障害発生時の対応として，システム障害等が発生した場合に，資金需要者等に無用の混乱を生じさせないための適切な措置を講じているか。また，システム障害等の発生に備え，最悪のシナリオを想定した上で，必要な対応を行う態勢となっているか。

分野別出題率

システムリスク管理態勢からの出題状況

直近3回の出題率 33%

直近5回の出題率 40%

直近10回の出題率 50%

b・dは合致するが，a・cは合致しない。よって，正解は③となる。

a　合致しない。サイバーセキュリティ事案とは，「情報通信ネットワークや情報システム等の悪用により，サイバー空間を経由して行われる不正侵入，情報の窃取，改ざんや破壊，情報システムの作動停止や誤作動，不正プログラムの実行やDDoS攻撃等の，いわゆる「サイバー攻撃」により，サイバーセキュリティが脅かされる事案をいう」とされており，データセンター建屋の不正侵入といった，サイバー空間を経由せずに行われる行為等は該当しない。

（監督指針Ⅱ－２－４（注））

b　合致する。

（監督指針Ⅱ－２－４（１）⑤ロ）

c　合致しない。コンティンジェンシープランについては，「他の貸金業者におけるシステム障害等の事例や中央防災会議等の検討結果を踏まえるなど，想定シナリオの見直しを適宜行っているか」が監督上の着眼点とされている。

（監督指針Ⅱ－２－４（１）⑨ホ）

d　合致する。

（監督指針Ⅱ－２－４（１）⑧ロ）

チャレンジ問題・解答

○　適切である。

（監督指針Ⅱ－２－４（１）⑩イ）

1-37 監督指針X（システムリスク管理態勢）

第17回・問題19

貸金業者向けの総合的な監督指針におけるシステムリスク管理態勢に関する次の①〜④の記述のうち，その内容が**適切でない**ものを1つだけ選び，解答欄にその番号をマークしなさい。

① サイバーセキュリティ事案とは，情報通信ネットワークや情報システム等の悪用により，サイバー空間を経由して行われる不正侵入，情報の窃取，改ざんや破壊，情報システムの作動停止や誤作動，不正プログラムの実行やDDoS攻撃等の，いわゆるサイバー攻撃により，サイバーセキュリティが脅かされる事案をいう。

② システムリスク管理態勢の検証については，貸金業者の業容に応じて，例えば，システムリスクに対する認識等として，経営陣は，システムリスクの重要性を十分に認識した上で，システムを統括管理する役員を定めているかに留意して検証することとされている。

③ システムリスク管理態勢の検証については，貸金業者の業容に応じて，例えば，情報セキュリティ管理として，貸金業者が責任を負うべき資金需要者等の重要情報を網羅的に洗い出す必要があるが，資金需要者等の重要情報の洗い出しにあたっては，通常の業務では使用しないシステム領域に格納されたデータを除くすべてのデータ保存領域について，障害解析のためにシステムから出力された障害解析用データ，現金自動設備（店舗外含む。）等に保存されている取引ログ等のようなデータを洗い出しの対象範囲としているかに留意して検証することとされている。

④ システムリスク管理態勢の検証については，貸金業者の業容に応じて，例えば，システム監査として，システム部門から独立した内部監査部門において，システムに精通した監査要員による定期的なシステム監査が行われているか（外部監査人によるシステム監査を導入する方が監査の実効性があると考えられる場合には，内部監査に代え外部監査を利用して差し支えない。）に留意して検証することとされている。

解答欄

①○ ②○ ③○ ④○

分野別出題率

システムリスク管理態勢からの出題状況

①・②・④は適切であるが，③は不適切である。よって，正解は③となる。

---

①　適切である。

（監督指針Ⅱ－２－４（注））

---

②　適切である。

（監督指針Ⅱ－２－４（１）①ハ）

---

③　不適切である。監督指針では，資金需要者等の重要情報の洗い出しにあたっては，業務，システム，外部委託先を対象範囲とし，「通常の業務では使用しないシステム領域に格納されたデータ」「障害解析のためにシステムから出力された障害解析用データ」「現金自動設備（店舗外含む。）等に保存されている取引ログ」などのデータを洗い出しの対象範囲とすることを求めている。

（監督指針Ⅱ－２－４（１）④ニ）

---

④　適切である。

（監督指針Ⅱ－２－４（１）⑦イ）

1-38 監督指針XI（不祥事件）

第15回・問題25

貸金業者向けの総合的な監督指針（以下，本問において「監督指針」という。）における不祥事件に対する監督上の対応に関する次の①～④の記述のうち，その内容が監督指針の記載に**合致しない**ものを１つだけ選び，解答欄にその番号をマークしなさい。

---

① 監督当局は，貸金業者において不祥事件が発覚し，当該貸金業者から第一報があった場合において，刑罰法令に抵触しているおそれのある事実が認められたときは，直ちに，当該貸金業者の営業所等への立入検査を実施し，警察等関係機関等への通報を行うに当たって必要となる不祥事件に関する証拠保全が実施されていることを確認するものとする。

---

② 監督当局は，不祥事件と貸金業者の業務の適切性の関係については，「不祥事件の発覚後の対応は適切か」，「不祥事件への経営陣の関与はないか，組織的な関与はないか」，「不祥事件の内容が資金需要者等に与える影響はどうか」，「内部牽制機能が適切に発揮されているか」，「再発防止のための改善策の策定や自浄機能は十分か，関係者の責任の追及は明確に行われているか」，「資金需要者等に対する説明や問い合わせへの対応等は適切か」の着眼点に基づき検証を行うこととする。

---

③ 監督当局は，不祥事件の届出があった場合には，事実関係（当該行為が発生した営業所等，当該行為者の氏名・職名・職歴（貸金業務取扱主任者である場合にはその旨），当該行為の概要，発覚年月日，発生期間，発覚の端緒），発生原因分析，改善・対応策等について深度あるヒアリングを実施し，必要に応じて貸金業法第24条の６の10に基づき報告書を徴収することにより，貸金業者の自主的な業務改善状況を把握することとする。

---

④ 監督当局は，不祥事件の届出があった場合において，資金需要者等の利益の保護の観点から重大な問題があると認められるときには，貸金業者に対して，貸金業法第24条の６の３の規定に基づく業務改善命令を発出することとする。また，重大・悪質な法令違反行為が認められるときには，貸金業法第24条の６の４に基づく業務停止命令等の発出を検討するものとする。

解答欄

①◯　②◯　③◯　④◯

分野別出題率

不祥事件対応からの出題状況

②・③・④は合致するが，①は合致しない。よって，正解は①となる。

---

① **合致しない**。不祥事件の第一報があった場合，監督当局は（i）社内規則等に則った内部管理部門への迅速な報告および経営陣への報告，（ii）刑罰法令に抵触しているおそれのある事実については，警察等関係機関等への通報，（iii）独立した部署（内部監査部門等）での不祥事件の調査・解明の実施，を確認するとされている。

（監督指針Ⅱ－２－８（１）①）

---

② **合致する**。

（監督指針Ⅱ－２－８（１）②）

---

③ **合致する**。

（監督指針Ⅱ－２－８（２）第一文）

---

④ **合致する**。

（監督指針Ⅱ－２－８（２）第二文）

■ 解答のポイント

不祥事件とは，貸金業の業務に関し法令に違反する行為のほか，次に掲げる行為が該当する。

・貸金業の業務に関し，資金需要者等の利益を損なうおそれのある詐欺，横領，背任等。
・貸金業の業務に関し，資金需要者等から告訴，告発されまたは検挙された行為。
・その他貸金業の業務の適正な運営に支障を来す行為またはそのおそれのある行為であって，上記に掲げる行為に準ずるもの。

1-39 監督指針XII（不祥事件）

第18回・問題14

貸金業者向けの総合的な監督指針（以下，本問において「監督指針」という。）に規定する不祥事件（貸金業法施行規則第26条の25第1項第4号に規定する「役員又は使用人に貸金業の業務に関し法令に違反する行為又は貸金業の業務の適正な運営に支障を来す行為」をいう。）に関する次のa～dの記述のうち，その内容が**適切なもの**の個数を①～④の中から1つだけ選び，解答欄にその番号をマークしなさい。

---

a　監督指針によれば，貸金業の業務に関し法令に違反する行為のほか，貸金業の業務に関し，資金需要者等の利益を損なうおそれのある詐欺，横領，背任等や，貸金業の業務に関し，資金需要者等から告訴，告発され又は検挙された行為は，不祥事件に該当するとされている。

---

b　監督指針によれば，監督当局は，貸金業者において不祥事件が発覚し，当該貸金業者から第一報があった場合は，社内規則等に則った内部管理部門への迅速な報告及び経営陣への報告，刑罰法令に抵触しているおそれのある事実については，警察等関係機関等への通報，独立した部署（内部監査部門等）での不祥事件の調査・解明の実施を確認するものとされている。

---

c　監督指針によれば，不祥事件と貸金業者の業務の適切性については，「不祥事件の発覚後の対応は適切か」，「不祥事件への経営陣の関与はないか，組織的な関与はないか」，「不祥事件の内容が資金需要者等に与える影響はどうか」，「内部牽制機能が適切に発揮されているか」，「再発防止のための改善策の策定や自浄機能は十分か，関係者の責任の追及は明確に行われているか」，「資金需要者等に対する説明や問い合わせへの対応等は適切か」の着眼点に基づき検証を行うこととされている。

---

d　監督指針によれば，監督当局は，不祥事件の届出があった場合には，事実関係（当該行為が発生した営業所等，当該行為者の氏名・職名・職歴（貸金業務取扱主任者である場合にはその旨），当該行為の概要，発覚年月日，発生期間，発覚の端緒），発生原因分析，改善・対応策等について深度あるヒアリングを実施し，必要に応じて貸金業法第24条の6の10（報告徴収及び立入検査）に基づき報告書を徴収することにより，貸金業者の自主的な業務改善状況を把握することとされている。

選択肢

①1個　②2個　③3個　④4個

解答欄

①◯　②◯　③◯　④◯

分野別出題率

登録の拒否事由からの出題状況

直近３回の出題率 33%

直近５回の出題率 30%

直近10回の出題率 40%

解答 

①・②・③・④はすべて適切である。よって，正解は④となる。

a　適切である。

(監督指針Ⅱ－２－８本文)

b　適切である。

(監督指針Ⅱ－２－８（１）①)

c　適切である。

(監督指針Ⅱ－２－８（１）②)

d　適切である。

(監督指針Ⅱ－２－８（２）)

1 - 40 監督措置Ⅰ

第15回・問題15

貸金業者に対する監督等に関する次の①～④の記述のうち，その内容が適切なものを１つだけ選び，解答欄にその番号をマークしなさい。

① 貸金業者は，貸金業を休止した場合は，内閣府令で定めるところにより，その旨を貸金業の登録をした内閣総理大臣又は都道府県知事（以下，本問において「登録行政庁」という。）に届け出る必要はないが，貸金業を廃止した場合は，その旨を登録行政庁に届け出なければならない。

② 登録行政庁は，貸金業者の営業所もしくは事務所の所在地又は当該貸金業者の所在（法人である場合においては，その役員の所在）を確知できない場合において，内閣府令で定めるところにより，その事実を公告し，その公告の日から２週間を経過しても当該貸金業者から申出がないときは，その登録を取り消すことができる。

③ 貸金業法第24条の６の12第１項に規定する監督を行うため，登録行政庁は，貸金業協会に加入していない貸金業者に対して，貸金業協会の定款，業務規程その他の規則を考慮し，当該貸金業者又はその役員もしくは使用人が遵守すべき規則の作成又は変更を命ずることができる。

④ 登録行政庁は，その登録を受けた貸金業者の業務の運営に関し，資金需要者等の利益の保護を図るため必要があると認めるときは，貸金業法その他の法令に違反する事実があると認定した上で，当該貸金業者に対して，業務の方法の変更その他業務の運営の改善に必要な措置を命じなければならない。

解答欄

分野別出題率

罰則(貸金業法禁止行為，刑事法)からの出題状況

③は適切であるが，①・②・④は不適切である。よって，正解は③となる。 

① **不適切**である。貸金業者は，貸金業を休止したときも，その旨を登録行政庁に届け出なければならない。

(貸金業法24条の６の２第１号)

② **不適切**である。貸金業者の所在地の不確知の場合，公告後の貸金業登録の取消しが可能となるのは，30日を経過しても当該貸金業者から申出がないときである。

(貸金業法24条の６の６第１項１号)

③ **適切**である。

(貸金業法24条の６の12第２項)

④ **不適切**である。登録行政庁は，貸金業者の業務の運営に関し，資金需要者等の利益の保護を図るため必要があると認めるときは，貸金業法その他の法令に違反する事実がなくても，当該貸金業者に対して，業務の方法の変更その他業務の運営の改善に必要な措置を命じることができるとされている。

(貸金業法24条の６の３第１項)

1-41 監督措置Ⅱ

第16回・問題25

貸金業者に対する監督等に関する次の①～④の記述のうち，その内容が**適切でない**ものを1つだけ選び，解答欄にその番号をマークしなさい。

① 内閣総理大臣又は都道府県知事（以下，本問において「登録行政庁」という。）は，その登録を受けた貸金業者が，「純資産額が貸金業の業務を適正に実施するため必要かつ適当なものとして政令で定める金額に満たない者（資金需要者等の利益を損なうおそれがないものとして内閣府令で定める事由がある者を除く。）」に該当することとなった場合，当該貸金業者に対し登録を取り消し，又は1年以内の期間を定めて，その業務の全部もしくは一部の停止を命ずることができる。

② 登録行政庁は，その登録を受けた法人である貸金業者の役員の所在を確知できない場合において，内閣府令で定めるところにより，その事実を公告し，その公告の日から30日を経過しても当該貸金業者から申出がないときは，その登録を取り消すことができる。

③ 貸金業者は，事業年度ごとに，内閣府令で定めるところにより，貸金業に係る事業報告書を作成し，毎事業年度経過後30日以内に，これをその登録をした登録行政庁に提出しなければならない。

④ 貸金業者向けの総合的な監督指針によれば，監督当局は，貸金業者の検査・監督に係る事務処理上の留意点として，非協会員(注)に対しては，貸金業法第24条の6の10（報告徴収及び立入検査）の規定に基づき，各年の四半期毎に，前四半期に出稿した広告等の写し又はその内容がわかるものを遅滞なく徴収するものとされている。

（注） 非協会員とは，貸金業協会に加入していない貸金業者をいう。

解答欄

①◯ ②◯ ③◯ ④◯

分野別出題率

罰則（貸金業法禁止行為，刑事法）からの出題状況

①・②・④は適切であるが，③は不適切である。よって，正解は③となる。

① **適切**である。

（貸金業法24条の６の４第１項１号，６条１項14号）

② **適切**である。

（貸金業法24条の６の６第１項１号）

③ **不適切**である。貸金業に係る事業報告書は，毎事業年度経過後３カ月以内に登録行政庁に提出をしなければならない。

（貸金業法24条の６の９）

④ **適切**である。

（監督指針Ⅲ－３－７）

1-42 監督措置Ⅲ

第18回・問題26

貸金業者に対する監督等に関する次の①～④の記述のうち，その内容が**適切でない**ものを１つだけ選び，解答欄にその番号をマークしなさい。

① 貸金業者は，事業年度ごとに，内閣府令で定めるところにより，貸金業に係る事業報告書を作成し，毎事業年度経過後３か月以内に，これをその登録をした内閣総理大臣又は都道府県知事（以下，本問において「登録行政庁」という。）に提出しなければならない。

② 登録行政庁は，貸金業法を施行するため必要があると認めるときは，その登録を受けた貸金業者に対して，その業務に関し報告又は資料の提出を命ずることができる。

③ 登録行政庁は，その登録を受けた貸金業者が貸金業法第12条の５（暴力団員等の使用の禁止）の規定に違反して，暴力団員等をその業務に従事させた場合，その登録を取り消し，又は当該貸金業者に対してその業務の停止を命ずることができる。

④ 登録行政庁は，その登録を受けた貸金業者が正当な理由がないのに当該登録を受けた日から６か月以内に貸金業を開始しない場合には，その登録を取り消すことができる。

解答欄

①〇 ②〇 ③〇 ④〇

分野別出題率

罰則（貸金業法禁止行為，刑事法）からの出題状況

解答　解説

①・②・④は適切であるが，③は不適切である。よって，正解は③となる。

① **適切**である。

（貸金業法24条の６の９）

② **適切**である。

（貸金業法24条の６の10第１項）

③ **不適切**である。貸金業法12条の５の違反は重大な違反であるため，この場合は，行政庁は，貸金業登録を取り消せるのではなく，必ず貸金業登録を取り消さなければならない。

（貸金業法24条の６の５第１項５号）

④ **適切**である。

（貸金業法24条の６の６第１項２号）

1-43 監督措置Ⅳ

第17回・問題26

貸金業者に対する監督に関する次の①～④の記述のうち，その内容が適切でないものを１つだけ選び，解答欄にその番号をマークしなさい。

① 内閣総理大臣又は都道府県知事（以下，本問において「登録行政庁」という。）は，３年毎に，当該職員に，その登録を受けた貸金業者の営業所もしくは事務所に立ち入らせ，その業務に関して質問させ，又は帳簿書類その他の物件を検査させなければならない。

② 登録行政庁は，その登録を受けた貸金業者が，自己の名義で，貸金業法第３条第１項の登録を受けていない者に貸金業を営ませた場合，当該貸金業者の登録を取り消さなければならない。

③ 登録行政庁は，その登録を受けた貸金業者が，正当な理由がないのに，引き続き６か月以上貸金業を休止した場合，当該貸金業者の登録を取り消すことができる。

④ 登録行政庁は，その登録を受けた貸金業者の業務の運営に関し，資金需要者等の利益の保護を図るため必要があると認めるときは，当該貸金業者に対して，その必要の限度において，業務の方法の変更その他業務の運営の改善に必要な措置を命ずることができる。

解答欄

分野別出題率

罰則（貸金業法禁止行為，刑事法）からの出題状況

直近３回の出題率 **100%**

直近５回の出題率 **60%**

直近10回の出題率 **70%**

②・③・④は適切であるが，①は不適切である。よって，正解は①となる。

---

① **不適切**である。資金需要者等の利益の保護を図るため必要があると認めるときは，登録行政庁は，その職員に立ち入り検査等をさせることができる。３年ごとなどの期限は定められていない。

（貸金業法24条の６の10第３項）

---

② **適切**である。

（貸金業法24条の６の５第１項４号，12条）

---

③ **適切**である。

（貸金業法24条の６の６第１項２号）

---

④ **適切**である。

（貸金業法24条の６の３第１項）

1-44 取立て行為規制Ⅰ

第15回・問題14

次のa～dの記述のうち，日本貸金業協会が定める貸金業の業務運営に関する自主規制基本規則において，協会員が取立て行為を行うにあたり，貸金業法第21条第1項に定める「威迫」及び「その他の人の私生活もしくは業務の平穏を害するような言動」に該当するおそれがあるとされているものの個数を①～④の中から1つだけ選び，解答欄にその番号をマークしなさい。

a　多人数で訪問すること。例示として，3名以上が挙げられる。

b　不適当な時期に取立ての行為を行うこと。例示として，親族の冠婚葬祭時等が挙げられる。

c　反復継続した取立て行為を行うこと。例示として，電子メールや文書を用いた連絡を，前回送付又は送信から3日以内に行うこと等が挙げられる。

d　親族又は第三者に対し，支払の要求をすること。例示として，支払申し出があった際，支払義務がないことを伝えないこと等が挙げられる。

選択肢

①1個　②2個　③3個　④4個

解答欄

①◯　②◯　③◯　④◯

分野別出題率

取立て行為の規制からの出題状況

解答 解説

a・b・c・dはすべて適切である。よって，正解は④となる。

a　適切である。

（自主規制規則57条１項（２））

b　適切である。

（自主規制規則57条１項（３）イ）

c　適切である。

（自主規制規則57条１項（５）ロ）

d　適切である。

（自主規制規則57条１項（６）ロ）

■ 解答のポイント

自主規制規則の取立てに関する規定内容は，実務につながる細かい規定（＝社内規定に反映されている）があるので，覚えておこう。

1 - 45 取立て行為規制Ⅱ

第16回・問題22

取立て行為の規制に関する次の①～④の記述のうち，その内容が**適切でない**ものを1つだけ選び，解答欄にその番号をマークしなさい。

① 貸金業者向けの総合的な監督指針（以下，本問において「監督指針」という。）によれば，貸金業法第21条第１項第５号は，債務者等に心理的圧迫を加えることにより弁済を強要することを禁止する趣旨であり，債務者等から家族に知られないように要請を受けているか否かを問わず，債務者等の自宅に電話をかけ家族がこれを受けた場合に貸金業者であることを名乗り，郵送物の送付に当たり差出人として貸金業者であることを示したときは，同号に該当するおそれが大きいとされている。

② 貸金業を営む者は，債務者に対し支払を催告するために書面を送付するときには，その書面に封をするなどして債務者以外の者に当該債務者の借入れに関する事実が明らかにならないようにしなければならない。

③ 貸金業法第21条第２項に規定する支払を催告するための書面又はこれに代わる電磁的記録に記載又は記録すべき事項には，支払を催告する金額のほか，契約年月日，貸付けの金額及び貸付けの利率が含まれる。

④ 監督指針によれば，貸金業法第21条第２項第２号に規定する「当該書面又は電磁的記録を送付する者の氏名」については，当該債権を管理する部門又は営業所等において，当該債権を管理する者の氏名を記載することとされている。

解答欄

①○　②○　③○　④○

分野別出題率

取立て行為の規制からの出題状況

②・③・④は適切であるが，①は不適切である。よって，正解は①となる。 

① 不適切である。貸金業法21条１項５号は，債務者等に心理的圧迫を加えることにより弁済を強要することを禁止する趣旨であり，債務者等から家族に知られないように要請を受けている場合以外においては，債務者等の自宅に電話をかけ家族がこれを受けた場合に貸金業者であることを名乗り，郵送物の送付にあたり差出人として貸金業者であることを示したとしても，直ちに該当するものではないことに留意することとされている。

(貸金業法21条１項５号，監督指針Ⅱ－２－19（２）④)

② 適切である。書面のほか，方法を問わず，債務者の借入れに関する事実その他債務者等の私生活に関する事実を債務者等以外の者に明らかにすることは禁止行為とされている。

(貸金業法21条１項５号)

③ 適切である。

(貸金業法21条２項)

④ 適切である。

(監督指針Ⅱ－２－19（２）⑦ロ)

1-46 取立て行為規制Ⅲ

第13回・問題13

貸金業者向けの総合的な監督指針（以下，本問において「監督指針」という。）における取立行為規制に関する次のa～dの記述のうち，その内容が監督指針の記載に合致するものの個数を①～④の中から１つだけ選び，解答欄にその番号をマークしなさい。

---

a　貸金業法第21条（取立て行為の規制）第１項第１号は，正当な理由なく，社会通念に照らし不適当な時間帯に債務者等への電話や居宅の訪問等を禁止している。この「正当な理由」には，「債務者等と連絡を取るための合理的方法が他にない場合」は該当しないが，「債務者等の自発的な承諾がある場合」は該当する可能性が高い。

---

b　貸金業法第21条第１項第２号は，債務者等が連絡を受ける時期等を申し出た場合において，その申出が社会通念に照らし相当であると認められないことその他の正当な理由がないのに，午後９時から午前８時までの間の時間帯以外の時間帯に，債務者等に電話をかけること等を禁止している。この「その申出が社会通念に照らし相当であると認められないことその他の正当な理由」には，「債務者等からの弁済や連絡についての具体的な期日の申出がない場合」は該当しないが，「直近において債務者等から弁済や連絡に関する申出が履行されていない場合」は該当する可能性が高い。

---

c　貸金業法第21条第１項第５号は，債務者等に心理的圧迫を加えることにより弁済を強要することを禁止する趣旨であり，債務者等から家族に知られないように要請を受けている場合以外においては，債務者等の自宅に電話をかけ家族がこれを受けた場合に貸金業者であることを名乗り，郵送物の送付に当たり差出人として貸金業者であることを示したとしても，直ちに該当するものではない。

---

d　貸金業者以外の者が貸し付けた債権について，貸金業者が，保証契約に基づき求償権を有する場合（保証履行により求償権を取得した場合を含む。），その取立てに当たっては，貸金業法第21条は適用されない。

選択肢

①１個　②２個　③３個　④４個

解答欄

①◯　②◯　③◯　④◯

分野別出題率

取立て行為の規制からの出題状況

直近3回の出題率 **67%**

直近5回の出題率 **60%**

直近10回の出題率 **60%**

解答　解説

cは合致するが，ａ・ｂ・ｄは合致しない。よって，正解は①となる。

ａ　合致しない。「債務者等の自発的な承諾がある場合」だけでなく，「債務者等と連絡をとるための合理的方法が他にない場合」も，貸金業法21条１項１号の「正当な理由」に該当する可能性が高いとされている。

(貸金業法21条１項１号，監督指針Ⅱ－２－19（２）②イ)

ｂ　合致しない。貸金業法21条１項２号の「その申出が社会通念に照らし相当であると認められないことその他の正当な理由」として，「債務者等からの弁済や連絡についての具体的な期日の申し出がない場合」も該当する可能性が高いとされている。

(貸金業法21条１項２号，監督指針Ⅱ－２－19（２）③イ)

ｃ　合致する。

(貸金業法21条１項５号，監督指針Ⅱ－２－19（２）④)

ｄ　合致しない。「貸金業者以外の者が貸付けた債権について，貸金業者が，保証契約に基づき求償権を有する場合（保証履行により求償権を取得した場合を含む），その取立てにあたっては，貸金業法第21条が適用され得ることに留意する」とされている。

(貸金業法21条，監督指針Ⅱ－２－19（２）⑧)

1 - 47 取立て行為規制Ⅳ

第17回・問題25

貸付けの契約に基づく債権の取立てに関する次の①～④の記述のうち，その内容が**適切でない**ものを1つだけ選び，解答欄にその番号をマークしなさい。

① 貸金業者の貸付けの契約に基づく債権の取立てについて貸金業者から委託を受けた者が，債務者等に対し，支払を催告するために送付する書面に記載しなければならない事項には，当該書面を送付する者の氏名が含まれる。

② 貸金業者は，債務者等から貸付けの契約に基づく債権に係る債務の処理の委託を受けた弁護士から，書面により，当該委託を受けた旨の通知を受けた場合，正当な理由がないのに，債務者等に対し，電話をかけ，電報を送達し，もしくはファクシミリ装置を用いて送信し，又は訪問する方法により，当該債務を弁済することを要求し，これに対し債務者等から直接要求しないよう求められたにもかかわらず，更にこれらの方法で当該債務を弁済することを要求してはならない。

③ 貸金業者は，貸金業法第21条（取立て行為の規制）第2項の規定により，債務者等に対し，支払を催告するために書面又はこれに代わる電磁的記録を送付するときは，当該書面に封をする方法，本人のみが使用していることが明らかな電子メールアドレスに電子メールを送付する方法その他の債務者の借入れに関する事実が債務者等以外の者に明らかにならない方法により行わなければならない。

④ 貸金業者向けの総合的な監督指針によれば，監督当局は，貸金業者以外の者が貸し付けた債権について，貸金業者が，保証契約に基づき求償権を有する場合，その取立てに当たっては貸金業法第21条が適用されることがないため，不適切な取立て行為が行われないよう指導及び監視することに留意するものとされている。

解答欄

①〇　②〇　③〇　④〇

分野別出題率

取立て行為の規制からの出題状況

解答 解説

①・②・③は適切であるが，④は不適切である。よって，正解は④となる。

① 適切である。

(貸金業法21条２項２号)

② 適切である。

(貸金業法21条１項９号)

③ 適切である。

(貸金業法施行規則19条２項)

④ 不適切である。貸金業者以外の者が貸し付けた債権について，貸金業者が，保証契約に基づき求償権を有する場合（保証履行により求償権を取得した場合を含む），その取立てにあたっては，貸金業法21条が適用されうることに留意することとされている。

(監督指針Ⅱ－2－19（2）⑧)

1-48 禁止行為Ⅰ

第16回・問題6

次のa～dの記述のうち，貸金業者向けの総合的な監督指針において，貸金業法第12条の6（禁止行為）第4号に規定する「偽りその他不正又は著しく不当な行為」に該当するおそれが大きいとされているものの個数を①～④の中から1つだけ選び，解答欄にその番号をマークしなさい。

a　貸金業者が，契約の締結又は変更に際して，貸付け金額に比し，合理的理由がないのに，過大な担保又は保証人を徴求すること。

b　貸金業者が，資金需要者等が身体的・精神的な障害等により契約の内容が理解困難なことを認識しながら，契約を締結すること。

c　資金需要者等が障害者である場合であって，その家族や介助者等のコミュニケーションを支援する者が存在する場合に，貸金業者が，当該支援者を通じて資金需要者等に契約内容を理解してもらう等の努力をすることなく，単に障害があることを理由として契約締結を拒否すること。

d　貸金業者が，確定判決において消費者契約法第8条から第10条までの規定に該当し無効であると評価され，当該判決確定の事実が消費者庁，独立行政法人国民生活センター又は同法に規定する適格消費者団体によって公表されている条項と，内容が同一である条項を含む貸付けに係る契約（消費者契約に限る。）を締結すること。

選択肢

①1個　②2個　③3個　④4個

解答欄

①◯　②◯　③◯　④◯

チャレンジ問題

第11回・問題5

●顧客の債務整理に際して，帳簿に記載されている内容と異なった貸付けの金額や貸付日などを基に残存債務の額を水増しし，和解契約を締結すること。
●資金逼迫状況にある資金需要者等の弱みにつけ込み，貸付けの契約の締結と併せて自己又は関連会社等の商品又はサービスの購入を強制すること。

分野別出題率

禁止行為からの出題状況

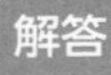

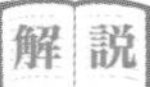

a・b・c・dはすべて該当するおそれが大きい。よって，正解は④となる。

a　該当するおそれが大きい。

（監督指針Ⅱ－２－10（２）②イd）

b　該当するおそれが大きい。

（監督指針Ⅱ－２－10（２）②ホ）

c　該当するおそれが大きい。

（監督指針Ⅱ－２－10（２）②ヘ）

d　該当するおそれが大きい。

（監督指針Ⅱ－２－10（２）②チ）

チャレンジ問題・解答

○　該当するおそれが大きい。

（監督指針Ⅱ－２－10（２）②ハ）

○　該当するおそれが大きい。

（監督指針Ⅱ－２－10（２）②トc）

■ 解答のポイント

貸金業法における禁止行為として定められている「偽りその他不正又は著しく不当な行為」は，いわゆるバスケット条項（包括規定）であり，「不正または不当と思われる不適切な行為は，基本的にはすべて禁止行為に含まれる」という理解があれば，ある程度選択肢を絞り込むことができる。

また,「不正」とは「違法な行為」,「不当」とは「違法までは達していないが，妥当性を欠くまたは不適切な行為」を指すという点も押さえておきたい。

1-49 禁止行為Ⅱ

第13回・問題6

次のa～dの記述のうち，貸金業者向けの総合的な監督指針において，貸金業法第12条の6（禁止行為）第4号に規定する「偽りその他不正又は著しく不当な行為」に該当するおそれが大きいとされているものの個数を①～④の中から1つだけ選び，解答欄にその番号をマークしなさい。

a　契約の締結又は変更に際して，貸付け金額に比し，合理的理由がないのに，過大な担保又は保証人を徴求すること。

b　契約の締結又は変更に際して，資金需要者等に対し，借入申込書等に年収，資金使途，家計状況等の重要な事項について虚偽の内容を記入するなど虚偽申告を勧めること。

c　契約の締結又は変更に際して，白紙委任状及びこれに類する書面を徴求すること。

d　契約の締結又は変更に際して，クレジットカードを担保として徴求すること。

選択肢

①1個　②2個　③3個　④4個

解答欄

①◯　②◯　③◯　④◯

チャレンジ問題

第10回・問題4

●貸金業の業務運営に関する自主規制基本規則によれば，協会員は，貸付けの契約の内容のうち，「重要な事項」[(注)]については，資金需要者等の利益に配慮した取扱いを行うものとし，特に，貸付けの利率の引上げ及び引下げ，配偶者の同意，並びに取立て行為を第三者に委託することについては，その取扱いに留意するものとされている。

（注）　重要な事項とは，資金需要者等の利害に関する事項であって，当該貸付けの契約の締結及び変更にあたり，その意思決定に影響を及ぼす事項をいう。

分野別出題率

禁止行為からの出題状況

解答 解説

a・b・c・dはすべて該当するおそれが大きい。よって，正解は④となる。

a　該当するおそれが大きい。

(監督指針Ⅱ－２－10（２）②イd)

b　該当するおそれが大きい。

(監督指針Ⅱ－２－10（２）②イf)

c　該当するおそれが大きい。

(監督指針Ⅱ－２－10（２）②イa)

d　該当するおそれが大きい。

(監督指針Ⅱ－２－10（２）②イe)

チャレンジ問題・解答

×　**不適切**である。利率の引下げ・配偶者の同意・取立て行為を第三者に委託することは，自主規制規則上の「重要な事項」とはされていない。

(自主規制規則13条)

1-50 禁止行為Ⅲ

第15回・問題6

貸金業法第12条の6（禁止行為）に関する次のa～dの記述のうち，その内容が適切なものの組み合わせを①～④の中から1つだけ選び，解答欄にその番号をマークしなさい。

a　貸金業者は，保証人となろうとする者に対し，主たる債務者が弁済することが確実であると誤解させるおそれのあることを告げる行為をした場合，その登録をした内閣総理大臣又は都道府県知事（以下，本問において「登録行政庁」という。）から，その登録を取り消され，又は1年以内の期間を定めて，その業務の全部もしくは一部の停止を命じられることがある。

b　貸金業者は，資金需要者等に対し，不確実な事項について断定的判断を提供し，又は確実であると誤認させるおそれのあることを告げる行為をした場合，貸金業法上，刑事罰の対象となる。

c　貸金業者向けの総合的な監督指針（以下，本問において「監督指針」という。）によれば，例えば，資金需要者等から契約の内容について問合せがあったにもかかわらず，当該内容について回答せず，資金需要者等に不利益を与えることは，貸金業法第12条の6第1号に規定する「貸付けの契約の内容のうち重要な事項を告げない」行為に該当するおそれが大きいことに留意する必要があるとされている。

d　監督指針によれば，貸金業法第12条の6第4号に規定する「偽りその他不正又は著しく不当な行為」にいう「不正な」行為とは，違法な行為には該当しないが，客観的に見て，実質的に妥当性を欠く又は適当でない行為，「不当な」行為とは，不正な程度にまで達していない行為をいうとされている。

選択肢

①a b　②a c　③b d　④c d

解答欄

①◯　②◯　③◯　④◯

分野別出題率

禁止行為からの出題状況

ａ・ｃは適切であるが，ｂ・ｄは不適切である。よって，正解は②となる。

ａ　**適切**である。貸金業者が，保証人となろうとする者に対して，「主たる債務者が弁済することが確実である」と誤解されるおそれがあることを告げる行為は禁止されており，違反したときは登録を取り消し，または１年以内の期間を定めて，その業務の全部もしくは一部の停止を命ずることができるとされている。

（貸金業法12条の６第３号，24条の６の４第３項）

ｂ　**不適切**である。貸金業者が資金需要者等に対し，不確実な事項について断定的判断を提供し，または確実であると誤認させるおそれのあることを告げる行為をした場合，行政処分の対象となるが，刑事罰の対象とはされていない。これは，刑事法は罪刑法定主義の観点から刑罰の内容の明確性が必要とされるが，断定的判断を提供したか否かは一義的に判断できない場合がありうるためと考えられる。なお，資金需要者等に対し，虚偽のことを告げ，または貸付けの契約の内容のうち重要な事項を告げない行為は，行政処分の対象に加えて刑事罰の対象とされており，１年以下の懲役，もしくは300万円以下の罰金またはこれらを併科するとされている。

（貸金業法12条の６第１号，２号，48条１項１号の２）

ｃ　**適切**である。

（貸金業法12条の６第１号，監督指針Ⅱ－２－10（２）①イ）

ｄ　**不適切**である。「不正な」行為とは違法な行為，「不当な」行為とは客観的にみて，実質的に妥当性を欠くまたは適当でない行為で，不正（違法）な程度にまで達していない行為をいう。

（貸金業法12条の６第４号，監督指針Ⅱ－２－10（２）②）

1-51 禁止行為Ⅳ

第14回・問題4

貸金業法第12条の6（禁止行為）に関する次の①～④の記述のうち，その内容が適切なものを1つだけ選び，解答欄にその番号をマークしなさい。

① 貸金業者向けの総合的な監督指針（以下，本問において「監督指針」という。）によれば，例えば，資金需要者等から契約の内容について問合せがあった場合において，当該内容について口頭で回答したに留まり，書面で回答しなかったときは，貸金業法第12条の6第1号に規定する「貸付けの契約の内容のうち重要な事項を告げない」行為に該当するおそれが大きいことに留意する必要があるとされている。

② 監督指針によれば，貸金業法第12条の6第4号に定める「偽りその他不正又は著しく不当な行為」にいう「不正な」行為とは，違法な行為には該当しないが，客観的に見て，実質的に妥当性を欠く又は適当でない行為，「不当な」行為とは，不正な程度にまで達していない行為をいうとされている。

③ 貸金業者が，その貸金業の業務に関し，資金需要者等に対し，虚偽のことを告げる行為は，貸金業法上，行政処分の対象となるだけでなく，刑事罰の対象となる。

④ 貸金業者が，その貸金業の業務に関し，資金需要者等に対し，不確実な事項について断定的判断を提供する行為は，貸金業法上，行政処分の対象となるだけでなく，刑事罰の対象となる。

解答欄

①◯　②◯　③◯　④◯

チャレンジ問題

第6回・問題20

●貸金業者は，その貸金業の業務に関して広告又は勧誘をするときは，借入れが容易であることを過度に強調することにより，資金需要者等の借入意欲をそそるような表示又は説明をしてはならない。これに違反する行為は，貸金業法上，行政処分の対象となるが，刑事罰の対象とはならない。

分野別出題率

禁止行為からの出題状況

解答 解説

③は適切であるが，①・②・④は不適切である。よって，正解は③となる。

① 不適切である。監督指針によれば，貸金業法12条の６第１号から３号に規定する「告げる」または「告げない」行為とは必ずしも口頭によるものに限られないとされている。なお，資金需要者等が契約の内容について誤解していることまたはその蓋然性が高いことを認識しつつ正確な内容を告げず，資金需要者等の適正な判断を妨げることは，貸金業法12条の６第１号に規定する「貸付けの契約の内容のうち重要な事項を告げない」行為に該当するおそれが大きいとされている。

(貸金業法12条の６第１号，監督指針Ⅱ－２－10（２）①)

② 不適切である。「不正な」行為と「不当な」行為の説明が逆である。「不正な」行為とは「違法な行為」，「不当な」行為とは違法までは達していないが，「客観的に見て，実質的に妥当性を欠く又は適当でない行為」を指す。

(貸金業法12条の６第４号，監督指針Ⅱ－２－10（２）②)

③ 適切である。

(貸金業法12条の６第１号，48条１項１号の２)

④ 不適切である。貸金業法12条の６第１号に定められている虚偽のことを告げる行為等は，刑事罰の対象となるが，同条２号に定められている断定的判断の提供については，刑事罰の対象とはされていない。刑事罰を定める場合には，罪刑法定主義の観点から違反事実が明確である必要があるが，断定的判断の提供については断定的かどうかの判断が一義的とは限らないためである。

(貸金業法12条の６第２号)

チャレンジ問題・解答

○ 適切である。

(貸金業法16条２項３号，24条の６の４第１項２号)

1-52 禁止行為Ⅴ

第17回・問題7

貸金業法上の禁止行為等に関する次のa～dの記述のうち，その内容が適切なものの組み合わせを①～④の中から1つだけ選び，解答欄にその番号をマークしなさい。

a　貸金業者は，暴力団員等をその業務に従事させ，又はその業務の補助者として使用してはならない。

b　貸金業者は，貸付けに係る契約について，保証業者と保証契約を締結した場合，遅滞なく，当該保証業者への照会その他の方法により，当該保証業者と当該貸付けに係る契約の相手方との間における保証料に係る契約の締結の有無，及び当該保証料に係る契約を締結した場合における保証料の額を確認しなければならない。

c　貸金業者は，住宅資金貸付契約の相手方又は相手方となろうとする者の死亡によって保険金の支払を受けることとなる保険契約を締結しようとする場合には，当該保険契約において，自殺による死亡を保険事故としてはならない。

d　貸金業者が，その貸金業の業務に関し，資金需要者等に対し，虚偽のことを告げる行為をした場合，当該行為は刑事罰の対象となる。

選択肢

①a b　②a d　③b c　④c d

解答欄

①◯　②◯　③◯　④◯

分野別出題率

禁止行為からの出題状況

解答 

a・dは適切であるが，b・cは不適切である。よって，正解は②となる。 

a　適切である。

（貸金業法12条の５）

b　不適切である。保証業者と保証契約を締結しようとするときは，あらかじめ，当該保証業者と当該貸付けに係る契約の相手方との間における保証料に係る契約を締結した場合における保証料の額の確認義務がある。なぜなら，利息制限法では，貸金業者が資金需要者から収受する利息と保証業者が資金需要者から収受する保証料を合算して上限金利を計算することとなっているため，保証業者と保証契約を締結する前に，保証業者が資金需要者から収受している保証料の額を確認する必要があるためである。

（貸金業法12条の８第６項）

c　不適切である。貸付けの契約において，保険金の支払を受けることとなる保険契約を締結しようとする場合には，当該保険契約において，自殺による死亡を保険事故としてはならないとされているが，例外的に住宅資金貸付契約の場合は適用されない。

（貸金業法12条の７）

d　適切である。

（貸金業法12条の６第１号，48条１項１号の２）

1 - 53 禁止行為Ⅵ

第18回・問題20

貸金業者の禁止行為等に関する次の①～④の記述のうち，その内容が**適切でない**ものを1つだけ選び，解答欄にその番号をマークしなさい。

① 貸金業者は，その貸金業の業務に関し，保証人となろうとする者に対し，主たる債務者が弁済することが確実であると誤解させるおそれのあることを告げる行為をしてはならない。

② 貸金業者は，貸付けの契約（住宅資金貸付契約その他の内閣府令で定める契約を除く。）の相手方又は相手方となろうとする者の死亡によって保険金の支払を受けることとなる保険契約を締結してはならない。

③ 貸金業者は，その貸金業の業務に関して広告又は勧誘をするときは，他の貸金業者の利用者又は返済能力がない者を対象として勧誘する旨の表示又は説明をしてはならない。

④ 金銭の貸借の媒介を行った貸金業者は，当該媒介により締結された貸付けに係る契約の債務者から当該媒介の手数料を受領した場合において，当該契約につき更新（媒介のための新たな役務の提供を伴わないと認められる法律行為として内閣府令で定めるものを含む。）があったときは，これに対する新たな手数料を受領し，又はその支払を要求してはならない。

解答欄

分野別出題率

登録の拒否事由からの出題状況

解答 解説

①・③・④は適切であるが，②は不適切である。よって，正解は②となる。

①　適切である。

(貸金業法12条の６第３号)

②　不適切である。自殺を保険事故とする保険契約の締結が禁止されている。借手を被保険者とする生命保険契約の存在が，不適切な取立行為を招き，ひいては借手等の自殺を誘発しているのではないかといった社会的批判を受けて，平成18年の貸金業法改正により新設された規制である。

(貸金業法12条の７)

③　適切である。

(貸金業法16条２項)

④　適切である。

(貸金業法12条の８第10項)

1-54 証明書の携帯

第16回・問題5

貸金業法第12条の4第1項に規定する証明書（以下，本問において「証明書」という。）の携帯に関する次のa～dの記述のうち，その内容が適切なものの組み合わせを①～④の中から1つだけ選び，解答欄にその番号をマークしなさい。

---

a　貸金業者Aは，その従業者BをAの営業所又は事務所において資金需要者等と対面することなく行うシステム管理の業務に従事させる場合，Bに証明書を携帯させる必要はない。

---

b　貸金業者Aは，その従業者Cを資金需要者等の勧誘を伴わない広告のみを行う業務に従事させる場合，Cに証明書を携帯させなければならない。

---

c　貸金業者Aは，労働者派遣事業を行う事業主Dから派遣労働者Eの派遣を受けてEをAの貸金業の業務に従事させる場合，Eに証明書を携帯させる必要はない。

---

d　貸金業者Aは，委託先Fに貸金業の業務を委託した場合において，Fの従業者Gがその貸金業の業務に従事するときは，Gに証明書を携帯させなければならない。

選択肢

①ab　②ad　③bc　④cd

解答欄

分野別出題率

従業者証明書からの出題状況

ａ・ｄは適切であるが，ｂ・ｃは不適切である。よって，正解は②となる。

ａ　適切である。貸金業者は，「貸金業の業務」に従事する使用人その他の従業者に，その従業者であることを証する証明書を携帯させる必要があるが，ここでいう「貸金業の業務」には，勧誘を伴わない広告のみを行う業務および営業所等において資金需要者等と対面することなく行う業務は含まないとされている。

(貸金業法12条の４第１項，貸金業法施行規則10条の９第２項)

ｂ　不適切である。勧誘を伴わない広告のみを行う業務に従事する従業者については，証明書の携帯は不要である。

(貸金業法12条の４第１項，貸金業法施行規則10条の９第２項)

ｃ　不適切である。「貸金の業務」に従事する者は，派遣社員であっても証明書の携帯が必要である。

(監督指針Ⅱ－２－９（２）②)

ｄ　適切である。

(監督指針Ⅱ－２－９（２）②)

1-55 広告勧誘

第18回・問題8

貸金業の業務に関する広告又は勧誘についての次の①～④の記述のうち，その内容が**適切なもの**を１つだけ選び，解答欄にその番号をマークしなさい。

① 貸金業者の従業者が，当該貸金業者の貸金業の業務に関して顧客に対し勧誘をするに際し，貸付けの条件について著しく事実に相違する説明をした場合，当該貸金業者は，行政処分の対象となるが，刑事罰の対象とはならない。

② 日本貸金業協会が定める貸金業の業務運営に関する自主規制基本規則（以下，本問において「自主規制規則」という。）によれば，協会員は，個人向け貸付けの契約に係る広告をテレビCM，新聞広告，雑誌広告及び電話帳広告に出稿するに当たり，協会が設ける審査機関から承認を得なければならないとされている。

③ 自主規制規則によれば，協会員は，貸金業の業務に関して勧誘をした場合において，当該勧誘を受けた資金需要者等が，勧誘を引き続き受けることを希望しない旨の明確な意思の表示を行ったときは，当該意思表示のあった日から最低３か月間は当該勧誘に係る取引及びこれと類似する取引の勧誘を見合わせることを目処として対応しなければならないとされている。

④ 貸金業者が，その貸金業の業務に関して広告又は勧誘をする場合において，借入れが容易であることを過度に強調することにより，資金需要者等の借入意欲をそそるような表示又は説明をしたときは，当該貸金業者がその登録を受けた内閣総理大臣又は都道府県知事は，当該貸金業者に対して，その登録を取り消すことはできないが，その必要の限度において，業務の方法の変更その他業務の運営の改善に必要な措置を命ずることができる。

解答欄

分野別出題率

登録の拒否事由からの出題状況

直近３回の出題率 33%

直近５回の出題率 20%

直近10回の出題率 20%

解答 解説

②は適切であるが，①・③・④は不適切である。よって，正解は②となる。

① 不適切である。１年以下の懲役もしくは300万円以下の罰金に処し，またはこれを併科される。

(貸金業法16条１項，48条１項３号)

② 適切である。

(自主規制規則45条１項)

③ 不適切である。勧誘を行った取引に係る勧誘を引き続き受けることを希望しない旨の明確な意思の表示を行った場合には当該意思表示のあった日から最低６カ月間は当該勧誘に係る取引およびこれと類似する取引の勧誘を見合わせるものとするとされている。

(自主規制規則55条１項２号)

④ 不適切である。貸金業登録を取り消し，または１年以内の期間を定めて，その業務の全部もしくは一部の停止を命ずることができる。

(貸金業法16条２項３号，24条の６の４第１項２号)

1-56 貸付条件等の掲示・広告Ⅰ

第18回・問題24

貸金業法第15条（貸付条件の広告等）及び同法第16条（誇大広告の禁止等）に関する次の①～④の記述のうち，その内容が**適切でない**ものを１つだけ選び，解答欄にその番号をマークしなさい。

① 貸金業者は，貸付条件の広告等を行うに当たっては，貸付けに関し貸金業者が受け取る書面の内容を表示しなければならない。

② 貸金業者向けの総合的な監督指針によれば，貸金業法第15条第２項に規定する「広告」とは，ある事項を随時又は継続して広く宣伝するため，一般の人に知らせることをいい，例えば，テレビコマーシャル，新聞紙への掲載，広告塔又は立て看板への表示，チラシ又はリーフレットの配布，インターネット上の表示はすべて広告に当たるとされている。

③ 貸金業者は，その貸金業の業務に関して広告又は勧誘をするときは，資金需要者等の返済能力を超える貸付けの防止に配慮するとともに，その広告又は勧誘が過度にわたることがないように努めなければならない。

④ 貸金業者は，貸付けの条件について広告をするとき，又は書面もしくはこれに代わる電磁的記録を送付して勧誘（広告に準ずるものとして内閣府令で定めるものに限る。）をするときは，営業所又は事務所の電話番号については，これに貸金業者登録簿に登録されたもの以外のものを表示し，又は記録してはならない。

解答欄

①◯　②◯　③◯　④◯

分野別出題率

貸付条件等の掲示・広告からの出題状況

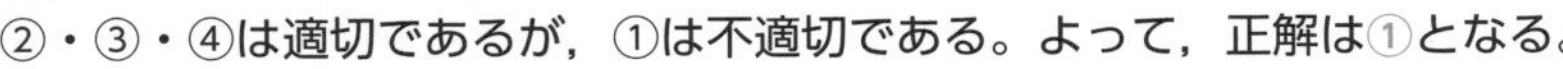

②・③・④は適切であるが，①は不適切である。よって，正解は①となる。

① 不適切である。受取書面は，貸付条件の広告等の記載事項ではない。

（貸金業法15条１項，貸金業法施行規則12条１項）

② 適切である。

（監督指針Ⅱ－２－15（２）②）

③ 適切である。

（貸金業法16条５項）

④ 適切である。

（貸金業法15条２項）

1 - 57 貸付条件等の掲示・広告Ⅱ

第15回・問題11

貸金業法第14条（貸付条件等の掲示）に関する次のa～dの記述のうち，その内容が適切なものの組み合わせを①～④の中から1つだけ選び，解答欄にその番号をマークしなさい。

a　貸金業者が，貸付条件等の掲示として，営業所又は事務所（以下，本問において「営業所等」という。）ごとに掲示しなければならない事項には，当該営業所等に置かれる貸金業務取扱主任者の氏名，役職名及び登録番号が含まれる。

b　貸金業者が，貸付条件等の掲示として，営業所等ごとに掲示しなければならない事項には，金銭の貸付けにおいて担保を供することが必要な場合における当該担保に関する事項が含まれる。

c　貸金業者は，貸付条件等の掲示として，営業所等ごとに貸付けの利率を掲示する場合において，その年率（注）を百分率で表示するときは，少なくとも小数点以下一位まで表示する方法により行わなければならない。

d　貸金業者が，貸付条件等の掲示をしなければならない営業所等には，あらかじめ定める条件により継続して貸付けを行う契約に基づく金銭の交付又は回収のみを行う現金自動設備が含まれる。

（注）　年率とは，利息及び貸金業法第12条の8第2項に規定するみなし利息の総額（1年分に満たない利息及び同項に規定するみなし利息を元本に組み入れる契約がある場合にあっては，当該契約に基づき元本に組み入れられた金銭を含む。）を内閣府令で定める方法によって算出した元本の額で除して得た年率をいう。

選択肢

①a b　②a d　③b c　④c d

解答欄

①◯　②◯　③◯　④◯

分野別出題率

貸付条件等の掲示・広告からの出題状況

直近３回の出題率 67%

直近５回の出題率 80%

直近10回の出題率 70%

ｂ・ｃは適切であるが，ａ・ｄは不適切である。よって，正解は③となる。

ａ　不適切である。貸付条件等の掲示すべき事項には，当該営業所または事務所に置かれる貸金業務取扱主任者の氏名は含まれているが，役職名，登録番号は含まれていない。

（貸金業法14条４号）

ｂ　適切である。なお，「主な返済の例」も営業所等ごとに掲示しなければならない事項に含まれる。

（貸金業法14条５号，貸金業法施行規則11条３項１号ロ，ハ）

ｃ　適切である。利率の表示に関しては，少なくとも小数点以下１位まで表示するものとされている。なお，貸金業者は，貸付けの条件について広告をする場合において「賠償額の予定に関する定めをする場合における当該賠償額の元本に対する割合」を表示するときも，その年率を，百分率で少なくとも小数点以下１位まで表示しなければならない。

（貸金業法14条５号，貸金業法施行規則11条４項，12条１項１号ロ，11条３項１号イ）

ｄ　不適切である。営業所等が現金自動設備であって，あらかじめ定める条件により継続して貸付けを行う契約（包括契約）に基づく金銭の交付または回収のみを行うものであるときは，貸付条件等を掲示することが義務づけられていない。

（貸金業法14条，貸金業法施行規則11条５項ただし書）

1-58 貸付条件等の掲示・広告Ⅲ

第14回・問題24

貸付条件の広告等に関する次の①～④の記述のうち，その内容が**適切でない**ものを１つだけ選び，解答欄にその番号をマークしなさい。

---

① 貸金業者向けの総合的な監督指針によれば，貸金業法第15条（貸付条件の広告等）第１項に規定する「貸付けの条件について広告をする」とは，同法第15条第１項第２号，同法施行規則第12条（貸付条件の広告等）第１項第１号及び第２号に掲げる事項（担保の内容が貸付けの種類名となっている場合にあっては，同法施行規則第11条（貸付条件の掲示）第３項第１号ロの「担保に関する事項」には当たらない。）又は貸付限度額，その他の貸付けの条件の具体的内容を１つでも表示した広告をすることをいう。

---

② 貸金業者は，貸付けの条件について広告をする場合において，貸金業者登録簿に登録されたホームページアドレス又は電子メールアドレスを表示するときは，貸金業者登録簿に登録された電話番号を併せて表示しなければならない。

---

③ 貸金業者が貸付けの条件について広告をするときは，「期限の利益の喪失の定めがあるときは，その旨及びその内容」を表示しなければならない。

---

④ 貸金業者が，多数の者に対して同様の内容でダイレクトメールを送付して貸付けの契約の締結について勧誘をする場合において，そのダイレクトメールに電話番号を表示するときは，貸金業者登録簿に登録された電話番号以外のものを表示してはならない。

解答欄

①◯ ②◯ ③◯ ④◯

分野別出題率

貸付条件等の掲示・広告からの出題状況

直近３回の出題率 67%

直近５回の出題率 80%

直近10回の出題率 70%

解答 解説

①・②・④は適切であるが，③は不適切である。よって，正解は③となる。

---

①　適切である。

(監督指針Ⅱ－２－15（２）①)

---

②　適切である。

(貸金業法15条１項３号，貸金業法施行規則12条１項３号)

---

③　不適切である。貸金業者が，金銭の貸付けの条件について広告する場合には，貸金業法15条１項に定める事項を表示しなければならないが，「期限の利益の喪失の定めの有無及びその内容」は，表示しなければならない事項に含まれていない。

(貸金業法15条１項，貸金業法施行規則12条１項)

---

④　適切である。

(貸金業法15条２項)

1-59 貸付条件等の掲示・広告Ⅳ

第16回・問題10

貸付条件の広告に関する次の①〜④の記述のうち，その内容が適切なものを1つだけ選び，解答欄にその番号をマークしなさい。

① 貸金業者が貸付けの条件について広告をする場合において，貸金業者登録簿に登録されたホームページアドレスを表示するときは，貸金業者登録簿に登録された電話番号についても表示しなければならない。

② 貸金業者が貸付けの条件について広告をするときは，主な返済例について表示しなければならない。

③ 日本貸金業協会が定める貸金業の業務運営に関する自主規制基本規則（以下，本問において「自主規制規則」という。）では，協会員は，新聞，雑誌又は電話帳へ個人向け貸付けの契約に係る広告を出稿するにあたっては，その表現内容に関し，安易な借入れを助長する表現，又はその疑いのある表現を排除すること，比較広告を行う場合には合理的根拠に基づかなければならないこと，ホームページアドレスを表示する場合には当該ホームページに返済シミュレーションを備えること，に留意しなければならないとされている。

④ 自主規制規則では，協会員は，ギャンブル専門紙及びギャンブル専門誌に個人向け貸付けの契約に係る広告を出稿するにあたっては，過剰借入れへの注意喚起を目的とし，貸付条件の確認，使い過ぎ，借り過ぎへの注意，及び計画的な借入れにつき，啓発文言を入れなければならないとされている。

解答欄

分野別出題率

貸付条件等の掲示・広告からの出題状況

直近3回の出題率 **67%**

直近5回の出題率 **80%**

直近10回の出題率 **70%**

解答 解説

①は適切であるが，②・③・④は不適切である。よって，正解は①となる。

① 適切である。

(貸金業法15条１項３号，貸金業法施行規則12条１項３号)

② 不適切である。貸金業者が貸付けの条件について広告する場合，貸金業法15条１項に定める事項を表示しなければならないが，「主な返済例」については，表示しなければならない事項に含まれていない。

(貸金業法15条１項，貸金業法施行規則12条１項)

③ 不適切である。協会員は，新聞，雑誌または電話帳へ個人向け貸付けの契約に係る広告を出稿するにあたっては，その表現内容に関し，「比較広告を行わないこと」に留意しなければならない。

(自主規制規則45条２，貸金業者の広告に関する細則Ⅰ４（３))

④ 不適切である。協会員は，新聞または雑誌へ個人向け貸付けの契約に係る広告をギャンブル専門紙およびギャンブル専門誌，風俗専門紙および風俗専門誌へ出稿することは禁じられている。

(自主規制規則45条，貸金業者の広告に関する細則Ⅰ４（４))

1-60 貸付条件等の掲示・広告Ⅴ

第17回・問題11

貸金業法第14条（貸付条件等の掲示）及び同法第23条（標識の掲示）に関する次の①～④の記述のうち，その内容が適切なものを１つだけ選び，解答欄にその番号をマークしなさい。

---

① 貸金業者が，貸付条件等の掲示として，営業所又は事務所（以下，本問において「営業所等」という。）ごとに掲示しなければならない事項には，当該貸金業者の商号，名称又は氏名及び登録番号が含まれる。

---

② 貸金業者が，貸付条件等の掲示として，営業所等ごとに掲示しなければならない事項には，金銭の貸付けにあっては，「主な返済の例」が含まれる。

---

③ 貸金業者は，営業所等ごとに，顧客の見やすい場所に，内閣府令で定める様式の標識（以下，本問において「標識」という。）を掲示すれば足りる。

---

④ 貸金業者は，その営業所等のうち現金自動設備については，標識を掲示する必要はない。

解答欄

①◯　②◯　③◯　④◯

分野別出題率

貸付条件等の掲示・広告からの出題状況

②は適切であるが，①・③・④は不適切である。よって，正解は②となる。

① 不適切である。貸金業者が，貸付条件等の掲示として，営業所または事務所ごとに掲示しなければならない事項は，①貸付けの利率，②返済の方式，③返済期間および返済回数，④当該営業所または事務所に置かれる貸金業務取扱主任者の氏名，に加えて，⑤金銭の貸付けの場合には，賠償額の予定，担保を供することが必要な場合における当該担保に関する事項，主な返済の例，金銭の貸借の媒介の場合には，媒介手数料の計算の方法である。当該貸金業者の商号，名称または氏名および登録番号は，貸付条件等として掲示すべき事項に含まれない。

(貸金業法14条，貸金業法施行規則11条３項)

② 適切である。

(貸金業法施行規則11条３項１号ハ)

③ 不適切である。標識の掲示場所は，公衆の見やすい場所とされている。

(貸金業法23条)

④ 不適切である。貸付条件等の掲示義務については，営業所等が現金自動設備である場合（ただし，当該現金自動設備があらかじめ定める条件により継続して貸付けを行う契約に基づく金銭の交付または回収のみを行うものであるときに限る）には，掲示が不要という例外があるが，標識の掲示義務についてはそのような例外はなく，営業所等が現金自動設備である場合も掲示義務がある。

(貸金業法14条，23条，貸金業法施行規則11条５項)

1-61 貸金業務取扱主任者Ⅰ

第15回・問題5

貸金業法第12条の3（貸金業務取扱主任者の設置）に関する次の①～④の記述のうち，その内容が適切なものを1つだけ選び，解答欄にその番号をマークしなさい。

① 貸金業者は，営業所又は事務所（自動契約受付機もしくは現金自動設備のみにより貸付けに関する業務を行う営業所もしくは事務所又は代理店を除く。以下，本問において「営業所等」という。）ごとに，貸金業の業務に従事する者50人に1人の割合で貸金業務取扱主任者を置かなければならないが，当該貸金業の業務に従事する者には，人事，労務，経理又はシステム管理等その業務遂行の影響が，通常，資金需要者等に及ばない業務に従事する者が含まれる。

② 貸金業者向けの総合的な監督指針によれば，貸金業法施行規則第10条の7（貸金業務取扱主任者の設置）第1号の「常時勤務する者」とは，営業時間内に営業所等に常時駐在する必要はなく，2つの営業所等が同じ建物内にあり，貸金業務取扱主任者が常時往来できると認められる実態があれば，2つの営業所等を兼務する貸金業務取扱主任者を置くことができるとされている。

③ 貸金業者は，貸金業務取扱主任者が貸金業法第12条の3第1項の助言又は指導に係る職務を適切に遂行できるよう必要な配慮を行わなければならず，貸金業の業務に従事する使用人その他の従業者は，貸金業務取扱主任者が行う同項の助言を尊重するとともに，同項の指導に従わなければならない。

④ 貸金業者は，営業所等における唯一の貸金業務取扱主任者が定年退職により当該営業所等に常時勤務する者でなくなった場合において，その後も当該営業所等で貸金業の業務を継続するときは，当該貸金業務取扱主任者が常時勤務する者でなくなった日から2週間以内に，新たに貸金業務取扱主任者を当該営業所等に置かなければならない。

解答欄

分野別出題率

貸金主任者の設置，登録拒否事由からの出題状況

解答 解説

③は適切であるが，①・②・④は不適切である。よって，正解は③となる。

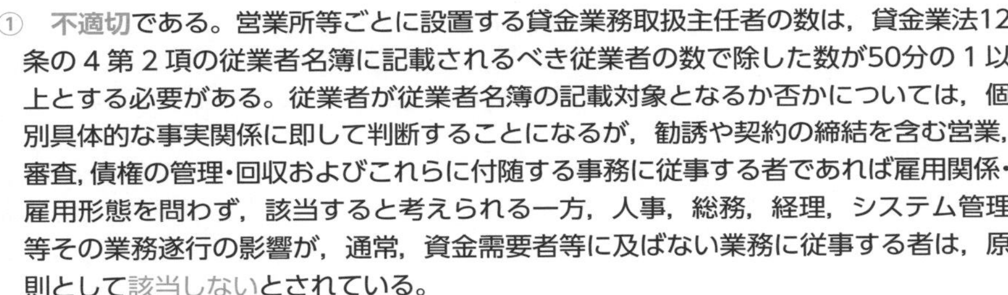

① **不適切**である。営業所等ごとに設置する貸金業務取扱主任者の数は，貸金業法12条の４第２項の従業者名簿に記載されるべき従業者の数で除した数が50分の１以上とする必要がある。従業者が従業者名簿の記載対象となるか否かについては，個別具体的な事実関係に即して判断することになるが，勧誘や契約の締結を含む営業，審査，債権の管理・回収およびこれらに付随する事務に従事する者であれば雇用関係・雇用形態を問わず，該当すると考えられる一方，人事，総務，経理，システム管理等その業務遂行の影響が，通常，資金需要者等に及ばない業務に従事する者は，原則として該当しないとされている。

(貸金業法12条の３第１項，貸金業法施行規則10条の８，監督指針Ⅱ－２－９（２）②)

② **不適切**である。監督指針によれば，「常時勤務する者」とは，営業時間内に営業所等に常時駐在する必要はないが，単に所属する営業所等が１つに決まっていることだけでは足りず，社会通念に照らし，常時勤務していると認められるだけの実態を必要とするとされている。

(監督指針Ⅱ－２－９（２）①)

③ **適切**である。

(貸金業法12条の３第２項)

④ **不適切**である。貸金業者は，「予見し難い事由」により，営業所または事務所における貸金業務取扱主任者の数が内閣府令で定める数を下回るに至ったときは，２週間以内に，規定に適合させるために必要な措置をとればよいとする猶予措置がある。ここでいう「予見し難い事由」とは，個別具体的に判断されるが，急な死亡や失踪など限定的に解釈され，会社の都合や定年による退職など会社として予見できると思われるものは含まれないとされている。会社の都合や定年退職は予見できる事由のため，営業所または事務所における貸金業務取扱主任者の数が法令で定める貸金業務取扱主任者の数（選択肢①の解説参照）を下回る前に補充しなければならない。

(貸金業法12条の３第３項，監督指針Ⅱ－２－９（２）③)

1-62 貸金業務取扱主任者Ⅱ

第16回・問題17

貸金業務取扱主任者に関する次の①～④の記述のうち，その内容が**適切でない**ものを1つだけ選び，解答欄にその番号をマークしなさい。

① 貸金業者は,営業所又は事務所（以下,本問において「営業所等」という。）ごとに，内閣府令で定めるところにより，営業所等において貸金業の業務に従事する者の数に対する貸金業務取扱主任者の数の割合が50分の１以上となる数の貸金業務取扱主任者を置かなければならない。

② 貸金業者向けの総合的な監督指針によれば，貸金業務取扱主任者が営業所等に常時勤務する者と認められるには，社会通念に照らし，常時勤務していると認められるだけの実態が必要であり，当該営業所等の営業時間内に当該営業所等に常時駐在している必要があるとされている。

③ 内閣総理大臣は，貸金業務取扱主任者がその職務に関し貸金業に関する法令の規定に違反したとき，又は著しく不適当な行為を行ったときは，当該貸金業務取扱主任者の主任者登録を取り消すことができる。

④ 貸金業者は，貸金業の業務を行うに当たり資金需要者等からの請求があったときは，当該業務を行う営業所等の貸金業務取扱主任者の氏名を明らかにしなければならない。

解答欄

①◯　②◯　③◯　④◯

チャレンジ問題

第12回・問題19(改)

●株式会社である貸金業者が貸金業法第24条の６の４（監督上の処分）第１項の規定により貸金業の登録を取り消された場合において，当該取消しに係る聴聞の期日及び場所の公示の日前60日以内にその株式会社である貸金業者の取締役であった者であって，当該取消しの日から５年を経過しないものは，貸金業務取扱主任者の登録の拒否事由に該当する。

分野別出題率

貸金主任者の設置，登録拒否事由からの出題状況

解答 解説

①・③・④は適切であるが，②は不適切である。よって，正解は②となる。

① **適切**である。

(貸金業法12条の３第１項，貸金業法施行規則10条の８)

② **不適切**である。貸金業者の営業所または事務所に設置する貸金業務取扱主任者は，当該営業所等において常時勤務する者でなければならないが，ここでいう「常時勤務する者」とは，「営業時間内に営業所等に常時駐在する必要はないが，単に所属する営業所等が１つに決まっていることだけでは足りず，社会通念に照らし，常時勤務していると認められるだけの実態を必要とする」とされている。

(貸金業法施行規則10条の７第１号，監督指針Ⅱ－２－９（２）①)

③ **適切**である。

(貸金業法24条の30第４号)

④ **適切**である。

(貸金業法12条の３第４項)

チャレンジ問題・解答

○ **適切**である。貸金業登録の登録拒否要件は，登録を取り消された者が法人である場合においては，当該取消しの日前30日以内に，その法人の役員であった者（で当該取消しの日から５年を経過しないもの）であるが，貸金業務取扱主任者の登録拒否要件は，(「当該取消しの日」ではなく「当該取消しに係る聴聞の期日及び場所の公示の日」前)「60日以内」とされている。

(貸金業法６条１項３号，24条の27第１項３号)

1-63 貸金業務取扱主任者Ⅲ

第14回・問題3

貸金業務取扱主任者に関する次のa～dの記述のうち，その内容が適切なものの組み合わせを①～④の中から1つだけ選び，解答欄にその番号をマークしなさい。

a　貸金業者が営業所等ごとに置かなければならない貸金業務取扱主任者は，当該営業所等において「常時勤務する者」でなければならないが，貸金業者向けの総合的な監督指針（以下，本問において「監督指針」という。）によれば，貸金業法施行規則第10条の7（貸金業務取扱主任者の設置）第1号の「常時勤務する者」とは，営業時間内に営業所等に常時駐在する必要はないが，単に所属する営業所等が1つに決まっていることだけでは足りず，社会通念に照らし，常時勤務していると認められるだけの実態を必要とするとされている。

b　貸金業者は，内閣府令で定めるところにより，営業所等ごとに，従業者名簿を備え，従業者の氏名，住所，貸金業法第12条の4（証明書の携帯等）第1項の証明書の番号その他貸金業法施行規則第10条の9の2（従業者名簿の記載事項等）第1項で定める貸金業務取扱主任者であるか否かの別を記載しなければならないが，貸金業務取扱主任者である従業者について，その貸金業務取扱主任者の登録番号を記載する必要はない。

c　貸金業者は，「予見し難い事由」により，営業所等における貸金業務取扱主任者の数が貸金業法第12条の3（貸金業務取扱主任者の設置）第1項の内閣府令で定める数を下回るに至ったときは，2週間以内に，同項の規定に適合させるために同条第3項に定める「必要な措置」をとらなければならないが，監督指針によれば，同条第3項に定める「予見し難い事由」とは，個別具体的に判断されるが，急な死亡や失踪など限定的に解釈されるべきであり，会社の都合や定年による退職など会社として予見できると思われるものは含まれないとされている。

d　監督指針によれば，貸金業法第12条の3第3項に定める「必要な措置」とは，営業所等への主任者の求人募集，新たな貸付けの停止又は当該営業所等の廃止が該当するとされている。

選択肢

①ａｂ　②ａｃ　③ｂｄ　④ｃｄ

解答欄

①◯　②◯　③◯　④◯

分野別出題率

貸金主任者の設置，登録拒否事由からの出題状況

ａ・ｃは適切であるが，ｂ・ｄは不適切である。よって，正解は②となる。

ａ　適切である。

(貸金業法施行規則10条の７第１号，監督指針Ⅱ－２－９（２）①)

ｂ　不適切である。従業者名簿には，従業者が貸金業務取扱主任者である場合には，貸金業務取扱主任者の登録番号を記載する必要がある。

(貸金業法施行規則10条の９の２第１項４号)

ｃ　適切である。

(貸金業法12条の３第３項，監督指針Ⅱ－２－９（２）③)

ｄ　不適切である。「必要な措置」とは，営業所等への主任者の設置または当該営業所等の廃止などが該当するとされている。

(貸金業法12条の３第３項，監督指針Ⅱ－２－９（２）④)

1-64 貸金業務取扱主任者Ⅳ

第18回・問題4

貸金業務取扱主任者（以下，本問において「主任者」という。）に関する次の①～④の記述のうち，その内容が**適切なもの**を１つだけ選び，解答欄にその番号をマークしなさい。

① 主任者は，その職務に関し貸金業に関する法令の規定に違反したことによりその主任者登録(注1)の取消しの処分を受けたときは，その処分の日から５年間主任者登録を受けることができない。

② 主任者登録の更新は，登録講習機関(注2)が行う講習で主任者登録の有効期間満了日前６か月以内に行われるものを受けることによりなされ，更新の申請をする必要はない。

③ 貸金業者向けの総合的な監督指針によれば，貸金業者が営業所又は事務所（以下，本問において「営業所等」という。）に設置する主任者は，勤務する営業所等が１つに決まっているだけでなく，営業時間内に，その営業所等に常時駐在していることが必要であるとされている。

④ 貸金業者は，その営業所等における唯一の主任者が定年退職したことにより当該営業所等に主任者を欠くに至ったときは，その日から２週間以内に新たな主任者を設置するか，又は当該営業所等を廃止しなければならない。

（注１） 主任者登録とは，貸金業法第24条の25（貸金業務取扱主任者の登録）第１項の登録をいう。

（注２） 登録講習機関とは，貸金業法第24条の36（登録講習機関の登録）第１項に規定する内閣総理大臣の登録を受けた者をいう。

解答欄

①〇 ②〇 ③〇 ④〇

分野別出題率

貸金主任者の設置，登録拒否事由からの出題状況

①は適切であるが，②・③・④は不適切である。よって，正解は①となる。

① 適切である。

(貸金業法24条の27第１項７号)

② 不適切である。登録講習機関が行う講習を受講したうえで，更新の申請が必要である。

(貸金業法24条の32第１項)

③ 不適切である。「常時勤務する者」とは，「営業時間内に営業所等に常時駐在する必要はないが，単に所属する営業所等が１つに決まっていることだけでは足りず，社会通念に照らし，常時勤務していると認められるだけの実態を必要とする」とされている。営業所等に常時駐在することまでは求められていない。

(監督指針Ⅱ－２－９（２）①)

④ 不適切である。予見し難い事由により，営業所等における貸金業務取扱主任者の数が法定の員数を下回るに至つたときは，２週間以内に，同項の規定に適合させるために必要な措置をとらなければならないが，定年退職は，「予見し難い事由」には該当しない。

(貸金業法12条の３第３項，監督指針Ⅱ－２－９（２）③)

1-65 貸金業務取扱主任者Ⅴ

第17回・問題6

貸金業者Aは，甲及び乙の２か所の営業所を設置して貸金業を営んでいるが，甲営業所において50人の従業者を貸金業の業務に従事させており，乙営業所では40人の従業者を貸金業の業務に従事させている。この場合に関する次のa～dの記述のうち，その内容が適切なものの個数を①～④の中から１つだけ選び，解答欄にその番号をマークしなさい。

a　Aは，甲営業所における唯一の貸金業務取扱主任者Bが定年退職したため甲営業所において常時勤務する者でなくなった場合，甲営業所で引き続き貸金業の業務を継続するときは，２週間以内に，新たな貸金業務取扱主任者を甲営業所に置かなければならない。

b　Aは，甲営業所において，従業者の数を60人増員して110人とし，全員を貸金業の業務に従事させる場合，貸金業務取扱主任者を甲営業所に３人以上置かなければならない。

c　Aは，乙営業所における唯一の貸金業務取扱主任者Cが急に失踪し常時勤務する者でなくなった場合，乙営業所で貸金業の業務を継続するときは，30日以内の期間で，新たな貸金業務取扱主任者を乙営業所に置くまでの間，甲営業所の貸金業務取扱主任者Dを甲営業所と乙営業所の両方の貸金業務取扱主任者として兼務させることができる。

d　Aは，新たに乙営業所の同一敷地内に現金自動設備を設置する場合，乙営業所に少なくとも２人以上の貸金業務取扱主任者を置かなければならない。

選択肢

①1個　②2個　③3個　④4個

解答欄

①◯　②◯　③◯　④◯

分野別出題率

貸金主任者の設置，登録拒否事由からの出題状況

直近３回の出題率 100%

直近５回の出題率 100%

直近10回の出題率 100%

ｂは適切であるが，ａ・ｃ・ｄは不適切である。よって，正解は①となる。

ａ　不適切である。貸金業者は，常時，営業所に従業者50人につき１名以上の割合にて貸金業務取扱主任者を置く必要があるが，例外的に，予見しがたい事由により，貸金業務取扱主任者の必要人数を欠くに至った場合には，２週間以内に貸金業務取扱主任者を補充することで足りるとされている。定年退職による欠員は，予見しがたい事由ではないため，Ｂが定年退職して甲営業所に貸金業務取扱主任者がいなくなった時点でＡは貸金業法違反となる。

(貸金業法12条の３第３項，監督指針Ⅱ－２－９（２）③)

ｂ　適切である。貸金業者は，営業所に従業者50人につき１名以上の割合にて貸金業務取扱主任者を置く必要があるため，110人の従業者が在籍する甲営業所には３名以上の貸金業務取扱主任者を置く必要がある。

(貸金業法12条の３第１項，貸金業法施行規則10条の８)

ｃ　不適切である。複数の営業所（自動契約受付機または現金自動設備のみにより貸付けに関する業務を行う営業所または代理店（代理店が貸金業者である場合に限る）の場合を除く）での貸金業務取扱主任者の兼務は認められていない。

(貸金業法施行規則10条の７第１項２号)

ｄ　不適切である。選択肢ｃの解説のとおり，自動契約受付機または現金自動設備のみにより貸付けに関する業務を行う営業所等または代理店（代理店が貸金業者である場合に限る）には，貸金業務取扱主任者の兼務が認められている。

(貸金業法施行規則10条の７)

1 - 66 契約締結に係る制限等Ⅰ

第14回・問題13

生命保険契約等の締結に係る制限等に関する次の①～④の記述のうち，その内容が適切なものを１つだけ選び，解答欄にその番号をマークしなさい。

---

① 貸金業を営む者は，住宅資金貸付契約の相手方又は相手方となろうとする者の死亡によって保険金の支払を受けることとなる保険契約を締結しようとする場合，当該保険契約において，自殺による死亡を保険事故としてはならない。

---

② 貸金業を営む者は，貸付けの契約について，公的給付(注1)がその受給権者である債務者等又は債務者等の親族その他の者（以下，本問において「特定受給権者」という。）の預金又は貯金の口座に払い込まれた場合に当該預金又は貯金の口座に係る資金から当該貸付けの契約に基づく債権の弁済を受けることを目的として，特定受給権者に当該預金又は貯金の払出しとその払い出した金銭による当該債権の弁済をその預金又は貯金の口座のある金融機関に委託して行うことを求める行為をしてはならない。

---

③ 貸金業を営む者は，特定公正証書(注2)の効力について債務者等にあらかじめ説明したときは，当該債務者等から，当該債務者等が特定公正証書の作成を公証人に嘱託することを代理人に委任することを証する書面（委任状）を取得することができる。

---

④ 貸金業を営む者は，貸付けの契約について，債務者等が特定公正証書の作成を公証人に嘱託することを代理人に委任する場合には，当該代理人を推薦することができる。

（注１） 公的給付とは，法令の規定に基づき国又は地方公共団体がその給付に要する費用又はその給付の事業に関する事務に要する費用の全部又は一部を負担し，又は補助することとされている給付（給与その他対価の性質を有するものを除く。）であって，法令の規定により譲り渡し，担保に供し，又は差し押さえることができないこととされているものをいう。

（注２） 特定公正証書とは，債務者等が貸付けの契約に基づく債務の不履行の場合に直ちに強制執行に服する旨の陳述が記載された公正証書をいう。

解答欄

①◯　②◯　③◯　④◯

分野別出題率

契約締結に係る制限等からの出題状況

解答 解説

②は適切であるが，①・③・④は不適切である。よって，正解は②となる。 

① 不適切である。貸金業者は，貸付けの契約の相手方または相手方となろうとする者の死亡によって保険金の支払を受けることとなる保険契約を締結しようとする場合には，当該保険契約において，自殺による死亡を保険事故としてはならないとされているが，「住宅資金貸付契約その他の内閣府令で定める契約」については，例外的に，保険契約において，自殺による死亡を保険事故とすることができる。

(貸金業法12条の７)

② 適切である。

(貸金業法20条の２第２号)

③ 不適切である。貸金業を営む者は，貸付けの契約について，債務者等から，当該債務者等が特定公正証書の作成を公証人に嘱託することを代理人に委任することを証する書面を取得してはならないとされている。

(貸金業法20条１項)

④ 不適切である。貸金業を営む者は，貸付けの契約について，債務者等が特定公正証書の作成を公証人に嘱託することを代理人に委任する場合には，当該代理人の選任に関し推薦その他これに類する関与をしてはならないとされている。

(貸金業法20条２項)

1 - 67 契約締結に係る制限等Ⅱ

第18回・問題25

特定公正証書に係る制限等に関する次の①～④の記述のうち，その内容が**適切でない**ものを１つだけ選び，解答欄にその番号をマークしなさい。

① 貸金業を営む者は，貸付けの契約について，債務者等から，当該債務者等が特定公正証書（債務者等が貸付けの契約に基づく債務の不履行の場合に直ちに強制執行に服する旨の陳述が記載された公正証書をいう。以下，本問において同じ。）の作成を公証人に嘱託することを代理人に委任することを証する書面を取得してはならない。

② 貸金業を営む者は，貸付けの契約について，債務者等が特定公正証書の作成を公証人に嘱託することを代理人に委任する場合には，当該代理人の選任に関し推薦その他これに類する関与をしてはならない。

③ 貸金業者は，貸付けの契約について，特定公正証書の作成を公証人に嘱託した場合には，遅滞なく，内閣府令で定めるところにより，債務者等となるべき資金需要者等に対し，当該貸付けの契約に基づく債務の不履行の場合には，特定公正証書により，債務者等が直ちに強制執行に服することとなる旨及び債務者等の法律上の利益に与える影響に関する事項として内閣府令で定めるものについて書面を交付し，説明しなければならない。

④ 貸金業を営む者は，貸付けの契約について，公的給付(注１)がその受給権者である債務者等又は債務者等の親族その他の者（以下，本問において「特定受給権者」という。）の預金又は貯金の口座に払い込まれた場合に当該預金又は貯金の口座に係る資金から当該貸付けの契約に基づく債権の弁済を受けることを目的として，当該特定受給権者の預金通帳等(注２)の引渡しもしくは提供を求め，又はこれらを保管する行為をしてはならない。

（注１） 公的給付とは，法令の規定に基づき国又は地方公共団体がその給付に要する費用又はその給付の事業に関する事務に要する費用の全部又は一部を負担し，又は補助することとされている給付（給与その他対価の性質を有するものを除く。）であって，法令の規定により譲り渡し，担保に供し，又は差し押さえることができないこととされているものをいう。

（注２） 預金通帳等とは，当該預金もしくは貯金の口座に係る通帳もしくは引出用のカードもしくは当該預金もしくは貯金の引出しもしくは払込みに必要な情報その他当該預金もしくは貯金の引出しもしくは払込みに必要なものとして政令で定めるもの又は年金証書その他特定受給権者が公的給付を受給することができることを証する書面その他のものをいう。

解答欄

① ◯　② ◯　③ ◯　④ ◯

分野別出題率

登録の拒否事由からの出題状況

①・②・④は適切であるが，③は不適切である。よって，正解は③となる。

---

①　適切である。

（貸金業法20条１項）

---

②　適切である。

（貸金業法20条２項）

---

③　不適切である。特定公正証書の作成を公証人に嘱託する場合には，あらかじめ所定の書面を交付して説明を行わなければならない。

（貸金業法20条３項）

---

④　適切である。

（貸金業法20条の２第１号）

1-68 契約締結前書面Ⅰ

第15回・問題12

次のa～dの記述のうち，貸付けに係る契約を締結しようとする場合における貸金業法第16条の２第１項に規定する書面（契約締結前の書面）に記載し，明らかにしなければならない事項に該当するものの個数を①～④の中から１つだけ選び，解答欄にその番号をマークしなさい。なお，本問における貸付けに係る契約は，金銭の貸付けに係る契約であって，手形の割引の契約及び売渡担保の契約ではないものとする。

a　契約申込年月日

b　貸金業者の商号，名称又は氏名及び住所

c　契約の相手方となろうとする者の商号，名称又は氏名及び住所

d　保証人となろうとする者の商号，名称又は氏名及び住所

選択肢

①1個　②2個　③3個　④4個

解答欄

①◯　②◯　③◯　④◯

分野別出題率

契約締結前書面・契約締結時書面からの出題状況

ｂは該当するが，ａ・ｃ・ｄは該当しない。よって，正解は①となる。

ａ　該当しない。

（貸金業法16条の２）

ｂ　該当する。

（貸金業法16条の２第１項１号，２項１号）

ｃ　該当しない。

（貸金業法16条の２）

ｄ　該当しない。

（貸金業法16条の２）

1-69 契約締結前書面Ⅱ

第14回・問題10

貸金業法第16条の２（契約締結前の書面の交付）に関する次の①～④の記述のうち，その内容が適切なものを１つだけ選び，解答欄にその番号をマークしなさい。なお，本問における貸付けに係る契約は，金銭の貸付けに係る契約であって，手形の割引の契約及び売渡担保の契約ではないものとする。

---

① 貸金業者は，極度方式基本契約を締結している顧客との間で極度方式貸付けに係る契約を締結しようとする場合には，当該契約を締結するまでに，内閣府令で定めるところにより，貸金業法第16条の２第１項に規定する書面（契約締結前の書面）を当該顧客に交付しなければならない。

---

② 貸金業者は，貸付けに係る契約について保証契約を締結しようとする場合には，当該保証契約を締結するまでに，内閣府令で定めるところにより，当該保証契約についての貸金業法第16条の２第３項に規定する書面（保証契約における契約締結前の書面）及び当該貸付けに係る契約についての貸金業法第16条の２第１項に規定する書面（契約締結前の書面）を，当該保証契約の保証人となろうとする者に同時に交付しなければならない。

---

③ 貸金業者が，貸金業法第16条の２第１項の規定に基づき貸付けに係る契約の相手方となろうとする者に交付すべき契約締結前の書面の記載事項には，「貸付けに関し貸金業者が受け取る書面の内容」は含まれない。

---

④ 貸金業者が，貸金業法第16条の２第１項の規定に基づき貸付けに係る契約の相手方となろうとする者に交付すべき契約締結前の書面の記載事項には，「保証人となろうとする者の商号，名称又は氏名及び住所」が含まれる。

解答欄

①◯　②◯　③◯　④◯

チャレンジ問題

第12回・問題10

●極度方式基本契約における契約締結前の書面の記載事項には，「各回の返済期日及び返済金額の設定の方式」が含まれる。

分野別出題率

契約締結前書面・契約締結時書面からの出題状況

③は適切であるが，①・②・④は不適切である。よって，正解は③となる。

① 不適切である。極度方式基本契約に基づく極度方式貸付契約を締結しようとする場合には，貸金業法16条の２第１項に規定する書面（契約締結前の書面）の交付は不要とされている。

(貸金業法16条の２第１項本文かっこ書)

② 不適切である。貸付けに係る契約について保証契約を締結しようとする場合において，当該保証契約についての貸金業法16条の２第３項に規定する書面（保証契約における契約締結前の書面）を保証人となろうとする者に交付する必要はあるが，貸金業法16条の２第１項に規定する書面（契約締結前の書面）を交付すべきとはされていない。

(貸金業法16条の２第３項)

③ 適切である。「貸付けに関し貸金業者が受け取る書面の内容」は，貸金業法17条１項に規定する書面（契約締結時の書面）への記載事項であるが，貸金業法16条の２に規定する書面（契約締結前の書面）の記載事項ではない。

(貸金業法16条の２第１項，17条１項８号，貸金業法施行規則12条の２，13条１項１号ハ)

④ 不適切である。契約締結前の書面には，貸金業者の商号，名称または氏名および住所，貸付けの金額，貸付けの利率，返済の方式，返済期間および返済回数，賠償額の予定に関する定めがあるときはその内容，その他内閣府令で定める事項を記載しなければならないが，保証人となろうとする者の商号，名称または氏名および住所は，記載する必要はない。

(貸金業法16条の２第１項，貸金業法施行規則12条の２第１項)

チャレンジ問題・解答

○ 適切である。

(貸金業法16条の２第２項６号，貸金業法施行規則12条の２第２項１号へ)

1 - 70 契約締結前書面Ⅲ

第17回・問題21

次の①～④の記述のうち，貸金業者が，個人顧客との間で金銭の貸付けに係る極度方式基本契約を締結しようとする場合に，当該契約を締結するまでに，貸金業法第16条の2第2項に規定する書面（極度方式基本契約における契約締結前の書面）により当該個人顧客に明らかにしなければならない事項に**該当しない**ものを1つだけ選び，解答欄にその番号をマークしなさい。

① 当該契約の相手方となろうとする個人顧客の氏名及び住所

② 各回の返済期日及び返済金額の設定の方式

③ 返済の方法及び返済を受ける場所

④ 返済の方式

解答欄

①◯　②◯　③◯　④◯

分野別出題率

契約締結前書面・契約締結時書面からの出題状況

直近３回の出題率

100%

直近５回の出題率

100%

直近10回の出題率

100%

②・③・④は該当するが，①は該当しない。よって，正解は①となる。

① 該当しない。「契約の相手方になろうとする個人顧客の氏名および住所」は，契約締結時書面への記載事項であり，契約締結前書面の記載事項ではない。

(貸金業法17条２項７号，貸金業法施行規則13条３項１号ロ)

② 該当する。

(貸金業法16条の２第２項６号，貸金業法施行規則12条の２第２項１号へ)

③ 該当する。

(貸金業法16条の２第２項６号，貸金業法施行規則12条の２第２項１号ホ)

④ 該当する。

(貸金業法16条の２第２項４号)

1 - 71 契約締結前書面Ⅳ

第16回・問題11

貸金業法第16条の２（契約締結前の書面の交付）に関する次の①～④の記述のうち，その内容が適切なものを１つだけ選び，解答欄にその番号をマークしなさい。なお，本問における極度方式基本契約及び極度方式貸付けに係る契約は，金銭の貸付けに係る契約であって，手形の割引の契約及び売渡担保の契約ではないものとする。

---

① 貸金業者が，極度方式基本契約を締結しようとする場合に，当該基本契約の相手方となろうとする者に交付すべき貸金業法第16条の２第２項に規定する書面（以下，本問において「極度方式基本契約における契約締結前の書面」という。）の記載事項には，当該基本契約に関し貸金業者が受け取る書面の内容が含まれるが，債務者が負担すべき元本及び利息以外の金銭に関する事項は含まれない。

---

② 貸金業者が，極度方式基本契約を締結しようとする場合に，当該基本契約の相手方となろうとする者に交付すべき極度方式基本契約における契約締結前の書面の記載事項には，貸金業者の商号，名称又は氏名及び住所並びにその登録番号（登録番号の括弧書については，記載を省略することができる。）が含まれるが，契約の相手方の商号，名称又は氏名及び住所は含まれない。

---

③ 貸金業者は，極度方式基本契約を締結しようとする場合に，当該基本契約の相手方となろうとする者に交付すべき極度方式基本契約における契約締結前の書面については，当該相手方となろうとする者の承諾の有無を問わず，当該書面の記載事項を電磁的方法により提供することはできない。

---

④ 貸金業者は，極度方式基本契約を締結している顧客との間で極度方式貸付けに係る契約を締結しようとする場合には，当該契約を締結するまでに，内閣府令で定めるところにより，貸金業法第16条の２第１項に規定する書面（契約締結前の書面）を当該顧客に交付しなければならない。

解答欄

①◯　②◯　③◯　④◯

分野別出題率

契約締結前書面・契約締結時書面からの出題状況

直近３回の出題率 100%

直近５回の出題率 100%

直近10回の出題率 100%

②は適切であるが，①・③・④は不適切である。よって，正解は②となる。

① **不適切**である。極度方式基本契約の締結に際し，契約締結前書面には貸金業者が受け取る書面の内容は含まれず，債務者が負担すべき元本および利息以外の金銭に関する事項が含まれる。なお，貸金業者が受け取る書面の内容は，契約締結時の書面記載事項である。

(貸金業法16条の２第２項６号，17条２項７号，貸金業法施行規則12条の２第２項１号ロ，13条３項１号ハ)

② **適切**である。

(貸金業法16条の２第２項６号，貸金業法施行規則12条の２第２項)

③ **不適切**である。貸金業者は，極度方式基本契約を締結しようとする場合，貸付けの契約の相手方となろうとする者の承諾が得られれば，契約締結前書面の記載事項について，電磁的方法により提供することができる。

(貸金業法16条の２第４項)

④ **不適切**である。貸金業者は，極度方式基本契約を締結している顧客との間で極度方式貸付けに係る契約を締結しようとする場合，当該契約締結前の書面交付は不要である。

(貸金業法16条の２第１項)

1 - 72 契約締結前書面Ⅴ

第18回・問題9

貸金業法第16条の２（契約締結前の書面の交付）に関する次の①～④の記述のうち，その内容が**適切なもの**を１つだけ選び，解答欄にその番号をマークしなさい。

① 貸金業者は，顧客との間で極度方式基本契約を締結しようとする場合には，当該契約を締結するまでに，内閣府令で定めるところにより，貸金業法第16条の２第２項に規定する書面（当該極度方式基本契約における契約締結前の書面）を当該顧客に交付しなければならないが，当該書面の記載事項には，契約年月日，契約の相手方の商号，名称又は氏名及び住所等が含まれる。

② 貸金業者は，顧客との間で極度方式貸付けに係る契約を締結しようとする場合には，当該契約を締結するまでに，内閣府令で定めるところにより，貸金業法第16条の２第１項に規定する書面（当該極度方式貸付けに係る契約における契約締結前の書面）を当該顧客に交付しなければならない。

③ 貸金業者向けの総合的な監督指針によれば，貸金業法第16条の２に規定する契約締結前の書面を交付後，契約締結前に法令で定められた記載事項の内容に変更が生じた場合，改めて，当該契約の相手方となろうとする者に対し，契約締結前の書面の再交付を要しないことに留意する必要があるとされている。

④ 貸金業者は，貸付けに係る契約について，保証人となろうとする者との間で保証契約を締結しようとする場合には，当該保証契約を締結するまでに，貸金業法施行規則第12条の２第７項第１号に規定する書面（当該保証契約の概要を記載した書面）及び貸金業法施行規則第12条の２第７項第２号に規定する書面（当該保証契約の詳細を記載した書面）の両方を同時に当該保証人となろうとする者に交付しなければならない。

解答欄

①◯　②◯　③◯　④◯

分野別出題率

登録の拒否事由からの出題状況

④は適切であるが，①・②・③は不適切である。よって，正解は④となる。

① 不適切である。契約年月日，契約の相手方の商号，名称または氏名および住所の記載は不要である。

（貸金業法16条の２第２項，貸金業法施行規則12条の２第２項）

② 不適切である。極度方式貸付けに係る契約については，契約締結前の書面の交付義務が免除されている。

（貸金業法16条の２第１項）

③ 不適切である。契約締結前の書面交付後，契約締結前に法令で定められた記載事項の内容に変更が生じた場合には，再度，当該契約の相手方となろうとする者に対し契約締結前の書面を交付する必要があるとされている。

（監督指針Ⅱ－２－16（２）②）

④ 適切である。

（貸金業法16条の２第３項，貸金業法施行規則12条の２第７項１号，２号）

1-73 契約締結時書面

第14回・問題25

次の①～④の記述のうち，貸付けに係る契約を締結する場合における貸金業法第17条第1項に規定する書面（契約締結時の書面）の記載事項に**含まれない**ものを1つだけ選び，解答欄にその番号をマークしなさい。なお，本問における貸付けに係る契約は，金銭の貸付けに係る契約であって，極度方式貸付けに係る契約，手形の割引の契約及び売渡担保の契約ではないものとする。

① 債務者が金銭の受領のために利用する現金自動支払機その他の機械の利用料などの，債務者が負担すべき元本及び利息以外の金銭に関する事項

② 運転免許証の写しなどの，貸付けに関し貸金業者が受け取る書面の内容

③ 契約上，返済期日前の返済ができるか否か及び返済ができるときは，その内容

④ 将来支払う返済金額とその内訳（元本及び利息の別）

解答欄

①◯ ②◯ ③◯ ④◯

チャレンジ問題

第11回・問題10（改）

●貸金業者であるAが個人顧客であるBとの間で貸付けに係る契約を締結した場合にBに交付する貸金業法第17条第1項に規定する書面（以下，本問において「契約締結時の書面」という。）及びその記載事項のうち重要な事項を変更した。この場合，Aは，Bに再交付する変更後の契約締結時の書面において，「返済期間及び返済回数」を記載する場合，「返済の方式」の記載を省略することができる。

分野別出題率

契約締結前書面・契約締結時書面からの出題状況

直近3回の出題率
100%

直近5回の出題率
100%

直近10回の出題率
100%

解答 解説

①・②・③は含まれるが，④は含まれない。よって，正解は④となる。

① 含まれる。
(貸金業法17条１項８号，貸金業法施行規則13条１項１号ニ)

② 含まれる。
(貸金業法17条１項８号，貸金業法施行規則13条１項１号ハ)

③ 含まれる。
(貸金業法17条１項８号，貸金業法施行規則13条１項１号リ)

④ 含まれない。契約締結時の書面には，将来支払う返済金額の合計額を記載する必要があるが，その内訳（元本および利息の別）を記載する必要はない。
(貸金業法17条１項８号，貸金業法施行規則13条１項１号タ)

チャレンジ問題・解答

× 不適切である。契約締結時書面には，「返済の方式」と「返済期間及び返済回数」の両方を記載する必要がある。
(貸金業法17条１項５号，６号)

1 - 74 契約変更時の書面交付 I

第13回・問題23

貸金業者Aが，個人顧客Bとの間で貸付けに係る契約を締結し金銭をBに貸し付け，Bに貸金業法第17条（契約締結時の書面の交付）第1項に規定する書面（以下，本問において「契約締結時の書面」という。）を交付した後に，Bとの合意に基づき契約締結時の書面に記載した事項を変更した。この場合に関する次の①～④の記述のうち，その内容が**適切でない**ものを1つだけ選び，解答欄にその番号をマークしなさい。なお，本問における貸付けに係る契約は，金銭の貸付けに係る契約であって，極度方式基本契約，極度方式貸付けに係る契約，手形の割引の契約及び売渡担保の契約ではないものとする。

① Aは，「債務者が負担すべき元本及び利息以外の金銭に関する事項」を変更した場合，Bの利益となる変更であるときは，変更後の内容を記載した契約締結時の書面をBに再交付する必要はない。

② Aは，「契約上，返済期日前の返済ができるか否か及び返済ができるときは，その内容」を変更した場合，Bの利益となる変更であるときは，変更後の内容を記載した契約締結時の書面をBに再交付する必要はない。

③ Aは，「利息の計算の方法」を変更した場合，Bの利益となる変更であるときは，変更後の内容を記載した契約締結時の書面をBに再交付する必要はない。

④ Aは，「返済の方法及び返済を受ける場所」を変更した場合，Bの利益となる変更であるときは，変更後の内容を記載した契約締結時の書面をBに再交付する必要はない。

解答欄

①◯ ②◯ ③◯ ④◯

チャレンジ問題

第10回・問題8（改）

●貸金業者は，契約締結後に「賠償額の予定に関する定め」を変更する場合は，顧客の利益となる変更に該当するか否かにかかわらず，変更後の内容を記載した契約締結時の書面を当該顧客に再交付しなければならない。

分野別出題率

契約変更時の書面交付からの出題状況

①・②・③は適切であるが，④は不適切である。よって，正解は④となる。

① **適切**である。

（貸金業法17条１項，貸金業法施行規則13条２項１号イ，１項１号ニ）

② **適切**である。

（貸金業法17条１項，貸金業法施行規則13条２項１号イ，13条１項１号リ）

③ **適切**である。

（貸金業法17条１項，貸金業法施行規則13条２項１号イ，13条１項１号へ）

④ **不適切**である。「返済の方法及び返済を受ける場所」は，顧客の利益となる変更であるか否かにかかわらず，変更したときは重要事項の変更として，書面の再交付が必要となる。

（貸金業法17条１項，貸金業法施行規則13条２項１号ロ，13条１項１号ト）

チャレンジ問題・解答

× **不適切**である。「賠償額の予定に関する定め」の変更については，顧客の利益となる変更がなされた場合，変更後の内容を記載した契約締結時書面の再交付は不要となる。

（貸金業法17条１項後段，７号，貸金業法施行規則13条２項１号イ）

1-75 契約変更時の書面交付Ⅱ

第14回・問題11

貸金業者Aが，個人顧客Bとの間で貸付けに係る契約を締結し，Bに貸金業法第17条第１項に規定する書面（以下，本問において「契約締結時の書面」という。）を交付した。この場合に関する次のa～dの記述のうち，その内容が適切なものの個数を①～④の中から１つだけ選び，解答欄にその番号をマークしなさい。なお，本問における貸付けに係る契約は，金銭の貸付けに係る契約であって，極度方式基本契約，極度方式貸付けに係る契約，手形の割引の契約及び売渡担保の契約ではないものとする。

a　Aは，契約締結時の書面に記載した「貸金業者の商号，名称又は氏名及び住所」を変更した場合，変更後の内容を記載した契約締結時の書面をBに再交付する必要はない。

b　Aは，Bとの合意に基づき，契約締結時の書面に記載した「各回の返済期日及び返済金額」を変更した場合，その内容がBにとって不利なものであるときに限り，変更後の内容を記載した契約締結時の書面をBに再交付しなければならない。

c　Aは，Bとの間の貸付けに係る契約の締結に際し，Cとの間で，当該貸付けに係る契約について保証契約を締結し，Bに対して契約締結時の書面を交付した。その後，Aは，Dとの間で，当該貸付けに係る契約について保証契約を締結し，Cに加えてDを保証人に追加した。この場合，Aは，C及びDに係る事項が記載された契約締結時の書面をBに再交付する必要はない。

d　Aは，Bとの合意に基づき，契約締結時の書面に記載した「期限の利益の喪失の定めがあるときは，その旨及びその内容」を変更した場合，当該変更がBの利益となる変更であるか否かにかかわらず，変更後の内容を記載した契約締結時の書面をBに再交付しなければならない。

選択肢

①１個　②２個　③３個　④４個

解答欄

①◯　②◯　③◯　④◯

分野別出題率

契約変更時の書面交付からの出題状況

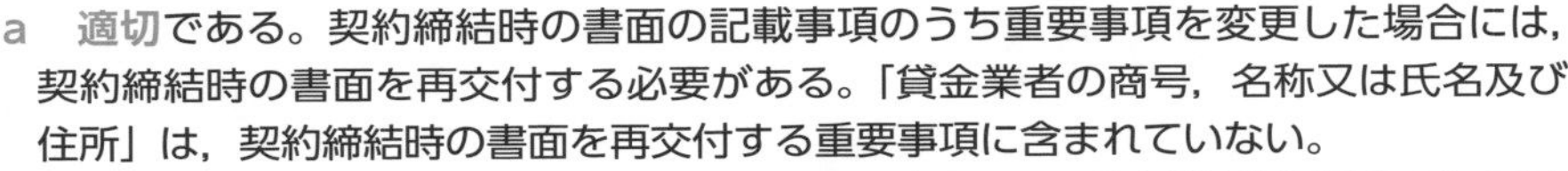
ａは適切であるが，ｂ・ｃ・ｄは不適切である。よって，正解は①となる。

ａ　適切である。契約締結時の書面の記載事項のうち重要事項を変更した場合には，契約締結時の書面を再交付する必要がある。「貸金業者の商号，名称又は氏名及び住所」は，契約締結時の書面を再交付する重要事項に含まれていない。

（貸金業法17条１項，貸金業法施行規則13条２項）

ｂ　不適切である。契約締結時書面の重要事項を変更した場合，(i) 顧客にとって有利な変更の場合には，書面が不要となる重要事項と (ii) 顧客にとって有利不利にかかわらず，書面の再交付が必要な重要事項の２種類がある。このうち「各回の返済期日及び返済金額」は (ii) の重要事項に該当するため再交付が必要である。

（貸金業法17条１項，貸金業法施行規則13条１項１号チ，２項１号ロ）

ｃ　不適切である。「保証人の商号，名称又は氏名及び住所」は，新たに保証契約を締結する場合に限り，重要事項（選択肢ｂの (ii) の重要事項）に該当するため，再交付が必要である。

（貸金業法17条１項，貸金業法施行規則13条１項１号ヲ，２項１号ロ）

ｄ　不適切である。「期限の利益の喪失の定めがあるときは，その旨及びその内容」は，重要事項（選択肢ｂの (i) の重要事項）に該当し，顧客にとって有利な変更の場合には契約締結時の書面の再交付が必要な重要事項とならない。

（貸金業法17条１項，貸金業法施行規則13条１項１号ヌ，２項１号イ）

1-76 契約変更時の書面交付Ⅲ

第17回・問題23

貸金業者Aが，個人顧客Bとの間で貸付けに係る契約を締結し金銭をBに貸し付け，Bに貸金業法第17条第１項に規定する書面（以下，本問において「契約締結時の書面」という。）を交付した後に，Bとの合意に基づき契約締結時の書面に記載した事項を変更した。この場合に関する次の①～④の記述のうち，その内容が**適切でない**ものを１つだけ選び，解答欄にその番号をマークしなさい。

① Aは，「利息の計算の方法」を変更した場合，当該変更がBの利益となる変更であるときを除き，変更後の内容を記載した契約締結時の書面をBに再交付しなければならない。

② Aは，「返済の方法及び返済を受ける場所」を変更した場合，当該変更がBの利益となる変更であるときを除き，変更後の内容を記載した契約締結時の書面をBに再交付しなければならない。

③ Aは，「債務者が負担すべき元本及び利息以外の金銭に関する事項」を変更した場合，当該変更がBの利益となる変更であるときを除き，変更後の内容を記載した契約締結時の書面をBに再交付しなければならない。

④ Aは，「期限の利益の喪失の定めがあるときは，その旨及びその内容」を変更した場合，当該変更がBの利益となる変更であるときを除き，変更後の内容を記載した契約締結時の書面をBに再交付しなければならない。

分野別出題率

契約変更時の書面交付からの出題状況

直近３回の出題率
100%

直近５回の出題率
100%

直近10回の出題率
100%

①・③・④は適切であるが，②は不適切である。よって，正解は②となる。

① **適切**である。重要なものとして内閣府令で定めるもの（重要事項）を変更したときは，契約締結時の書面（貸金業法17条１項に規定する書面）を再交付する必要がある。ここでいう重要事項には，（ア）顧客に有利な変更をした場合には再交付をする必要がない重要事項，（イ）顧客に有利な変更をしたか否かにかかわらず重要事項を変更した場合には再交付が必要な重要事項，の２種類がある。「利息の計算の方法」は，（ア）の重要事項に該当する。

（貸金業法17条１項，貸金業法施行規則13条２項１号イ，１項１号へ）

② **不適切**である。「返済の方法および返済を受ける場所」は，選択肢①の解説の（イ）の重要事項に該当する。

（貸金業法17条１項，貸金業法施行規則13条２項１号ロ，１項１号ト）

③ **適切**である。「債務者が負担すべき元本および利息以外の金銭に関する事項」は，選択肢①の解説の（ア）の重要事項に該当する。

（貸金業法17条１項，貸金業法施行規則13条２項１号イ，１項１号ニ）

④ **適切**である。「期限の利益の喪失の定めがあるときは，その旨およびその内容」は，選択肢①の解説の（ア）の重要事項に該当する。

（貸金業法17条１項，貸金業法施行規則13条２項１号イ，１項１号ヌ）

1 - 77 契約変更時の書面交付Ⅳ

第15回・問題23

貸金業者Aが，個人顧客Bとの間で貸付けに係る契約を締結し金銭をBに貸し付け，Bに貸金業法第17条第１項に規定する書面（以下，本問において「契約締結時の書面」という。）を交付した後に，Bとの合意に基づき契約締結時の書面に記載した事項を変更した。この場合に関する次の①～④の記述のうち，その内容が**適切でない**ものを１つだけ選び，解答欄にその番号をマークしなさい。なお，本問における貸付けに係る契約は，金銭の貸付けに係る契約であって，極度方式基本契約，極度方式貸付けに係る契約，手形の割引の契約及び売渡担保の契約ではないものとする。

① Aは，「貸付けの利率」を引き上げた場合，変更後の内容を記載した契約締結時の書面をBに再交付しなければならない。

② Aは，「返済の方式」を変更した場合，変更後の内容を記載した契約締結時の書面をBに再交付しなければならない。

③ Aは，「返済の方法及び返済を受ける場所」を変更した場合，当該変更がBの利益となるか否かを問わず，変更後の内容を記載した契約締結時の書面をBに再交付しなければならない。

④ Aは，「契約上，返済期日前の返済ができるか否か及び返済ができるときはその内容」を変更した場合，当該変更がBの利益となるか否かを問わず，変更後の内容を記載した契約締結時の書面をBに再交付しなければならない。

解答欄

分野別出題率

契約変更時の書面交付からの出題状況

①・②・③は適切であるが，④は不適切である。よって，正解は④となる。 

---

①　適切である。

(貸金業法施行規則13条２項１号イ，貸金業法17条１項４号)

---

②　適切である。

(貸金業法施行規則13条２項１号ロ，貸金業法17条１項５号)

---

③　適切である。

(貸金業法施行規則13条２項１号ロ，１項１号ト)

---

④　不適切である。「契約上，返済期日前の返済ができるか否か及び返済ができるときは，その内容」を変更した場合，当該変更が顧客の利益となる場合には，契約締結時書面の再交付は不要である。

(貸金業法施行規則13条２項１号イ，１項１号リ)

1 - 78 契約変更時の書面交付Ⅴ

第18回・問題11

貸金業者Aは，個人顧客Bとの間で極度額を30万円とする極度方式基本契約（以下，本問において「本件基本契約」という。）を締結し，貸金業法第17条第２項に規定する書面（以下，本問において「本件基本契約に係る書面」という。）をBに交付した。この場合に関する次のa～dの記述のうち，その内容が適切なものの組み合わせを①～④の中から１つだけ選び，解答欄にその番号をマークしなさい。なお，本件基本契約は，金銭の貸付けに係る契約であって，手形の割引の契約及び売渡担保の契約ではないものとする。

a　Aは，Bと合意の上で，本件基本契約における極度額を15万円に引き下げた後に20万円に引き上げた。この場合，Aは，変更後の内容が記載された本件基本契約に係る書面をBに再交付する必要はない。

b　Aは，Bと合意の上で，本件基本契約における各回の返済期日及び返済金額の設定の方式を変更し，各回の返済金額を15,000円から10,000円に引き下げた。この場合，Aは，変更後の内容が記載された本件基本契約に係る書面をBに再交付する必要はない。

c　Aは，Bと合意の上で，本件基本契約における貸付けの利率を年１割２分（12%）から年９分（９%）に引き下げた。この場合，Aは，変更後の内容が記載された本件基本契約に係る書面をBに再交付しなければならない。

d　Aは，貸金業の登録の更新を受け，その登録番号の括弧書（登録回数）に変更が生じた。この場合，Aは，変更後の内容が記載された本件基本契約に係る書面をBに再交付する必要はない。

選択肢

①ab　②ad　③bc　④cd

解答欄

①◯　②◯　③◯　④◯

分野別出題率

契約変更時の書面交付からの出題状況

直近３回の出題率
100%

直近５回の出題率
100%

直近10回の出題率
100%

a・dは適切であるが，b・cは不適切である。よって，正解は②となる。 

a　適切である。貸金業法17条２項に規定する書面の重要事項を変更した場合には，同書面の再交付が必要となるが，極度額を引き下げた後，元の額を上回らない額まで引き上げたときは，再交付が不要である。

(貸金業法施行規則13条５項２号)

b　不適切である。貸金業法17条２項に規定する書面の重要事項を変更した場合には同書面の再交付が必要となるが，重要事項の変更には，①顧客に有利な変更の場合は書面の再交付が不要なものと②顧客の有利・不利の変更にかかわらず書面の再交付が必要なものがある。「各回の返済期日及び返済金額の設定の方式」は②に該当し，顧客に有利な変更であっても書面の再交付が必要である。

(貸金業法施行規則13条４項１号ロ　第３項１号チ)

c　不適切である。「貸付けの利率」は，肢ｂ解説の①の重要事項に該当し，顧客に有利な変更の場合には書面の再交付が不要となる。

(貸金業法施行規則13条４項１号イ　貸金業法17条２項４号)

d　適切である。貸金業者の登録番号のかっこ書きはそもそも記載自体を省略することができるため，変更が生じても書面の再交付は不要である。

(貸金業法施行規則13条３項１号イ)

1-79 受取証書Ⅰ

第15回・問題13

貸金業法第18条第１項に規定する書面（以下，本問において「受取証書」という。）の交付及び貸金業法第22条に規定する債権の証書（以下，本問において「債権証書」という。）の返還に関する次の①～④の記述のうち，その内容が適切なものを１つだけ選び，解答欄にその番号をマークしなさい。

---

① 貸金業者は，その営業所の窓口において，貸付けに係る契約に基づく債権の全部について，当該契約の債務者から弁済を受けたときは，遅滞なく，内閣府令で定めるところにより，受取証書を当該債務者に交付しなければならない。

---

② 貸金業者は，預金又は貯金の口座に対する払込みにより，貸付けに係る契約に基づく債権の全部について，当該契約の債務者から弁済を受けた場合，当該債務者の請求があったときに限り，受取証書を当該債務者に交付しなければならない。

---

③ 貸金業者は，極度方式貸付けに係る契約に基づく債権の全部について，当該契約の債務者から弁済を受けた場合において，当該債務者の承諾を得て，内閣府令で定めるところにより，貸金業法第18条第３項に規定する一定期間における貸付け及び弁済その他の取引の状況を記載した書面（マンスリーステートメント）を交付するときは，弁済を受けた日から１か月以内に，受領年月日及び受領金額を記載した受取証書を当該債務者に交付しなければならない。

---

④ 貸金業者は，貸付けに係る契約につき債権証書を有する場合において，当該契約に基づく債権の全部について，当該契約の債務者以外の第三者から弁済を受けたときは，当該契約の債務者の請求があったときに限り，債権証書を当該債務者に返還しなければならない。

解答欄

分野別出題率

受取書面（受取証書等）からの出題状況

②は適切であるが，①・③・④は不適切である。よって，正解は②となる。

① **不適切**である。貸金業者は，貸付けの契約に基づく債権の全部または一部について弁済を受けたときは，そのつど，直ちに，内閣府令の定めるところにより，当該弁済をした者に受取証書を交付しなければならない。

（貸金業法18条１項）

② **適切**である。

（貸金業法18条２項）

③ **不適切**である。マンスリーステートメントの交付の承諾を得ている場合にあっては，弁済を受けたときに，直ちに，受領年月日および受領金額を記載した書面（簡素化書面）を当該債務者に交付しなければならない。

（貸金業法18条３項）

④ **不適切**である。貸金業者は，貸付けの契約に基づく債権についてその全部の弁済を受けた場合において当該債権の証書を有するときは，遅滞なく，これをその弁済をした者に返還しなければならないとされている。したがって，債務者以外の第三者から債務の全部の弁済を受けたときには，当該第三者に債権証書を返還しなければならない。

（貸金業法22条）

1 - 80 受取証書Ⅱ

第17回・問題24

貸金業法第18条第１項に規定する書面（以下，本問において「受取証書」という。）の交付に関する次の①～④の記述のうち，その内容が**適切でない**ものを１つだけ選び，解答欄にその番号をマークしなさい。

① 貸金業者は，その営業所の窓口において，貸付けに係る契約に基づく債権の全部について，当該契約の債務者から弁済を受けたときは，遅滞なく，内閣府令で定めるところにより，受取証書を当該債務者に交付すれば足りる。

② 貸金業者は，預金又は貯金の口座に対する払込みにより，貸付けに係る契約に基づく債権の全部について，当該契約の債務者から弁済を受けた場合，当該債務者の請求があったときに限り，受取証書を当該債務者に交付しなければならない。

③ 貸金業者は，貸付けに係る契約の債務者に受取証書を交付しなければならない場合，当該受取証書において，当該契約を契約番号その他により明示することをもって，当該貸金業者の登録番号及び当該債務者の商号，名称又は氏名の記載に代えることができる。

④ 貸金業者は，その営業所の窓口において，貸付けに係る契約に基づく債権の一部について，当該契約の債務者から弁済を受け，受取証書を交付する場合，当該受取証書に，受領金額及びその利息，賠償額の予定に基づく賠償金又は元本への充当額のほか，貸付けの金額等を記載しなければならない。

解答欄

①◯　②◯　③◯　④◯

分野別出題率

受取書面（受取証書等）からの出題状況

直近３回の出題率 **33%**

直近５回の出題率 **40%**

直近10回の出題率 **40%**

解答 解説

②・③・④は適切であるが，①は不適切である。よって，正解は①となる。

① 不適切である。全額の弁済を受けた場合には，受取証書だけでなく，貸付契約書などの債権証書の返還が必要である。

（貸金業法18条１項，22条）

② 適切である。

（貸金業法18条２項）

③ 適切である。

（貸金業法18条１項，貸金業法施行規則15条２項，１項２号，３号）

④ 適切である。

（貸金業法18条１項）

1-81 マンスリーステートメント

第17回・問題12

貸金業法第17条（契約締結時の書面の交付）第６項及び同法第18条（受取証書の交付）第３項に規定する「一定期間における貸付け及び弁済その他の取引の状況を記載した書面として内閣府令で定めるもの」（以下，本問において「マンスリーステートメント」という。）の交付に関する次のa～dの記述のうち，その内容が適切なものの個数を①～④の中から１つだけ選び，解答欄にその番号をマークしなさい。

a　貸金業者向けの総合的な監督指針（以下，本問において「監督指針」という。）によれば，監督当局は，書面の交付義務に関する貸金業者の監督に当たっては，マンスリーステートメントの交付に際しては，マンスリーステートメントが交付される旨及び個別書面の記載事項が簡素化される旨を示したうえで，あらかじめ書面又は電磁的方法により承諾を得ているかに留意する必要があるとされている。

b　監督指針によれば，監督当局は，書面の交付義務に関する貸金業者の監督に当たっては，債務者等から，マンスリーステートメントでの交付の承諾を撤回したい旨の意思表示があった場合，マンスリーステートメント以外の方法による書面交付の適用開始の時期等について，適切な説明が行われているかに留意する必要があるとされている。

c　貸金業者は，顧客との間で極度方式貸付けに係る契約を締結した場合において，当該顧客からマンスリーステートメントの交付の承諾を受けているときは，遅滞なく，当該顧客に対し貸金業法第17条第１項に規定する書面（契約締結時の書面）の交付に代えてマンスリーステートメントを交付しなければならない。

d　貸金業者は，極度方式貸付けに係る契約を締結した後，当該契約の基本となる極度方式基本契約に係る極度方式保証契約の保証人から，当該極度方式保証契約に基づく債権の一部について弁済を受けた。この場合において，当該貸金業者は，当該保証人の承諾を得て，内閣府令で定めるところにより，マンスリーステートメントを交付するときは，貸金業法第18条第１項に規定する書面（受取証書）の交付に代えて，同条第３項に規定する受領年月日，受領金額のほか内閣府令で定める事項を記載した書面を当該保証人に交付することができる。

選択肢

①１個　②２個　③３個　④４個

解答欄

①◯　②◯　③◯　④◯

分野別出題率

マンスリーステートメントからの出題状況

直近３回の出題率

33%

直近５回の出題率

40%

直近10回の出題率

20%

a・b・dは適切であるが，cは不適切である。よって，正解は③となる。

a　適切である。

（監督指針Ⅱ－２－16（１）④本文）

b　適切である。

（監督指針Ⅱ－２－16（１）④）

c　不適切である。マンスリーステート方式での貸金業法17条書面の交付においては，極度方式貸付けに係る契約を締結したときは，マンスリーステートメントではなく，簡素化書面（契約年月日，貸付けの金額を記載した書面）を交付することになる。

（貸金業法17条６項）

d　適切である。

（貸金業法18条３項）

1 - 82 保証人への書面交付Ⅰ

第18回・問題10

貸金業者Aは，個人顧客Bとの間で貸付けに係る契約（以下，本問において「本件貸付契約」という。）を締結した後，Cとの間で本件貸付契約についての保証契約を締結することとした。この場合に関する次のa～dの記述のうち，その内容が適切なものの組み合わせを①～④の中から１つだけ選び，解答欄にその番号をマークしなさい。なお，本件貸付契約は，金銭の貸付けに係る契約であって，極度方式基本契約，極度方式貸付けに係る契約，手形の割引の契約及び売渡担保の契約ではないものとする。

a　Aは，Cとの間で保証契約を締結したときは，遅滞なく，貸金業法第17条第３項に掲げる事項について当該保証契約の内容を明らかにする書面を本件貸付契約の相手方であるBに交付しなければならない。

b　Aは，Cとの間で保証契約を締結したときは，遅滞なく，貸金業法第17条第３項に規定する書面（以下，本問において「当該保証契約における契約締結時の書面」という。）をCに交付しなければならないが，CがBと連帯して債務を負担するときは，当該保証契約における契約締結時の書面に，民法第454条（連帯保証の場合の特則）の規定の趣旨を記載しなければならない。

c　Aは，Cとの間で保証契約を締結した後，当該保証契約に基づく債務の弁済の方式を変更した場合において，当該変更がCの利益となる変更であるときは，変更後の当該保証契約における契約締結時の書面をCに再交付する必要はない。

d　Aは，Cとの間で保証契約を締結した場合は，遅滞なく，貸金業法第17条第１項各号に掲げる事項について本件貸付契約の内容を明らかにする書面をCに交付しなければならない。

選択肢

①ａｂ　②ａｃ　③ｂｄ　④ｃｄ

解答欄

①◯　②◯　③◯　④◯

分野別出題率

保証契約・保証人への書面交付（事前・締結時，変更時）からの出題状況

ｂ・ｄは適切であるが，ａ・ｃは不適切である。よって，正解は③となる。

ａ　不適切である。保証人Ｃへ交付する必要がある。

（貸金業法17条３項）

ｂ　適切である。

（貸金業法17条３項，16条の２第３項５号，貸金業法施行規則12条の２第５項）

ｃ　不適切である。弁済の方式の変更は，保証人に有利な変更であっても書面交付が必要である。

（貸金業法17条３項後段，貸金業法施行規則13条７項１号ロ，12条の２第６項１号）

ｄ　適切である。

（貸金業法17条４項）

1-83 保証人への書面交付Ⅱ

第9回・問題9

保証人及び保証人となろうとする者に対する書面の交付に関する次のa～dの記述のうち，その内容が適切なものの組み合わせを①～④の中から1つだけ選び，解答欄にその番号をマークしなさい。なお，本問における貸付けに係る契約は，極度方式基本契約，極度方式貸付けに係る契約，手形の割引の契約，売渡担保の契約及び金銭の貸借の媒介の契約ではないものとする。

---

a　貸金業者は，貸付けに係る契約について，保証人となろうとする者との間で保証契約を締結しようとする場合，当該保証契約を締結するまでに，内閣府令で定めるところにより，貸金業法第16条の2第3項に規定する書面として，貸金業法施行規則第12条の2第6項第1号に規定する当該保証契約の概要を記載した書面（以下，本問において「概要書面」という。）及び同項第2号に規定する当該保証契約の詳細を記載した書面（以下，本問において「詳細書面」という。）の2種類の書面を同時に交付しなければならないが，当該貸付けに係る契約に基づく債務の残高の総額は，概要書面に記載する必要があるが，詳細書面には記載する必要はない。

---

b　貸金業者は，貸付けに係る契約について，保証人となろうとする者との間で保証契約を締結し，貸金業法第17条第4項前段の規定により，貸金業法第17条第1項各号に掲げる事項について当該貸付けに係る契約の内容を明らかにする書面を当該保証人に交付する場合において，保証の対象となる貸付けに係る契約が2以上あるときは，当該契約ごとに貸金業法第17条第1項各号に掲げる事項を記載する必要はない。

---

c　貸金業者は，貸付けに係る契約について，保証人となろうとする者との間で保証契約を締結した後，保証人が負担すべき保証債務以外の金銭に関する事項を変更する場合において，当該変更が当該保証人の利益となるときは，当該変更後の内容が記載された貸金業法第17条第3項に規定する書面（保証契約における契約締結時の書面）を当該保証人に再交付する必要はない。

---

d　貸金業者は，貸付けに係る契約について，保証人となろうとする者との間で保証契約を締結した後，当該貸付けに係る契約の利息の計算の方法を変更した場合，当該変更が当該貸付けに係る契約の債務者の利益となるか否かにかかわらず，当該変更後の内容が記載された貸金業法第17条第4項の規定に基づき交付する書面（保証の対象となる貸付けに係る契約における契約締結時の書面）を当該保証人に再交付しなければならない。

選択肢

①ab　②ac　③bd　④cd

解答欄

①◯　②◯　③◯　④◯

分野別出題率

保証契約・保証人への書面交付（事前・締結時，変更時）からの出題状況

ａ・ｃは適切であるが，ｂ・ｄは不適切である。よって，正解は②となる。

ａ　適切である。

（貸金業法16条の２第３項，貸金業法施行規則12条の２第４項１号ロ，７項）

ｂ　不適切である。貸金業者は，貸金業法17条４項前段の規定により，同条１項各号に掲げる事項について当該貸付けに係る契約の内容を明らかにする書面を保証人に交付する場合において，保証の対象となる貸付けに係る契約が２以上あるときは，当該契約ごとに当該各号に掲げる事項を記載しなければならないとされている。

（貸金業法17条４項，貸金業法施行規則13条８項）

ｃ　適切である。

（貸金業法17条３項，貸金業法施行規則12条の２第６項６号，13条７項１号イ）

ｄ　不適切である。貸付けに係る契約について，保証人となろうとする者との間で保証契約を締結した後，当該貸付けに係る契約の利息の計算の方法を変更した場合には，原則として，当該変更後の内容が記載された貸金業法17条４項の規定に基づき交付する書面（保証の対象となる貸付けに係る契約における契約締結時書面）を当該保証人に再交付する必要がある。

ただし，当該変更が当該貸付けに係る契約の債務者の利益となる場合には，当該書面を当該保証人に再交付する必要はない。

（貸金業法17条１項，４項，貸金業法施行規則13条10項，２項１号イ）

1-84 保証人への書面交付Ⅲ

第13回・問題11(改)

保証人及び保証人となろうとする者に対する書面の交付に関する次の①～④の記述のうち，その内容が適切なものを1つだけ選び，解答欄にその番号をマークしなさい。なお，本問における貸付けに係る契約は，金銭の貸付けに係る契約であって，手形の割引の契約及び売渡担保の契約ではないものとする。

---

① 貸金業者は，貸金業法第16条の2（契約締結前の書面の交付）第3項の規定により，保証契約の内容を説明する書面を保証人となろうとする者に交付するときは，貸金業法施行規則第12条の2（契約締結前の書面の交付）第6項の規定に基づき当該保証契約の概要を記載した書面及び詳細を記載した書面の2種類の書面を同時に交付しなければならない。

---

② 貸金業者は，保証人に交付すべき貸金業法第17条（契約締結時の書面の交付）第3項に規定する書面（保証契約における契約締結時の書面）に，同項に規定する事項を日本産業規格Z8305に規定する10ポイント以上の大きさの文字及び数字を用いて明瞭かつ正確に記載しなければならない。

---

③ 貸金業者は，貸金業法第17条第4項前段の規定により，同条第1項に規定する契約の内容を明らかにする書面（契約締結時の書面）を保証人に交付する場合において，保証の対象となる貸付けに係る契約が2以上あるときは，同条第1項各号に掲げる事項を当該契約ごとに記載する必要はない。

---

④ 貸金業者は，極度方式保証契約を締結した場合における保証人に対する書面の交付については，一定期間における貸付け及び弁済その他の取引の状況を記載した書面として内閣府令で定めるもの（マンスリーステートメント）の交付に関する貸金業法第17条第6項に規定する方法によることはできない。

解答欄

分野別出題率

保証契約・保証人への書面交付（事前・締結時, 変更時）からの出題状況

①は適切であるが，②・③・④は不適切である。よって，正解は①となる。

---

①　**適切**である。貸金業者は保証人となろうとする者に対し，概要書面と詳細書面を同時に交付しなければならない。

（貸金業法16条の２第３項，貸金業法施行規則12条の２第７項）

---

②　**不適切**である。交付する書面には，日本産業規格Z8305に規定する８ポイント以上の大きさの文字および数字を用いて，明瞭かつ正確に記載しなければならない。

（貸金業法施行規則13条15項）

---

③　**不適切**である。貸付けに係る契約の内容を明らかにする書面を保証人に交付する場合において，保証の対象となる貸付けに係る契約が２以上あるときは，まとめて記載して交付することは許されず，当該契約ごとに貸金業法17条１項各号に掲げる事項を記載しなければならない。

（貸金業法施行規則13条８項）

---

④　**不適切**である。保証人への書面交付に関しても，マンスリーステートメントを利用することができる。

（貸金業法17条６項，４項）

1-85 保証人への書面交付Ⅳ

第15回・問題22

保証契約を締結する場合の書面の交付に関する次の①～④の記述のうち，その内容が**適切でないもの**を1つだけ選び，解答欄にその番号をマークしなさい。なお，本問における貸付けに係る契約は，金銭の貸付けに係る契約であって，極度方式基本契約，極度方式貸付けに係る契約，手形の割引の契約及び売渡担保の契約ではないものとする。

① 貸金業者は，貸付けに係る契約について保証契約を締結しようとする場合には，当該保証契約を締結するまでに，内閣府令で定めるところにより，貸金業法第16条の2第3項に規定する書面について，貸金業法施行規則第12条の2第7項の規定に基づき当該保証契約の概要を記載した書面及び詳細を記載した書面の2種類の書面を同時に，当該保証契約の保証人となろうとする者に交付しなければならない。

② 貸金業者は，貸付けに係る契約について保証契約を締結したときは，遅滞なく，内閣府令で定めるところにより，貸金業法第17条第3項前段に規定する書面（以下，本問において「保証契約における契約締結時の書面」という。）に加えて，貸金業法第17条第1項各号に掲げる事項について当該貸付けに係る契約の内容を明らかにする書面を当該保証契約の保証人に交付しなければならない。

③ 貸金業者は，貸付けに係る契約について保証契約を締結したときは，遅滞なく，内閣府令で定めるところにより，貸金業法第17条第1項各号に掲げる事項について当該貸付けに係る契約の内容を明らかにする書面に加えて，保証契約における契約締結時の書面を当該貸付けに係る契約の相手方に交付しなければならない。

④ 貸金業者は，貸付けに係る契約について保証契約を締結した後に当該保証契約における保証期間を変更した場合，当該変更が当該保証契約の保証人の利益となる変更であるときを除き，変更後の保証期間が記載された保証契約における契約締結時の書面を当該保証人に再交付しなければならない。

解答欄

①◯ ②◯ ③◯ ④◯

分野別出題率

保証契約・保証人への書面交付(事前・締結時, 変更時)からの出題状況

①・②・④は適切であるが，③は不適切である。よって，正解は③となる。

① 適切である。概要書面と詳細書面は，同時に交付しなければならない。

(貸金業法16条の２第３項，貸金業法施行規則12条の２第７項)

② 適切である。

(貸金業法17条３項，４項)

③ 不適切である。保証契約に係る書面を貸付けに係る契約の相手方に交付する必要はない。

(貸金業法17条３項，４項)

④ 適切である。

(貸金業法17条３項後段，貸金業法施行規則12条の２第７項)

■ 解答のポイント

保証契約の事前交付においては，概要書面と詳細書面を別々に作成したうえ，同時に保証人になろうとする者に交付する必要がある。

1-86 電磁的方法による書面

第８回・問題８

次のａ～ｄの書面のうち，貸金業者が，契約の相手方又は相手方となろうとする者の承諾を得て，書面の交付に代えて，書面に記載すべき事項を電磁的方法により提供することができるものの個数を①～④の中から１つだけ選び，解答欄にその番号をマークしなさい。

ａ　貸金業法第16条の２第３項に規定する書面（保証契約における契約締結前の書面）

ｂ　貸金業法第16条の３第１項に規定する書面（生命保険契約等に係る同意前の書面）

ｃ　貸金業法第17条第２項に規定する書面（極度方式基本契約における契約締結時の書面）

ｄ　貸金業法第18条第１項に規定する書面（受取証書）

選択肢

①１個　②２個　③３個　④４個

解答欄

①◯　②◯　③◯　④◯

チャレンジ問題

第５回・問題15

●貸金業者は，貸付けに係る契約に基づく債権を他人に譲渡する場合，その者に対し，当該債権が貸金業者の貸付けに係る契約に基づいて発生したこと等の通知を電磁的方法により提供するときは，当該通知を電磁的方法により提供することについて，当該譲り受ける者の承諾を得る必要はない。

分野別出題率

電磁的方法による提供からの出題状況

直近3回の出題率	直近5回の出題率	直近10回の出題率
0%	0%	10%

a・b・c・dはすべて提供可能である。よって，正解は④となる。

貸金業法において，書面の交付に代えて，電磁的方法により提供できる書面には，以下のものがある。

(i)　契約締結前書面（**貸金業法16条の2第4項（電磁的方法により提供できることの根拠条文，以下同じ）**）
(ii)　保証契約締結前書面（**貸金業法16条の2第4項**）…a
(iii)　生命保険契約等に係る同意前書面（**貸金業法16条の3第2項**）…b
(iv)　契約締結時書面（重要事項変更時の書面も同様）（**貸金業法17条7項**）…c
(v)　保証契約締結時書面（重要事項変更時の書面も同様）（**貸金業法17条7項**）
(vi)　受取証書（**貸金業法18条4項**）…d
(vii)　マンスリーステートメント（**貸金業法17条7項，18条4項**）

チャレンジ問題・解答

× **不適切**である。貸金業者が用いる電磁的方法の種類や内容を示したうえで，(当該譲り受ける者から）書面または電磁的方法による承諾を得る必要がある。
(貸金業法24条1項，貸金業法施行規則21条4項，5項)

1-87 帳簿等の記載・開示

第13回・問題24

貸金業法第19条に規定する帳簿（以下，本問において「帳簿」という。）に関する次の①～④の記述のうち，その内容が**適切でない**ものを１つだけ選び，解答欄にその番号をマークしなさい。なお，本問における貸付けに係る契約は，金銭の貸付けに係る契約であって，極度方式基本契約，極度方式貸付けに係る契約，手形の割引の契約及び売渡担保の契約ではないものとする。

① 貸金業者は，貸付けに係る契約を締結した相手方に貸金業法第17条第１項に規定する書面（以下，本問において「契約締結時の書面」という。）を交付し，当該相手方に係る帳簿を作成する場合，当該帳簿を保存すべき営業所等ごとに契約締結時の書面の写しを保存することをもって，帳簿に記載すべき事項のうち，貸付けの利率，返済の方式等の貸金業法施行規則第16条（帳簿の備付け）第１項第１号に掲げる事項の記載に代えることができる。

② 貸金業者が帳簿に記載すべき事項には，「貸付けの契約に基づく債権の全部又は一部が弁済以外の事由により消滅したときは，その事由及び年月日並びに残存債権の額」が含まれる。

③ 貸金業者が帳簿に記載すべき事項には，「貸付けの契約に基づく債権に関する債務者等その他の者との交渉の経過の記録」が含まれるが，貸金業者向けの総合的な監督指針によれば，「交渉の経過の記録」には，貸金業法第16条の２に規定する書面（契約締結前の書面）の交付以降における資金需要者との交渉の経過の記録を含むとされている。

④ 貸金業者が帳簿に記載すべき事項には，「貸付けの契約に基づく債権を他人に譲渡したときは，その者の商号，名称又は氏名及び住所，譲渡年月日並びに当該債権の額」が含まれる。

解答欄

①〇　②〇　③〇　④〇

チャレンジ問題

第10回・問題25

●貸金業者は，その営業所又は事務所が現金自動設備であるときは，帳簿の備付けを行うことを要しない。

分野別出題率

帳簿(記載・開示)からの出題状況

直近3回の出題率 0%

直近5回の出題率 0%

直近10回の出題率 50%

解答 解説

①・②・④は適切であるが，③は不適切である。よって，正解は③となる。

① **適切**である。契約締結時の書面を交付し，当該相手方に係る帳簿を作成する場合は，帳簿を保存すべき営業所ごとに契約締結時の書面の写しを保存すれば，貸付けの利率や返済の方式等，帳簿に記載すべき事項の一部を省略することができる。

(貸金業法施行規則16条3項)

② **適切**である。

(貸金業法施行規則16条1項5号)

③ **不適切**である。帳簿に記載すべき「交渉の経過の記録」とは，貸付けの契約の締結以降における貸付けの契約に基づく債権に関する交渉の経過の記録とされており，契約締結前の書面の交付以降～契約締結までの記録は，帳簿に記載すべき交渉の経過の記録に含まれない。

(貸金業法施行規則16条1項7号，監督指針Ⅱ－2－17（1）③（注))

④ **適切**である。

(貸金業法施行規則16条1項6号)

チャレンジ問題・解答

○ **適切**である。

(貸金業法施行規則17条2項)

1-88 保存記録・保存書類等Ⅰ

第17回・問題13

貸金業法第19条に規定する帳簿（以下，本問において「帳簿」という。）に関する次のa～dの記述のうち，その内容が適切なものの組み合わせを①～④の中から1つだけ選び，解答欄にその番号をマークしなさい。

a　貸金業者は，その主たる営業所にのみ，帳簿を備え，債務者ごとに貸付けの契約について契約年月日，貸付けの金額，受領金額その他内閣府令で定める事項を記載し，これを保存すれば足りる。

b　貸金業者は，帳簿を，債務者ごとに，債務者との全ての取引が終了した日から少なくとも10年間保存しなければならない。

c　貸金業者向けの総合的な監督指針（以下，本問において「監督指針」という。）によれば，貸金業法施行規則第16条（帳簿の備付け）第1項第7号に規定する「交渉の経過の記録」（以下，本問において「交渉の経過の記録」という。）とは，債権の回収に関する記録，貸付けの契約（保証契約を含む。）の条件の変更（当該条件の変更に至らなかったものを除く。）に関する記録等，貸付けの契約の締結以降における貸付けの契約に基づく債権に関する交渉の経過の記録であるとされている。

d　監督指針によれば，「交渉の経過の記録」として記録される事項である交渉内容には，催告書等の書面の内容を含むとされている。

選択肢

①ab　②ac　③bd　④cd

解答欄

①◯　②◯　③◯　④◯

分野別出題率

保存記録・保存書類等からの出題状況

c・dは適切であるが，a・bは不適切である。よって，正解は④となる。

a　**不適切**である。帳簿は，営業所または事務所ごとに，その業務に関する帳簿を備える必要がある。

（貸金業法19条）

b　**不適切**である。債務者ごとではなく，貸付けの契約ごとに，最終返済期日（債権消滅時）から少なくとも10年間保存しなければならない。

（貸金業法施行規則17条１項）

c　**適切**である。

（監督指針Ⅱ－２－17（１）③（注））

d　**適切**である。監督指針によれば，「交渉の経過の記録」の記載事項は，①交渉の相手方（債務者，保証人等の別），②交渉日時，場所および手法（電話，訪問，電子メールおよび書面発送等の別），③交渉担当者（同席者等を含む），④交渉内容（催告書等の書面の内容を含む），⑤極度方式基本契約に基づく新たな極度方式貸付けの停止に係る措置を講じている場合，当該措置を講じた旨，年月日およびその理由，とされている。

（監督指針Ⅱ－２－17（１）③ニ）

1-89 保存記録・保存書類等Ⅱ

第14回・問題12

株式会社である貸金業者が貸金業法に基づき保存すべきものに関する次のa～dの記述のうち，その内容が適切なものの組み合わせを①～④の中から1つだけ選び，解答欄にその番号をマークしなさい。

a　貸金業者は，貸付けに係る契約（極度方式基本契約及び極度方式貸付けに係る契約を除く。）について，保証人となろうとする者と保証契約を締結した場合には，内閣府令で定めるところにより，当該保証人となろうとする者の返済能力の調査に関する記録を作成し，当該記録を，当該貸付けに係る契約に定められた最終の返済期日（当該貸付けに係る契約に基づく債権が弁済その他の事由により消滅したときにあっては，当該債権の消滅した日）又は当該保証契約に基づく債務が消滅した日のうちいずれか早い日までの間保存しなければならない。

b　加入貸金業者[注]は，貸金業法第41条の36第1項及び第2項に規定する同意（指定信用情報機関への信用情報の提供等に係る同意）を得た場合には，内閣府令で定めるところにより，当該同意に関する記録を作成し，当該記録を，当該同意に基づき指定信用情報機関が信用情報を保有している間保存しなければならない。

c　貸金業者は，貸金業法第19条の帳簿を，貸付けの契約ごとに，当該契約を締結した日から少なくとも7年間保存しなければならない。

d　貸金業者は，個人顧客との間で締結した極度方式基本契約が基準額超過極度方式基本契約に該当するかどうかの調査をした場合，内閣府令で定めるところにより，当該調査に関する記録を作成し，当該記録をその作成後7年間保存しなければならない。

（注）　加入貸金業者とは，指定信用情報機関と信用情報提供契約を締結した相手方である貸金業者をいう。

選択肢

①ab　②ac　③bd　④cd

解答欄

①○　②○　③○　④○

分野別出題率

保存記録・保存書類等からの出題状況

a・bは適切であるが，c・dは不適切である。よって，正解は①となる。

a　適切である。

（貸金業法13条１項，４項，貸金業法施行規則10条の18第２項）

b　適切である。

（貸金業法41条の36，貸金業法施行規則30条の16）

c　不適切である。貸金業者は，貸付けに係る契約に定められた最終の返済期日（当該契約に基づく債権が弁済その他の事由により消滅した場合，その消滅した日）から少なくとも10年間保存しなければならない。

（貸金業法19条，貸金業法施行規則17条１項）

d　不適切である。個人顧客との間で締結した極度方式基本契約が基準額超過極度方式基本契約に該当するかどうかの調査に関する記録は，記録作成後から３年間は保存しなければならない。

（貸金業法13条の３第４項，貸金業法施行規則10条の27第２項）

1 - 90 保存記録・保存書類等Ⅲ

第15回・問題24

貸金業者が貸金業法に基づき保存すべきものに関する次の①～④の記述のうち，その内容が**適切でない**ものを１つだけ選び，解答欄にその番号をマークしなさい。

① 貸金業者は，貸金業法第12条の４（証明書の携帯等）第２項に規定する従業者名簿を，最終の記載をした日から10年間保存しなければならない。

② 貸金業者は，貸金業法施行規則第10条の21（個人過剰貸付契約から除かれる契約）第１項第１号に規定する不動産の建設又は不動産の改良に必要な資金の貸付けに係る契約（極度方式基本契約及び極度方式貸付けに係る契約ではないものとする。）を締結した場合には，不動産の建設工事の請負契約書その他の締結した契約が当該規定に掲げる契約に該当することを証明する書面又はそれらの写しを，当該貸付けに係る契約に定められた最終の返済期日（当該貸付けに係る契約に基づく債権が弁済その他の事由により消滅したときにあっては，当該債権の消滅した日）までの間保存しなければならない。

③ 貸金業者は，個人顧客との間で締結した極度方式基本契約が基準額超過極度方式基本契約に該当するかどうかの調査をした場合，内閣府令で定めるところにより，当該調査に関する記録を作成し，これを当該極度方式基本契約に基づくすべての極度方式貸付けに係る契約に定められた最終の返済期日のうち最後のものが到来する日（これらの契約に基づく債権のすべてが弁済その他の事由により消滅したときは，その消滅した日）までの間保存しなければならない。

④ 貸金業者は，極度方式基本契約を締結した場合には，貸金業法第19条に規定する帳簿を，当該極度方式基本契約及び当該極度方式基本契約に基づくすべての極度方式貸付けに係る契約について，当該極度方式基本契約の解除の日又はこれらの契約に定められた最終の返済期日のうち最後のもの（これらの契約に基づく債権のすべてが弁済その他の事由により消滅したときにあっては，その消滅した日）のうちいずれか遅い日から少なくとも10年間保存しなければならない。

解答欄

① ◯　② ◯　③ ◯　④ ◯

分野別出題率

保存記録・保存書類等からの出題状況

①・②・④は適切であるが，③は不適切である。よって，正解は③となる。

① **適切**である。

(貸金業法12条の４第２項，貸金業法施行規則10条の９の２第３項)

② **適切**である。

(貸金業法施行規則10条の21第２項１号)

③ **不適切**である。基準額超過極度方式基本契約に該当するかどうかの調査の記録は，作成後３年間保存しなければならない。

(貸金業法13条の３第４項，貸金業法施行規則10条の27第２項)

④ **適切**である。

(貸金業法19条，貸金業法施行規則17条１項)

1 - 91 保存記録・保存書類等Ⅳ

第18回・問題12

貸金業者が貸金業法に基づき保存すべきものに関する次の①～④の記述のうち，その内容が**適切なもの**を1つだけ選び，解答欄にその番号をマークしなさい。

① 貸金業者は，貸金業法第12条の4第2項に規定する従業者名簿を，最終の記載をした日から10年間保存しなければならない。

② 貸金業者は，顧客と貸付けに係る契約（極度方式基本契約及び極度方式貸付けに係る契約ではないものとする。）を締結した場合には，内閣府令で定めるところにより，貸金業法第13条（返済能力の調査）第1項に規定する調査に関する記録を作成し，当該記録をその作成の日から10年間保存しなければならない。

③ 貸金業者は，個人顧客との間で締結した極度方式基本契約が基準額超過極度方式基本契約に該当するかどうかの調査をした場合には，内閣府令で定めるところにより，当該調査に関する記録を作成し，当該記録をその作成の日から10年間保存しなければならない。

④ 貸金業者は，貸金業法第19条の帳簿を，貸付けの契約ごとに，当該契約を締結した日から少なくとも10年間保存しなければならない。

解答欄

分野別出題率

保存記録・保存書類等からの出題状況

①は適切であるが，②・③・④は不適切である。よって，正解は①となる。

---

①　適切である。

（貸金業法12条の４第２項，貸金業法施行規則10条の９の２第３項）

---

②　不適切である。当該貸付けに係る契約に定められた最終の返済期日（当該貸付けに係る契約に基づく債権が弁済その他の事由により消滅したときにあっては，当該債権の消滅した日）までの保存が義務つけられている。

（貸金業法施行規則10条の18第２項１号）

---

③　不適切である。調査に関する記録をその作成後３年間保存しなければならない。

（貸金業法13条の３第４項，貸金業法施行規則10条の27第２項）

---

④　不適切である。貸付けの契約ごとに，当該契約に定められた最終の返済期日（当該契約に基づく債権が弁済その他の事由により消滅したときにあつては，当該債権の消滅した日）から少なくとも10年間保存しなければならない。

（貸金業法施行規則17条１項）

1 - 92 保存記録・保存書類等Ⅴ

第16回・問題12

貸金業者が貸金業法に基づき保存すべきものに関する次のa～dの記述のうち，その内容が適切なものの組み合わせを①～④の中から1つだけ選び，解答欄にその番号をマークしなさい。

---

a　貸金業者は，貸金業法第12条の4（証明書の携帯等）第2項の規定により営業所又は事務所（以下，本問において「営業所等」という。）ごとに備えた従業者名簿を，当該営業所等を廃止するまでの間保存しなければならない。

---

b　貸金業者は，個人顧客との間で貸付けに係る契約を締結した場合，内閣府令で定めるところにより，当該個人顧客の返済能力の調査に関する記録をその作成後3年間保存しなければならない。

---

c　貸金業者は，個人顧客との間で締結した貸付けの契約（極度方式基本契約及び極度方式貸付けに係る契約ではないものとする。）に係る貸金業法第19条の帳簿を，当該契約に定められた最終の返済期日（当該契約に基づく債権が弁済その他の事由により消滅したときにあっては，当該債権の消滅した日）から少なくとも10年間保存しなければならない。

---

d　加入貸金業者(注)は，貸金業法第41条の36（指定信用情報機関への信用情報の提供等に係る同意の取得等）第3項及び貸金業法施行規則第30条の15（信用情報の提供等に係る配偶者の同意の取得等）第3項に規定する同意に関する記録を，当該同意に基づき指定信用情報機関が信用情報を保有している間保存しなければならない。

（注）加入貸金業者とは，指定信用情報機関と信用情報提供契約を締結した相手方である貸金業者をいう。

選択肢

①ａｂ　②ａｃ　③ｂｄ　④ｃｄ

解答欄

分野別出題率

保存記録・保存書類等からの出題状況

c・dは適切であるが，a・bは不適切である。よって，正解は④となる。

a　不適切である。貸金業者は，従業者名簿を最終の記載をした日から10年間，保存しなければならない。

（貸金業法12条の4第2項，貸金業法施行規則10条の9の2第3項）

b　不適切である。返済能力の調査についての記録の保存期間は，当該貸付けに係る契約に定められた最終の返済期日まで保存しなければならないとされている。最終の返済期日は，以下とされている。

・当該貸付けに係る契約に基づく債権が弁済その他の事由により消滅したときにあっては，当該債権の消滅した日（極度方式基本契約または極度方式貸付けに係る契約を除く）
・当該貸付けに係る契約が極度方式基本契約または極度方式貸付けに係る契約である場合にあっては，当該極度方式基本契約の解除の日または当該極度方式基本契約に基づくすべての極度方式貸付けに係る契約に定められた最終の返済期日のうち最後のもの（これらの契約に基づく債権のすべてが弁済その他の事由により消滅したときにあっては，その消滅した日）のうちいずれか遅い日

（貸金業法13条1項，4項，貸金業法施行規則10条の18第2項1号）

c　適切である。

（貸金業法19条，貸金業法施行規則17条1項）

d　適切である。

（貸金業法41条の36，貸金業法施行規則30条の16）

1-93 債権譲渡等の規制Ⅰ

第16回・問題23

貸金業法第24条（債権譲渡等の規制）に関する次の①～④の記述のうち，その内容が**適切でない**ものを１つだけ選び，解答欄にその番号をマークしなさい。

① 貸金業者は，貸付けに係る契約に基づく債権を他人に譲渡する場合，譲受人が貸金業者である場合を除き，譲受人に対して，当該債権が貸金業者の貸付けに係る契約に基づいて発生したこと及び譲受人が当該債権に関して行う行為について貸金業法の一部の規定の適用がある旨を，内閣府令で定める方法により，通知しなければならない。

② 貸金業者が，貸付けに係る契約に基づく債権を譲渡した場合，当該債権の譲受人の営業所又は事務所の所在する都道府県の知事は，資金需要者等の利益の保護を図るため必要があると認めるときは，当該職員に，当該債権の譲受人の営業所もしくは事務所に立ち入らせ，その業務に関して質問させ，又は帳簿書類その他の物件を検査させることができる。

③ 貸金業者が，貸付けに係る契約に基づく債権を譲渡した場合，当該債権の譲受人は，貸金業法第24条により準用される当該債権の内容を明らかにする同法第17条（契約締結時の書面の交付）に規定する書面を，遅滞なく，当該債権の債務者に交付しなければならない。

④ 日本貸金業協会が定める貸金業の業務運営に関する自主規制基本規則では，協会員が債権譲渡を行うにあたっては，債務者等からの問合せ及び取引履歴の開示請求等に適切に対応できるように，債権譲渡契約において譲渡人及び譲受人の双方が行う役割分担を明確にすることに留意し，債務者等に送付する債権譲渡に係る通知書に明記するよう努めるものとし，協会員が廃業等に伴って債権の譲渡を行った場合には，譲渡の日から10年間帳簿を保管して，債務者等からの閲覧又は謄写の請求に応じる措置を講じるよう努めるものとされている。

解答欄

分野別出題率

債権譲渡等の規制からの出題状況

解答　解説

②・③・④は適切であるが，①は不適切である。よって，正解は①となる。

① 不適切である。貸金業者は，貸付けに係る契約に基づく債権を他人に譲渡するにあたっては，譲受人に対して，当該債権が貸金業者の貸付けに係る契約に基づいて発生したことその他内閣府令で定める事項ならびに譲受人が当該債権に関してする行為について貸金業法の一部の規定の適用がある旨を，内閣府令で定める方法により，通知しなければならない。通知は，譲受人が貸金業者である場合も免除されない。

(貸金業法24条１項)

② 適切である。

(貸金業法24条２項の読み替え，24条の６の10第３項)

③ 適切である。

(貸金業法24条２項の読み替え，17条)

④ 適切である。

(自主規制規則67条)

1-94 債権譲渡等の規制Ⅱ

第18回・問題13

貸金業者が貸付けに係る契約に基づく債権を譲渡する場合に関する次の①～④の記述のうち，その内容が**適切なもの**を１つだけ選び，解答欄にその番号をマークしなさい。なお，本問における債権は，抵当証券法第１条第１項に規定する抵当証券に記載された債権ではないものとする。

① 貸金業者は，貸付けに係る契約に基づく債権を他人に譲渡するに当たっては，譲受人が貸金業者である場合を除き，譲受人に対し，当該債権が貸金業者の貸付けに係る契約に基づいて発生したことその他内閣府令で定める事項，及びその者が当該債権に係る貸付けの契約に基づく債権に関してする行為について貸金業法第24条（債権譲渡等の規制）第１項に規定する条項の適用がある旨を，内閣府令で定める方法により，通知しなければならない。

② 貸金業者は，貸付けに係る契約（極度方式基本契約及び極度方式貸付けに係る契約ではないものとする。）に基づく債権を他人に譲渡した。この場合，貸金業法に規定する当該債権の内容を明らかにする書面を当該債権の債務者に遅滞なく交付しなければならないのは，当該債権の譲渡人たる貸金業者である。

③ 貸金業者は，貸付けに係る契約に基づく債権を他人に譲渡した場合には，当該債権に係る貸金業法第19条に規定する帳簿で当該貸金業者が作成したものを当該債権の譲受人に引き渡さなければならず，当該貸金業者はこれにより当該帳簿の保存義務を免れる。

④ 貸金業者は，貸付けに係る契約に基づく債権を他人に譲渡した場合，法令の規定により貸金業法第24条の規定を適用しないこととされるときを除き，その日から２週間以内に，その旨をその登録をした内閣総理大臣又は都道府県知事に届け出なければならない。

解答欄

分野別出題率

債権譲渡等の規制からの出題状況

④は適切であるが，①・②・③は不適切である。よって，正解は④となる。

① **不適切**である。貸金業者が譲受人の場合も通知が必要である。

(貸金業法24条１項)

② **不適切**である。「貸金業法に規定する当該債権の内容を明らかにする書面」の交付義務は譲受人にある。

(貸金業法24条２項)

③ **不適切**である。譲渡した貸金業者においても譲渡前に作成した帳簿の保存義務を免れない。

(貸金業法19条，貸金業法施行規則16条，17条)

④ **適切**である。

(貸金業法24条の６の２第４号，貸金業法施行規則26条の25第１項３号)

1-95 債権譲渡等の規制Ⅲ

第17回・問題14

貸金業法第24条（債権譲渡等の規制）に関する次の①～④の記述のうち，その内容が適切なものを１つだけ選び，解答欄にその番号をマークしなさい。なお，本問における債権は，抵当証券法第１条第１項に規定する抵当証券に記載された債権ではないものとする。

① 貸金業者は，貸付けに係る契約に基づく債権を貸金業者ではない者に譲渡した場合に限り，その者に対し，当該債権が貸金業者の貸付けに係る契約に基づいて発生したことその他内閣府令で定める事項，及びその者が当該債権に係る貸付けの契約に基づく債権に関してする行為について貸金業法第24条第１項に規定する条項の適用がある旨を，内閣府令で定める方法により，通知しなければならない。

② 貸金業者が，貸付けに係る契約（極度方式基本契約及び極度方式貸付けに係る契約ではないものとする。）に基づく債権を貸金業者ではない者に譲渡した場合，譲渡人である当該貸金業者は，貸金業法第24条第２項により準用される同法第17条第１項に規定する当該債権の内容を明らかにする書面を当該債権の債務者に交付しなければならない。

③ 貸金業者から貸付けに係る契約に基づく債権を譲り受けた者は，その債権について保証人となろうとする者との間で保証契約を締結しようとする場合には，当該保証契約を締結するまでに，貸金業法第16条の２第３項に規定する当該保証契約の内容を説明する書面を，当該保証契約の保証人となろうとする者に交付しなければならない。

④ 貸金業者は，貸付けの契約に基づく債権の取立ての委託をした相手方が，取立て制限者(注)であり，かつ，当該債権の取立てをするに当たり，貸金業法第21条（取立て行為の規制）第１項の規定に違反した場合において，当該債権の取立ての委託に当たりその相手方が取立て制限者であることを知らなかったときは，知ることができたとしても，行政処分の対象とはならない。

（注） 取立て制限者とは，暴力団員等，暴力団員等がその運営を支配する法人その他の団体もしくは当該法人その他の団体の構成員又は貸付けの契約に基づく債権の取立てに当たり，貸金業法第21条第１項の規定に違反し，もしくは刑法もしくは暴力行為等処罰に関する法律の罪を犯すおそれが明らかである者をいう。

解答欄

①◯ ②◯ ③◯ ④◯

分野別出題率

債権譲渡等の規制からの出題状況

③は適切であるが，①・②・④は不適切である。よって，正解は③となる。

① 不適切である。貸金業者が締結した貸付けに係る契約については，貸金業法のさまざまな規制が適用されるが，債権譲渡によりこれらの規制が適用されなくなると貸金業法の目的が達成されなくなる。そこで，貸金業者が，貸付けに係る契約に基づく債権を他人に譲渡した場合には，譲受人が貸金業者，非貸金業者であるかを問わず，本肢に記載する通知（一定の貸金業法の規制が適用される旨の通知）が必要である。なお，一定の貸金業法の規制とは，貸金業法12条の７，16条の２第３項および４項，16条の３，17条（６項を除く），18条から22条まで，24条の６の10ならびに24条１項およびこれらの規定に係る罰則である。

(貸金業法24条１項)

② 不適切である。貸金業法24条２項で準用される同法17条１項に規定する書面交付義務は，債権の譲渡人ではなく譲受人に適用される。

(貸金業法24条２項，17条１項)

③ 適切である。選択肢①の解説のとおり，債権の譲受人には，貸金業法16条の２第３項が適用される。

(貸金業法24条１項，16条の２第３項)

④ 不適切である。貸金業者は，貸付けの契約に基づく債権の譲渡または取立ての委託をしようとする場合において，その相手方が取立て制限者であることを知り，もしくは知ることができるとき，当該債権譲渡等をしてはならない。したがって，取立て制限者であることを知ることができた場合には，貸金業法違反となり行政処分の対象となる。

(貸金業法24条３項)

1-96 極度方式基本契約Ｉ（書面）

第13回・問題10

貸金業者が顧客との間で極度方式基本契約（以下，本問において「基本契約」という。）を締結した場合に交付する貸金業法第17条（契約締結時の書面の交付）第２項に規定する書面（以下，本問において「基本契約に係る書面」という。）及び基本契約に基づく極度方式貸付けに係る契約（以下，本問において「個別契約」という。）を締結した場合に交付する同条第１項に規定する書面（以下，本問において「個別契約に係る書面」という。）に関する次の①～④の記述のうち，その内容が適切なものを１つだけ選び，解答欄にその番号をマークしなさい。なお，本問における基本契約及び個別契約は，いずれも金銭の貸付けに係る契約であって，手形の割引の契約及び売渡担保の契約ではないものとする。

① 貸金業者は，個別契約に係る書面において，「貸付けの利率」及び「返済の方法及び返済を受ける場所」を記載するときは，「各回の返済期日及び返済金額」の記載を省略することができる。

② 貸金業者は，個別契約に係る書面において，「返済の方式」及び「返済期間」を記載するときは，「返済回数」の記載を省略することができる。

③ 基本契約に係る書面の記載事項には，「当該契約について保証契約を締結するときは，保証人の商号，名称又は氏名及び住所」が含まれる。

④ 基本契約に係る書面の記載事項には，「基本契約に関し貸金業者が受け取る書面の内容及び個別契約に関し貸金業者が受け取る書面の内容」が含まれる。

解答欄

①◯　②◯　③◯　④◯

分野別出題率

極度方式基本契約と書面交付からの出題状況

直近3回の出題率 67%

直近5回の出題率 80%

直近10回の出題率 80%

解答 解説

③は適切であるが，①・②・④は不適切である。よって，正解は③となる。

---

① 不適切である。個別契約に係る書面において，「貸付けの利率」および「返済の方法及び返済を受ける場所」が記載されていたとしても，「各回の返済期日及び返済金額」の記載を省略することはできない。

(貸金業法17条１項，貸金業法施行規則13条１項１号チ)

---

② 不適切である。個別契約に係る書面において，「返済の方式」および「返済期間」が記載されていたとしても，「返済回数」の記載を省略することはできない。

(貸金業法17条１項)

---

③ 適切である。

(貸金業法17条２項７号，貸金業法施行規則13条３項１号ヲ)

---

④ 不適切である。(極度方式）基本契約に係る書面の記載事項には，「(極度方式）基本契約に関し貸金業者が受け取る書面の内容」は含まれるが，「個別契約に関し貸金業者が受け取る書面の内容」は含まれない。

(貸金業法17条２項７号，貸金業法施行規則13条３項１号ハ)

1-97 極度方式基本契約Ⅱ（書面）

第12回・問題23

貸金業者が顧客との間で極度方式基本契約（以下，本問において「基本契約」という。）を締結した場合に交付する貸金業法第17条（契約締結時の書面交付）第２項に規定する書面（以下，本問において「基本契約に係る書面」という。）及び基本契約に基づく極度方式貸付けに係る契約（以下，本問において「個別契約」という。）を締結した場合に交付する同条第１項に規定する書面（以下，本問において「個別契約に係る書面」という。）に関する次の①〜④の記述のうち，その内容が**適切でない**ものを１つだけ選び，解答欄にその番号をマークしなさい。なお，本問における基本契約及び個別契約は，いずれも金銭の貸付けに係る契約であって，手形の割引の契約及び売渡担保の契約ではないものとする。

① 貸金業者は，基本契約に係る書面及び個別契約に係る書面に記載すべき事項である「返済の方式」が，基本契約に係る書面に記載されているときは，個別契約に係る書面における当該事項の記載を省略することができる。

② 貸金業者は，個別契約に係る書面の記載事項のうち「契約の相手方の商号，名称又は氏名及び住所」については，個別契約の契約番号その他をもって代えることができる。

③ 貸金業者は，個別契約に係る書面に，「賠償額の予定に関する定めがあるときは，その内容」の事項を記載しなければならない。

④ 貸金業者は，基本契約に係る書面に，「契約上，返済期日前の返済ができるか否か及び返済ができるときは，その内容」の事項を記載しなければならない。

解答欄

分野別出題率

極度方式基本契約と書面交付からの出題状況

直近３回の出題率 67%

直近５回の出題率 80%

直近10回の出題率 80%

②・③・④は適切であるが，①は不適切である。よって，正解は①となる。

① 不適切である。返済の方式は，基本契約に係る書面および個別契約に係る書面，両書面に必須の記載事項である。

（貸金業法17条１項５号，２項５号）

② 適切である。契約の相手方の商号，名称または氏名および住所等の記載事項は，個別契約の契約番号その他をもって代えることができる。

（貸金業法17条１項８号，貸金業法施行規則13条１項１号ロ）

③ 適切である。賠償額の予定に関する定めがあるときは，その内容を個別契約に係る書面に記載しなければならない。

（貸金業法17条１項７号）

④ 適切である。契約上，返済期日前の返済ができるか否かおよび返済ができるときは，その内容を基本契約に係る書面に記載しなければならない。

（貸金業法17条２項７号，貸金業法施行規則13条３項１号リ）

1 - 98 極度方式基本契約Ⅲ（書面）

第16回・問題21

貸金業者であるＡは，個人顧客であるＢとの間で極度方式基本契約を締結し，貸金業法第17条（契約締結時の書面の交付）第２項に規定する書面（以下，本問において「基本契約に係る書面」という。）を交付した。この場合に関する次の①～④の記述のうち，その内容が**適切でない**ものを１つだけ選び，解答欄にその番号をマークしなさい。

---

① Ａは，Ｂとの間の合意に基づき，極度額を引き下げた場合，変更後の内容を記載した基本契約に係る書面をＢに再交付する必要はない。

---

② Ａは，Ｂとの間の合意に基づき，極度額を引き下げた後，元の額を上回らない額まで引き上げた場合，変更後の内容を記載した基本契約に係る書面をＢに再交付しなければならない。

---

③ Ａは，Ｂとの間の合意に基づき，貸付けの利率を引き下げた場合，変更後の内容を記載した基本契約に係る書面をＢに再交付する必要はない。

---

④ Ａは，Ｂとの間の合意に基づき，返済の方法及び返済を受ける場所を変更した場合，当該変更がＢの利益となる変更であるか否かを問わず，変更後の内容を記載した基本契約に係る書面をＢに再交付しなければならない。

解答欄

①◯　②◯　③◯　④◯

分野別出題率

極度方式基本契約と書面交付からの出題状況

直近３回の出題率 **67%**

直近５回の出題率 **80%**

直近10回の出題率 **80%**

解答　解説

①・③・④は適切であるが，②は不適切である。よって，正解は②となる。

---

① **適切**である。貸金業者が，顧客との間で極度方式基本契約を締結し，締結時の書面を交付した後，重要なものとして内閣府令で定めるものを変更したときは，原則として，極度方式基本契約における契約締結時の書面を当該顧客に再交付しなければならない。ただし，変更が「当該相手方の利益の保護に支障を生ずることがないときとして内閣府令で定めるとき」は書面の再交付は不要となる。極度額の引き下げは「当該相手方の利益の保護に支障を生ずることがないとき」に該当し，変更後の書面を再交付する必要はない。

（貸金業法17条２項３号，貸金業法施行規則13条５項１号）

---

② **不適切**である。いったん極度額を引き下げた後，元の極度額を上回らない額まで引き上げたときは選択肢①の解説にある「当該相手方の利益の保護に支障を生ずることがないとき」に該当するため，変更後の内容を記載した書面の再交付は不要である。

（貸金業法17条２項３号，貸金業法施行規則13条５項２号）

---

③ **適切**である。貸付金利の引き下げは，資金需要者に対する有利な変更であり，変更後の書面を再交付する必要はない。

（貸金業法17条２項４号，貸金業法施行規則13条４項１号イ）

---

④ **適切**である。返済方法および返済場所については，変更時は必ず，変更後の書面を再交付しなければならない。

（貸金業法17条２項５号，貸金業法施行規則13条４項１号ロ）

1-99 極度方式基本契約Ⅳ（書面）

第11回・問題22

貸金業者であるAが個人顧客であるBとの間で締結した極度方式基本契約（以下，本問において「基本契約」という。）及び基本契約に基づく極度方式貸付けに係る契約（以下，本問において「個別契約」という。）において交付すべき書面に関する次の①～④の記述のうち，その内容が**適切でない**ものを１つだけ選び，解答欄にその番号をマークしなさい。なお，本問における基本契約及び個別契約は，金銭の貸付けに係る契約であって，手形の割引の契約及び売渡担保の契約ではないものとする。

① Aは，個別契約を締結した場合において，Bに対し，その承諾を得て，内閣府令で定めるところにより，一定期間における貸付け及び弁済その他の取引の状況を記載した書面として内閣府令で定めるものを交付するときは，貸金業法第17条第１項に規定する書面（契約締結時の書面）の交付に代えて，同条第６項に規定する契約年月日及び貸付けの金額等を記載した書面をBに交付することができる。

② Aは，Bと合意の上で，Bに交付した貸金業法第17条第２項に規定する書面（以下，本問において「極度方式基本契約における契約締結時の書面」という。）に記載した極度額を引き下げた後，元の額を上回らない額まで引き上げた。この場合，Aは，変更後の極度方式基本契約における契約締結時の書面をBに再交付する必要はない。

③ Aは，Bと合意の上で，Bに交付した極度方式基本契約における契約締結時の書面に記載した「極度方式基本契約に関し貸金業者が受け取る書面の内容」を変更した。この場合，Aは，変更後の極度方式基本契約における契約締結時の書面をBに再交付しなければならない。

④ Aは，基本契約について，保証人となろうとするCとの間で極度方式保証契約を締結したときは，遅滞なく，内閣府令で定めるところにより，貸金業法第17条第３項に規定する書面（保証契約における契約締結時の書面）に加え，基本契約に係る極度方式基本契約における契約締結時の書面をCに交付しなければならない。

解答欄

①◯ ②◯ ③◯ ④◯

分野別出題率

極度方式基本契約と書面交付からの出題状況

直近３回の出題率 **67%**

直近５回の出題率 **80%**

直近10回の出題率 **80%**

①・②・④は適切であるが，③は不適切である。よって，正解は③となる。

① **適切**である。極度方式基本契約の相手方から同意を得て，１月に１回以上のいわゆるマンスリーステートメントを交付し，契約年月日と貸付けの金額等を記載した書面（簡素化書面）を交付することで，貸金業法17条１項の契約締結時の書面に代えることができる。

(貸金業法17条１項，６項)

② **適切**である。極度額の変更は，重要事項の変更に当たる。通常であれば，極度額の変更に伴い，極度方式基本契約における契約締結時の書面の再交付が必要となるが，(i) 極度額を引き下げたときと，(ii) 極度額を引き下げた後，元の額を上回らない額まで引き上げたときは，例外的に書面の再交付が不要とされている。

(貸金業法17条２項，貸金業法施行規則13条４項１号ロ，５項)

③ **不適切**である。極度方式基本契約に関し，貸金業者が受け取る書面の内容は，契約締結時書面交付事項の１つであるが，書面の再交付が必要とされる重要事項には該当しない。

したがって，極度方式基本契約に関し，貸金業者が受け取る書面の内容を変更しても，書面の再交付は不要である。

(貸金業法17条２項７号，貸金業法施行規則13条３項１号ハ，４項１号)

④ **適切**である。

(貸金業法17条５項)

1-100 極度方式基本契約Ⅴ（書面）

第17回・問題22

貸金業者Aが顧客Bとの間で極度額を50万円とし利率を年１割８分（18％）とする極度方式基本契約を令和４年４月１日に締結した場合に交付する貸金業法第17条（契約締結時の書面の交付）第２項に規定する書面（以下，本問において「基本契約に係る書面」という。）及び当該極度方式基本契約に基づく極度方式貸付けに係る契約を締結した場合に交付する同条第１項に規定する書面（以下，本問において「個別契約に係る書面」という。）に関する次の①～④の記述のうち，その内容が**適切でない**ものを１つだけ選び，解答欄にその番号をマークしなさい。なお，本問における極度方式基本契約及び極度方式貸付けに係る契約は，いずれも金銭の貸付けに係る契約であって，手形の割引の契約及び売渡担保の契約ではないものとする。

① Aは，個別契約に係る書面におけるAの登録番号の記載を省略することができる。

② Aは，基本契約に係る書面に利息の計算の方法を記載した場合には，個別契約に係る書面における利息の計算の方法の記載を省略することができる。

③ Aは，基本契約に係る書面に貸付けの利率を記載した場合には，個別契約に係る書面における貸付けの利率の記載を省略することができる。

④ Aは，個別契約に係る書面における各回の返済期日及び返済金額を次回の返済期日及び返済金額をもって代えることができる。

解答欄

①〇 ②〇 ③〇 ④〇

分野別出題率

極度方式基本契約と書面交付からの出題状況

解答 解説

①・②・④は適切であるが，③は不適切である。よって，正解は③となる。

---

① **適切**である。極度方式貸付けに係る契約において，利息の額が利息制限法に定める利息の制限額を超えないものを締結するときは，登録番号の記載を省略することができる，とされている。

（貸金業法施行規則13条１項１号イ）

---

② **適切**である。極度方式貸付けに係る契約において，利息の額が利息制限法に定める利息の制限額を超えないものを締結する場合において，「基本契約に係る書面」に記載されているときは，記載を省略することができる，とされている。

（貸金業法施行規則13条１項１号へ）

---

③ **不適切**である。貸付けの利率を省略できるという規定はない。

（貸金業法17条１項４号）

---

④ **適切**である。極度方式貸付けに係る契約において，利息の額が利息制限法に定める利息の制限額を超えないものを締結するときは，次回の返済期日及び返済金額をもって代えることができる，とされている。

（貸金業法施行規則13条１項１号チ）

1-101 基準額超過極度方式基本契約Ⅰ

第16回・問題9

株式会社である貸金業者Aが個人顧客Bとの間で極度方式基本契約（以下，本問において「本件基本契約」という。）を締結している場合において，Aが貸金業法第13条の3に基づいて行う本件基本契約が基準額超過極度方式基本契約に該当するかどうかの調査（以下，本問において「本件調査」という。）に関する次の①～④の記述のうち，その内容が適切なものを1つだけ選び，解答欄にその番号をマークしなさい。なお，Aは，Bとの間で本件基本契約以外の極度方式基本契約を締結していないものとする。

① Aは，本件基本契約の契約期間を本件基本契約の締結日から同日以後1か月以内の一定の期日までの期間及び当該一定の期日の翌日以後1か月ごとの期間に区分したそれぞれの期間（以下，本問において「所定の期間」という。）において，直近の所定の期間内にAが行った本件基本契約に基づく極度方式貸付けの金額の合計額が5万円であっても，当該所定の期間の末日における本件基本契約に基づく極度方式貸付けの残高の合計額が10万円を超える場合，本件調査を行わなければならない。

② Aは，本件調査を行わなければならない場合において，Bに係る極度方式個人顧客合算額が70万円であるときは，当該調査を行うに際し，既にBから源泉徴収票その他のBの収入又は収益その他の資力を明らかにする事項を記載し，又は記録した書面又は電磁的記録として内閣府令で定めるものの提出又は提供を受けているときを除き，その提出又は提供を受けなければならない。

③ Aは，3か月以内の一定の期間の末日において，貸金業法第13条の4に基づき，本件基本契約が基準額超過極度方式基本契約に該当しないようにするため必要な本件基本契約の極度額の減額に係る措置を講じていた場合，本件調査を行う必要はない。

④ Aは，本件基本契約に基づく新たな極度方式貸付けの停止に係る措置を講じている場合において，当該措置を解除しようとするときは，本件調査を行わなければならない。

解答欄

①○ ②○ ③○ ④○

分野別出題率

基準額超過極度方式基本契約からの出題状況

直近３回の出題率 100%

直近５回の出題率 100%

直近10回の出題率 100%

④は適切であるが，①・②・③は不適切である。よって，正解は④となる。 

---

① 不適切である。直近の「所定の期間」（極度方式基本契約の締結日から同日以後１カ月以内の一定の期日までの期間および当該一定の期日の翌日以後１カ月ごとの期間に区分したそれぞれの期間）内の本件基本契約に基づく極度方式貸付けの金額の合計額が５万円を超える場合で，当該「所定の期間」の末日における極度方式貸付けの残高の合計額が10万円を超える場合には，本件調査が必要となる。

（貸金業法13条の３第１項，貸金業法施行規則10条の24第１項１号）

---

② 不適切である。本件調査を行う場合，「当該個人顧客に係る…極度方式個人顧客合算額が100万円を超えるときは，…当該個人顧客から源泉徴収票その他の当該個人顧客の収入又は収益その他の資力を明らかにする事項を記載し，又は記録した書面又は電磁的記録として内閣府令で定めるものの提出又は提供を受けなければならない」とされている。

本肢では，極度方式個人顧客合算額が100万円を超えていないので，源泉徴収票等の提出を受ける義務はない。

（貸金業法13条の３第３項）

---

③ 不適切である。新たな極度方式貸付けの停止措置が講じられているときは，本件調査が不要となるが，極度額の減額措置が講じられていても，本件調査は不要とはならない。

（貸金業法13条の３第２項，貸金業法施行規則10条の25第３項２号）

---

④ 適切である。

（貸金業法13条の３第１項，貸金業法施行規則10条の24）

1-102 基準額超過極度方式基本契約Ⅱ

第14回・問題23

株式会社である貸金業者Aが，貸金業法第13条の３第２項に基づき，３か月以内の一定の期間（以下，本問において「所定の期間」という。）ごとに，個人顧客Bとの間で締結している極度方式基本契約（以下，本問において「本件基本契約」という。）について行う，本件基本契約が基準額超過極度方式基本契約に該当するかどうかの調査（以下，本問において「本件調査」という。）に関する次の①～④の記述のうち，その内容が**適切でない**ものを１つだけ選び，解答欄にその番号をマークしなさい。

---

① Aは，所定の期間の末日において，「Bと連絡することができないこと」等の合理的な理由により本件基本契約に基づく新たな極度方式貸付けの停止に係る措置を講じ，かつ当該措置を講じた旨，その年月日及び当該理由が貸金業法第19条の帳簿に貸付けの契約に基づく債権に関する債務者等その他の者との交渉の経過の記録として記載されているときは，本件調査を行う必要はない。

---

② Aは，所定の期間の末日において，本件基本契約に基づく極度方式貸付けの残高が10万円以下である場合は，AがBとの間で締結している他の極度方式基本契約に基づく極度方式貸付けの残高にかかわらず，本件調査を行う必要はない。

---

③ Aは，本件調査を行わなければならない場合，所定の期間の末日から３週間を経過する日までに，指定信用情報機関にBの個人信用情報の提供の依頼をしなければならない。

---

④ Aは，本件調査により，本件基本契約が基準額超過極度方式基本契約に該当すると認められるときは，本件基本契約が基準額超過極度方式基本契約に該当しないようにするため必要な本件基本契約の極度額を減額する措置，又は本件基本契約に基づく新たな極度方式貸付けを停止する措置を講じなければならない。

解答欄

①〇 ②〇 ③〇 ④〇

チャレンジ問題

第10回・問題6

●本件基本契約が，Bが特定費用を支払うために必要な資金の貸付けを目的とした極度方式基本契約（特定緊急貸付契約に限る。）であって，Bの返済能力を超えない極度方式基本契約と認められ，緊急個人顧客合算額が10万円を超えないものであり，本件基本契約に基づく極度方式貸付けの返済期間が３か月を超えないものに該当するときは，A社は，本件調査を行う必要はない。

分野別出題率

基準額超過極度方式基本契約からの出題状況

①・③・④は適切であるが，②は不適切である。よって，正解は②となる。

① 適切である。

(貸金業法施行規則10条の25第３項３号ロ)

② 不適切である。貸金業者は，個人顧客との間で極度方式基本契約を締結した場合には，原則として，３カ月以内の所定の期間ごとに基準額超過極度方式基本契約に該当するかどうかの調査をする義務を負うが，当該顧客に対するすべての極度方式基本契約に基づく極度方式貸付残高の総合計額が10万円以下の場合はこの限りではない。

(貸金業法施行規則10条の25第３項１号)

③ 適切である。

(貸金業法施行規則10条の25第２項)

④ 適切である。

(貸金業法13条の４，貸金業法施行規則10条の29)

チャレンジ問題・解答

○ 適切である。

(貸金業法13条の３第５項，貸金業法施行規則10条の28第１項１号)

1-103 基準額超過極度方式基本契約Ⅲ

第15回・問題10

株式会社である貸金業者Aが，個人顧客Bとの間で締結している極度方式基本契約（以下，本問において「本件基本契約」という。）について行う，本件基本契約が基準額超過極度方式基本契約に該当するかどうかの調査（以下，本問において「本件調査」という。）に関する次のa～dの記述のうち，その内容が適切なものの組み合わせを①～④の中から1つだけ選び，解答欄にその番号をマークしなさい。なお，Aは，Bとの間で本件基本契約以外の極度方式基本契約を締結していないものとする。

a　Aは，本件基本契約の契約期間を本件基本契約の締結日から同日以後1か月以内の一定の期日までの期間及び当該一定の期日の翌日以後1か月ごとの期間に区分したそれぞれの期間（以下，本問において「所定の期間」という。）において，直近の「所定の期間」内にAが行った本件基本契約に基づく極度方式貸付けの金額の合計額が5万円で，当該「所定の期間」の末日における本件基本契約に基づく極度方式貸付けの残高の合計額が10万円であった場合，本件調査を行わなければならない。

b　Aは，Bが本件基本契約に基づく極度方式貸付けに係る契約により負う債務の履行を遅滞したことにより本件基本契約に基づく新たな極度方式貸付けの停止に係る措置を講じていた場合において当該措置を解除したときは，その日から2週間を経過する日までに本件調査を行わなければならない。

c　Aは，本件調査をしなければならない場合，「所定の期間」の末日から3週間を経過する日までに，指定信用情報機関にBの個人信用情報の提供を依頼しなければならない。

d　Aは，本件調査をしなければならない場合において，Bに係る極度方式個人顧客合算額が120万円である場合，当該調査を行うに際し，既にBから源泉徴収票その他のBの収入又は収益その他の資力を明らかにする事項を記載し，又は記録した書面又は電磁的記録として内閣府令で定めるものの提出又は提供を受けているときを除き，その提出又は提供を受けなければならない。

選択肢

①a b　②a c　③b d　④c d

解答欄

①◯　②◯　③◯　④◯

分野別出題率

基準額超過極度方式基本契約からの出題状況

解答　解説

ｃ・ｄは適切であるが，ａ・ｂは不適切である。よって，正解は④となる。

ａ　不適切である。所定の期間における極度方式貸付けの合計額が５万円を超え，かつ所定の期間の末日における残高の合計額が10万円を超える場合に，調査義務が発生する。

(貸金業法施行規則10条の24第１項１号)

ｂ　不適切である。新たな極度方式貸付けの停止措置を解除してから，基準額超過極度方式基本契約に該当するかどうかの調査をすることは不適切であり，新たな極度方式貸付けの停止に係る措置をしようとするときに基準額超過極度方式基本契約に該当するかの調査が必要である。

(貸金業法施行規則10条の24第１項２号)

ｃ　適切である。

(貸金業法施行規則10条の25第２項)

ｄ　適切である。極度方式個人顧客合算額が100万円を超えるときは，本肢に記載されている調査を行う必要がある。

(貸金業法13条の３第３項)

1-104 基準額超過極度方式基本契約Ⅳ

第13回・問題9

株式会社である貸金業者Aが，貸金業法第13条の３第２項に基づき，３か月以内の一定の期間（以下，本問において「所定の期間」という。）ごとに，個人顧客Bとの間で締結している極度方式基本契約（以下，本問において「本件基本契約」という。）について行う，本件基本契約が基準額超過極度方式基本契約に該当するかどうかの調査（以下，本問において「本件調査」という。）に関する次の①～④の記述のうち，その内容が適切なものを１つだけ選び，解答欄にその番号をマークしなさい。なお，本件基本契約は，特定緊急貸付契約ではないものとする。

① Aは，所定の期間の末日における本件基本契約に基づく極度方式貸付けの残高が10万円である場合，AがBとの間で締結している他の極度方式基本契約に基づく極度方式貸付けの残高の有無にかかわらず，本件調査を行わなければならない。

② Aは，所定の期間の末日において，貸金業法第13条の４（基準額超過極度方式基本契約に係る必要な措置）に基づき，本件基本契約が基準額超過極度方式基本契約に該当しないようにするため必要な本件基本契約の極度額の減額の措置を講じていた。この場合，Aは，本件調査を行う必要はない。

③ Aは，所定の期間の末日において，貸金業法第13条の４に基づき，本件基本契約に基づく新たな極度方式貸付けを停止する措置を講じていた。この場合，Aは，本件調査を行う必要はない。

④ Aは，本件調査を行わなければならない場合，当該所定の期間の末日から１か月を経過する日までに，指定信用情報機関にBの個人信用情報の提供の依頼をしなければならない。

解答欄

①◯ ②◯ ③◯ ④◯

チャレンジ問題

第11回・問題20

●Aは，本件基本契約が，売却を予定しているBの不動産の売却代金により弁済される貸付けに係る契約であって，Bの返済能力を超えないと認められるもの（本件基本契約の極度額が本件基本契約の締結時における当該不動産の価格の範囲内であり，当該不動産を売却することによりBの生活に支障を来すと認められる場合ではないものとする。）である場合，所定の期間ごとの，所定の調査を行う必要はない。

分野別出題率

基準額超過極度方式基本契約からの出題状況

③は適切であるが，①・②・④は不適切である。よって，正解は③となる。

① 不適切である。貸金業法13条の3第2項の調査は，所定の期間の末日における極度方式基本契約に基づく極度方式貸付けの残高（当該極度方式基本契約の相手方である個人顧客と締結している当該極度方式基本契約以外の極度方式基本契約に基づく極度方式貸付けの残高を含む）の合計額が10万円以下である場合は，不要とされている。

（貸金業法施行規則10条の25第3項1号）

② 不適切である。極度方式基本契約に基づく新たな極度方式貸付けを停止している場合，貸金業法13条の3第2項の調査は不要となるが，極度額の減額の措置を講じていたとしても，調査は不要とならない。

（貸金業法施行規則10条の25第3項2号）

③ 適切である。極度方式基本契約に基づく新たな極度方式貸付けの停止をしている場合，貸金業法13条の3第2項の調査は不要となる。

（貸金業法施行規則10条の25第3項2号）

④ 不適切である。指定信用情報機関への個人信用情報提供の依頼は，所定の期間の末日から3週間を経過する日までに行わなければならない。

（貸金業法施行規則10条の25第2項）

チャレンジ問題・解答

○ 適切である。

（貸金業法施行規則10条の25第3項4号，10条の21第1項7号）

1-105 基準額超過極度方式基本契約Ⅴ

第17回・問題20

株式会社である貸金業者Aが，貸金業法第13条の３に基づき，個人顧客Bとの間で締結している極度方式基本契約（以下，本問において「本件基本契約」という。）について行う，本件基本契約が基準額超過極度方式基本契約に該当するかどうかの調査（以下，本問において「本件調査」という。）等に関する次の①～④の記述のうち，その内容が**適切でない**ものを１つだけ選び，解答欄にその番号をマークしなさい。なお，Aは，Bとの間で本件基本契約以外の極度方式基本契約を締結していないものとする。

---

① Aは，本件基本契約の契約期間を本件基本契約の締結日から同日以後１か月以内の一定の期日までの期間及び当該一定の期日の翌日以後１か月ごとの期間に区分したそれぞれの期間（以下，本問において「所定の期間」という。）において，直近の所定の期間内にAが行った本件基本契約に基づく極度方式貸付けの金額の合計額が15万円である場合であっても，当該所定の期間の末日における本件基本契約に基づく極度方式貸付けの残高の合計額が５万円であるときは，本件調査を行う必要はない。

---

② Aは，３か月以内の一定の期間の末日における本件基本契約に基づく極度方式貸付けの残高の合計額が30万円である場合は，本件調査を行わなければならない。

---

③ Aは，本件調査において，BがA以外の貸金業者との間で締結した貸付けに係る契約の貸付残高が60万円，本件基本契約の極度額が50万円かつ本件基本契約に基づく極度方式貸付けの残高が30万円である場合は，Bから，源泉徴収票その他のBの収入又は収益その他の資力を明らかにする事項を記載し，又は記録した書面又は電磁的記録として内閣府令で定めるものの提出又は提供を受けているときを除き，その提出又は提供を受けなければならない。

---

④ Aは，３か月以内の一定の期間の末日において，本件基本契約の極度額の減額の措置を講じている場合，当該極度額を減額の措置を講じる前の金額に増額するまでの間は，本件調査を行う必要はない。

解答欄

分野別出題率

基準額超過極度方式基本契約からの出題状況

①・②・③は適切であるが，④は不適切である。よって，正解は④となる。

① **適切**である。貸金業者が個人顧客との間で極度方式基本契約を締結している場合，(ア) 貸金業法13条の３第１項の調査と (イ) 同法13条の３第２項の調査の２つ (外部信用情報機関の信用情報を使用した基準額超過極度方式基本契約に該当するかどうかの調査) を実施する必要がある。本肢は，(ア) の調査に関する問題であるが，(ア) の調査は，１カ月以内の所定の期間において，当該期間内に行った極度方式基本契約に基づく極度方式貸付けの金額の合計額が５万円を超え，かつ，当該期間の末日における極度方式基本契約に基づく極度方式貸付けの残高の合計額が10万円を超える場合に実施しなければならない。残高の合計額が５万円である場合には，（ア）の調査を実施する必要はない。

(貸金業法13条の３第１項，貸金業法施行規則10条の24第１項１号)

② **適切**である。本肢は，選択肢①の解説の（イ）の調査に関する問題である。（イ）の調査は，３カ月以内の一定期間ごとに行う必要があるが，当該一定期間の末日における極度方式基本契約に基づく極度方式貸付けの残高の合計額が10万円以下である場合などには例外的に（イ）の調査を実施する必要がない。

(貸金業法13条の３第２項，貸金業法施行規則10条の25第３項１号)

③ **適切**である。貸金業者は，選択肢①の解説の（ア）および（イ）の調査において，個人顧客の極度方式個人顧客合算額が100万円を超えるときは，いわゆる収入証明書の提出を受ける必要がある。

(貸金業法13条の３第３項)

④ **不適切**である。本肢は，選択肢①の解説の（イ）の調査に関する問題である。（イ）の調査は，３か月以内の一定期間ごとに行う必要があるが，当該一定期間の末日において当該極度方式基本契約に基づく新たな極度方式貸付けの停止の措置を講じているときは不要であるが，極度額の減額をしているにすぎない場合には，必要である。

(貸金業法施行規則10条の25第３項３号)

1-106 基準額超過極度方式基本契約Ⅵ

第18回・問題7

貸金業者Aが，個人顧客Bとの間で極度方式基本契約（以下，本問において「本件基本契約」という。）を締結している場合において，貸金業法第13条の3第2項に基づく，3か月以内の期間（以下，本問において「所定の期間」という。）ごとに，指定信用情報機関が保有する当該個人顧客に係る信用情報を使用して，本件基本契約が基準額超過極度方式基本契約に該当するかどうかの調査（以下，本問において「本件調査」という。）を行う場合等に関する次の①～④の記述のうち，その内容が**適切なもの**を1つだけ選び，解答欄にその番号をマークしなさい。なお，Aは，Bとの間で本件基本契約以外の極度方式基本契約を締結していないものとする。

① Aは，本件調査をしなければならない場合において，Bに係る極度方式個人顧客合算額が80万円であったときは，本件調査を行うに際し，Bから源泉徴収票その他のBの収入又は収益その他の資力を明らかにする事項を記載し，又は記録した書面又は電磁的記録として内閣府令で定めるものの提出又は提供を受けなければならない。

② Aは，所定の期間の末日における本件基本契約に基づく極度方式貸付けの残高が10万円であるときは，本件調査をする必要がない。

③ Aは，Bに対し，利息の支払の遅延を理由に本件基本契約に基づく新たな極度方式貸付けを停止する措置を講じている。この場合，Aは，所定の期間の末日における本件基本契約に基づく極度方式貸付けの残高が20万円であるときは，本件調査をしなければならない。

④ Aは，本件調査をしたところ，本件基本契約は，基準額超過極度方式基本契約に該当すると認められた。この場合，Aは，本件基本契約に基づく新たな極度方式貸付けの停止又は本件基本契約の解除のいずれかの措置を講じなければならない。

解答欄

①〇　②〇　③〇　④〇

分野別出題率

基準額超過極度方式基本契約からの出題状況

②は適切であるが，①・③・④は不適切である。よって，正解は②となる。

① **不適切**である。本件調査を実施する場合において，極度方式個人顧客合算額が100万円を超えるときは，源泉徴収票その他の収入証明書の提出等を求める必要がある。すでに最新の書面等を取得しているとき，他社残高と合算して残高が100万円を超過していないときは不要である。

(貸金業法13条の３第３項)

② **適切**である。10万円を超えているときに調査義務が発生する。

(貸金業法施行規則10条の25第３項１号)

③ **不適切**である。新たな極度方式貸付けを停止している場合は，本件調査は不要である。

(貸金業法施行規則10条の25第３項３号イ)

④ **不適切**である。本件調査をした結果，基準額超過極度方式基本契約に該当すると認められた場合，極度額の減額または新たな極度方式貸付けの停止が求められているが，契約解除までは求められていない。

(貸金業法13条の４，貸金業法施行規則10条の29)

1-107 指定信用情報機関への情報提供 I

第 14 回・問題 16

貸金業法第41条の35（個人信用情報の提供）に関する次のa～dの記述のうち，その内容が適切なものの組み合わせを①～④の中から1つだけ選び，解答欄にその番号をマークしなさい。なお，本問における貸金業者は，非営利特例対象法人及び特定非営利金融法人ではないものとする。

a　加入貸金業者[注1]は，資金需要者である個人の顧客を相手方とする極度方式基本契約を締結したときは，遅滞なく，当該極度方式基本契約に係る個人信用情報を，加入指定信用情報機関[注2]に提供しなければならない。

b　加入貸金業者は，資金需要者である個人の顧客を相手方とする貸付けに係る契約を締結し，当該貸付けに係る契約に係る個人信用情報を加入指定信用情報機関に提供した後，当該個人顧客の勤務先の商号又は名称に変更があった場合，その変更内容を当該加入指定信用情報機関に提供する必要はない。

c　加入貸金業者が加入指定信用情報機関に提供する個人信用情報には，「運転免許証等[注3]の番号（当該個人顧客が運転免許証等の交付を受けている場合に限る。）」が含まれる。

d　貸金業者向けの総合的な監督指針によれば，貸金業者は，貸付けに係る契約を締結した際に取得した個人信用情報の指定信用情報機関への提供については，取得当日中に指定信用情報機関に提供することを原則とする等に留意するものとされている。

（注１）　加入貸金業者とは，指定信用情報機関と信用情報提供契約を締結した相手方である貸金業者をいう。
（注２）　加入指定信用情報機関とは，加入貸金業者と信用情報提供契約を締結した指定信用情報機関をいう。
（注３）　運転免許証等とは，道路交通法第92条第１項に規定する運転免許証又は同法第104条の４第５項に規定する運転経歴証明書をいう。

選択肢

①ａｂ　②ａｃ　③ｂｄ　④ｃｄ

解答欄

①◯　②◯　③◯　④◯

分野別出題率

指定信用情報機関への信用情報の提供からの出題状況

ｃ・ｄは適切であるが，ａ・ｂは不適切である。よって，正解は④となる。

ａ　不適切である。貸金業者は，資金需要者である個人の顧客を相手方とする「貸付けに係る契約」を締結したときは，遅滞なく，当該「貸付けに係る契約」に係る個人信用情報を加入指定信用情報機関に提供しなければならないが，「貸付けに係る契約」から極度方式基本契約は除外されている。

（貸金業法41条の35第１項，２項）

ｂ　不適切である。貸金業者は，指定信用情報機関に提供した個人信用情報に変更があったときは，遅滞なく，その変更内容を加入指定信用情報機関に提供しなければならない。「勤務先の商号又は名称」は個人信用情報の１つである。

（貸金業法41条の35第３項，貸金業法施行規則30条の13第１項５号）

ｃ　適切である。なお，加入貸金業者が加入指定信用情報機関に提供する個人信用情報には，貸付けの残高などのほか，元本または利息の支払の遅延の有無も含まれる。

（貸金業法41条の35第１項１号，４号，貸金業法施行規則30条の13第２項１号，２号，１項６号）

ｄ　適切である。

（監督指針Ⅱ－２－14（２）①イ）

1-108 指定信用情報機関への情報提供Ⅱ

第16回・問題13

指定信用情報機関への信用情報の提供等に関する次のa～dの記述のうち，その内容が適切なものの個数を①～④の中から1つだけ選び，解答欄にその番号をマークしなさい。なお，本問における貸金業者は，非営利特例対象法人及び特定非営利金融法人ではないものとする。

a　加入貸金業者(注1)は，加入指定信用情報機関(注2)に資金需要者等に係る信用情報の提供の依頼（当該資金需要者等に係る他の指定信用情報機関が保有する個人信用情報の提供の依頼を含む。）をする場合には，内閣府令で定める場合を除き，あらかじめ，当該資金需要者等から書面又は電磁的方法による同意を得なければならない。

b　加入貸金業者は，資金需要者である個人の顧客を相手方とする極度方式基本契約を締結したときは，遅滞なく，当該極度方式基本契約に係る個人信用情報を，加入指定信用情報機関に提供しなければならない。

c　加入貸金業者は，加入指定信用情報機関の商号又は名称を公表しなければならない。

d　貸金業者向けの総合的な監督指針によれば，例えば，途上与信(注3)を行うために取得した信用情報を債権の保全を目的として利用した場合には返済能力の調査以外の目的による使用に該当しないが，当該信用情報を勧誘に二次利用した場合には返済能力の調査以外の目的による使用に該当することに留意する必要があるとされている。

（注1）　加入貸金業者とは，指定信用情報機関と信用情報提供契約を締結した相手方である貸金業者をいう。
（注2）　加入指定信用情報機関とは，加入貸金業者と信用情報提供契約を締結した指定信用情報機関をいう。
（注3）　途上与信とは，貸金業法第13条の3第1項及び第2項の規定に基づく調査をいう。

選択肢

①1個　②2個　③3個　④4個

解答欄

①○　②○　③○　④○

分野別出題率

指定信用情報機関への情報提供からの出題状況

a・cは適切であるが，b・dは不適切である。よって，正解は②となる。 

a　適切である。

(貸金業法41条の36第１項)

b　不適切である。加入貸金業者は，資金需要者である個人の顧客を相手方とする「貸付けに係る契約」を締結したときは，遅滞なく，当該貸付けに係る契約に係る個人信用情報を加入指定信用情報機関に提供しなければならないが，極度方式基本契約は，「貸付けに係る契約」から除外されている。

(貸金業法41条の35第１項，２項)

c　適切である。

(貸金業法41条の37)

d　不適切である。監督指針において，「途上与信を行うために取得した信用情報を勧誘に二次利用した場合や信用情報を内部データベースに取り込み当該内部データベースを勧誘に利用した場合等（債権の保全を目的とした利用を含む。）であっても，返済能力の調査以外の目的による使用に該当することに留意する必要がある」とされている。

(監督指針Ⅱ－２－14（１）③ハｂ（注))

1-109 指定信用情報機関への情報提供Ⅲ

第15回・問題26

貸金業法第41条の35（個人信用情報の提供）及び同法第41条の36（指定信用情報機関への信用情報の提供等に係る同意の取得等）に関する次の①～④の記述のうち，その内容が**適切でない**ものを１つだけ選び，解答欄にその番号をマークしなさい。なお，本問における貸金業者は，非営利特例対象法人及び特定非営利金融法人ではないものとする。

① 加入貸金業者[注1]は，資金需要者である個人の顧客を相手方とする極度方式基本契約を締結したときは，遅滞なく，当該極度方式基本契約に係る個人信用情報を加入指定信用情報機関[注2]に提供しなければならない。

② 加入貸金業者は，加入指定信用情報機関に資金需要者等に係る信用情報の提供の依頼（当該資金需要者等に係る他の指定信用情報機関が保有する個人信用情報の提供の依頼を含む。）をする場合には，内閣府令で定める場合を除き，あらかじめ，当該資金需要者等から書面又は電磁的方法による同意を得なければならない。

③ 加入貸金業者は，資金需要者である個人の顧客を相手方とする貸付けに係る契約を締結し，当該貸付けに係る契約に係る個人信用情報を加入指定信用情報機関に提供した後，当該提供した個人信用情報に変更があった場合には，遅滞なく，その変更内容を当該指定信用情報機関に提供しなければならない。

④ 加入貸金業者は，貸金業法第41条の36第３項及び貸金業法施行規則第30条の15（信用情報の提供等に係る配偶者の同意の取得等）第３項に規定する同意に関する記録を，当該同意に基づき指定信用情報機関が信用情報を保有している間保存しなければならない。

（注１） 加入貸金業者とは，指定信用情報機関と信用情報提供契約を締結した相手方である貸金業者をいう。
（注２） 加入指定信用情報機関とは，加入貸金業者と信用情報提供契約を締結した指定信用情報機関をいう。

解答欄

①◯ ②◯ ③◯ ④◯

分野別出題率

指定信用情報機関への情報提供からの出題状況

②・③・④は適切であるが，①は不適切である。よって，正解は①となる。

① 不適切である。貸金業法41条の35第２項において「加入貸金業者は，資金需要者である個人の顧客を相手方とする貸付けに係る契約を締結したときは，遅滞なく，当該貸付けに係る契約に係る個人信用情報を信用情報提供契約を締結した指定信用情報機関に提供しなければならない」とされているが，ここでいう「貸付けに係る契約」について，同条１項に極度方式基本契約その他の内閣府令で定めるものを除くとされている。したがって，貸金業者が，極度方式基本契約を締結したときは，指定信用情報機関に対して個人信用情報を提供することは義務づけられていない。

（貸金業法41条の35第１項，２項）

② 適切である。

（貸金業法41条の36第１項）

③ 適切である。

（貸金業法41条の35第３項）

④ 適切である。

（貸金業法41条の36第３項，貸金業法施行規則30条の15第３項，30条の16）

1-110 指定信用情報機関への情報提供Ⅳ

第17回・問題15

指定信用情報機関への信用情報の提供等に関する次のa～dの記述のうち，その内容が適切なものの組み合わせを①～④の中から1つだけ選び，解答欄にその番号をマークしなさい。なお，本問における貸金業者は，非営利特例対象法人及び特定非営利金融法人ではないものとする。

---

a　加入貸金業者（注1）は，資金需要者である個人の顧客を相手方として，極度方式基本契約に基づく極度方式貸付けに係る契約を締結したときは，遅滞なく，当該契約に係る個人信用情報を加入指定信用情報機関（注2）に提供しなければならない。

---

b　加入貸金業者は，資金需要者である個人の顧客を相手方として，住宅資金貸付契約を締結したときは，当該契約に係る個人信用情報を加入指定信用情報機関に提供する必要はない。

---

c　加入貸金業者が加入指定信用情報機関に提供する個人信用情報には，勤務先の商号又は名称が含まれる。

---

d　加入貸金業者が加入指定信用情報機関に提供する個人信用情報には，国民健康保険証で本人確認（犯罪による収益の移転防止に関する法律第4条第1項第1号に規定する本人特定事項の確認をいう。）を行った場合におけるその保険証の記号番号が含まれる。

（注1）　加入貸金業者とは，指定信用情報機関と信用情報提供契約を締結した相手方である貸金業者をいう。

（注2）　加入指定信用情報機関とは，加入貸金業者と信用情報提供契約を締結した指定信用情報機関をいう。

選択肢

①a b　②a c　③b d　④c d

解答欄

①◯　②◯　③◯　④◯

分野別出題率

指定信用情報機関への情報提供からの出題状況

a・cは適切であるが，b・dは不適切である。よって，正解は②となる。 

a　適切である。

(貸金業法41条の35第２項)

b　不適切である。総量規制が適用されない例外となる除外貸付や例外貸付に関しても，貸付契約を締結した場合には，指定信用情報機関への提供義務がある。

(貸金業法41条の35第２項)

c　適切である。

(貸金業法施行規則30条の13第１項５号)

d　不適切である。個人信用情報には，介護保険の被保険者証を除き国民健康保険証の記号番号等の情報は含まれない。

(貸金業法施行規則30条の13第１項７号)

1-111 返済能力の調査等 I

第15回・問題20

貸金業者Aは，貸付けに係る契約について，個人である保証人となろうとする者Bとの間で保証契約を締結しようとしている。この場合に関する次の①～④の記述のうち，その内容が**適切でない**ものを１つだけ選び，解答欄にその番号をマークしなさい。なお，本問における貸金業者Aは，非営利特例対象法人及び特定非営利金融法人ではないものとする。

① Aは，Bとの間で保証契約を締結しようとする場合，Bの収入又は収益その他の資力，信用，借入れの状況，返済計画その他の返済能力に関する事項を調査しなければならない。

② Aは，Bとの間で保証契約を締結しようとする場合，Bの返済能力の調査を行うに際し，指定信用情報機関が保有する信用情報を使用しなければならない。

③ Aは，Bとの間で，貸付けの金額が100万円を超える貸付けに係る契約について保証契約を締結しようとする場合には，Bから，源泉徴収票その他のBの収入又は収益その他の資力を明らかにする事項を記載し，又は記録した書面又は電磁的記録として内閣府令で定めるものの提出又は提供を受ける必要はない。

④ Aは，Bとの間で保証契約を締結した場合，内閣府令で定めるところにより，Bの返済能力の調査に関する記録を作成し，当該保証契約の解除の日又は当該保証契約に基づく債務が消滅した日のうちいずれか遅い日までの間，これを保存しなければならない。

解答欄

①◯　②◯　③◯　④◯

分野別出題率

返済能力の調査（本人・保証人・法人）からの出題状況

直近3回の出題率
100%

直近5回の出題率
100%

直近10回の出題率
100%

解答 解説

①・②・③は適切であるが，④は不適切である。よって，正解は④となる。

① 適切である。

（貸金業法13条１項）

② 適切である。

（貸金業法13条２項）

③ 適切である。貸金業者において収入証明書の提出を受ける義務が発生するのは個人の資金需要者との間で貸付けに係る契約を締結する場合（自社での貸付額・極度額が50万円超，他社の貸付残高を合算して100万円超の場合に限る）であり，保証契約を締結する場合には収入証明書の提出を受ける義務は発生しない。

（貸金業法13条３項）

④ 不適切である。当該保証契約の解除の日または当該保証契約の被担保債権である貸付債権が消滅した日のうちいずれか早い日までの間，保存する義務がある。

（貸金業法13条４項，貸金業法施行規則10条の18第２項２号）

1-112 返済能力の調査等Ⅱ

第14回・問題8

次のa～dの記述のうち，貸金業法上，刑事罰及び行政処分のいずれの対象ともなるものの個数を①～④の中から1つだけ選び，解答欄にその番号をマークしなさい。

a　貸金業者は，個人顧客との間で，貸付けに係る契約を締結しようとする場合において，当該顧客の返済能力の調査により，当該貸付けに係る契約が貸金業法第13条の2（過剰貸付け等の禁止）第1項に規定する個人過剰貸付契約その他顧客等の返済能力を超える貸付けの契約と認められるにもかかわらず，当該貸付けに係る契約を当該顧客と締結した。

b　貸金業者は，個人顧客との間で，貸付けに係る契約を締結しようとする場合において，当該顧客の返済能力の調査を行うに際し，指定信用情報機関が保有する信用情報を使用した調査が必要であるにもかかわらず，当該調査を行わずに当該貸付けに係る契約を当該顧客と締結した。

c　貸金業者は，個人顧客との間で，貸付けに係る契約を締結しようとする場合において，当該顧客から源泉徴収票その他の当該顧客の収入又は収益その他の資力を明らかにする事項を記載し，又は記録した書面又は電磁的記録として内閣府令で定めるもの（以下，本問において「資力を明らかにする書面等」という。）の提出又は提供を受けなければならないにもかかわらず，当該顧客からその資力を明らかにする書面等の提出又は提供を受けずに当該貸付けに係る契約を当該顧客と締結した。

d　貸金業者は，個人顧客との間で，貸付けに係る契約を締結した場合において，貸金業法第13条（返済能力の調査）第1項の規定による調査に関する記録を作成しなかった。

選択肢

①1個　②2個　③3個　④4個

解答欄

①◯　②◯　③◯　④◯

分野別出題率

返済能力の調査（本人・保証人・法人）からの出題状況

直近３回の出題率 **100%**

直近５回の出題率 **100%**

直近10回の出題率 **100%**

解答　解説

b・c・dは対象となるが，aは対象とならない。よって，正解は③となる。

a　**対象とならない**。貸金業者が，個人顧客との間で，貸付けに係る契約を締結しようとする場合において，個人過剰貸付契約その他顧客等の返済能力を超える貸付けの契約と認められるにもかかわらず，当該貸付けに係る契約を当該顧客と締結する行為は，貸金業法13条の２第１項違反となる。この場合，貸金業者は貸金業法違反として行政処分の対象となるが，刑事罰の対象とはならない。

（貸金業法13条の２第１項）

b　**対象となる**。貸金業者が，個人である顧客等と貸付けに係る契約を締結しようとする場合において，指定信用情報機関が保有する信用情報を使用した調査を実施する必要があるにもかかわらず，それを実施せずに当該貸付けに係る契約を締結する行為は，貸金業法13条２項違反となる。この場合，貸金業者は貸金業法違反として行政処分の対象となるほか，刑事罰（１年以下の懲役もしくは300万円以下の罰金またはこれを併科する）の対象となる。　**（貸金業法13条２項，48条１項１の４号）**

c　**対象となる**。貸金業者が，個人顧客との間で，貸付けに係る契約を締結しようとする場合において，当該顧客から「資力を明らかにする書面等」の提出または提供を受けなければならないにもかかわらず，当該顧客から当該書面等の提出または提供を受けずに当該貸付けに係る契約を当該顧客と締結する行為は，貸金業法13条３項違反となる。この場合，貸金業者は貸金業法違反として行政処分の対象となるほか，刑事罰（100万円以下の罰金）の対象となる。

（貸金業法13条３項，49条３の２号）

d　**対象となる**。貸金業者は，個人顧客との間で，貸付けに係る契約を締結した場合において，貸金業法13条１項の規定による調査に関する記録を作成しなかった場合には，貸金業法13条４項違反となる。この場合，貸金業者は貸金業法違反として行政処分の対象となるほか，刑事罰（100万円以下の罰金）の対象となる。

（貸金業法13条４項，49条３の３号）

1-113 返済能力の調査等Ⅲ

第14回・問題6

次のa～dの記述のうち，貸金業者が，貸金業法第13条に規定する返済能力の調査を行うに際し，指定信用情報機関が保有する信用情報を使用しなければならないものの個数を①～④の中から1つだけ選び，解答欄にその番号をマークしなさい。なお，本問における貸金業者は，非営利特例対象法人及び特定非営利金融法人ではないものとする。

a　個人顧客との間で極度方式貸付けに係る契約を締結しようとする場合

b　個人である保証人となろうとする者との間で貸付けに係る契約について保証契約を締結しようとする場合

c　個人顧客との間で手形（融通手形を除く。）の割引を内容とする契約を締結しようとする場合

d　個人顧客との間で他の貸金業者を債権者とする金銭の貸借の媒介に係る契約を締結しようとする場合

選択肢

①1個　②2個　③3個　④4個

解答欄

①◯　②◯　③◯　④◯

チャレンジ問題

第11回・問題6（改）

●貸金業者向けの総合的な監督指針によれば，法令等を踏まえた返済能力調査の実施態勢の構築として，社内規則等に則り，返済能力調査を適切に実施する態勢が整備されているかの検証に当たっては，例えば，借入申込書に借入希望額，既往借入額，年収額等の項目を顧客自身に記入させること等により，顧客の借入れの意思を確認しているかに留意する必要があるとされている。

分野別出題率

返済能力の調査（本人・保証人・法人）からの出題状況

解答 解説

bは使用する必要があるが，a・c・dは使用する必要はない。よって，正解は①となる。

a　**使用しなくてもよい。**極度方式基本契約の締結時に，指定信用情報機関が保有する信用情報を利用した調査を行う必要があり，個別の極度方式貸付けの際に，改めて指定信用情報機関が保有する信用情報を利用する必要はない。

（貸金業法13条２項，貸金業法施行規則10条の16第１号）

b　**使用しなければならない。**貸金業者が個人顧客との間で「貸付けの契約」を締結しようとする場合，指定信用情報機関が保有する信用情報を使用した調査をしなければならない。貸付けに係る契約に係る保証契約は，「貸付けの契約」に含まれる。

（貸金業法13条２項，２条３項）

c　**使用しなくてもよい。**

（貸金業法13条２項，貸金業法施行規則10条の16第２号，１条の２の３第２号）

d　**使用しなくてもよい。**

（貸金業法13条２項，貸金業法施行規則10条の16第２号，１条の２の３第５号）

チャレンジ問題・解答

○　適切である。

（監督指針Ⅱ－２－13－１（１）①ロｂⅱ）

1-114 返済能力の調査等Ⅳ

第15回・問題8

貸金業法第13条（返済能力の調査）に関する次の記述のうち，その内容が適切なものを①～④の中から１つだけ選び，解答欄にその番号をマークしなさい。なお，本問における貸付けに係る契約は，極度方式基本契約及び極度方式貸付けに係る契約ではないものとする。また，本問における貸金業者は，非営利特例対象法人及び特定非営利金融法人ではないものとする。

---

① 貸金業者は，個人である顧客との間で，他の貸金業者を債権者とする金銭の貸借の媒介に係る契約を締結しようとする場合，当該顧客の返済能力の調査を行うに際し，指定信用情報機関が保有する信用情報を使用しなければならない。

---

② 貸金業者は，法人である顧客との間で，手形（融通手形を除く。）の割引を内容とする契約を締結しようとする場合，当該顧客の収入又は収益その他の資力，信用，借入れの状況，返済計画その他の返済能力に関する事項を調査する必要はない。

---

③ 貸金業者は，当該貸金業者とは他に貸付けに係る契約を締結していない個人である顧客との間で，貸付けの金額が30万円である貸付けに係る契約を締結しようとする場合において，指定信用情報機関が保有する信用情報を使用して返済能力の調査を行った結果，当該顧客の他の貸金業者に対する借入残高が70万円であることが判明したときは，当該契約を締結するに際して，当該顧客から，当該顧客の資力を明らかにする書面等の提出又は提供を受けなければならない。

---

④ 貸金業者は，個人である顧客との間で，貸付けに係る契約を締結した場合，内閣府令で定めるところにより，貸金業法第13条第１項の規定による調査に関する記録を作成し，これを当該貸付けに係る契約に定められた最終の返済期日（当該貸付けに係る契約に基づく債権が弁済その他の事由により消滅したときにあっては，当該債権の消滅した日）までの間保存しなければならない。

解答欄

①◯　②◯　③◯　④◯

分野別出題率

返済能力の調査（本人・保証人・法人）からの出題状況

直近３回の出題率 100%

直近５回の出題率 100%

直近10回の出題率 100%

解答 解説

④は適切であるが，①・②・③は不適切である。よって，正解は④となる。 

---

① **不適切**である。貸金業者を債権者とする金銭の貸借の媒介の契約をしようとする場合，貸金業者には，指定信用情報機関の信用情報を使用した調査は求められていない。

（貸金業法13条２項，貸金業法施行規則10条の16第２号，１条の２の３第５号）

---

② **不適切**である。貸付けの契約を締結しようとする場合，顧客等の収入または収益その他の資力，信用，借入れの状況，返済計画その他の返済能力に関する事項を調査しなければならない。その調査対象は顧客等（資金需要者である顧客または保証人となろうとする者）とされている。

（貸金業法13条１項，２条４項）

---

③ **不適切**である。当該貸金業者合算額（貸金業者における貸付額・残高額や極度額の合計額）および指定信用情報機関から提供を受けた信用情報により判明した当該個人顧客に対する当該貸金業者以外の貸金業者の貸付けの残高の合計額を合計した金額が100万円を超える場合は，顧客の資力を明らかにする書面の提出（提供）を受けなければならない。

（貸金業法13条３項２号）

---

④ **適切**である。

（貸金業法13条４項，貸金業法施行規則10条の18第２項）

1-115 返済能力の調査等Ⅴ

第16回・問題18

貸金業法第13条に規定する返済能力の調査に関する次の①～④の記述のうち，その内容が**適切でない**ものを１つだけ選び，解答欄にその番号をマークしなさい。なお，本問における貸金業者は，非営利特例対象法人及び特定非営利金融法人ではないものとする。

① 貸金業者であるAは，法人であるBとの間で，貸付けに係る契約を締結しようとする場合，Bの返済能力の調査を行うに際し，指定信用情報機関が保有する信用情報を使用する必要はない。

② 貸金業者であるAは，法人であるBとの間の貸付けに係る契約について，個人であるCとの間で，保証契約を締結しようとする場合，Cの返済能力の調査を行うに際し，指定信用情報機関が保有する信用情報を使用しなければならない。

③ 貸金業者であるAは，個人であるBとの間で，他の貸金業者Cを債権者とする金銭の貸借の媒介に係る契約を締結しようとする場合，Bの返済能力の調査を行うに際し，指定信用情報機関が保有する信用情報を使用する必要はない。

④ 貸金業者であるAは，個人であるBとの間で，極度方式貸付けに係る契約を締結しようとする場合，Bの返済能力の調査を行うに際し，指定信用情報機関が保有する信用情報を使用しなければならない。

解答欄

①◯ ②◯ ③◯ ④◯

分野別出題率

返済能力の調査（本人・保証人・法人）からの出題状況

①・②・③は適切であるが，④は不適切である。よって，正解は④となる。

① **適切**である。貸金業者は，個人である顧客等と貸付けの契約を締結しようとする場合には，顧客等の収入または収益その他の資力，信用，借入れの状況，返済計画その他の返済能力に関する事項を調査しなければならないが，主債務者が法人の場合，指定信用情報機関の保有する信用情報を使用する義務はない。

（貸金業法13条１項，２項）

② **適切**である。選択肢①の解説のとおり，貸金業者が個人である顧客等と貸付けの契約を締結しようとする場合には，指定信用情報機関が保有する信用情報を使用しなければならないが,「個人である顧客等」には保証人となろうとする者が含まれ,「貸付けの契約」には保証契約も含まれる。

よって，個人の保証人となろうとする者との間で保証契約を締結する場合には，指定信用情報機関が保有する信用情報を使用して，返済能力を調査する必要がある。

（貸金業法13条２項，２条３項，４項）

③ **適切**である。貸金業者を債権者とする金銭の貸借の媒介に係る契約の場合，契約の相手方が個人の資金需要者であっても，指定信用情報機関が保有する信用情報を使用して，返済能力を調査する義務はない。

（貸金業法13条２項，貸金業法施行規則10条の16第２号，１条の２の３第５号）

④ **不適切**である。極度方式型の貸付けについて，貸金業者は原則として，極度方式基本契約の締結時に，指定信用情報機関が保有する信用情報を使用して，返済能力の調査を実施することとされており，個別の極度方式貸付けの際に，改めて指定信用情報機関が保有する信用情報を使用して，返済能力を調査する義務はない。

（貸金業法13条２項かっこ書，貸金業法施行規則10条の16第１号）

1-116 返済能力の調査等Ⅵ

第16回・問題19

貸金業者であるAは，個人顧客であるBとの間で極度額を50万円とする極度方式基本契約（以下，本問において「本件基本契約」という。）を締結した。Aは，Bとの間で本件基本契約以外の貸付けに係る契約を締結していない。この場合に関する次の①～④の記述のうち，その内容が**適切でない**ものを１つだけ選び，解答欄にその番号をマークしなさい。

① Aは，Bとの間の合意に基づき，極度額を100万円に増額した場合，その２年前にBから源泉徴収票の提出を受けているときは，Bから源泉徴収票その他の当該顧客の収入又は収益その他の資力を明らかにする事項を記載し，又は記録した書面又は電磁的記録として内閣府令で定めるものの提出又は提供を受ける必要はない。

② Aは，Bに返済能力の低下が認められたことを理由に極度額を一時的に10万円に減額した後，Bとの間の合意に基づき，極度額を，本件基本契約を締結した当初の極度額に戻そうとする場合，Bの返済能力の調査を行わなければならない。

③ Aは，Bに返済能力の低下は認められないが，Bと連絡することができないために，極度額を一時的に20万円に減額した。その後，Aは，Bと連絡することができたことにより，極度額を，本件基本契約を締結した当初の極度額に戻そうとする場合，Bの返済能力の調査を行う必要はない。

④ Aは，Bとの間の合意に基づき，極度額を100万円に増額した場合，内閣府令で定めるところにより，極度額を増額した年月日，Bの資力に関する調査の結果等，Bの返済能力の調査に関する記録を作成し，これを保存しなければならない。

解答欄

分野別出題率

返済能力の調査（本人・保証人・法人）からの出題状況

②・③・④は適切であるが，①は不適切である。よって，正解は①となる。

---

① **不適切**である。源泉徴収票は，「資力を明らかにする事項を記載した書面等」の要件であるが，２年前にＢから提出された源泉徴収票は，「一般的に発行される直近の期間に係るものであること」の要件を満たさないため，再度「資力を明らかにする書面等」の提出または提供を受ける必要がある。

（貸金業法13条３項，貸金業法施行規則10条の17第２項１号，１項）

---

② **適切**である。選択肢③の場合と異なり，返済能力の低下が認められたことを理由に極度額を一時的に減額した後，極度額を当初の限度額に戻す場合は，返済能力の調査をしなければならない。

（貸金業法13条５項，貸金業法施行規則10条の19）

---

③ **適切**である。返済能力の低下は認められないが，連絡することができないことを理由に極度額を一時的に減額した後，極度額を当初の限度額に戻す場合は，例外的に返済能力の調査が不要である。

（貸金業法13条５項，貸金業法施行規則10条の19）

---

④ **適切**である。

（貸金業法13条４項，５項，貸金業法施行規則10条の20）

1-117 返済能力の調査等Ⅶ

第15回・問題9

株式会社である貸金業者Aは，個人顧客Bとの間で極度額を30万円とする極度方式基本契約（以下，本問において「本件基本契約」という。）を締結した。Aは，Bとの間で本件基本契約以外の貸付けに係る契約を締結していない。この場合において，Aが行う貸金業法第13条に規定する返済能力調査に関する次のa～dの記述のうち，その内容が適切なものの個数を①～④の中から1つだけ選び，解答欄にその番号をマークしなさい。なお，本件基本契約は，貸金業法施行規則第1条の2の3（個人信用情報の対象とならない契約）第2号から第5号までに掲げる契約ではないものとする。

a　Aは，Bに返済能力の低下が認められたことを理由に極度額を一時的に10万円に減額した後，Bとの間の合意に基づき，極度額を，当該極度方式基本契約を締結した当初の30万円に戻そうとする場合，Bの返済能力の調査を行う必要はない。

b　Aは，Bに対し本件基本契約に基づく極度方式貸付けの元本の残高の上限として極度額を下回る額を提示している場合において，当該下回る額を極度額まで増額するときは，Bの返済能力の調査を行うに際し，指定信用情報機関が保有する信用情報を使用しなければならない。

c　Aは，Bとの間の合意に基づき，本件基本契約における極度額を50万円に増額しようとする場合において，指定信用情報機関から提供を受けた信用情報により判明したBに対するA以外の貸金業者の貸付けの残高の合計額は0円であった。この場合，Aは，Bから源泉徴収票その他の当該顧客の収入又は収益その他の資力を明らかにする事項を記載し，又は記録した書面又は電磁的記録として内閣府令で定めるものの提出又は提供を受けなければならない。

d　Aは，本件基本契約の極度額を増額した時に作成した返済能力の調査に関する記録を，本件基本契約の解除の日又は本件基本契約に基づくすべての極度方式貸付けに係る契約に定められた最終の返済期日のうち最後のもの（これらの契約に基づく債権のすべてが弁済その他の事由により消滅したときは，その消滅した日）のうちいずれか早い日までの間保存しなければならない。

選択肢

①1個　②2個　③3個　④4個

解答欄

①◯　②◯　③◯　④◯

分野別出題率

返済能力の調査（本人・保証人・法人）からの出題状況

直近３回の出題率 **100%**

直近５回の出題率 **100%**

直近10回の出題率 **100%**

解答 解説

ｂは適切であるが，ａ・ｃ・ｄは不適切である。よって，正解は①となる。

ａ　**不適切**である。極度額を増額する場合には，原則として貸金業法13条に規定する返済能力の調査が必要となるが，極度方式基本契約の相手方と連絡することができないことにより，極度額を一時的に減額していた場合（当該相手方の返済能力の低下による場合を除く）に，当該相手方と連絡することができたことにより，極度額をその減額の前の額まで増額する場合には，例外的に返済能力の調査が不要とされている。したがって，返済能力の低下が認められたことを理由に極度額を一時的に減額した後に当初の極度額に戻す場合は，返済能力の調査をしなければならない。

（貸金業法13条５項，貸金業法施行規則10条の19）

ｂ　**適切**である。選択肢ａの解説のとおり，極度額を増額する場合には原則として返済能力の調査が必要となるが，貸金業者が，極度額以外に極度方式基本契約の相手方に対し当該極度方式基本契約に基づく極度方式貸付けの元本の残高の上限として極度額を下回る額を提示している場合には，当該下回る額を増額する場合にも例外事由に該当しない限り，返済能力の調査が必要となる。　**（貸金業法13条５項）**

ｃ　**不適切**である。(i) 当該貸金業者合算額（貸金業者における貸付額・残高額や極度額の合計額）が50万円を超える場合，または (ii) 当該貸金業者合算額が50万円を超えないが指定信用情報機関から提供を受けた信用情報により判明した当該個人顧客に対する当該貸金業者以外の貸金業者の貸付けの残高の合計額が100万円を超える場合には，顧客の資力を明らかにする書面の提出（提供）を受ける必要がある。Ａが設定する極度額は50万円であり (i) を満たさない。信用情報により判明した他社の貸付残高も０円であるから (ii) も満たさない。したがって，顧客の資力を明らかにする書面の提出（提供）を受けなくてもよい。

（貸金業法13条３項）

ｄ　**不適切**である。増額調査の記録は，基本契約解除の日，または最終返済期日のうち最後のもの（債務の消滅日）のいずれか遅い日まで保存義務がある。

（貸金業法13条４項，５項，貸金業法施行規則10条の20第２項）

1-118 返済能力の調査等Ⅷ

第17回・問題8

株式会社である貸金業者Aが行う個人顧客Bについての貸金業法第13条に規定する返済能力の調査に関する次の①～④の記述のうち，その内容が適切なものを1つだけ選び，解答欄にその番号をマークしなさい。

---

① Aは，Bとの間で，他の貸金業者を債権者とする金銭の貸借の媒介に係る契約を締結しようとする場合，Bの返済能力の調査を行うに際し，指定信用情報機関が保有する信用情報を使用しなければならない。

---

② Aは，Bが貸金業者から全く借入れをしていない場合において，Bとの間で，初めて，元本を50万円とする貸付けに係る契約を締結しようとするときは，Bの返済能力の調査を行うに際し，Bから，Bの源泉徴収票その他のBの収入又は収益その他の資力を明らかにする事項を記載し，又は記録した書面又は電磁的記録として内閣府令で定めるもの（以下，本問において「資力を明らかにする書面等」という。）の提出又は提供を受けなければならない。

---

③ Aは，Bとの間で，初めて，貸付けに係る契約を締結するに当たり，Bの返済能力の調査を行うに際し，Bの資力を明らかにする書面等の提出又は提供を受けなければならない場合において，Bが，契約締結の前に転職により勤務先を変更していたため，変更後の勤務先では1か月分の給与の支払しか受けていなかったときは，Bから，当該変更後の勤務先で発行された1か月分の給与の支払明細書の写しのみの提出又は提供を受ければ足りる。

---

④ Aは，Bとの間で，貸付けに係る契約（極度方式基本契約及び極度方式貸付けに係る契約ではないものとする。）を締結した場合，返済能力の調査に関する記録を当該貸付けに係る契約に定められた最終の返済期日（当該貸付けに係る契約に基づく債権が弁済その他の事由により消滅したときは，当該債権の消滅した日）までの間保存しなければならない。

解答欄

分野別出題率

返済能力の調査（本人・保証人・法人）からの出題状況

解答 解説

④は適切であるが，①・②・③は不適切である。よって，正解は④となる。

① **不適切**である。「貸金業者を債権者とする金銭の貸借の媒介に係る契約」を締結しようとする場合には，返済能力の調査において，例外的に指定信用情報機関が保有する信用情報の使用義務はない。

(貸金業法13条２項，貸金業法施行規則10条の16第２号，１条の２の３第５号)

② **不適切**である。貸金業者における貸付け額や極度額の合算額が50万円を超える場合には，いわゆる収入証明書（顧客の資力を明らかにする書面）の提供（提出）を受ける義務が発生する。本肢の貸付額は50万円であり，要件を満たさない。したがって，顧客の資力を明らかにする書面の提供（提出）を受けなくてもよい。

(貸金業法13条３項１号イ)

③ **不適切**である。変更後の勤務先が確認されており，変更後の勤務先で２カ月分以上の給与の支払を受けていない場合には，変更前の勤務先の収入証明書の提出を受けることになる。

(貸金業法13条３項，貸金業法施行規則10条の17第１項，３項)

④ **適切**である。

(貸金業法13条４項，貸金業法施行規則10条の18第２項１号)

1-119 返済能力の調査等Ⅸ

第17回・問題9

株式会社である貸金業者Aが保証契約を締結しようとしている。この場合における次の①～④の記述のうち，その内容が適切なものを1つだけ選び，解答欄にその番号をマークしなさい。

① Aは，個人顧客Bと極度方式基本契約を締結するに当たり，当該基本契約について個人である保証人となろうとする者Cとの間で保証契約を締結しようとする場合，Cから，Cの貸金業法第13条（返済能力の調査）第3項に規定する源泉徴収票その他のCの収入又は収益その他の資力を明らかにする事項を記載し，又は記録した書面又は電磁的記録として内閣府令で定めるものの提出又は提供を受けなければならない。

② Aは，個人顧客Bと貸付けに係る契約を締結するに当たり，当該契約について個人である保証人となろうとする者Cとの間で保証契約を締結しようとする場合，当該保証契約を締結するまでに，当該保証契約の内容を説明する書面及び当該保証の対象となる貸付けに係る契約の内容を説明する書面の両書面を，Cに対して交付しなければならない。

③ Aは，個人顧客Bと貸付けに係る契約を締結するに当たり，当該契約について法人である保証人となろうとする者Cとの間で保証契約を締結しようとする場合，Cについて貸金業法第13条第1項に規定する返済能力の調査をする必要はない。

④ Aは，個人顧客Bと貸付けに係る契約（極度方式貸付けに係る契約その他の内閣府令で定める貸付けの契約を除く。）を締結するに当たり，当該契約について個人である保証人となろうとする者Cとの間で保証契約を締結しようとする場合，Bだけでなく，Cについても指定信用情報機関が保有する信用情報を使用して，貸金業法第13条第1項に規定する返済能力の調査をしなければならない。

解答欄

①◯　②◯　③◯　④◯

分野別出題率

返済能力の調査（本人・保証人・法人）からの出題状況

④は適切であるが，①・②・③は不適切である。よって，正解は④となる。 

① **不適切**である。個人顧客の収入または収益その他の資力を明らかにする事項を記載し，または記録した書面（いわゆる収入証明書）の提出を求めなければならないのは，貸金業者が個人顧客との間で貸付けに係る契約を締結する場合であり，保証契約を締結する場合には収入証明書の提供（提出）を受ける必要はない。

（貸金業法13条３項）

② **不適切**である。貸金業者は，貸付けに係る契約について保証契約を締結しようとする場合には，当該保証契約を締結するまでに，当該保証契約の内容を説明する書面を当該保証契約の保証人となろうとする者に交付しなければならない。なお，当該保証契約の内容を説明する書面は，保証契約の概要を示した書面と保証契約の内容を詳細に記載した詳細書面の２種類の書面であり，この２種類の書類の同時交付が必要である。

（貸金業法16条の２第３項，貸金業法施行規則12条の２第７項）

③ **不適切**である。個人顧客，法人顧客相手にかかわらず，貸付けの契約（貸付けに係る契約および保証契約の双方を含む）を締結しようとする場合には返済能力に関する事項を調査しなければならない。

（貸金業法13条１項）

④ **適切**である。個人顧客については，資金需要者との貸付けに係る契約だけでなく，保証契約を締結する場合においても，指定信用情報機関の信用情報を使用した返済能力の調査が必要である。

（貸金業法13条２項）

1-120 返済能力の調査等Ｘ

第18回・問題21

株式会社である貸金業者Ａが行う貸金業法第13条に規定する返済能力の調査に関する次の①～④の記述のうち，その内容が**適切でない**ものを１つだけ選び，解答欄にその番号をマークしなさい。

---

① Ａは，法人である顧客Ｂとの間で，貸付けの契約を締結しようとする場合には，Ｂの返済能力の調査を行うに際し，指定信用情報機関が保有する信用情報を使用する必要はない。

---

② Ａは，個人である顧客Ｂとの間で，極度額を30万円とする極度方式基本契約（以下，本問において「本件基本契約」という。）を締結した後，Ｂの返済能力は低下していないが，Ｂと連絡をとることができないことにより，本件基本契約における極度額を一時的に10万円に減額していた場合において，Ｂと連絡することができたことにより，極度額をその減額の前の30万円まで増額するときは，指定信用情報機関が保有する信用情報を使用したＢの返済能力の調査を行う必要はない。

---

③ Ａは，個人である顧客Ｂとの間で，本件基本契約に基づく極度方式貸付けに係る契約を締結しようとする場合，当該極度方式貸付けの金額が５万円を超え，かつ，当該極度方式貸付けの金額と本件基本契約に基づく極度方式貸付けの残高の合計額が10万円を超えるときを除き，指定信用情報機関が保有する信用情報を使用したＢの返済能力の調査を行う必要はない。

---

④ Ａは，個人である顧客Ｂとの間で，手形（融通手形を除く。）の割引を内容とする契約を締結しようとする場合には，Ｂの返済能力の調査を行うに際し，指定信用情報機関が保有する信用情報を使用する必要はない。

解答欄

①◯　②◯　③◯　④◯

分野別出題率

返済能力の調査（本人・保証人・法人）からの出題状況

①・②・④は適切であるが，③は不適切である。よって，正解は③となる。

① **適切**である。指定信用情報機関が保有する信用情報を使用する義務があるのは，個人である顧客等と貸付けに係る契約や保証契約を締結しようとする場合である。

（貸金業法13条２項）

② **適切**である。個人である顧客との間で，極度方式基本契約の極度額を増額する場合には，原則として，指定信用情報機関が保有する信用情報を使用する義務がある。しかし，顧客と連絡することができないことにより，極度額を一時的に減額していた場合（当該相手方の返済能力の低下による場合を除く）に，顧客と連絡することができたことにより，極度額をその減額の前の額まで増額する場合は，例外的にこの義務が課せられない。

（貸金業法13条５項，貸金業法施行規則10条の19）

③ **不適切**である。極度方式貸付けに係る契約を締結しようとする場合は，指定信用情報機関が保有する信用情報を使用する義務はない。

（貸金業法13条２項）

④ **適切**である。

（貸金業法13条２項，貸金業法施行規則10条の16，１条の２の３第２号）

1-121 資力を明らかにする書面の提出等Ⅰ

第16回・問題7

次のa～dの記述のうち，貸金業法第13条の２第２項に規定する年間の給与及びこれに類する定期的な収入の金額として内閣府令で定めるものに該当するものの個数を①～④の中から１つだけ選び，解答欄にその番号をマークしなさい。

---

a　年間の年金の金額

---

b　年間の投資信託の分配金（事業として行う場合を除く。）の金額

---

c　年間の定期的に受領する不動産の賃貸収入（事業として行う場合を除く。）の金額

---

d　年間の事業所得の金額（過去の事業所得の状況に照らして安定的と認められるものに限る。）

選択肢

①１個　②２個　③３個　④４個

解答欄

①◯　②◯　③◯　④◯

分野別出題率

資力を明らかにする書面の提出等からの出題状況

直近3回の出題率 67%

直近5回の出題率 60%

直近10回の出題率 80%

a・c・dは該当するが，bは該当しない。よって，正解は③となる。

a　該当する。貸金業法13条の２第２項に規定する年間の給与に類する定期的な収入の金額として内閣府令で定めるものは，(i) 年間の年金の金額 (ii) 年間の恩給の金額 (iii) 年間の定期的に受領する不動産の賃貸収入（事業として行う場合を除く）の金額 (iv) 年間の事業所得の金額（過去の事業所得の状況に照らして安定的と認められるものに限る）である。

(貸金業法施行規則10条の22第１項１号)

b　該当しない。年間の投資信託の分配金（事業として行う場合を除く）の金額は，年間の給与に類する定期的な収入の金額に該当しない。

(貸金業法施行規則10条の22第１項)

c　該当する。

(貸金業法施行規則10条の22第１項３号)

d　該当する。

(貸金業法施行規則10条の22第１項４号)

1-122 資力を明らかにする書面の提出等Ⅱ

第12回・問題6

貸金業法第13条第3項に規定する源泉徴収票その他の収入又は収益その他の資力を明らかにする事項を記載し，又は記録した書面又は電磁的記録として内閣府令で定めるもの（以下，本問において「資力を明らかにする書面等」という。）に関する次のa～dの記述のうち，その内容が適切なものの組み合わせを①～④の中から1つだけ選び，解答欄にその番号をマークしなさい。なお，本問における貸付けに係る契約は，極度方式貸付けに係る契約その他の貸金業法施行規則第10条の16（指定信用情報機関が保有する信用情報の使用義務の例外）で定める貸付けの契約ではないものとする。また，本問における貸金業者は，非営利特例対象法人及び特定非営利金融法人ではないものとする。

a　貸金業者は，これまで契約を一切締結していない個人顧客との間で，貸付けの金額が50万円である貸付けに係る契約を締結しようとする場合，指定信用情報機関が保有する信用情報を使用して返済能力の調査を行った結果，当該顧客の他の貸金業者に対する借入れがないことが判明したときであっても，当該顧客からその資力を明らかにする書面等の提出又は提供を受けなければならない。

b　貸金業者は，個人顧客との間で，貸付けの金額が100万円を超える貸付けに係る契約を締結するに際し，個人である保証人となろうとする者との間で，当該契約に係る保証契約を締結しようとする場合，当該保証人となろうとする者からその資力を明らかにする書面等の提出又は提供を受けなければならない。

c　貸金業者は，これまで契約を一切締結していない個人顧客との間で，貸付けの金額が10万円の貸付けに係る契約を締結しようとする場合において，指定信用情報機関が保有する信用情報を使用して返済能力の調査を行った結果，当該顧客の他の貸金業者に対する借入残高が100万円を超えることが判明した。この場合，当該貸金業者は，当該顧客からその資力を明らかにする書面等の提出又は提供を受けなければならない。

d　貸金業者は，個人顧客との間で，貸付けの金額が80万円の貸付けに係る契約を締結しようとする場合，その2年前に当該顧客との間で貸付けに係る契約を締結するに当たり当該顧客からその資力を明らかにする書面等として源泉徴収票の提出を受けていたときであっても，改めて，当該顧客からその資力を明らかにする書面等の提出又は提供を受けなければならない。

選択肢

①ab　②ac　③bd　④cd

解答欄

①○　②○　③○　④○

分野別出題率

資力を明らかにする書面の提出等からの出題状況

c・dは適切であるが，a・bは不適切である。よって，正解は④となる。

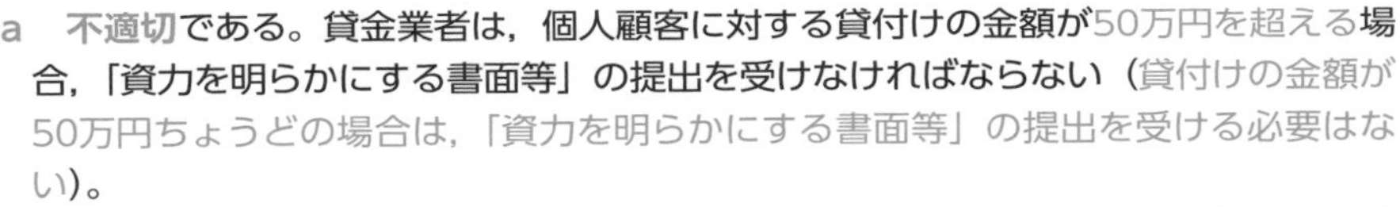

a　**不適切**である。貸金業者は，個人顧客に対する貸付けの金額が50万円を超える場合，「資力を明らかにする書面等」の提出を受けなければならない（貸付けの金額が50万円ちょうどの場合は，「資力を明らかにする書面等」の提出を受ける必要はない）。

（貸金業法13条３項１号）

b　**不適切**である。貸付けの金額にかかわらず，個人の保証人から「資力を明らかにする書面等」の提出を受ける必要はない。

（貸金業法13条３項）

c　**適切**である。貸金業者は，個人顧客に対する貸付けの金額が50万円を超えていなくても，指定信用情報機関から提供を受けた信用情報により，当該個人顧客に対する当該貸金業者以外の貸金業者の貸付けの残高と合算して，100万円を超えることが判明した場合には，「資力を明らかにする書面等」の提出を受けなければならない。

（貸金業法13条３項２号）

d　**適切**である。「資力を明らかにする書面等」の１つである源泉徴収票は，「一般的に発行される直近の期間に係るものであること」が要件とされており，２年前のものはこの要件を満たさないので，顧客から再度「資力を明らかにする書面等」を提出してもらう必要がある。

（貸金業法施行規則10条の17第２項１号）

1-123 資力を明らかにする書面の提出等Ⅲ

第14回・問題7

貸金業法第13条第3項及び同法第13条の3第3項に規定する源泉徴収票その他の収入又は収益その他の資力を明らかにする事項を記載し，又は記録した書面又は電磁的記録として内閣府令で定めるもの（以下，本問において「資力を明らかにする書面等」という。）に関する次の①〜④の記述のうち，その内容が適切なものを1つだけ選び，解答欄にその番号をマークしなさい。なお，本問における貸付けに係る契約は，貸金業法施行規則第10条の16（指定信用情報機関が保有する信用情報の使用義務の例外）で定める貸付けの契約ではないものとする。

① 貸金業者は，個人顧客との間で，貸付けの金額が80万円の貸付けに係る契約を締結しようとする場合において，その1年前に当該顧客との間で貸付けに係る契約を締結するに当たり当該顧客からその資力を明らかにする書面等として源泉徴収票の提出を受けていたときは，改めて，当該顧客からその資力を明らかにする書面等の提出又は提供を受ける必要はない。

② 貸金業者が，個人顧客との間で，貸付けの金額が50万円の貸付けに係る契約を新たに締結しようとする場合において，当該貸金業者の他の貸付けについて当該顧客が行っている保証の残高が30万円であるときは，他の貸金業者による貸付けがないことを確認したときであっても，当該貸金業者は，当該顧客からその資力を明らかにする書面等の提出又は提供を受けなければならない。

③ 貸金業者は，個人顧客との間で締結した極度方式基本契約が基準額超過極度方式基本契約に該当するかどうかの調査をしなければならない場合において，当該顧客に係る極度方式個人顧客合算額が110万円であるときは，その1年前に当該顧客との間で当該調査を行うに当たり当該顧客からその資力を明らかにする書面等として源泉徴収票の提出を受け，かつ，その後も当該顧客の資力に変更がないことを確認したときであっても，改めて当該顧客からその資力を明らかにする書面等の提出又は提供を受けなければならない。

④ 貸金業者は，個人顧客との間で締結した極度方式基本契約が基準額超過極度方式基本契約に該当するかどうかの調査をしなければならない場合において，当該極度方式基本契約の極度額（他に極度方式基本契約の締結はないものとする。）が50万円であること，当該顧客に対する他の貸付けの残高が30万円であること，住宅資金貸付契約に係る貸付けの残高が30万円であること，及び他の貸金業者による貸付けがないことを確認したときは，当該顧客からその資力を明らかにする書面等の提出又は提供を受ける必要はない。

解答欄

①◯　②◯　③◯　④◯

分野別出題率

資力を明らかにする書面の提出等からの出題状況

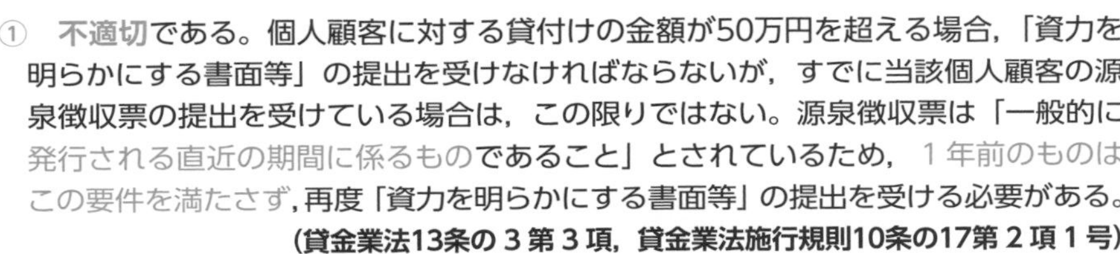

④は適切であるが，①・②・③は不適切である。よって，正解は④となる。

① 不適切である。個人顧客に対する貸付けの金額が50万円を超える場合，「資力を明らかにする書面等」の提出を受けなければならないが，すでに当該個人顧客の源泉徴収票の提出を受けている場合は，この限りではない。源泉徴収票は「一般的に発行される直近の期間に係るものであること」とされているため，1年前のものはこの要件を満たさず，再度「資力を明らかにする書面等」の提出を受ける必要がある。

(貸金業法13条の3第3項，貸金業法施行規則10条の17第2項1号)

② 不適切である。個人顧客に対する貸付けの金額が50万円を超えていなくても，当該個人顧客に対する当該貸付け以外の「貸付けの残高」の合計額が50万円を超えている場合は，「資力を明らかにする書面等」の提出を受けなければならない。保証債務額は，「貸付けの残高」として合算されないため，貸金業者は「資力を明らかにする書面等」の提出を受ける必要はない。

(貸金業法13条の3第3項)

③ 不適切である。貸金業者は，個人顧客との間で締結した極度方式基本契約が，基準額超過極度方式基本契約に該当するか否かの調査をしなければならない場合において，極度方式個人顧客合算額が100万円を超える場合は，再度，「資力を明らかにする書面等」の提出を受ける必要がある。ただし，過去3年以内に発行された「資力を明らかにする書面等」(勤務先に変更がないことを確認した場合には5年以内)の提出を受けている場合で，かつ，個人顧客の資力に変更があったと認められない場合には，免除される。

(貸金業法13条の3第3項，貸金業法施行規則10条の26第2項)

④ 適切である。住宅資金貸付契約に係る貸付けの残高は，個人顧客合算額に含めないため，「資力を明らかにする書面等」の提出または提供を受ける必要はない。

(貸金業法13条の2第2項)

1-124 資力を明らかにする書面の提出等Ⅳ

第11回・問題18

貸金業者であるAが，個人顧客であるBとの間で，元本200万円の貸付けに係る契約（極度方式基本契約及び極度方式貸付けに係る契約ではないものとする。以下，本問において「本件契約」という。）を締結するに当たり，貸金業法第13条に規定する返済能力の調査を行うに際して，同条第３項の規定に基づく，源泉徴収票その他のBの収入又は収益その他の資力を明らかにする事項を記載し，又は記録した書面又は電磁的記録として内閣府令で定めるもの（以下，本問において「年収証明書」という。）の提出又は提供を受ける場合に関する次の①～④の記述のうち，その内容が適切でないものを１つだけ選び，解答欄にその番号をマークしなさい。

① Aが，BからBの年収証明書として給与の支払明細書の提出又は提供を受ける場合，直近２か月分以上のものの提出又は提供を受けなければならないが，給与の支払明細書に記載されている地方税額を基に合理的に算出する方法によりBの直近の年間の給与及びこれに類する定期的な収入の金額を算出するときは，Bのその直近１か月分の給与の支払明細書の提出又は提供を受けることで足りる。

② Aが，２年前に，Bとの間で貸付けに係る契約を締結した際にBの年収証明書として源泉徴収票の提出を受けていた場合，Aは，本件契約を締結するに当たり，改めて，Bの年収証明書の提出又は提供を受ける必要はない。

③ Aは，Bが勤務先を変更した後，本件契約を締結しようとする場合において，Bの変更後の勤務先が確認されており，かつBが変更後の勤務先で２か月分以上の給与の支払を受けていないときは，Bから変更前の勤務先に係る年収証明書の提出又は提供を受けることができる。

④ Aが，Bから提出又は提供を受けるBの年収証明書のうち，貸金業法施行規則第10条の17第１項第８号に規定される「所得証明書」には，貸金業者向けの総合的な監督指針によれば，根拠法令なく，行政サービスの一環として，地方公共団体が交付する所得・課税証明書も含まれるとされている。

解答欄

分野別出題率

資力を明らかにする書面の提出等からの出題状況

直近３回の出題率 67%

直近５回の出題率 60%

直近10回の出題率 80%

解答 解説

①・③・④は適切であるが，②は不適切である。よって，正解は②となる。

① 適切である。

(貸金業法施行規則10条の17第２項２号，10条の22第２項３号)

② 不適切である。収入証明書として源泉徴収票の提出を受ける場合には，一般的に発行される直近の期間に係るものであることが必要であり，２年前の源泉徴収票では，直近の期間に係るものとはいえない。

(貸金業法施行規則10条の17第２項１号)

③ 適切である。勤務先に変更があった場合，その他当該書面等が明らかにする当該個人顧客の資力に変更があったと認められる場合には，当該変更後の資力について調査する必要がある。

この場合は原則として，新しい勤務先での年収証明書を取得しなければならないが，変更後の勤務先が確認されていることおよび変更後の勤務先で２カ月分以上の給与の支払を受けていないことのいずれにも該当するときは，例外的に前勤務先の年収証明書で足りるとされている。

(貸金業法施行規則10条の17第１項ただし書，３項)

④ 適切である。

(監督指針Ⅱ－２－13－１（２）②ロａ)

1-125 資力を明らかにする書面の提出等V

第18回・問題5

貸金業法第13条（返済能力の調査）第３項及び同法第13条の３（基準額超過極度方式基本契約に係る調査）第３項に規定する内閣府令で定めるもの（貸金業法施行規則第10条の17第１項に規定される源泉徴収票その他の当該個人顧客の収入又は収益その他の資力を明らかにする書面等。以下，本問において「年収証明書」という。）に関する次のａ～ｄの記述のうち，その内容が**適切なもの**の組み合わせを①～④の中から１つだけ選び，解答欄にその番号をマークしなさい。

---

a　貸金業者は，これまで契約を一切締結していない個人顧客との間で，貸付けの金額が60万円の貸付けに係る契約を締結しようとする場合において，指定信用情報機関が保有する信用情報を使用して返済能力の調査を行った結果，当該顧客に対する他の貸金業者の貸付けの残高が30万円であり，自らの貸付けの金額と他の貸金業者の貸付けの残高の合計額が100万円未満であることが判明した。この場合，当該貸金業者は，当該顧客から年収証明書の提出又は提供を受ける必要はない。

---

b　貸金業者は，これまで契約を一切締結していない個人顧客との間で貸付けに係る契約を締結するに際し，年収証明書の提出又は提供を受けなければならない場合において，年収証明書として給与の支払明細書の提出を受けるときは，当該給与の支払明細書は，直近１年以内の間に発行された任意の２か月分以上のものでなければならない。

---

c　貸金業者向けの総合的な監督指針（以下，本問において「監督指針」という。）によれば，年収証明書のうちの所得証明書について，例えば，行政サービスの一環として地方公共団体が交付する所得・課税証明書は，地方税法等に発行の根拠がなくても，所得証明書に含まれるとされている。

---

d　監督指針によれば，個人顧客につき貸金業法第13条第３項本文各号のいずれか又は同法第13条の３第３項本文に該当することを確認した場合において，当該個人顧客から年収証明書の提出を受けられないなど当該個人顧客の年収を把握できないときは，当該個人顧客の返済能力を確認できないことから，貸金業法第13条の２（過剰貸付け等の禁止）第１項により貸付けの契約（極度方式貸付けに係る契約を含む。）を締結できないことに留意する必要があるとされている。

選択肢

①ａｂ　②ａｄ　③ｂｃ　④ｃｄ

解答欄

①◯　②◯　③◯　④◯

分野別出題率

資力を明らかにする書面の提出等からの出題状況

直近３回の出題率

67%

直近５回の出題率

60%

直近10回の出題率

80%

解答　解説

ｃ・ｄは適切であるが，ａ・ｂは不適切である。よって，正解は④となる。

ａ　不適切である。貸金業者が貸付けをしようとする金額（極度方式基本契約にあっては，極度額）が50万円を超える場合には，収入証明書の提供を受ける必要がある。

(貸金業法13条３項１号)

ｂ　不適切である。任意の２月分の給与明細書ではなく，直近の連続した２月分の給与明細書で調査する必要がある。

(貸金業法施行規則10条の17第２項２号)

ｃ　適切である。

(監督指針Ⅱ－２－13－１（２）②ロａ)

ｄ　適切である。

(監督指針Ⅱ－２－13－１（１）②ハ)

1-126 資力を明らかにする書面の提出等Ⅵ

第18回・問題22

過剰貸付け等の禁止に関する次の①～④の記述のうち，その内容が**適切でない**ものを１つだけ選び，解答欄にその番号をマークしなさい。なお，本問における貸付けに係る契約は，極度方式基本契約及び極度方式貸付けに係る契約ではないものとする。

① 貸金業者Ａは，法人顧客Ｂとの間の貸付けに係る契約の締結に際し，当該契約がＢの返済能力を超える貸付けの契約と認められるときは，当該契約を締結してはならない。

② 貸金業者Ａと現に事業を営んでいない個人顧客Ｃとの間で，Ｃが新たな事業を行うために必要な資金の貸付けに係る契約であって，事業計画，収支計画及び資金計画の確認その他の方法により確実に当該事業の用に供するための資金の貸付けであると認められ，かつ，Ｃの事業計画，収支計画及び資金計画に照らし，Ｃの返済能力を超えない貸付けに係る契約であると認められるものは，貸金業法第13条の２第２項に規定する当該個人顧客の利益の保護に支障を生ずることがない契約として内閣府令で定めるものに該当する。

③ 個人事業者Ｄが５年前から継続して行っている事業から得た所得税法上の総収入金額は，貸金業法施行規則第10条の22に規定する年間の給与に類する定期的な収入の金額等に該当する。

④ 貸金業者Ａは，個人顧客Ｅとの間で，貸金業法施行規則第10条の21（個人過剰貸付契約から除かれる契約）第１項第１号に該当する不動産の建設に必要な資金の貸付けに係る契約を締結し，Ｅから当該契約に係る同条第２項第１号に該当する建設工事の請負契約書の写しの提出を受けた。この場合，Ａは，当該写し又はこれらに記載された情報の内容を記録した電磁的記録を当該契約に定められた最終の返済期日（当該契約に基づく債権が弁済その他の事由により消滅したときにあっては，当該債権の消滅した日）までの間保存しなければならない。

解答欄

①◯　②◯　③◯　④◯

分野別出題率

資力を明らかにする書面の提出等からの出題状況

①・②・④は適切であるが，③は不適切である。よって，正解は③となる。 

---

① **適切**である。

(貸金業法13条の２第１項)

---

② **適切**である。総量規制が適用されないいわゆる例外契約（貸金業法施行規則10条の23）に該当するか否かを問う肢である。

(貸金業法13条の２第２項　貸金業法施行規則10条の23第１項５号)

---

③ **不適切**である。年間の事業所得の金額（過去の事業所得の状況に照らして安定的と認められるものに限る）は，貸金業法施行規則10条の22に規定する年間の給与に類する定期的な収入の金額に該当するが，所得税法上の総収入金額はこれに該当しない。

(貸金業法施行規則10条の22第１項４号)

---

④ **適切**である。

(貸金業法施行規則10条の21第１項１号，２項１号)

1-127 個人過剰貸付契約から除かれる契約Ⅰ（除外貸付）

第16回・問題8

貸金業法第13条の２（過剰貸付け等の禁止）第２項に規定する個人過剰貸付契約から除かれる契約として貸金業法施行規則第10条の21に定める契約（以下，本問において「除外契約」という。）に関する次のａ～ｄの記述のうち，その内容が適切なものの組み合わせを①～④の中から１つだけ選び，解答欄にその番号をマークしなさい。

a　不動産の改良に必要な資金の貸付けに係る契約は，当該不動産を担保としない場合であっても，除外契約に該当する。

b　不動産の購入に必要な資金の貸付けに係る契約に係る貸付け（以下「不動産購入に係る貸付け」という。）が行われるまでのつなぎとして行う貸付けに係る契約は，当該不動産購入に係る貸付けが金融機関（預金保険法第２条第１項に規定する金融機関をいう。）でない者によって行われる場合であっても，除外契約に該当する。

c　売却を予定している個人顧客の不動産の売却代金により弁済される貸付けに係る契約は，貸付けの金額が当該貸付けに係る契約の締結時における当該不動産の価格を超える場合であっても，除外契約に該当する。

d　自動車の購入に必要な資金の貸付けに係る契約は，当該自動車の所有権を貸金業者が取得せず，かつ，当該自動車が譲渡担保の目的となっていない場合であっても，除外契約に該当する。

選択肢

①ａｂ　②ａｃ　③ｂｄ　④ｃｄ

解答欄

①○　②○　③○　④○

チャレンジ問題

第12回・問題7

●貸金業者を債権者とする金銭の貸借の媒介に係る契約は，除外契約に該当する。

分野別出題率

総量規制の除外からの出題状況

直近3回の出題率

100%

直近5回の出題率

100%

直近10回の出題率

100%

a・bは適切であるが，c・dは不適切である。よって，正解は①となる。

a　**適切**である。「不動産の建設若しくは購入に必要な資金（借地権の取得に必要な資金を含む。）又は不動産の改良に必要な資金の貸付けに係る契約」（住宅ローン・リフォームローンを指している）は総量規制から除外される契約に該当する。不動産を担保とすることは要件とされていない。**（貸金業法施行規則10条の21第１項１号）**

b　**適切**である。「自ら又は他の者により前号に掲げる契約に係る貸付けが行われるまでのつなぎとして行う貸付けに係る契約」は総量規制から除外される契約に該当する。前号とは、選択肢ａの解説の住宅ローン・リフォームローンを指す。この住宅ローン・リフォームローンの貸手に金融機関という限定はない。

（貸金業法施行規則10条の21第１項２号）

c　**不適切**である。売却を予定している個人顧客の不動産（借地権を含む）の売却代金により弁済される貸付けに係る契約については，当該個人顧客の返済能力を超えないと認められるもの（貸付けの金額が当該貸付けに係る契約の締結時における当該不動産の価格の範囲内であるものに限り，当該不動産を売却することにより当該個人顧客の生活に支障を来すと認められる場合を除く）に限って総量規制から除外される契約に該当する。**（貸金業法施行規則10条の21第１項７号）**

d　**不適切**である。自動車の購入に必要な資金の貸付けに係る契約は，当該自動車の所有権を貸金業者が取得するか，当該自動車が譲渡担保の目的となっている場合に，個人過剰貸付から除外される契約となる。**（貸金業法施行規則10条の21第１項３号）**

チャレンジ問題・解答

○　**適切**である。

（貸金業法施行規則10条の21第１項８号，１条の２の３第５号）

1-128 個人過剰貸付契約から除かれる契約Ⅱ（除外貸付）

第14回・問題9

次のa～dの記述のうち，貸金業者Aが個人顧客Bとの間で締結する貸付けに係る契約が貸金業法第13条の2（過剰貸付け等の禁止）第2項に規定する個人過剰貸付契約から除かれる契約として貸金業法施行規則第10条の21に定める契約に該当するものの組み合わせを①～④の中から1つだけ選び，解答欄にその番号をマークしなさい。

a　Bの配偶者が所有し売却を予定している土地の売却代金により弁済される貸付けに係る契約であって，当該土地を当該貸付けの担保としないもの

b　Bの居宅の改良に必要な資金の貸付けに係る契約であって，当該居宅を当該貸付けの担保としないもの

c　Bの居宅を担保とする貸付けに係る契約であって，貸付けの金額が当該貸付けに係る契約の締結時における当該居宅の価格(注)の範囲を超えないもの

d　Bの直系尊属が所有する別荘を担保とする貸付けに係る契約であって，Bの返済能力を超えないと認められ，かつ，貸付けの金額が当該貸付けに係る契約の締結時における当該別荘の価格(注)の範囲内であるもの

（注）　価格は，鑑定評価額，公示価格，路線価，固定資産税評価額（地方税法第381条第1項又は第2項の規定により土地課税台帳又は土地補充課税台帳に登録されている価格をいう。）その他の資料に基づき合理的に算出した額であるものとする。

選択肢

①ａｂ　②ａｃ　③ｂｄ　④ｃｄ

解答欄

①◯　②◯　③◯　④◯

分野別出題率

総量規制の除外からの出題状況

直近３回の出題率 100%

直近５回の出題率 100%

直近10回の出題率 100%

解答 解説

ｂ・ｄは該当するが，ａ・ｃは該当しない。よって，正解は③となる。

ａ　該当しない。「売却を予定している個人顧客の不動産（借地権を含む。）の売却代金により弁済される貸付けに係る契約であって，当該個人顧客の返済能力を超えないと認められるもの」は除外貸付に該当するが，個人顧客の配偶者が所有する不動産の売却代金により弁済される貸付けは，除外貸付に該当しない。

(貸金業法施行規則10条の21第１項７号)

ｂ　該当する。

(貸金業法施行規則10条の21第１項１号)

ｃ　該当しない。「不動産を担保とする貸付けに係る契約であって，当該個人顧客の返済能力を超えないと認められるもの」は，除外貸付の１つとされているが，不動産のうち，「個人顧客若しくは担保を提供する者の居宅，居宅の用に供する土地若しくは借地権又は当該個人顧客若しくは担保を提供する者の生計を維持するために不可欠なもの」は除かれている。よって「居宅を担保とする貸付けに係る契約」については，除外貸付に該当しない。

(貸金業法施行規則10条の21第１項６号)

ｄ　該当する。

(貸金業法施行規則10条の21第１項６号)

1-129 個人過剰貸付契約から除かれる契約Ⅲ（除外貸付）

第15回・問題21

次の①～④の記述のうち，貸金業法第13条の2（過剰貸付け等の禁止）第2項に規定する個人過剰貸付契約から除かれる契約として貸金業法施行規則第10条の21に定めるものに**該当しない**ものを1つだけ選び，解答欄にその番号をマークしなさい。

① 個人顧客又は当該個人顧客の親族で当該個人顧客と生計を一にする者の健康保険法第115条第1項及び第147条に規定する高額療養費を支払うために必要な資金の貸付けに係る契約

② 自動車の購入に必要な資金の貸付けに係る契約のうち，当該自動車の所有権を貸金業者が取得し，又は当該自動車が譲渡により担保の目的となっているもの

③ 個人顧客のために担保を提供する者の居宅を担保とする貸付けに係る契約であって，当該個人顧客の返済能力を超えないと認められるもの（貸付けの金額が当該貸付けに係る契約の締結時における当該居宅の価格の範囲内であるものに限る。）

④ 手形の割引を内容とする契約であって，割引の対象となる手形が融通手形ではないもの

解答欄

①◯　②◯　③◯　④◯

分野別出題率

総量規制の除外からの出題状況

①・②・④は該当するが，③は該当しない。よって，正解は③となる。

① 該当する。

（貸金業法施行規則10条の21第１項４号イ）

② 該当する。

（貸金業法施行規則10条の21第１項３号）

③ 該当しない。個人過剰貸付契約から除かれる契約（除外貸付）の１つに，「不動産を担保とする貸付けに係る契約であって，当該個人顧客の返済能力を超えないと認められるもの」があるが，ここでいう「不動産」は，「個人顧客若しくは担保を提供する者の居宅，居宅の用に供する土地若しくは借地権又は当該個人顧客若しくは担保を提供する者の生計を維持するために不可欠なもの」は除かれている。

よって，居宅を担保とする貸付けに係る契約は，除外貸付に該当しない。

（貸金業法施行規則10条の21第１項６号）

④ 該当する。

（貸金業法施行規則10条の21第１項８号，１条の２の３第２号）

1-130 個人過剰貸付契約から除かれる契約Ⅳ（除外貸付）

第18回・問題6

貸金業法第13条の2（過剰貸付け等の禁止）第2項に規定する個人過剰貸付契約から除かれる契約として貸金業法施行規則第10条の21に規定する契約（以下，本問において「除外契約」という。）に関する次のa～dの記述のうち，その内容が**適切なもの**の個数を①～④の中から1つだけ選び，解答欄にその番号をマークしなさい。

a　住宅の改良に必要な資金の貸付けに係る契約であっても，当該住宅を担保としないものは，除外契約に該当しない。

b　自動車の購入に必要な資金の貸付けに係る契約であっても，当該自動車の所有権を貸金業者が取得し，又は当該自動車が譲渡により担保の目的となっていないものは，除外契約に該当しない。

c　個人顧客の親族の健康保険法第115条第1項及び第147条に規定する高額療養費を支払うために必要な資金の貸付けに係る契約であっても，当該親族が当該個人顧客と生計を一にしていないものは，除外契約に該当しない。

d　個人顧客の不動産を担保とする貸付けに係る契約であって，当該個人顧客の返済能力を超えないと認められるものであっても，当該不動産が当該個人顧客の居宅であるものは，除外契約に該当しない。

選択肢

①1個　②2個　③3個　④4個

解答欄

①○　②○　③○　④○

分野別出題率

総量規制の除外からの出題状況

直近３回の出題率 100%

直近５回の出題率 100%

直近10回の出題率 100%

解答 解説

b・c・dは適切であるが，aは不適切である。よって，正解は③となる。

a　不適切である。「不動産の建設もしくは購入に必要な資金（借地権の取得に必要な資金を含む。）または不動産の改良に必要な資金の貸付けに係る契約」が除外契約とされており，当該住宅を担保としないものでも除外契約に該当する。

（貸金業法施行規則10条の21第１項１号）

b　適切である。「自動車の購入に必要な資金の貸付けに係る契約のうち，当該自動車の所有権を貸金業者が取得し，または当該自動車が譲渡により担保の目的となつているもの」が除外契約とされている。

（貸金業法施行規則10条の21第１項３号）

c　適切である。

（貸金業法施行規則10条の21第１項４号）

d　適切である。「不動産（借地権を含み，個人顧客もしくは担保を提供する者の居宅，居宅の用に供する土地もしくは借地権または当該個人顧客もしくは担保を提供する者の生計を維持するために不可欠なものを除く。）を担保とする貸付けに係る契約であつて，当該個人顧客の返済能力を超えないと認められるもの」が除外契約とされている。

（貸金業法施行規則10条の21第１項６号）

解答のポイント

総量規制（貸金業法13条の２第２項）の対象外となる貸付けのうち，いわゆる「除外貸付」に該当するものを問う問題である。

総量規制の対象外となる貸付けには，「除外貸付」と「例外貸付」の２種類があるとされているが，主任者試験では，「除外貸付」と「例外貸付」という表現は使用されず，条文の表現を使用して出題される。

そのため，貸金業法施行規則10条の21に規定されている「個人過剰貸付契約から除かれる契約」が「除外貸付」のことを指しており，貸金業法施行規則10条の23に規定されている「個人顧客の利益の保護に支障を生ずることがない契約」等が「例外貸付」を指しているという点を理解しておく必要がある。

1-131 個人顧客の利益の保護に支障を生ずることがない契約Ⅰ（例外貸付）

第17回・問題10

次の①～④の記述のうち，貸金業法第13条の２（過剰貸付け等の禁止）第２項に規定する個人顧客の利益の保護に支障を生ずることがない契約として貸金業法施行規則第10条の23で定めるものに該当するものを１つだけ選び，解答欄にその番号をマークしなさい。

① 貸金業者が，個人顧客との間で締結する，自動車の購入に必要な資金の貸付けに係る契約のうち，当該自動車の所有権を貸金業者が取得し，又は当該自動車が譲渡により担保の目的となっているもの

② 貸金業者が，個人顧客との間で締結する，金融機関（預金保険法第２条第１項に規定する金融機関をいう。）からの貸付けが行われるまでのつなぎとして行う貸付けに係る契約であって，返済期間が１か月を超えるもの

③ 貸金業者が，個人顧客との間で締結する，個人顧客又は当該個人顧客の親族で当該個人顧客と生計を一にする者の緊急に必要と認められる医療費（所得税法第73条第２項に規定する医療費をいう。）を支払うために必要な資金の貸付けに係る契約（高額療養費に係る貸金業法施行規則第10条の21第１項第４号に掲げる契約を除く。）であって，当該個人顧客の返済能力を超えないと認められるもの（当該個人顧客が現に当該貸付けに係る契約を締結していない場合に限る。）

④ 貸金業者が，個人顧客との間で締結する，当該個人顧客が貸金業者でない者と締結した貸付けに係る契約に基づき既に負担している債務（以下，本問において「既存債務」という。）を弁済するために必要な資金の貸付けに係る契約であって，当該個人顧客が当該契約に基づき将来支払うべき返済金額の合計額が既存債務について将来支払うべき返済金額の合計額を上回るが，当該契約の１か月の負担が既存債務に係る１か月の負担を上回らないもの

解答欄

①◯　②◯　③◯　④◯

分野別出題率

総量規制の例外からの出題状況

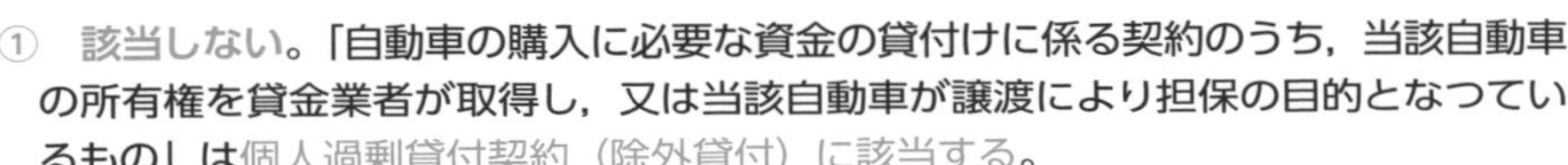

① 該当しない。「自動車の購入に必要な資金の貸付けに係る契約のうち，当該自動車の所有権を貸金業者が取得し，又は当該自動車が譲渡により担保の目的となつているもの」は個人過剰貸付契約（除外貸付）に該当する。

（貸金業法施行規則10条の21第１項３号）

② 該当しない。「金融機関…からの貸付け…が行われるまでのつなぎとして行う貸付けに係る契約」については，①当該金融機関からの貸付けが行われることが確実であると認められること，②返済期間が１カ月を超えないこと，の２つ要件の満たす場合に限って，例外貸付となる。本肢は，返済期間が「１カ月を超えるもの」とされているため，例外貸付に該当しない。

（貸金業法施行規則10条の23第１項６号）

③ 該当する。

（貸金業法施行規則10条の23第１項２号）

④ 該当しない。債務者にとって有利となる借換えとして例外貸付となるものは，貸金業法施行規則10条の23第１項１号と１号の２の２種類存在するが，本肢は，１号の２の有利な借換えに関するものである。１号の２の有利な借換えについては，「当該個人顧客が弁済する債務のすべてが，当該個人顧客が貸金業者と締結した貸付けに係る契約に基づき負担する債務」でなければならない。本肢は，「貸金業者でない者と締結した貸付け」であるため，例外貸付に該当しない。

（貸金業法施行規則10条の23第１項１号の２）

解答のポイント

総量規制が適用されない例外となる貸付けには，除外貸付（貸金業法施行規則10条の21第１項各号）と例外貸付（貸金業法施行規則10条の23第１項各号）があるが，本問は例外貸付に該当する貸付を問う問題である。

1-132 個人顧客の利益の保護に支障を生ずることがない契約Ⅱ（例外貸付）

第14回・問題22

次の①～④の記述のうち，貸金業法第13条の２（過剰貸付け等の禁止）第２項に規定する個人顧客の利益の保護に支障を生ずることがない契約として貸金業法施行規則第10条の23で定めるものに**該当しない**ものを１つだけ選び，解答欄にその番号をマークしなさい。

① 個人顧客又は当該個人顧客の親族で当該個人顧客と生計を一にする者の緊急に必要と認められる医療費（所得税法第73条第２項に規定する医療費をいう。）を支払うために必要な資金の貸付けに係る契約（貸金業法施行規則第10条の21第１項第４号に掲げる契約を除く。）であって，当該個人顧客の返済能力を超えないと認められるもの（当該個人顧客が現に当該貸付けに係る契約を締結していない場合に限る。）

② 現に事業を営んでいない個人顧客に対する新たな事業を行うために必要な資金の貸付けに係る契約であって，事業計画，収支計画及び資金計画の確認その他の方法により確実に当該事業の用に供するための資金の貸付けであると認められ，かつ，当該個人顧客の事業計画，収支計画及び資金計画に照らし，当該個人顧客の返済能力を超えない貸付けに係る契約であると認められるもの

③ 金融機関（預金保険法第２条第１項に規定する金融機関をいう。）からの貸付け（以下，本問において「正規貸付け」という。）が行われるまでのつなぎとして行う貸付けに係る契約（極度方式基本契約を除く。）であって，正規貸付けが行われることが確実であると認められ，かつ，返済期間が１か月を超えないもの

④ 個人顧客が外国において緊急に必要となった費用（特定費用）を支払うために必要な資金の貸付けに係る契約として当該個人顧客と貸金業者との間に締結される契約（極度方式基本契約ではないものとする。）であって，当該契約が当該個人顧客の返済能力を超えない貸付けに係る契約であると認められ，当該契約の貸付けの金額が30万円を超えず，返済期間が１年を超えないもの

解答欄

①◯　②◯　③◯　④◯

分野別出題率

総量規制の例外からの出題状況

直近３回の
出題率
100%

直近５回の
出題率
100%

直近10回の
出題率
100%

①・②・③は該当するが，④は該当しない。よって，正解は④となる。

① **該当する。**

（貸金業法施行規則10条の23第１項２号）

② **該当する。**なお，「事業を営む個人顧客に対する貸付けに係る契約」であって（i）実地調査，当該個人顧客の直近の確定申告書の確認その他の方法により，当該事業の実態が確認されていること，および（ii）当該個人顧客の事業計画，収支計画および資金計画に照らし，当該個人顧客の返済能力を超えない貸付けに係る契約であると認められることの，両方の要件を満たす契約は，例外貸付に該当する。

（貸金業法施行規則10条の23第１項５号，４号）

③ **該当する。**

（貸金業法施行規則10条の23第１項６号）

④ **該当しない。**個人顧客が特定費用を支払うために必要な資金の貸付けに係る契約として貸金業者との間で締結する契約は，所定の条件を満たした場合，貸金業法に規定する例外貸付に該当する（特定緊急貸付契約）。ただし，（i）当該個人顧客の返済能力を超えない貸付けに係る契約であること，（ii）特定緊急貸付けの合計額が10万円を超えないこと，（iii）当該特定緊急貸付けの返済期間が３カ月を超えないことの３つの要件を満たす必要がある。

（貸金業法施行規則10条の23第１項２号の２）

1-133 個人顧客の利益の保護に支障を生ずることがない契約Ⅲ（例外貸付）

第16回・問題20

貸金業法第13条の２（過剰貸付け等の禁止）第２項に規定する個人顧客の利益の保護に支障を生ずることがない契約として貸金業法施行規則第10条の23で定めるもの（以下，本問において「例外契約」という。）に関する次の①～④の記述のうち，その内容が**適切でない**ものを１つだけ選び，解答欄にその番号をマークしなさい。

---

① 例外契約に係る貸付けの残高は，貸金業法第13条の２第２項に規定する個人顧客合算額に算入される。

---

② 金融機関（預金保険法第２条第１項に規定する金融機関をいう。）からの貸付け（以下，本問において「正規貸付け」という。）が行われるまでのつなぎとして行う貸付けに係る契約（極度方式基本契約を除く。）であって，正規貸付けが行われることが確実であると認められ，かつ，返済期間が１か月を超えないものは，例外契約に該当する。

---

③ 個人顧客が既に貸金業者以外の者と締結した契約に基づき負担している債務（以下，本問において「既存債務」という。）を弁済するために必要な資金の貸付けに係る契約（以下，本問において「当該契約」という。）であって，当該契約の１か月の負担が既存債務に係る１か月の負担を上回らず，「当該契約の将来支払う返済金額の合計額」と「当該契約の締結に関し当該個人顧客が負担する元本及び利息以外の金銭の合計額」の合計額が既存債務に係る将来支払う返済金額の合計額を上回らず，当該契約に基づく債権につき物的担保を供させず，かつ，当該契約について保証契約を締結しないものは，例外契約に該当する。

---

④ 個人顧客が貸金業法施行規則第10条の23第４項に規定する特定費用を支払うために必要な資金の貸付けに係る契約として当該個人顧客と貸金業者との間に締結される契約（極度方式基本契約ではないものとする。）であって，当該個人顧客の返済能力を超えない貸付けに係る契約であると認められ，かつ，返済期間が１年を超えないものは，例外契約に該当する。

解答欄

①◯　②◯　③◯　④◯

分野別出題率

総量規制の例外からの出題状況

①・②・③は適切であるが，④は不適切である。よって，正解は④となる。

① 適切である。住宅ローンなどの総量規制から除外される契約（貸金業法施行規則10条の21）と異なり，例外契約の貸付けの残高は個人顧客合算額に算入される。

（貸金業法13条の２第２項）

② 適切である。

（貸金業法施行規則10条の23第１項６号）

③ 適切である。

（貸金業法施行規則10条の23第１項１号）

④ 不適切である。個人顧客が特定費用（外国において緊急に必要となった費用など）を支払うために必要な資金の貸付けに係る契約として，例外契約に該当するためには，「緊急個人顧客合算額」が10万円を超えないことおよび返済期間が３カ月を超えないことが要件となっている。

（貸金業法施行規則10条の23第１項２号の２）

解答のポイント

貸金業務取扱主任者資格の試験では，除外貸付と例外貸付に関する問題が，それぞれ１問ずつ（計２問）出題されることが多い。

1-134 個人顧客の利益の保護に支障を生ずることがない契約Ⅳ（例外貸付）

第18回・問題23

貸金業法第13条の２（過剰貸付け等の禁止）第２項に規定する個人顧客の利益の保護に支障を生ずることがない契約として貸金業法施行規則第10条の23で定めるもの（以下，本問において「例外契約」という。）に関する次の①〜④の記述のうち，その内容が**適切でない**ものを１つだけ選び，解答欄にその番号をマークしなさい。

① 事業を営む個人顧客に対する貸付けに係る契約であって，実地調査，当該個人顧客の直近の確定申告書の確認その他の方法により当該事業の実態が確認されていること，又は当該個人顧客の事業計画，収支計画及び資金計画に照らし，当該個人顧客の返済能力を超えない貸付けに係る契約であると認められることのいずれかの要件を満たすものは，例外契約に該当する。

② 預金保険法第２条第１項に規定する金融機関からの貸付け（以下，本問において「正規貸付け」という。）が行われるまでのつなぎとして行う貸付けに係る契約（極度方式基本契約を除く。）であって，正規貸付けが行われることが確実であると認められ，かつ，返済期間が１か月を超えないものは，例外契約に該当する。

③ 個人顧客が特定費用（注）を支払うために必要な資金の貸付けに係る契約（極度方式基本契約ではないものとする。）として当該個人顧客と貸金業者との間に締結される契約であって，当該契約が当該個人顧客の返済能力を超えない貸付けに係る契約であると認められ，当該契約の貸付けの金額が10万円であり（当該個人顧客は，当該契約以外の貸付けに係る契約を一切締結していないものとする。），返済期間が1年であるものは，例外契約に該当しない。

④ 個人顧客が既に貸金業者以外の者と締結した契約に基づき負担している債務（以下，本問において「既存債務」という。）を弁済するために必要な資金の貸付けに係る契約であって，当該個人顧客が当該契約に基づき将来支払うべき返済金額の合計額が既存債務について将来支払うべき返済金額の合計額を上回らないが，当該契約の1か月の負担が既存債務に係る１か月の負担を上回るものは，例外契約に該当しない。

（注） 特定費用とは，外国において緊急に必要となった費用のほか，社会通念上緊急に必要と認められる費用をいう。

解答欄

分野別出題率

総量規制の例外からの出題状況

②・③・④は適切であるが，①は不適切である。よって，正解は①となる。 

① 不適切である。すべての要件を満たしているときに，例外貸付となる。

(貸金業法施行規則10条の23第１項４号)

② 適切である。

(貸金業法施行規則10条の23第１項６号)

③ 適切である。特定費用が例外契約となる場合，返済期間が３月を超えないことが必要である。

(貸金業法施行規則10条の23第１項２の２号)

④ 適切である。既存債務の借換えが例外契約に該当する場合は，貸金業法施行規則10条の23第１項１号および１号の２の契約の２種類あるが，いずれの例外契約も，１月の借換え後の顧客の負担額が既存債務に係る１月の顧客の負担額を上回らないことが要件となっている。

(貸金業法施行規則10条の23第１項１号)

1-135 上限金利規制Ⅰ（みなし利息）

第16回・問題14

みなし利息に関する次のa～dの記述のうち，利息制限法上，その内容が適切なものの組み合わせを①～④の中から１つだけ選び，解答欄にその番号をマークしなさい。

a　貸金業者は，顧客との間で締結した営業的金銭消費貸借契約において，金銭の貸付け及び弁済に用いるカードを交付した後，当該顧客の要請を受けて，当該カードを再発行し，再発行に係る手数料（消費税額等相当額を含むものとする。）を当該顧客から受領した。この場合，当該手数料は，利息とみなされる。

b　貸金業者は，顧客との間で締結した営業的金銭消費貸借契約において，口座振替の方法による弁済につき，当該顧客が弁済期に弁済できなかったため，当該顧客の要請を受けて行った再度の口座振替手続に要した費用（消費税額等相当額を含むものとする。）を当該顧客から受領した。この場合，当該費用は，利息とみなされる。

c　貸金業者は，顧客との間で締結した営業的金銭消費貸借契約において，顧客が金銭の受領又は弁済のために利用する現金自動支払機その他の機械の利用料として，20,000円の弁済を受領する際に220円（消費税額等相当額を含むものとする。）を当該顧客から受領した。この場合，当該利用料は，利息とみなされない。

d　貸金業者は，顧客との間で締結した営業的金銭消費貸借契約において，貸金業法第17条第１項に規定する契約の内容を明らかにする書面を交付した後，当該顧客からの紛失による再発行の要請に基づき，当該書面を再発行し，その手数料（消費税額等相当額を含むものとする。）を当該顧客から受領した。この場合，当該手数料は，利息とみなされない。

選択肢

①ab　②ac　③bd　④cd

解答欄

①〇　②〇　③〇　④〇

分野別出題率

出資法，利息制限法（みなし利息）からの出題状況

直近３回の出題率 100%

直近５回の出題率 100%

直近10回の出題率 100%

ｃ・ｄは適切であるが，ａ・ｂは不適切である。よって，正解は④となる。

ａ　不適切である。「金銭の貸付け及び弁済に用いるため債務者に交付されたカードの再発行の手数料（消費税額等相当額を含む）」は利息とはみなされない。なお，初回のカード発行手数料に関しては，利息とみなされる。

（利息制限法６条１項，利息制限法施行令１条１号）

ｂ　不適切である。「口座振替の方法による弁済において，債務者が弁済期に弁済できなかった場合に行う再度の口座振替手続に要する費用」は利息とはみなされない。なお，初回の口座振替手続に要する費用は利息とみなされる。

（利息制限法６条１項，利息制限法施行令１条３号）

ｃ　適切である。

（利息制限法６条２項３号，利息制限法施行令２条）

ｄ　適切である。「貸金業法…の規定により営業的金銭消費貸借に関して債務者に交付された書面の再発行及び当該書面の交付に代えて同法第２条第12項に規定する電磁的方法により債務者に提供された事項の再提供の手数料」は利息とはみなされない。

（利息制限法６条１項，利息制限法施行令１条２号）

1-136 上限金利規制Ⅱ（みなし利息）

第18回・問題16

みなし利息に関する次のa～dの記述のうち，利息制限法上，その内容が**適切なもの**の組み合わせを①～④の中から1つだけ選び，解答欄にその番号をマークしなさい。

a　貸金業者は，顧客との間で締結した営業的金銭消費貸借契約において，顧客が金銭の受領又は弁済のために利用する現金自動支払機その他の機械の利用料として，20,000円の弁済を受領する際に220円（消費税額等相当額を含む。）を当該顧客から受領した。この場合，当該利用料は，利息とみなされない。

b　貸金業者は，顧客との間で締結した営業的金銭消費貸借契約において，契約の締結及び債務の弁済の費用として公租公課の支払に充てられるべきものを当該顧客から受領した。この場合，当該費用は，利息とみなされない。

c　貸金業者は，顧客との間で締結した営業的金銭消費貸借契約において，口座振替の方法による弁済につき，当該顧客が弁済期に弁済できなかったため，当該顧客の要請を受けて行った再度の口座振替手続に要した費用（消費税額等相当額を含む。）を当該顧客から受領した。この場合，当該費用は，利息とみなされる。

d　貸金業者は，顧客との間で締結した営業的金銭消費貸借契約において，金銭の貸付け及び弁済に用いるため当該契約締結時に当該顧客にカードを交付し，当該カードの発行の手数料（消費税額等相当額を含む。）を受領した。この場合，当該手数料は，利息とみなされない。

選択肢

①a b　②a c　③b d　④c d

解答欄

①◯　②◯　③◯　④◯

分野別出題率

出資法，利息制限法（みなし利息）からの出題状況

直近３回の出題率 100%

直近５回の出題率 100%

直近10回の出題率 100%

ａ・ｂは適切であるが，ｃ・ｄは不適切である。よって，正解は①となる。

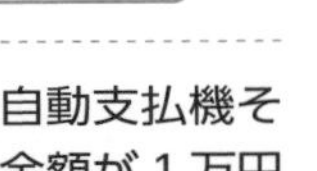

ａ　**適切**である。「債務者が金銭の受領又は弁済のために利用する現金自動支払機その他の機械の利用料」は，現金自動支払機等での受取金額または支払金額が１万円以下の額の場合には110円，１万円を超える額の場合には220円までは，みなし利息に該当しない。

(利息制限法６条２項３号　利息制限法施行令２条２号)

ｂ　**適切**である。「公租公課の支払に充てられるべきもの」はみなし利息に該当しない。

(利息制限法６条２項１号)

ｃ　**不適切**である。「口座振替の方法による弁済において，債務者が弁済期に弁済できなかった場合に行う再度の口座振替手続に要する費用」はみなし利息に該当しない。

(利息制限法６条１項，利息制限法施行令１条３号)

ｄ　**不適切**である。「金銭の貸付け及び弁済に用いるため債務者に交付されたカードの再発行の手数料」は，みなし利息に該当しないが，初回のカードの発行の手数料はみなし利息に該当する。

(利息制限法６条１項，利息制限法施行令１条１号)

1-137 上限金利規制Ⅲ（みなし利息）

第15回・問題27

みなし利息に関する次の①～④の記述のうち，利息制限法上，その内容が**適切でない**ものを１つだけ選び，解答欄にその番号をマークしなさい。

---

① Ａは，Ｂとの間で締結した営業的金銭消費貸借契約において，Ｂが金銭の受領又は弁済のために利用する現金自動支払機その他の機械の利用料として，10,000円の弁済を受ける際に110円（消費税額等相当額を含む。）をＢから受領した。この場合，当該利用料は，利息とみなされない。

---

② Ａは，Ｂとの間で締結した営業的金銭消費貸借契約において，金銭の貸付け及び弁済に用いるためＢに交付したカードのＢの要請に基づく再発行の手数料（消費税額等相当額を含む。）をＢから受領した。この場合，当該手数料は，利息とみなされない。

---

③ Ａは，Ｂとの間で締結した営業的金銭消費貸借契約において，貸金業法第17条第１項に規定する契約締結時の書面をＢに交付した後，各回の返済期日及び返済金額の変更を行ったため，変更後の契約締結時の書面を作成しＢに再交付した費用（消費税額等相当額を含む。）をＢから受領した。この場合，当該費用は，利息とみなされる。

---

④ Ａは，Ｂとの間で締結した営業的金銭消費貸借契約において，口座振替の方法による弁済につき，Ｂが弁済期に弁済できなかったため，Ｂの要請を受けて行った再度の口座振替手続に要した費用（消費税額等相当額を含む。）をＢから受領した。この場合，当該費用は，利息とみなされる。

解答欄

分野別出題率

出資法, 利息制限法（みなし利息）からの出題状況

①・②・③は適切であるが，④は不適切である。よって，正解は④となる。

① 適切である。金銭を目的とする消費貸借に関し債権者の受ける元本以外の金銭は，礼金，割引金，手数料，調査料その他いかなる名義をもってするかを問わず，利息とみなすとされている。しかしながら，債務者が金銭の受領または弁済のために利用する現金自動支払機その他の機械の利用料（政令で定める範囲内のものに限る）は，例外として，利息とみなされない。政令では，現金自動支払機その他の機械を利用して受け取り，または支払う額が（ⅰ）１万円以下の場合には，110円，（ⅱ）１万円を超える場合には，220円（いずれも消費税額等相当額を含む）とされている。

（利息制限法３条，６条２項３号，利息制限法施行令２条）

② 適切である。みなし利息の例外として，金銭の貸付けおよび弁済に用いるため債務者に交付されたカードの再発行手数料は利息とみなされない。なお，初回のカード発行手数料に関しては，利息とみなされる。

（利息制限法６条１項，利息制限法施行令１条１号）

③ 適切である。重要事項の変更により契約締結時の書面の再交付をすることは貸金業者の義務として履行するものであるため，その再交付費用を受領した場合には，利息とみなされる。他方で，貸金業法の規定により貸金業者が顧客に交付した書面について，顧客が書面を紛失したなどの事情から顧客に再発行を依頼された場合の再発行の手数料については，法律上の義務なく対応するものであり，利息とみなされないとされている。

（利息制限法６条１項，利息制限法施行令１条２号）

④ 不適切である。債務者Ｂの要請を受けて行った再度の口座振替手続に要した費用を受領した場合，当該費用は，利息とみなされない。

（利息制限法６条１項，利息制限法施行令１条３号）

1-138 上限金利規制Ⅳ（みなし利息）

第17回・問題17

みなし利息に関する次のa～dの記述のうち，利息制限法上，その内容が適切なものの組み合わせを①～④の中から1つだけ選び，解答欄にその番号をマークしなさい。

a　貸金業者が，顧客との間で締結した営業的金銭消費貸借契約において，金銭の貸付け及び弁済に用いるため当該契約締結時に当該顧客に交付したカードの発行手数料を当該顧客から受領した場合，当該手数料は，利息とみなされる。

b　貸金業者が，顧客との間で締結した営業的金銭消費貸借契約に基づく貸付金を当該顧客が指定する銀行口座に振り込む際に要した手数料を当該顧客から受領した場合，当該手数料は，利息とみなされる。

c　貸金業者が，顧客との間で締結した営業的金銭消費貸借契約において，口座振替の方法による弁済につき，当該顧客が弁済期に弁済できなかったため，当該顧客の要請を受けて行った再度の口座振替手続に要した費用を当該顧客から受領した場合，当該費用は，利息とみなされる。

d　貸金業者が，顧客との間で締結した営業的金銭消費貸借契約において，貸金業法第17条第1項に規定する契約の内容を明らかにする書面を交付した後，当該顧客からの紛失による再発行の要請に基づき，当該書面を再発行し，その手数料を当該顧客から受領した場合，当該手数料は，利息とみなされる。

選択肢

①ab　②ac　③bd　④cd

解答欄

①◯　②◯　③◯　④◯

分野別出題率

出資法，利息制限法（みなし利息）からの出題状況

解答　解説

ａ・ｂは適切であるが，ｃ・ｄは不適切である。よって，正解は①となる。

ａ　**適切**である。営業的金銭消費貸借においては，「金銭の貸付け及び弁済に用いるため債務者に交付されたカードの再発行の手数料」はみなし利息の対象外とされるが，初回のカード発行手数料は，みなし利息に該当する。

（利息制限法６条１項，利息制限法施行令１条１項１号）

ｂ　**適切**である。

（利息制限法６条）

ｃ　**不適切**である。「口座振替の方法による弁済において，債務者が弁済期に弁済できなかった場合に行う再度の口座振替手続に要する費用」は再振替の手数料はみなし利息の対象外とされている。

（利息制限法６条１項，利息制限法施行令１条１項３号）

ｄ　**不適切**である。「貸金業法…の規定により営業的金銭消費貸借に関して債務者に交付された書面の再発行及び当該書面の交付に代えて同法第２条第12項に規定する電磁的方法により債務者に提供された事項の再提供の手数料」再発行の手数料はみなし利息の対象外とされている。

（利息制限法６条１項，利息制限法施行令１条１項２号）

解答のポイント

営業的金銭消費貸借においては，金銭を目的とする消費貸借に関し債権者の受ける元本以外の金銭は，原則としてみなし利息の対象となり，みなし利息の対象外となるものは例外的であるため，この例外的なものを理解し，それ以外はみなし利息の対象となると考えることになる。

1-139 上限金利規制Ⅴ（営業的金銭消費貸借の特則）

第14回・問題17

Aは貸金業者，BはAの顧客，Cは保証業者である。次の①～④の記述のうち，利息制限法上，その内容が適切なものを１つだけ選び，解答欄にその番号をマークしなさい。

① Aは，Bとの間で，元本を８万円とし利息を年２割（20%）とする営業的金銭消費貸借契約（第一契約）を初めて締結し８万円をBに貸し付けた後，第一契約に基づく債務の残高が５万円である時点において，元本を５万円とし利息を年２割（20%）とする営業的金銭消費貸借契約（第二契約）を締結し５万円をBに貸し付けた。この場合，第一契約及び第二契約における利息の約定は，いずれも年１割８分（18%）を超過する部分に限り，無効となる。

② Aは，Bとの間で，元本を９万円とし利息を年２割（20%）とする営業的金銭消費貸借契約（第一契約）を締結し９万円をBに貸し付けると同時に元本を100万円とし利息を年１割４分（14%）とする営業的金銭消費貸借契約（第二契約）を締結し100万円をBに貸し付けた。この場合，第一契約における利息の約定は，年１割８分（18%）を超過する部分に限り，無効となる。

③ Aは，Bとの間で，元本を50万円，利息を年１割３分（13%），期間を１年，元利一括返済とする営業的金銭消費貸借契約を締結して50万円をBに貸し付け，当該契約について，Cとの間で，保証契約を締結した。この場合において，Cは，Bとの間で，CがBから65,000円の保証料の支払を受ける旨の保証料の契約を締結したときは，当該保証料の約定は，45,000円を超過する部分に限り，無効となる。

④ Aは，Bとの間で，元本を20万円，利息を年１割３分（13%），期間を１年，元利一括返済とする営業的金銭消費貸借契約を締結して20万円をBに貸し付け，当該契約について，Cとの間で，保証契約を締結した。また，Cは，Bとの間で，CがBから8,000円の保証料の支払を受ける旨の保証料の契約を締結した。この場合において，AとBとの合意により，当該営業的金銭消費貸借契約の利息を年１割８分（18%）に変更したときは，当該変更後の利息の約定は，年１割４分（14%）を超過する部分に限り，無効となる。

解答欄

①◯ ②◯ ③◯ ④◯

分野別出題率

出資法・利限法（営業的金銭消費貸借の特則）からの出題状況

解答 解説

④は適切であるが，①・②・③は不適切である。よって，正解は④となる。

① **不適切**である。第１契約の元本は８万円であり，利息制限法上の上限利率は年２割（20%）となる。第２契約の上限利率は，第１契約の貸付残高との合計元本が10万円（５万円＋５万円）となるため，年１割８分（18%）となる。よって，第２契約における利息に関しては，年１割８分（18%）を超える利息の契約が無効になるが，第１契約における利息が無効となるわけではない。

（利息制限法５条１号，１条）

② **不適切**である。貸金業者が複数の貸付けを同時に行う場合は，すべての元本を合算したうえで，元本の額を計算する。第１契約および第２契約を同時に締結する場合は，第１契約・第２契約ともに元本の額が109万円（９万円＋100万円）となり，年１割５分（15%）を超える利息の契約が無効となる。

（利息制限法５条２号，１条）

③ **不適切**である。主たる債務について支払うべき利息の額が65,000円（元本額50万円×利率年0.13×１年）で法定上限額が9万円（元本額50万円×上限利率年0.18×１年）であるため，保証料の契約は，法定上限額から主たる債務について支払うべき利息を減じた25,000円を超過する部分に限り，無効となる。

（利息制限法８条１項，１条）

④ **適切**である。法定上限額36,000円（元本額20万円×上限利率0.18×１年）であるが，保証人Ｃが債務者Ｂから受領する保証料は，8,000円であるため，債権者Ａが債務者Ｂから受領できる利息額の上限は28,000円（36,000円－8,000円）となる。債権者Ａは債務者Ｂとの間で利息を増加させる契約をしており，36,000円（元本20万円×利率年0.18×１年）の利息額を取得する契約をしているが，法定上限額の28,000円を超える部分（14%を超える部分）は無効となる。

（利息制限法９条１項，１条）

1-140 上限金利規制Ⅵ（営業的金銭消費貸借の特則）

第17回・問題16

Ａと Ｂとの間の複数の営業的金銭消費貸借契約（以下，本問において，「第一契約」，「第二契約」又は「第三契約」という。）に関する次のａ～ｄの記述のうち，利息制限法上，その内容が適切なものの個数を①～④の中から１つだけ選び，解答欄にその番号をマークしなさい。

ａ　Ａは，元本を95万円及び利息を利率年１割８分（18%）とする第一契約を締結し95万円をＢに貸し付けた後，その１か月後に第一契約に基づく債務がまったく弁済されていない時点において元本を９万円及び利息を利率年２割（20%）とする第二契約を締結し９万円をＢに貸し付けた。この場合，第一契約及び第二契約における利息の約定は，年１割５分（15%）を超過する部分に限り無効となる。

ｂ　Ａは，元本を30万円及び利息を利率年１割８分（18%）とする第一契約を締結し30万円をＢに貸し付けた後，第一契約に基づく債務の残高が９万円である時点において，元本を５万円及び利息を利率年２割（20%）とする第二契約を締結し５万円をＢに貸し付けた。この場合，第二契約における利息の約定は，年１割８分（18%）を超過する部分に限り無効となる。

ｃ　Ａは，元本を50万円及び利息を利率年１割８分（18%）とする第一契約を締結し50万円をＢに貸し付けた後，第一契約に基づく債務の残高が５万円である時点において，元本を３万円及び利息を利率年２割（20%）とする第二契約を締結し３万円をＢに貸し付けた。この場合，第二契約における利息の約定は，年１割８分（18%）を超過する部分に限り無効となる。

ｄ　Ａは，元本を50万円及び利息を利率年１割６分（16%）とする第一契約を締結し50万円をＢに貸し付けた後，第一契約に基づく債務の残高が45万円である時点において，元本を５万円及び利息を利率年１割８分（18%）とする第二契約を締結し５万円をＢに貸し付けると同時に，元本を50万円及び利息を利率年１割６分（16%）とする第三契約を締結し50万円をＢに貸し付けた。この場合，第二契約及び第三契約のいずれの利息の約定も，年１割５分（15%）を超過する部分に限り無効となる。

選択肢

①１個　②２個　③３個　④４個

解答欄

分野別出題率

出資法・利限法（営業的金銭消費貸借の特則）からの出題状況

直近３回の出題率 100%

直近５回の出題率 100%

直近10回の出題率 90%

解答 解説

b・dは適切であるが，a・cは不適切である。よって，正解は②となる。

a　**不適切**である。営業的金銭消費貸借契約においては，利息制限法の上限利率の基準となる元本額については，既に負担している債務者が同一の債権者から重ねて貸付けを受けた場合には，「既に負担している債務の残元本の額と当該貸付けを受けた元本の額との合計額」で考える。したがって，第２契約の元本は104万円（95万円＋９万円）となり100万円以上となるため，第２契約の上限利率は年15%となる。他方で，既に契約締結済みの第１契約については第２契約の締結によって影響を受けず，契約時の95万円が元本となるため，利息制限法の上限利率は年18%である。

（利息制限法１条，５条１号）

b　**適切**である。肢ａの解説のとおり，第２契約の元本は14万円（９万円＋５万円）となり10万円以上となるため，第２契約の利息制限法の上限利率は年18%となる。

（利息制限法１条，５条１号）

c　**不適切**である。肢ａの解説のとおり，第２契約の元本は８万円（５万円＋３万円）となり10万円未満であるため，第２契約の利息制限法の上限利率は年20%まで有効となる。

（利息制限法５条１号）

d　**適切**である。営業的金銭消費貸借契約においては，債務者が同一の債権者から同時に複数の貸付けを受けた場合には，複数の貸付けの額を合算して利息制限法の上限利率の基準となる元本額を考える。第２契約と第３契約は同時に貸付けが実行されているため，５万円と50万円を合算して55万円が元本となる。さらに，第２契約と第３契約の貸付けの時点において，第１契約の貸付けの残高45万円が存在するため，肢ａの解説のとおり，これも合算することになる。すなわち，第２契約と第３契約は，100万円（55万円＋45万円）の元本として利息制限法の上限利率を考えることになるため，利息制限法の上限利率は年15%となる。

（利息制限法５条２号）

1-141 上限金利規制Ⅶ（営業的金銭消費貸借の特則）

第18回・問題15

貸金業者Aは，個人顧客Bとの間で，元本額100万円，利息を年１割８分（18%），期間を１年とする営業的金銭消費貸借契約を締結して100万円をBに貸し付け，当該契約について，業として保証を行うCとの間で保証契約を締結した。Bは，Cとの間で，当該保証契約に基づきCが負う保証債務について，Cに元本額の３分（３%）の保証料を支払う旨の保証料の契約を締結した。この場合に関する次のa～dの記述のうち，その内容が**適切なもの**の個数を①～④の中から１つだけ選び，解答欄にその番号をマークしなさい。

a　Aは, Bとの間の営業的金銭消費貸借契約における利息の約定につき, 出資法（注）上, 刑事罰の対象とならない。

b　Cは，Bとの間の保証料の契約につき，出資法上，刑事罰の対象とならない。

c　AとBとの間の営業的金銭消費貸借契約における利息の約定は，利息制限法上，その全部について有効である。

d　BとCとの間の保証料の契約は，利息制限法上，その全部について有効である。

（注）　出資法とは，出資の受入れ，預り金及び金利等の取締りに関する法律をいう。

選択肢

①１個　②２個　③３個　④４個

解答欄

①◯　②◯　③◯　④◯

分野別出題率

出資法・利限法（営業的金銭消費貸借の特則）からの出題状況

ａは適切であるが，ｂ・ｃ・ｄは不適切である。よって，正解は①となる。

a　適切である。業として金銭の貸付けを行う場合の出資法上の上限利率は，元本額に関わらず，年20％であるため，出資法の上限金利を超えていない。

（出資法５条２項）

b　不適切である。業として行う金銭の貸付けについて，業として保証をする際，当該保証に係る貸付けの利息と保証料を合算して年20％を超える割合となる場合，保証料の契約は，出資法違反となる。年18％の貸付けの後に年３％の保証料の契約を行っており，合算すれば年21％になるため，出資法違反となる。

（出資法５条の２第１項）

c　不適切である。利息制限法上の上限利率は，元本額が100万円の場合には年15％となるため，この割合を超える年18％の利息の契約は無効となる。

（利息制限法１条３号）

d　不適切である。営業的金銭消費貸借上の債務を主たる債務とする保証（業として行うもの）がされた場合における保証料の契約は，その保証料が当該主たる債務の元本に係る法定上限額（貸付けの上限利率にて計算される額）から当該主たる債務について支払うべき利息の額を減じて得た金額を超えるときは，その超過部分について，利息制限法上無効となる。貸付元本100万円の上限利率は年15％であるため，法定上限額は年15％に相当する額であるが，貸付けの利息の年18％および保証料の年３％を合算すると上限の年15％を超えるため，保証料の契約は無効となる。

（利息制限法８条）

1-142 上限金利規制Ⅷ（出資法）

第14回・問題27

出資法(注)及び利息制限法に関する次の①～④の記述のうち，その内容が**適切でないもの**を1つだけ選び，解答欄にその番号をマークしなさい。なお，本問における保証は，業として行うものとする。

---

① 出資法上，金銭の貸借の媒介を行う者が，その媒介に係る貸借（貸借の期間が1年以上であるものとする。）の金額の100分の5に相当する金額を超える手数料の契約をし，又はこれを超える手数料を受領する行為は，刑事罰の対象となる。

---

② 出資法第5条（高金利の処罰），第5条の2（高保証料の処罰）及び第5条の3（保証料がある場合の高金利の処罰）の規定の適用については，1年分に満たない利息を元本に組み入れる契約がある場合においては，元利金のうち当初の元本を超える金額は利息とみなされる。

---

③ 営業的金銭消費貸借の債権者が保証契約を締結しようとする場合において，主たる債務について既に他の保証契約があるときは，あらかじめ，保証人となるべき者に対し，その旨の通知をしなければならない。

---

④ 営業的金銭消費貸借上の債務の不履行による賠償額の予定は，その賠償額の元本に対する割合が利息制限法第1条（利息の制限）に規定する率の1.46倍を超えるときは，その超過部分について，無効となる。

（注） 出資法とは，出資の受入れ，預り金及び金利等の取締りに関する法律をいう。

解答欄

①◯ ②◯ ③◯ ④◯

分野別出題率

出資法・利限法の金利規制からの出題状況

直近３回の出題率 100%

直近５回の出題率 100%

直近10回の出題率 90%

①・②・③は適切であるが，④は不適切である。よって，正解は④となる。

① **適切**である。

（出資法４条１項，８条３項１号）

② **適切**である。

（出資法５条の４第３項）

③ **適切**である。営業的金銭消費貸借の債権者が保証契約を締結しようとする場合において，主たる債務についてすでに他の保証契約があるときは，あらかじめ，保証人となるべき者に対し，その旨の通知をしなければならない。

なお，この場合において，当該債権者が当該通知を怠ったときは，これによって保証人に生じた損害を賠償する責任を負わなければならない。

（利息制限法８条８項）

④ **不適切**である。営業的金銭消費貸借上の債務の不履行による賠償額の予定は，その賠償額の元本に対する割合が年２割を超えるときは，利息制限法４条１項※の規定にかかわらず，その超過部分について，無効となる。

（利息制限法７条１項，４条１項）

※利息制限法４条１項は，「金銭を目的とする消費貸借上の債務の不履行による賠償額の予定は，その賠償額の元本に対する割合が第１条に規定する率の1.46倍を超えるときは，その超過部分について，無効とする」と規定している。利息制限法４条１項は，営業的金銭消費貸借契約以外の金銭消費貸借契約について適用される。

1-143 上限金利規制Ⅸ（出資法）

第18回・問題27

AとBとの間の複数の営業的金銭消費貸借契約（以下，本問において，「第一契約」，「第二契約」又は「第三契約」という。）に関する次の①～④の記述のうち，利息制限法上，その内容が**適切でない**ものを1つだけ選び，解答欄にその番号をマークしなさい。

---

① Aは，Bとの間で，元本を10万円とし利息を年1割8分（18%）とする営業的金銭消費貸借契約（第一契約）を締結し10万円をBに貸し付けた。Aは，Bが第一契約に基づく債務を完済した後に，Bとの間で元本を5万円とし利息を年2割（20%）とする営業的金銭消費貸借契約（第二契約）を締結し5万円をBに貸し付けた。この場合，第二契約における利息の約定は，有効である。

---

② Aは，Bとの間で，元本を20万円とし利息を年1割8分（18%）とする営業的金銭消費貸借契約（第一契約）を締結し20万円をBに貸し付けると同時に，元本を80万円とし利息を年1割5分（15%）とする営業的金銭消費貸借契約（第二契約）を締結し80万円をBに貸し付けた。この場合，第一契約における利息の約定は，年15%を超過する部分に限り無効となる。

---

③ Aは，Bとの間で，元本を60万円とし利息を年1割8分（18%）とする営業的金銭消費貸借契約（第一契約）を締結し60万円をBに貸し付けた。Aは，第一契約に基づく債務の元本残高が30万円である時点において，Bとの間で元本を80万円とし利息を年1割8分（18%）とする営業的金銭消費貸借契約（第二契約）を締結し80万円をBに貸し付けた。この場合，第二契約における利息の約定は，年1割5分（15%）を超過する部分に限り無効となる。

---

④ Aは，Bとの間で，元本を50万円とし利息を年1割8分（18%）とする営業的金銭消費貸借契約（第一契約）を締結し50万円をBに貸し付けた後，まだ，BがAに対して第一契約に係る債務を一切弁済していない時点で，Bとの間で，元本を5万円とし利息を年2割（20%）とする営業的金銭消費貸借契約（第二契約）を締結しBに5万円を貸し付けると同時に，元本を50万円とし利息を年1割8分（18%）とする営業的金銭消費貸借契約（第三契約）を締結しBに50万円を貸し付けた。この場合，第二契約，第三契約における利息の約定のうち，第二契約における年1割8分（18%）を超過する部分の利息の約定に限り無効となる。

解答欄

①◯ ②◯ ③◯ ④◯

分野別出題率

出資法・利限法の金利規制からの出題状況

①・②・③は適切であるが，④は不適切である。よって，正解は④となる。

---

① 適切である。営業的金銭消費貸借では，同一の債務者に対して貸付けを行う場合には，債務者が既に負担している貸付額とこれから貸し付ける額を合算して，利息制限法上の上限利率を計算するが，本肢では，第２契約締結時点において第１契約の貸付けは完済されているため，合算する必要がない。

（利息制限法５条１号）

---

② 適切である。営業的金銭消費貸借では，同一の債務者に対して複数の貸付けを同時に行う場合には，当該複数の貸付額を合算して，利息制限法上の上限利率を計算する。したがって，第１契約および第２契約ともに，両契約の貸付額を合算して元本100万円（20万円＋80万円）として利息制限法上の上限利率を計算するため，上限利率は年15％となる。

（利息制限法５条２号）

---

③ 適切である。第２契約締結時点において第１契約の貸付額が30万円残っているため，第２契約は110万円（30万円＋80万円）として利息制限法上の上限利率を計算する（肢①の解説参照）。したがって，第２契約の利息制限法上の上限利率は，年15％となる。

（利息制限法５条１号）

---

④ 不適切である。第２契約と第３契約を締結する時点において，第１契約の貸付額が50万円残っているため，第２契約と第３契約は105万円（50万円＋５万円＋50万円）として利息制限法上の上限利率を計算する（肢①および②の解説参照）。したがって，第２契約および第３契約の利息制限法上の上限利率は，年15％となる。

（利息制限法５条１号，２号）

1-144 上限金利規制X（出資法）

第16回・問題26

利息，賠償額の予定及び金銭の貸借の媒介の手数料の規制に関する次の①～④の記述のうち，利息制限法上，その内容が**適切でない**ものを1つだけ選び，解答欄にその番号をマークしなさい。

① 金銭の貸借の媒介に係る手数料の契約は，その手数料がその媒介に係る貸借の金額を元本として利息制限法第1条（利息の制限）に規定する利率により計算した金額を超えるときは，その超過部分について，無効となる。

② 営業的金銭消費貸借において，元本の額が50万円と定められている場合，当該営業的金銭消費貸借における利息の上限金利は年1割8分（18%）である。

③ 営業的金銭消費貸借上の債務の不履行による賠償額の予定は，その賠償額の元本に対する割合が年2割（20%）を超えるときは，その超過部分について，無効となる。

④ 利息の天引きをした場合において，天引額が債務者の受領額を元本として利息制限法第1条に規定する利率により計算した金額を超えるときは，その超過部分は，元本の支払に充てたものとみなされる。

解答欄

①◯ ②◯ ③◯ ④◯

チャレンジ問題

第12回・問題5

●貸金業者は，その利息（みなし利息を含む。）が利息制限法第1条（利息の制限）に規定する金額を超える利息の契約を締結した場合，行政処分の対象となるだけでなく，必ず刑事罰の対象となる。

分野別出題率

出資法・利限法の金利規制からの出題状況

②・③・④は適切であるが，①は不適切である。よって，正解は①となる。

① **不適切**である。金銭の貸借の媒介では，その媒介に係る貸借の金額の５％に相当する金額（当該貸借の期間が１年未満であるものについては，当該貸借の金額に，その期間の日数に応じ，年５％の割合を乗じて計算した金額）を超える手数料の契約をし，またはこれを超える手数料を受領してはならない。

（出資法４条１項）

② **適切**である。

（利息制限法１条２号）

③ **適切**である。

（利息制限法７条１項）

④ **適切**である。

（利息制限法２条）

チャレンジ問題・解答

× **不適切**である。貸金業法12条の８第１項は，「貸金業者は，その利息（みなし利息を含む…）が利息制限法…に規定する金額を超える利息の契約を締結してはならない」と定めており，同項に違反した場合，行政処分の対象となるが，刑事罰の対象とはならない。なお，利息制限法に規定する上限利率を超過すると，超過部分が無効となる民事的効力が発生するが，利息制限法に違反しても，刑事罰の対象とはならない。**（貸金業法12条の８第１項，24条の６の３，24条の６の４）**

1-145 上限金利規制XI（出資法）

第17回・問題27

金利等の規制に関する次の①～④の記述のうち，その内容が**適切でない**ものを1つだけ選び，解答欄にその番号をマークしなさい。

① 貸金業法上，金銭の貸借の媒介を行った貸金業者は，当該媒介により締結された貸付けに係る契約の債務者から当該媒介の手数料を受領した場合において，当該契約につき更新があったときは，これに対する新たな手数料を受領し，又はその支払を要求してはならない。

② 出資法[注]上，金銭の貸借の媒介を行う者が，その媒介に係る貸借（貸借の期間が1年以上であるものとする。）の金額の100分の5に相当する金額を超える手数料の契約をし，又はこれを超える手数料を受領する行為は，刑事罰の対象となる。

③ 貸金業法上，貸金業者は，その利息が利息制限法第1条（利息の制限）に規定する金額を超える利息の契約を締結した場合，行政処分の対象となる。

④ 出資法上，金銭の貸付けを行う者が業として金銭の貸付けを行う場合において，元本100万円に対して年2割（20%）の利息の契約を締結する行為は，刑事罰の対象となる。

（注） 出資法とは，出資の受入れ，預り金及び金利等の取締りに関する法律をいう。

解答欄

①○ ②○ ③○ ④○

分野別出題率

出資法・利限法の金利規制からの出題状況

解答 解説

①・②・③は適切であるが，④は不適切である。よって，正解は④となる。

① 適切である。

(貸金業法12条の８第10項)

② 適切である。

(出資法４条１項，８条３項)

③ 適切である。

(貸金業法12条の８第１項，24条の６の３)

④ 不適切である。金銭の貸付けを行う者が，業として金銭の貸付けを行う場合，出資法上の上限利率は年20%となる。したがって，20%を超えた場合に高金利として処罰される。

(出資法５条２項)

1-146 保証料Ⅰ

第14回・問題5

Aは貸金業者，BはAの顧客，Cは保証業者である。貸金業法第12条の8（利息，保証料等に係る制限等）に関する次の①～④の記述のうち，その内容が適切なものを1つだけ選び，解答欄にその番号をマークしなさい。

---

① Aが，Bとの間で元本を50万円とし利率を年2割（20%）とする貸付けに係る契約を締結した場合，貸金業法上，その行為は刑事罰の対象となる。

---

② Aが，Bから利息制限法第1条（利息の制限）に規定する利率により計算した金額を超える利息を受領した場合，その行為は行政処分の対象とはならない。

---

③ Aは，Bとの間の貸付けに係る契約について，Cとの間で保証契約を締結した場合，遅滞なく，Cへの照会その他の方法により，BとCとの間の保証料に係る契約の締結の有無，及び当該保証料に係る契約で定めた保証料の額を確認しなければならない。

---

④ Aは，Bとの間の一定の範囲に属する不特定の貸付けに係る契約について，Cとの間で，根保証契約(注)を締結しようとする場合，当該根保証契約の締結の日から5年を経過した日を主たる債務の元本確定期日として定める根保証契約を締結してはならない。

（注） 根保証契約とは，一定の範囲に属する不特定の貸付けに係る債務を主たる債務とする保証契約をいう。

解答欄

①◯　②◯　③◯　④◯

分野別出題率

保証料からの出題状況

直近3回の出題率 67%

直近5回の出題率 80%

直近10回の出題率 90%

④は適切であるが，①・②・③は不適切である。よって，正解は④となる。

① 不適切である。貸金業者は，利息制限法１条（利息の制限）に定める上限利率を超過する利息の契約を禁止されている。元本が50万円の場合，利息制限法の上限利率は年18％であるため，利率を年20％とした場合は利息制限法の上限利率を超過しており，行政処分を受ける可能性はあるが，刑事罰の対象とはならない。

（利息制限法１条，貸金業法12条の８第１項）

② 不適切である。貸金業者は，利息制限法１条（利息の制限）に規定する利率により計算した金額を超える利息を受領し，またはその支払を要求してはならないとされており，貸金業者がこれに違反すると行政処分の対象となる。

（利息制限法１条，貸金業法12条の８第４項）

③ 不適切である。貸金業者は，貸付けに係る契約について，業として保証を行う者（保証業者）と保証契約を締結しようとするときは，あらかじめ保証契約を締結するまでに，当該保証業者へ「当該保証業者と当該貸付けに係る契約の相手方又は相手方となろうとする者との間における保証料に係る契約の締結の有無」と，「保証料に係る契約を締結する場合には，当該保証料の額」についての確認が必要とされている。

（貸金業法12条の８第６項）

④ 適切である。貸金業者は，保証業者との間で根保証契約を締結する場合には，「当該根保証契約において３年を経過した日より後の日を元本確定期日として定める根保証契約」を締結することが禁止されている。

（貸金業法12条の８第９項，貸金業法施行規則10条の14第２号）

1-147 保証料Ⅱ

第15回・問題7

貸金業法第12条の8（利息，保証料等に係る制限等）に関する次のa～dの記述のうち，その内容が適切なものの組み合わせを①～④の中から1つだけ選び，解答欄にその番号をマークしなさい。

---

a　貸金業者は，その利息（みなし利息を含む。）が利息制限法第1条に規定する金額を超える利息の契約を締結してはならない。また，貸金業者は，同条に規定する金額を超える利息を受領し，又はその支払を要求してはならない。

---

b　金銭の貸借の媒介を行った貸金業者は，当該媒介により締結された貸付けに係る契約の債務者から当該媒介の手数料を受領した。この場合において，当該貸付けに係る契約について更新があったときは，当該貸金業者は，当該更新に対する新たな手数料を当該債務者から受領することができる。

---

c　貸金業者は，貸付けに係る契約について，業として保証を行う者（以下，本問において「保証業者」という。）と保証契約を締結しようとするときは，あらかじめ，当該保証契約を締結するまでに，当該保証業者への照会その他の方法により，当該保証業者と当該貸付けに係る契約の相手方又は相手方となろうとする者との間における保証料に係る契約の締結の有無，及び当該保証料に係る契約を締結する場合には当該保証料の額を確認しなければならない。

---

d　貸金業者は，保証業者との間で根保証契約（一定の範囲に属する不特定の貸付けに係る債務を主たる債務とする保証契約をいう。）を締結しようとする場合において，当該根保証契約が，当該根保証契約において1年を経過した日より後の日を元本確定期日として定める根保証契約又は元本確定期日の定めがない根保証契約に当たるものであるときは，当該根保証契約を締結してはならない。

選択肢

①ab　②ac　③bd　④cd

解答欄

①〇　②〇　③〇　④〇

分野別出題率

保証料からの出題状況

解答 解説

a・cは適切であるが，b・dは不適切である。よって，正解は②となる。

a　適切である。
（貸金業法12条の8第1項，4項）

b　不適切である。金銭の貸借の媒介を行った貸金業者は，当該媒介により締結された貸付けに係る契約の債務者から，当該媒介手数料を受領した場合において，当該契約につき更新があったときは，これに対する新たな手数料を受領し，またはその支払を要求してはならない。
（貸金業法12条の8第10項）

c　適切である。
（貸金業法12条の8第6項）

d　不適切である。根保証契約を締結しようとする場合において，当該根保証契約が主たる債務の金額または主たる債務に係る貸付けの契約期間に照らして不適切と認められる極度額または保証期間を定める根保証契約として「内閣府令で定めるもの」に当たるものであるときは，当該根保証契約を締結してはならないとされている。ここでいう「内閣府令で定めるもの」の1つとして，3年を経過した日より後の日を元本確定期日として定める根保証契約または元本確定期日の定めがない根保証契約が該当する。
（貸金業法12条の8第9項，貸金業法施行規則10条の14第2号）

1-148 保証料Ⅲ

第16回・問題27

Aは貸金業者，BはAの顧客，Cは保証業者である。保証料の制限等に関する次の①～④の記述のうち，利息制限法上，その内容が**適切でない**ものを1つだけ選び，解答欄にその番号をマークしなさい。

① AがCとの間でAとBとの間の営業的金銭消費貸借上の債務を主たる債務とする保証契約を締結した場合におけるBがCに支払う保証料の契約は，その保証料が当該主たる債務の元本に係る法定上限額(注)から当該主たる債務について支払うべき利息の額を減じて得た金額を超えるときは，その超過部分について，無効となる。

② Aは，Bとの間で，元本を80万円とし期間を1年とする営業的金銭消費貸借契約を締結して80万円をBに貸し付け，BがAに支払う利息を変動利率をもって定めた。Aは，当該契約について，Cとの間で，保証契約を締結したが，当該保証契約においてAがBから支払を受けることができる利息の利率の上限（特約上限利率）の定めをしなかった。この場合において，Cが，Bとの間でBがCに支払う保証料の契約を締結したときは，Bから受け取ることができる保証料の上限は，72,000円である。

③ AがCとの間でAとBとの間の営業的金銭消費貸借上の債務を主たる債務とする保証契約を締結した場合において，当該保証契約に関してCがBから受ける保証料以外の金銭は，契約の締結又は債務の弁済費用を除き，保証料とみなされる。

④ Aは，Bとの間で，元本を10万円，利率を年1割3分（13%），期間を1年，元利一括返済とする営業的金銭消費貸借契約を締結して10万円をBに貸し付け，当該契約について，Cとの間で，保証契約を締結した。また，Cは，Bとの間で，CがBから5,000円の保証料の支払を受ける旨の保証料の契約を締結した。この場合において，AとBとの合意により，当該営業的金銭消費貸借契約の利息を利率年1割5分（15%）に変更したときは，当該変更後の利息の約定は，年1割3分（13%）を超える部分に限り無効となる。

（注） 法定上限額とは，利息制限法第1条（利息の制限）及び第5条（元本額の特則）の規定の例により計算した金額をいう。

解答欄

①◯ ②◯ ③◯ ④◯

分野別出題率

保証料からの出題状況

直近3回の出題率 67%

直近5回の出題率 80%

直近10回の出題率 90%

①・②・④は適切であるが，③は不適切である。よって，正解は③となる。 

---

① **適切**である。 **(利息制限法８条１項)**

---

② **適切**である。主たる債務の利率が変動利率をもって定められている場合，保証料の上限は，(i) 特約上限利率が定められており，債権者または保証人が主たる債務者に特約上限利率の定めを通知した場合には，法定上限額から特約上限利率により計算した利息の金額を減じて得た金額となり，(ii) 特約上限利率を定めないなど (i) 以外の場合には法定上限額の２分の１となる。本肢の場合，元本80万円，１年間の貸付けの契約であるため，法定上限額は，80万円×18％×１年間＝144,000円となる。特約上限利率の定めがなく，(ii) の場合となるため，保証料の上限は，法定上限額（144,000円）×２分の１＝72,000円となる。

(利息制限法８条２項２号，１条２号)

---

③ **不適切**である。契約の締結または債務の弁済の費用のうち，(i) 公租公課の支払に充てられるべきもの，(ii) 強制執行の費用，担保権の実行としての競売の手続の費用その他公の機関が行う手続に関してその機関に支払うべきもの，(iii) 主たる債務者が弁済のために利用する現金自動支払機その他の機械の利用料（政令で定める額の範囲内のものに限る）は，みなし保証料の対象外とされている。すなわち，契約の締結または債務の弁済費用のすべてが保証料とみなされないわけではない。

(利息制限法８条７項)

---

④ **適切**である。選択肢①のとおり，(i) 当該主たる債務について支払うべき利息の額と (ii) 保証料の合計額は，主たる債務の法定上限額以下である必要がある。元本10万円を期間１年間で貸した場合，利息制限法上の上限利率は年18％であるため，法定上限額は18,000円（10万円×18％）になる。貸付利息13％で貸し付けた場合には，保証料の上限は，法定上限額（18,000円）－利息額（13,000円）＝5,000円となる。すなわち，保証料5,000円の契約をした時点で，保証料は上限となっている（(i) と (ii) の合計額が法定上限額となっている）。したがって，後日，貸付利息を年15％に変更した場合には，当初の貸付利息13％を超える部分が無効となる。

(利息制限法９条)

1-149 保証料Ⅳ

第15回・問題16

Ａは貸金業者，ＢはＡの顧客，Ｃは保証業者である。保証料の制限等に関する次の①～④の記述のうち，利息制限法及び出資法(注)上，その内容が適切なものを１つだけ選び，解答欄にその番号をマークしなさい。なお，本問における営業的金銭消費貸借契約は，貸付期間を１年とし元利一括返済とする旨の約定がなされているものとする。

① Ａは，Ｂとの間で，元本額100万円，利率１年割３分（13%）とする営業的金銭消費貸借契約を締結して100万円をＢに貸し付け，当該契約について，Ｃとの間で，保証契約を締結した。この場合において，ＣがＢとの間で締結する保証料の契約は，その保証料が20,000円を超えるときは，その契約の全部が無効となる。

② Ａは，Ｂとの間で，元本額50万円，利率１年割４分（14%）とする営業的金銭消費貸借契約を締結して50万円をＢに貸し付け，当該契約について，Ｃとの間で，保証契約を締結した。その後，Ｃは，Ｂとの間で，ＣがＢから15,000円の保証料の支払を受ける旨の保証料の契約を締結した。この場合において，ＡとＢとの合意により，当該営業的金銭消費貸借契約の利息を利率１年割６分（16%）に変更したときは，当該変更後の利息の約定は，年１割５分（15%）を超える部分に限り無効となる。

③ Ａは，Ｂとの間で，元本額80万円とする営業的金銭消費貸借契約を締結して80万円をＢに貸し付け，ＢがＡに支払う利息を変動利率をもって定めた。Ａは，当該契約について，Ｃとの間で，保証契約を締結し，当該保証契約においてＡがＢから支払を受けることができる利息の利率の上限を年１割６分（16%）とする定めをし，当該定めをＢに通知した。この場合，Ｃは，Ｂとの間で保証料の契約を締結し，Ｂから，24,000円の範囲内で保証料の支払を受けることができる。

④ Ａは，Ｂとの間で，元本額20万円，利率年１割２分（12%）とする営業的金銭消費貸借契約を締結して20万円をＢに貸し付け，当該契約について，Ｃとの間で，保証契約を締結した。その後，Ｃは，Ｂとの間で，ＣがＢから20,000円の保証料の支払を受ける旨の保証料の契約を締結した。この場合，Ａ及びＣは，出資法上，刑事罰の対象となる。

（注） 出資法とは，出資の受入れ，預り金及び金利等の取締りに関する法律をいう。

解答欄

① ○ ② ○ ③ ○ ④ ○

分野別出題率

保証料からの出題状況

②は適切であるが，①・③・④は不適切である。よって，正解は②となる。 

① **不適切**である。顧客Bの利息は年間で13万円となる。保証料（２万円）と利息を合算して，利息制限法の上限（年15％で，15万円）を超えるときは，保証料の全部の契約が無効になるのではなく，超えた部分が無効となる。

（利息制限法１条３号，８条１項）

② **適切**である。元本が50万円の場合，法定上限利率は年18％である。１年間の保証料が15,000円の場合，年利３％（15,000円÷50万円）となるため，貸付利率年15％と合算すると年18％となり，法定上限利率の範囲内である。しかし，その後，貸付利率を年16％にした場合，貸付利率年16％＋保証料率年３％＝年19％となり，法定上限利率を超えた年１％部分が無効となる。無効となるのは，後から利率を上げた貸付利率のほうであり，利息が15％を超える部分（貸付利率年16％－15％＝年１％部分）が無効となる。

（利息制限法１条２号，９条）

③ **不適切**である。特約上限利率（保証契約時に債権者と保証人の合意により債権者が主たる債務者から支払を受けることができる利息利率の上限）を貸金業者は保証業者に通知しているが，この場合，保証業者は法定上限利息額から特約上限利息により計算した利息の額を控除した額を上限として保証料を収受できる。したがって，保証料の上限は，年２％（法定上限利率年18％－特約上限利率年16％）となる。

（利息制限法１条２号，８条２項１号）

④ **不適切**である。金銭の貸付けを行う者が業として金銭の貸付けを行う場合，出資法上の上限金利は，貸付元本にかかわらず年20％である。保証業者Cが債務者Bから保証料を収受する場合には，貸付利息と保証料を合算して年20％以下としなければならない。貸主Aは，貸付利率を年12％としているため出資法に違反しない。しかし，保証業者Cは，年率10％（２万円÷20万円）の保証料を収受しており，貸付利率と合算すると年率22％（貸付利率年12％＋保証料率年10％）となり，出資法の上限金利年20％を超え，保証業者Cは出資法違反となる。保証契約締結前に貸付契約を締結している貸主Aは出資法違反とはならない。

（出資法５条の２第１項）

第2章

貸付け及び貸付けに付随する取引に関する法令及び実務に関すること

2-1 制限行為能力者 I

第 18 回・問題 28

意思能力及び行為能力に関する次の①～④の記述のうち，民法上，その内容が**適切なもの**を１つだけ選び，解答欄にその番号をマークしなさい。

---

① 法律行為の当事者が意思表示をした時に意思能力を有しなかったときは，その法律行為は，取り消すことができる。

---

② 未成年者は，権利を得る法律行為をする場合にはその法定代理人の同意を得なければならないが，義務を免れる法律行為をする場合にはその法定代理人の同意を得る必要はない。

---

③ 成年被後見人の法律行為（日用品の購入その他日常生活に関する行為を除く。）は，あらかじめ成年後見人の同意を得ていた場合であっても，取り消すことができる。

---

④ 被保佐人は，あらかじめ保佐人の同意を得なくても，金銭の借入れ及びその返済をすることができる。

解答欄

①◯　②◯　③◯　④◯

分野別出題率

制限行為能力者との契約からの出題状況

③は適切であるが，①・②・④は不適切である。よって，正解は③となる。

① 不適切である。その契約行為は無効となる。

（民法３条の２）

② 不適切である。単に権利を得，または義務を免れる法律行為については，同意不要である。

（民法５条１項）

③ 適切である。

（民法９条）

④ 不適切である。同意が必要である。

（民法13条１項２号）

2-2 制限行為能力者Ⅱ

第15回・問題28

意思能力及び行為能力に関する次の①～④の記述のうち，民法上，その内容が適切なものを1つだけ選び，解答欄にその番号をマークしなさい。

① 成年被後見人の法律行為は，その成年後見人の同意を得て行われたときは，取り消すことができない。

② 制限行為能力者が行為能力者であることを信じさせるため詐術を用いたときは，当該制限行為能力者の法定代理人はその行為を取り消すことができるが，当該制限行為能力者はその行為を取り消すことができない。

③ 未成年者は，一種又は数種の営業を許されたときは，これによって成年に達したものとみなされる。

④ 法律行為の当事者が意思表示をした時に意思能力を有しなかったときは，その法律行為は，無効とする。

チャレンジ問題

第12回・問題28

●被保佐人が元本を領収し，又は利用する行為をするには，その保佐人の同意を得なければならない。

分野別出題率

制限行為能力者との契約からの出題状況

直近３回の出題率 100%

直近５回の出題率 100%

直近10回の出題率 100%

解答 解説

④は適切であるが，①・②・③は不適切である。よって，正解は④となる。

① **不適切**である。成年被後見人の行った行為は，日用品の購入その他日常生活に関する行為を除き，取り消すことができる。

(民法９条)

② **不適切**である。制限行為能力者が行為能力者であることを信じさせるため詐術を用いたときは，その行為を取り消すことができない。

(民法21条)

③ **不適切**である。一種または数種の営業を許された未成年者は，その営業に関しては，成年者と同一の行為能力を有するだけで成年に達したとはみなされない。

(民法６条)

④ **適切**である。

(民法３条の２)

チャレンジ問題・解答

○ **適切**である。被保佐人については，一定の行為をする場合には，保佐人の同意が必要であり（同意を得ないで被保佐人がした法律行為は，取消しの対象となる），「元本を領収し，又は利用する」行為は，その保佐人の同意を得なければならない行為である。その他にも，保佐人は被保佐人に対し，民法13条１項の行為に関する同意権を有している。

(民法13条１項，４項)

2-3 制限行為能力者Ⅲ

第16回・問題36

行為能力に関する次の①～④の記述のうち，民法上，その内容が**適切でない**ものを１つだけ選び，解答欄にその番号をマークしなさい。

① 一種又は数種の営業を許された未成年者は，その営業に関しては，成年者と同一の行為能力を有する。

② 成年被後見人は，その成年後見人の同意を得た場合，借財又は保証をすることができる。

③ 家庭裁判所の審判により，被補助人が特定の法律行為をするためにその補助人の同意を得なければならないものとすることができる行為は，民法第13条（保佐人の同意を要する行為等）第１項に規定する行為の一部に限られる。

④ 制限行為能力者の相手方が，制限行為能力者が行為能力者とならない間に，その法定代理人，保佐人又は補助人に対し，その権限内の行為について，１か月以上の期間を定めて，その期間内にその取り消すことができる行為を追認するかどうかを確答すべき旨の催告をした場合において，これらの者がその期間内に確答を発しないときは，その行為を追認したものとみなされる。

解答欄

①○ ②○ ③○ ④○

分野別出題率

制限行為能力者との契約からの出題状況

①・③・④は適切であるが，②は不適切である。よって，正解は②となる。

① **適切**である。

(民法６条１項)

② **不適切**である。成年後見人には，「取消権」，「代理権」は付与されているが，「同意権」は付与されていない。なお，成年被後見人の行った行為は，日用品の購入その他日常生活に関する行為を除き常に取り消すことができる。

(民法９条)

③ **適切**である。

(民法17条１項)

④ **適切**である。

(民法20条２項)

2-4 制限行為能力者Ⅳ

第17回・問題28

行為能力に関する次の①～④の記述のうち，民法上，その内容が適切なものを1つだけ選び，解答欄にその番号をマークしなさい。

---

① 未成年者は，法定代理人が目的を定めて処分を許した財産については，その目的の範囲内において自由に処分することができるが，法定代理人が目的を定めないで処分を許した財産については，自由に処分することができない。

---

② 未成年者は，一種又は数種の営業を許された場合において，当該許された営業以外の法律行為を単独で行ったときは，未成年者による法律行為であることを理由として，当該単独で行った法律行為を取り消すことができない。

---

③ 後見開始の審判を受けた者は，成年被後見人とし，これに成年後見人を付する。家庭裁判所は，成年後見人を付するにあたっては，法人を成年後見人とすることができる。

---

④ 成年被後見人が成年後見人の同意を得て行った法律行為（日用品の購入その他日常生活に関する行為ではないものとする。）は，取り消すことができない。

解答欄

①◯　②◯　③◯　④◯

分野別出題率

制限行為能力者との契約からの出題状況

直近３回の出題率 100%

直近５回の出題率 100%

直近10回の出題率 100%

③は適切であるが，①・②・④は不適切である。よって，正解は③となる。

① **不適切**である。法定代理人が目的を定めないで処分を許した財産についても，自由に処分することができる。

（民法５条３項）

② **不適切**である。一種または数種の営業を許された未成年者は，その営業に関しては，成年者と同一の行為能力を有するが，当該単独で行った法律行為は取り消すことができる。

（民法６条１項）

③ **適切**である。

（民法８条，843条）

④ **不適切**である。日用品の購入その他日常生活に関する行為以外は取り消すことができる。

（民法９条）

2-5 意思表示と取消し・無効 I

第18回・問題29

無効及び取消しに関する次の①～④の記述のうち，民法上，その内容が**適切なもの**を１つだけ選び，解答欄にその番号をマークしなさい。

---

① 無効な行為は，当事者がその行為の無効であることを知って追認をしたときは，初めから有効であったものとみなされる。

---

② 行為能力の制限によって取り消すことができる行為について，制限行為能力者は，その法定代理人，保佐人又は補助人の同意を得なければ，その行為を取り消すことができない。

---

③ 取り消すことができる行為は，取り消されるまで有効であり，取り消されたときに，取り消された時から将来に向かって無効となる。

---

④ 錯誤，詐欺又は強迫によって取り消すことができる行為の追認は，取消しの原因となっていた状況が消滅し，かつ，取消権を有することを知った後にしなければ，その効力を生じない。

解答欄

分野別出題率

瑕疵ある意思表示と取消しからの出題状況

④は適切であるが，①・②・③は不適切である。よって，正解は④となる。

① 不適切である。無効な行為は，追認によっても，その効力を生じない。ただし，当事者がその行為の無効であることを知って追認したときは，新たな行為をしたものとみなされる。

(民法119条)

② 不適切である。制限行為能力者も取消しができる。

(民法120条１項)

③ 不適切である。取り消された行為は，初めから無効であったものとみなされる。

(民法121条)

④ 適切である。

(民法124条１項)

2-6 意思表示と取消し・無効Ⅱ

第16回・問題29

無効及び取消しに関する次の①～④の記述のうち，民法上，その内容が適切なものを１つだけ選び，解答欄にその番号をマークしなさい。

① 無効な行為は，当事者がその行為の無効であることを知って追認をしたときは，その行為をした時に遡って有効であるものとみなされる。

② 行為能力の制限によって取り消すことができる行為について，制限行為能力者は，その法定代理人，保佐人又は補助人の同意を得ずに，その行為を取り消すことができない。

③ 取り消すことができる行為は，民法第120条（取消権者）に規定する者が追認した後であっても，その行為の相手方が自己の債務の履行に着手するまでは，取り消すことができる。

④ 錯誤，詐欺又は強迫によって取り消すことができる行為の追認は，取消しの原因となっていた状況が消滅し，かつ，取消権を有することを知った後にしなければ，その効力を生じない。

解答欄

①◯　②◯　③◯　④◯

チャレンジ問題

第13回・問題29

●詐欺又は強迫によって取り消すことができる行為は，瑕疵ある意思表示をした者又はその代理人もしくは承継人に限り，取り消すことができる。

分野別出題率

瑕疵ある意思表示と取消しからの出題状況

④は適切であるが，①・②・③は不適切である。よって，正解は④となる。 

① 不適切である。無効な行為は，当事者がその行為の無効であることを知って追認をしたときは，新たな行為をしたものとみなすとされる。

（民法119条）

② 不適切である。行為能力の制限によって取り消すことができる行為は，制限行為能力者またはその代理人，承継人もしくは同意をすることができる者に限り，取り消すことができるとされている。このことから，制限行為能力者も取り消しができる。

（民法120条）

③ 不適切である。取り消すことができる行為は，取消権者（取り消すことができる者）が追認したときは，以後，取り消すことができない。

（民法122条）

④ 適切である。

（民法124条１項）

チャレンジ問題・解答

○ 適切である。錯誤，詐欺または強迫によって取り消すことができる行為は，瑕疵ある意思表示をした者またはその代理人もしくは承継人に限り，取り消すことができる。

（民法120条２項）

2-7 意思表示と取消し・無効Ⅲ

第 15 回・問題 30

無効及び取消しに関する次の①～④の記述のうち，民法上，その内容が適切なものを１つだけ選び，解答欄にその番号をマークしなさい。

---

① 無効な行為は，当事者がその行為の無効であることを知って追認をしたときは，初めから有効であったものとみなされる。

---

② 行為能力の制限によって取り消すことができる行為は，制限行為能力者（他の制限行為能力者の法定代理人としてした行為にあっては，当該他の制限行為能力者を含む。）又はその代理人，承継人もしくは同意をすることができる者に限り，取り消すことができる。

---

③ 制限行為能力を理由に法律行為が取り消された場合，当該法律行為は取消しがあった時から将来に向かって無効となる。

---

④ 取消権は，追認をすることができる時から３年間行使しないときは，時効によって消滅する。行為の時から５年を経過したときも，同様である。

分野別出題率

瑕疵ある意思表示と取消しからの出題状況

解答 

②は適切であるが，①・③・④は不適切である。よって，正解は②となる。 

① 不適切である。無効な行為は，追認によっても，その効力を生じない。ただし，当事者がその行為の無効であることを知って追認をしたときは，新たな行為をしたものとみなされる。

（民法119条）

② 適切である。

（民法120条１項）

③ 不適切である。取り消された行為は，初めから無効であったものとみなされる。

（民法121条）

④ 不適切である。取消権は，追認をすることができる時から５年間行使しないとき，行為の時から20年を経過したときには，時効によって消滅する。

（民法126条）

■ 解答のポイント

行為の取消しに関しては，法令において，取消しできる者の範囲が定められている。

2-8 意思表示と取消し・無効Ⅳ

第15回・問題29

意思表示に関する次の①～④の記述のうち，民法上，その内容が適切なものを１つだけ選び，解答欄にその番号をマークしなさい。なお，本問における契約等は，2020年４月１日以降に行われているものとする。

---

① Aは，Bとの間で，実際には甲建物をBに売却するつもりであるのに，誤って自己が所有する乙建物をBに売却する旨の契約を締結した。この場合において，BがAに錯誤があることを知っていたときは，Aに重大な過失があったとしても，Aは，錯誤による意思表示を理由として，当該契約を取り消すことができる。

---

② Aは，第三者Cの詐欺により，Bとの間で，甲建物をBに売却する旨の契約を締結した。この場合において，Bが，Cによる詐欺の事実を知らず，かつ，知ることができなかったとしても，Aは，詐欺による意思表示を理由として，当該契約を取り消すことができる。

---

③ Aは，Bの強迫により，Bとの間でBに甲建物を売却する旨の売買契約を締結し，AからBへの甲建物の所有権移転登記を経た後，Bは，この事情を知らず，かつ，知らないことに過失のない第三者Cに甲建物を売却した。その後，Aは，強迫による意思表示を理由としてAB間の売買契約を取り消した。この場合，Aは，その取消しをCに対抗することができない。

---

④ Aは，実際には甲建物をBに売却する意思がないのに，Bと通謀して，Bに甲建物を売却する旨の虚偽の売買契約を締結し，AからBへの甲建物の所有権移転登記を経た。その後，Bは，この事情を知っている第三者Cに甲建物を売却した。この場合，Aは，Cに対し，AB間の売買契約が虚偽表示により無効であることを主張することができない。

分野別出題率

瑕疵ある意思表示と取消しからの出題状況

①は適切であるが，②・③・④は不適切である。よって，正解は①となる。

① **適切**である。錯誤が表意者の重大な過失によるものであった場合であっても，相手方が表意者に錯誤があることを知り，または重大な過失によって知らなかったときは，取消しができる。

(民法95条３項１号)

② **不適切**である。第三者による詐欺につき，その事実を知り，または知ることができたときに限り，その意思表示を取り消すことができる。

(民法96条２項)

③ **不適切**である。詐欺または強迫による意思表示は，取り消すことができる。この際，詐欺による意思表示の取消しは，善意で（事情を知らず）かつ過失がない第三者に対抗することができないが，強迫による意思表示は，善意でかつ過失がない第三者にも対抗することができる。

(民法96条)

④ **不適切**である。相手方と通じてした虚偽の意思表示（通謀虚偽表示）は無効となるが，通謀虚偽表示による無効は，善意の（事情を知らない）第三者に対抗することができない。

(民法94条)

■ 解答のポイント

民法95条３項において，錯誤が表意者の重大な過失によるものであった場合には，次に掲げる場合を除き，１項の規定による意思表示の取消しをすることができないものとされている。

(i) 相手方が表意者に錯誤があることを知り，または重大な過失によって知らなかったとき。

(ii) 相手方が表意者と同一の錯誤に陥っていたとき。

2-9 意思表示と取消し・無効V

第16回・問題28

意思表示に関する次の①～④の記述のうち，民法上，その内容が適切なものを1つだけ選び，解答欄にその番号をマークしなさい。

① Aは，実際には購入するつもりがないのに，Bとの間で，Bが所有する甲建物を購入する旨の売買契約を締結した。この場合において，Aには甲建物を購入する意思がないことをBが知っていたときは，Aは，Bに対し，当該売買契約が心裡留保により無効であることを主張することができない。

② Aは，実際には甲建物をBに売却するつもりがないのに，Bと通謀して，Bに甲建物を売却する旨の虚偽の売買契約を締結し，AからBへの甲建物の所有権移転登記を経た。その後，Bがこの事情を知らない第三者Cに甲建物を売却した場合，Aは，Cに対し，AとBとの間の売買契約が虚偽表示により無効であることを対抗することができない。

③ Aは，Bが所有する甲建物の近隣にショッピングモールが新設される計画を知り，Bとの間で，甲建物を購入する旨の売買契約を締結した。しかし，当該ショッピングモール新設の計画は，当該売買契約の締結前に既に中止となっていたが，Aはそれを知らなかった。この場合，Aは，当該ショッピングモール新設が甲建物の売買契約締結の基礎とされていることをBに表示していたか否かにかかわらず，錯誤を理由として，当該売買契約を取り消すことができる。

④ Aは，Bの強迫により，Bとの間で，自己が所有する甲建物をBに売却する旨の売買契約を締結した後，Bは，強迫の事実を知らないCに甲建物を売却した。その後，Aが強迫による意思表示を理由としてAとBとの間の売買契約を取り消した場合，Aは，Cに対し，その取消しを対抗することができない。

解答欄

①◯ ②◯ ③◯ ④◯

分野別出題率

瑕疵ある意思表示と取消しからの出題状況

直近3回の出題率 **100%**

直近5回の出題率 **100%**

直近10回の出題率 **100%**

②は適切であるが，①・③・④は不適切である。よって，正解は②となる。

① **不適切**である。意思表示は，表意者Aがその真意ではないことを知ってしたときであっても，そのためにその効力を妨げられない（心裡留保）。ただし，相手方Bがその意思表示が表意者Aの真意ではないことを知り，または知ることができたときは，その意思表示は，無効となる。

（民法93条１項）

② **適切**である。相手方と通謀した意思表示は無効であるが，その意思表示の無効は，善意の第三者に対抗することができないとされており，通謀の事実を知らない第三者には，契約の無効を対抗しえない。つまり，Cが当該通謀の事実を知らなかった場合，AはCに対し，ＡＢ間の当該売買契約の無効を対抗することができない。

（民法94条）

③ **不適切**である。ショッピングモール新設計画を知ったことは，表意者Aが法律行為の基礎とした事情にあたるが，当該事情についての認識が真実に反する錯誤については，錯誤が法律行為の目的および取引上の社会通念に照らして重要なものであることに加えて，その事情が法律行為の基礎とされていることが表示されていたときに限り，取り消すことができる。本肢では，Aはショッピングモール新設という事情が当該建物購入の基礎とされている旨を表示していないので，Bに対し，錯誤による取消しを主張することができない。

（民法95条１項，２項）

④ **不適切**である。詐欺による意思表示と異なり，強迫による意思表示の取消しは，善意でかつ過失がない第三者にも対抗できる。

（民法96条１項，３項）

2-10 意思表示と取消し・無効Ⅵ

第17回・問題37

無効及び取消しに関する次の①～④の記述のうち，民法上，その内容が**適切でない**ものを1つだけ選び，解答欄にその番号をマークしなさい。

① 行為能力の制限によって取り消すことができる行為は，制限行為能力者（他の制限行為能力者の法定代理人としてした行為にあっては，当該他の制限行為能力者を含む。）又はその代理人，承継人もしくは同意をすることができる者に限り，取り消すことができる。

② 取り消された行為は，初めから無効であったものとみなされる。

③ 無効な行為は，追認によっても，その効力を生じない。ただし，当事者がその行為の無効であることを知って追認をしたときは，新たな行為をしたものとみなされる。

④ 追認をすることができる時よりも前に，取り消すことができる行為によって取得した権利を譲渡したときは，追認をしたものとみなされる。

解答欄

分野別出題率

瑕疵ある意思表示と取消しからの出題状況

①・②・③は適切であるが，④は不適切である。よって，正解は④となる。

① 適切である。

(民法120条１項)

② 適切である。

(民法121条)

③ 適切である。

(民法119条)

④ 不適切である。追認をすることができる時以後に，取り消すことができる行為によって取得した権利の全部または一部の譲渡は追認をしたものとみなされる。

(民法125条５号)

2-11 意思表示と取消し・無効Ⅶ

第18回・問題36

意思表示に関する次の①～④の記述のうち，民法上，その内容が**適切でない**ものを１つだけ選び，解答欄にその番号をマークしなさい。

---

① Aは，Bに甲建物を売却するつもりがないのに，Bと通謀して，甲建物をBに売却する旨の虚偽の売買契約を締結し，AからBへの甲建物の所有権移転登記を経た。この場合において，AとBが通謀して虚偽の売買契約を締結した事情を知らない第三者CがBから甲建物を買い受けたときは，Aは，AB間の契約は虚偽表示により無効である旨をCに対抗することができない。

---

② Aは，Bが所有する甲土地の近隣に鉄道の駅が新設される計画を知り，Bとの間で，甲土地を購入する旨の売買契約を締結した。しかし，当該駅新設の計画は，当該売買契約の締結前に既に中止となっていたが，Aはそれを知らなかった。この場合において，Aは，当該駅新設が甲土地を購入する動機である旨をBに表示していなかったときは，Bに対し，当該売買契約を錯誤により取り消すことができない。

---

③ Aは，Bの詐欺により，Bとの間でBに甲絵画を売却する旨の売買契約を締結し，Bに甲絵画を引き渡した後，Bは，詐欺の事情を知らず，知らないことに過失のない第三者Cに甲絵画を売却した。その後，Aは，詐欺による意思表示を理由としてAB間の売買契約を取り消した場合，その取消しをCに対抗することができない。

---

④ Aは，Bの強迫により，Bとの間でBに甲土地を売却する旨の売買契約を締結し，AからBへの甲土地の所有権移転登記を経た後，Bは，強迫の事情を知らず，知らないことに過失のない第三者Cに甲土地を売却した。その後，Aは，強迫による意思表示を理由としてAB間の売買契約を取り消した場合，その取消しをCに対抗することができない。

解答欄

①◯ ②◯ ③◯ ④◯

分野別出題率

瑕疵ある意思表示と取消しからの出題状況

解答　解説

①・②・③は適切であるが，④は不適切である。よって，正解は④となる。

---

①　適切である。

（民法94条２項）

---

②　適切である。

（民法95条１項，２項）

---

③　適切である。

（民法96条３項）

---

④　不適切である。強迫の場合は善意の第三者に取消しを対抗できる。

（民法96条１項，３項反対解釈）

2-12 契約の効力・解除Ⅰ

第12回・問題40(改)

契約に関する次の①～④の記述のうち，民法上，その内容が適切でないものを1つだけ選び，解答欄にその番号をマークしなさい。

① 消費貸借は，当事者の一方が種類，品質及び数量の同じ物をもって返還をすることを約して相手方から金銭その他の物を受け取ることによって，その効力を生ずる。

② 賃貸借は，当事者の一方がある物の使用及び収益を相手方にさせることを約し，相手方がこれに対してその賃料を支払うこと及び引渡しを受けた物を契約が終了したときに返還することを約することによって，その効力を生ずる。

③ 委任は，当事者の一方がある事務を履行することを相手方に委託し，相手方がこれを承諾することによって，その効力を生ずる。当該相手方は，その事務を履行したときは，報酬を支払うことを約していなくても，報酬を請求することができる。

④ 請負は，当事者の一方がある仕事を完成することを約し，相手方がその仕事の結果に対してその報酬を支払うことを約することによって，その効力を生ずる。

解答欄

①◯ ②◯ ③◯ ④◯

チャレンジ問題

第9回・問題34(改)

●Aは，Bとの間で，Bに対して甲商品を売却する旨の契約（以下，本件契約）を締結した。なお，本件契約には，「A又はBは，相手方が約定の期日にその債務を履行しなかったときは，何らの催告を要せず，相手方に解除の意思表示をすることにより，直ちに，本件契約を解除することができる」旨が定められている。本件契約に，約定の期日にAは甲商品をBに引き渡しBは甲商品と引換えにAに代金を支払う旨が定められていた場合において，Aは，約定の期日を経過しても，甲商品をBに引き渡さなかった。その後，Aが，甲商品をBに提供することなくBに代金の支払を請求したときは，Bは，代金の支払を拒むことができない。

分野別出題率

契約の効力・解除からの出題状況

①・②・④は適切であるが，③は不適切である。よって，正解は③となる。 

① **適切**である。

（民法587条）

② **適切**である。

（民法601条）

③ **不適切**である。民法の委任契約において，受任者は特約がなければ，委任者に対して，報酬を請求することができない。

（民法643条，648条１項）

④ **適切**である。

（民法632条）

チャレンジ問題・解答

× **不適切**である。本件契約は，双務契約であるが，双務契約の当事者の一方Ｂは，相手方Ａがその債務の履行（Ｂへの甲商品の引渡し）を提供するまでは，Ｂの債務の履行（Ａへの代金の支払）を拒むことができる（同時履行の抗弁権）。

（民法533条）

2-13 契約の効力・解除Ⅱ

第14回・問題40(改)

契約に関する次の①～④の記述のうち，民法上，その内容が**適切でない**ものを1つだけ選び，解答欄にその番号をマークしなさい。

① 承諾期間を定めて契約の申込みを受けた者（承諾者）が，承諾期間内において，申込みに条件を付し，その他変更を加えてこれを承諾したときは，その申込みの拒絶とともに新たな申込みをしたものとみなされる。

② 契約又は法律の規定により当事者の一方が解除権を有するときは，その解除は，相手方に対する意思表示によってする。当該意思表示は，撤回することができない。

③ 契約の性質又は当事者の意思表示により，特定の日時又は一定の期間内に履行をしなければ契約をした目的を達することができない場合において，債務者が履行をしないでその時期を経過したときは，債権者は，相当の期間を定めてその履行の催告をすることなく，直ちにその契約の解除をすることができる。

④ 当事者の一方がその解除権を行使したときは，各当事者は，未だ履行していない義務があるときはその義務を免れ，既に給付したものがあるときは現に利益を受けている限度において相手方にこれを返還する義務を負う。

解答欄

①○ ②○ ③○ ④○

チャレンジ問題

第10回・問題39(改)

●債務者が契約の主たる債務につき，債務の本旨に従った履行をしない場合において，債権者が相当の期間を定めてその履行の催告をし，その期間内に履行がないときは，当該債権者は，契約の解除をすることができる。

分野別出題率

契約の効力・解除からの出題状況

直近３回の出題率 **33%**

直近５回の出題率 **60%**

直近10回の出題率 **80%**

①・②・③は適切であるが，④は不適切である。よって，正解は④となる。

① **適切**である。

(民法528条)

② **適切**である。

(民法540条)

③ **適切**である。

(民法542条１項４号)

④ **不適切**である。当事者の一方がその解除権を行使したときは，各当事者は，その相手方を原状に復させる義務を負う。

(民法545条１項)

チャレンジ問題・解答

○ **適切**である。ただし，その期間を経過した時における債務の不履行がその契約および取引上の社会通念に照らして軽微であるときは，この限りではない。

(民法541条)

2-14 契約の効力・解除Ⅲ

第11回・問題33(改)

契約の効力及び契約の解除に関する次の①～④の記述のうち，民法上，その内容が適切なものを１つだけ選び，解答欄にその番号をマークしなさい。

① 当事者双方の責めに帰すことができない事由によって債務を履行することができなくなったときは，債権者は，反対給付の履行を拒むことができる。

② 契約の目的物が解除権を有する者の故意又は過失によらないで著しく損傷し，又は返還することができなくなったときは，解除権は，消滅する。

③ 契約により当事者の一方が第三者に対してある給付をすることを約したときは，当該第三者の権利は，当該契約が締結された時に発生する。

④ 当事者の一方が数人ある場合には，契約の解除は，そのうちの１人から又はそのうちの１人に対してのみ，することができる。また，解除権が当事者のうちの１人について消滅した場合であっても，他の者については，その効力を生じない。

解答欄

①◯ ②◯ ③◯ ④◯

チャレンジ問題

第10回・問題39(改)

●債権者は，履行の全部が不能となったときは契約の解除をすることができるが，履行の一部が債務者の責めに帰することができない事由により不能となったときは契約の解除をすることができない。

分野別出題率

契約の効力・解除からの出題状況

直近3回の出題率 33%

直近5回の出題率 60%

直近10回の出題率 80%

①は適切であるが，②・③・④は不適切である。よって，正解は①となる。

① 適切である。

(民法536条１項)

② 不適切である。契約の目的物が解除権を有する者の故意もしくは過失によって著しく損傷し，もしくは返還することができなくなったときは，解除権は，消滅するとされているが，解除権を有する者の故意または過失によらない場合については解除権が消滅するものではない。

(民法548条)

③ 不適切である。第三者のためにする契約において，第三者の権利は，その第三者が債務者に対して契約の利益を享受する意思を表示した時に発生する。

(民法537条３項)

④ 不適切である。当事者の一方が数人ある場合，契約の解除は，その全員からまたはその全員に対してのみ，することができる。また，解除権が当事者のうちの１人について消滅したときは，他の者についても消滅する。

(民法544条)

チャレンジ問題・解答

× 不適切である。「履行の全部が不能」になったときは，債権者は契約の解除をすることができるが，「履行の一部が不能」なときは，残存する部分のみでは契約をした目的を達することができないときに契約の全部を解除でき，もしくは，「契約の一部」を解除できると定めており，帰責事由に関してを問題にしていない。帰責事由に関して，債務の不履行が債権者の責めに帰すべき事由によるものであるときは，解除を認めるのは不公平であるので，債権者は，契約解除ができない。

(民法541条～543条)

2-15 契約の効力・解除Ⅳ

第 17 回・問題 40

契約に関する次の①～④の記述のうち，民法上，その内容が**適切でない**ものを１つだけ選び，解答欄にその番号をマークしなさい。

---

① 申込者が申込みの通知を発した後に死亡した場合において，申込者がその事実が生じたとすればその申込みは効力を有しない旨の意思を表示していたとき，又はその相手方が承諾の通知を発するまでにその事実が生じたことを知ったときは，その申込みは，その効力を有しない。

---

② 当事者双方の責めに帰することができない事由によって債務を履行することができなくなったときは，債権者は，反対給付の履行を拒むことができる。

---

③ 当事者の一方が，第三者との間で契約上の地位を譲渡する旨の合意をした場合において，その契約の相手方にその旨の通知をしたときは，契約上の地位は，その第三者に移転する。

---

④ 当事者の一方がその解除権を行使したときは，各当事者は，その相手方を原状に復させる義務を負う。ただし，第三者の権利を害することはできない。

解答欄

①◯ ②◯ ③◯ ④◯

分野別出題率

契約の効力・解除からの出題状況

①・②・④は適切であるが，③は不適切である。よって，正解は③となる。 

① 適切である。

(民法526条)

② 適切である。

(民法536条１項)

③ 不適切である。その契約の相手方がその譲渡を承諾したときでなければ，契約上の地位は第三者に移転しない。

(民法539条の２)

④ 適切である。

(民法545条１項)

2-16 委任・請負Ⅰ

第10回・問題34

委任に関する次の①～④の記述のうち，民法上，その内容が適切なものを1つだけ選び，解答欄にその番号をマークしなさい。

① 委任は，当事者の一方がある仕事を完成することを約し，相手方がその仕事の結果に対してその報酬を支払うことを約することによって，その効力を生ずる。

② 受任者は，委任者の請求があるときは，いつでも委任事務の処理の状況を報告し，委任が終了した後は，遅滞なくその経過及び結果を報告しなければならない。

③ 無償の委任における受任者は，自己のためにするのと同等の注意をもって，委任事務を処理する義務を負う。

④ 受任者は，特約の有無を問わず，委任者に対して，相当の報酬を請求することができる。

解答欄

分野別出題率

委任・請負からの出題状況

直近３回の出題率
33%

直近５回の出題率
60%

直近10回の出題率
70%

解答　解説

②は適切であるが，①・③・④は不適切である。よって，正解は②となる。

①　**不適切**である。委任は，当事者の一方が法律行為をすることを相手方に委託し，相手方がこれを承諾することによって，その効力を生ずる（本肢は，「請負」に関する説明である）。

（民法632条，643条）

②　**適切**である。

（民法645条）

③　**不適切**である。受任者は，自己のためにするのと同等の注意ではなく，善良な管理者の注意をもって，委任事務を処理する義務を負う。

（民法644条）

④　**不適切**である。受任者は特約がなければ，委任者に対して報酬を請求することができない。

（民法648条１項）

2-17 委任・請負Ⅱ

第13回・問題40

委任及び請負に関する次の①～④の記述のうち，民法上，その内容が**適切でないもの**を1つだけ選び，解答欄にその番号をマークしなさい。

① 有償の委任における受任者は，委任の本旨に従い，善良な管理者の注意をもって，委任事務を処理する義務を負い，無償の委任における受任者は，自己のためにするのと同等の注意をもって，委任事務を処理する義務を負う。

② 委任事務を処理するについて費用を要するときは，委任者は，受任者の請求により，その前払をしなければならない。

③ 物の引渡しを要する請負契約における報酬は，仕事の目的物の引渡しと同時に，支払わなければならない。

④ 請負人が仕事を完成しない間は，注文者は，いつでも損害を賠償して契約の解除をすることができる。

解答欄

①◯ ②◯ ③◯ ④◯

分野別出題率

委任・請負からの出題状況

②・③・④は適切であるが，①は不適切である。よって，正解は①となる。 

① **不適切**である。有償・無償を問わず，受任者は委任の本旨に従い，善良な管理者の注意をもって，委任事務を処理する義務を負う。

（民法644条）

② **適切**である。委任事務を処理するうえで，費用の支出が必要となる場合，受任者は委任者にその負担を請求でき（費用前払請求権），受任者が必要経費を立て替える義務はない。

なお，委任者による前払いがないせいで，受任者の事務処理が進まない場合，履行遅滞の扱いにはならず，その責任は委任者にある。

（民法649条）

③ **適切**である。請負人には案件をやり遂げる義務があり，注文者には代金を支払う義務があるが，なかには仕事の目的物を先に受け取って，その後代金を支払わずに，受け取った物を転売して逃げるような悪質な注文者もいる。

こういった請負人の報酬の取りはぐれを防ぐために，民法では物の引渡しと報酬の支払について，同時履行であると定めている。

（民法633条）

④ **適切**である。請負人に発生した損害（材料費やすでに仕事を進めてしまった分の人件費等）について，注文者がその費用を賠償すれば，請負人に損失は発生しないので，注文者からの契約解除はいつでも可能とされている。

（民法641条）

2 - 18 委任・請負Ⅲ

第17回・問題41

請負契約に関する次の①～④の記述のうち，民法上，その内容が**適切でない**ものを1つだけ選び，解答欄にその番号をマークしなさい。

① 請負は，当事者の一方がある仕事を完成することを約し，相手方がその仕事の結果に対してその報酬を支払うことを約することによって，その効力を生ずる。

② 物の引渡しを要する請負契約における報酬は，仕事の目的物の引渡しと同時に支払わなければならない。

③ 請負人が種類又は品質に関して契約の内容に適合しない仕事の目的物を注文者に引き渡したときは，注文者は，注文者の供した材料の性質又は注文者の与えた指図によって生じた不適合を理由として，履行の追完の請求，報酬の減額の請求，損害賠償の請求及び契約の解除をすることができない。ただし，請負人がその材料又は指図が不適当であることを知りながら告げなかったときは，この限りでない。

④ 請負人が仕事を完成しない間は，注文者及び請負人は，いつでも契約の解除をすることができる。

解答欄

分野別出題率

委任・請負からの出題状況

①・②・③は適切であるが，④は不適切である。よって，正解は④となる。

① **適切**である。

(民法632条)

② **適切**である。

(民法633条)

③ **適切**である。

(民法636条)

④ **不適切**である。請負人が仕事を完成しない間は，注文者は，いつでも損害を賠償して契約の解除をすることができるが，**請負人はいつでも解除できるわけではない。**

(民法641条)

2-19 代理Ⅰ

第14回・問題29

代理に関する次の①～④の記述のうち，民法上，その内容が適切なものを1つだけ選び，解答欄にその番号をマークしなさい。

① 委任による代理人は，やむを得ない事由があるときであっても，本人の許諾を得なければ，復代理人を選任することができない。

② 法定代理人は，自己の責任で復代理人を選任することができる。この場合において，法定代理人は，やむを得ない事由があるときであっても，復代理人の行為についてすべての責任を負う。

③ 代理権を有しない者がした契約は，本人が追認をしない間は，相手方が取り消すことができる。ただし，契約の時において代理権を有しないことを相手方が知っていたときは，この限りでない。

④ 他人の代理人として契約をした者は，自己の代理権を証明することができず，かつ，本人の追認を得ることができなかった場合，他人の代理人として契約をした者が代理権を有しないことを相手方が知っていたときであっても，相手方の選択に従い，相手方に対して履行又は損害賠償の責任を負う。

解答欄

①◯ ②◯ ③◯ ④◯

チャレンジ問題

第9回・問題36

●復代理人は，本人及び第三者に対して，代理人と同一の権利を有し，義務を負う。

分野別出題率

代理行為・無権代理からの出題状況

直近３回の出題率 67%

直近５回の出題率 80%

直近10回の出題率 90%

解答 解説

③は適切であるが，①・②・④は不適切である。よって，正解は③となる。

① **不適切**である。委任による代理人は，本人の許諾を得たとき，またはやむをえない事由があるときに，復代理人を選任することができる。

（民法104条）

② **不適切**である。法定代理人は自己の責任で復代理人を選任することができるが，その代わり，原則として，過失の有無を問わず，責任を負うものとされている。ただし，病気などのやむをえない事由で復代理人を選任した場合には，法定代理人の責任は軽減され，復代理人の選任および監督についてのみ，本人に対して責任を負う。

（民法105条，106条）

③ **適切**である。

（民法115条）

④ **不適切**である。他人の代理人として契約をした者は，自己の代理権を証明したとき，または本人の追認を得たときを除き，相手方の選択に従い，相手方に対して履行または損害賠償の責任を負うことになる。ただし，他人の代理人として契約をした者が代理権を有しないことを相手方が知っていたときは，相手方に対して履行または損害賠償の責任を負わない。

（民法117条）

チャレンジ問題・解答

○ **適切**である。

（民法106条２項）

2 - 20 代理Ⅱ

第15回・問題37

代理に関する次の①〜④の記述のうち，民法上，その内容が**適切でない**ものを1つだけ選び，解答欄にその番号をマークしなさい。

① 代理人がその権限内において本人のためにすることを示してした意思表示は，本人が事前にこれを承認し，又は事後にこれを追認しなければ，本人に対してその効力を生じない。

② 法定代理人は，自己の責任で復代理人を選任することができる。この場合において，やむを得ない事由があるときは，本人に対してその選任及び監督についての責任のみを負う。

③ 代理権は，本人の死亡によって消滅する。

④ 他人に代理権を与えた者は，代理権の消滅後にその代理権の範囲内においてその他人が第三者との間でした行為について，代理権の消滅の事実を知らなかった第三者に対してその責任を負う。ただし，第三者が過失によってその事実を知らなかったときは，この限りでない。

解答欄

①◯ ②◯ ③◯ ④◯

チャレンジ問題

第13回・問題37(改)

●Aは，Bに代理権を付与し，Bが当該代理権に基づき法律行為を行った場合において，その意思表示の効力が意思の不存在，詐欺，強迫又はある事情を知っていたこともしくは知らなかったことにつき過失があったことによって影響を受けるべきときには，その事実の有無は，Bについて決するものとされる。

●Aが代理権をBに付与する場合において，Aは，Bが制限行為能力者である場合，Bに対し，代理権を付与することができない。

分野別出題率

代理行為・無権代理からの出題状況

直近３回の出題率 67%

直近５回の出題率 80%

直近10回の出題率 90%

②・③・④は適切であるが，①は不適切である。よって，正解は①となる。

① **不適切**である。代理人がその権限内において本人のためにすることを示してした意思表示は，本人に対して直接にその効力を生ずる。

（民法99条１項）

② **適切**である。

（民法105条）

③ **適切**である。代理権は，(i) 本人の死亡，(ii) 代理人の死亡または代理人が破産手続開始の決定もしくは後見開始の審判を受けたことによって消滅する。

（民法111条１項１号）

④ **適切**である。

（民法112条）

チャレンジ問題・解答

○ **適切**である。意思表示の効力が諸事情（意思の不存在・錯誤・詐欺・強迫・ある事情を知っていたこと･知らなかったことにつき過失があったこと等）によって影響を受けるときは，「代理人Ｂが詐欺にあっていたのか」，「代理人Ｂが強迫を受けていたのか」というように，代理人Ｂを主体として考える（代理権の付与者Ａが主体となるわけではない）。

（民法101条１項）

× **不適切**である。制限行為能力者が代理人としてした行為は，行為能力の制限によっては取り消すことができないとされており，たとえＢが制限行為能力者であっても，ＡはＢに代理権を付与することができる。

（民法102条）

2-21 代理Ⅲ

第16回・問題37

Aがその所有する甲自動車をBに売却する旨の委任に係る代理権（以下，本問において「本件代理権」という。）をCに付与する場合等に関する次の①～④の記述のうち，民法上，その内容が**適切でない**ものを1つだけ選び，解答欄にその番号をマークしなさい。

---

① Cは，本件代理権を付与された後，Aの代理人であることを示さないで，Bに甲自動車を売却する旨の売買契約を締結した。この場合において，Bが，CがAの代理人であることを知っていたときは，当該売買契約は，Aに対して直接にその効力を生ずる。

---

② Cは，本件代理権を付与されていた場合，Aの許諾を得たとき，又はやむを得ない事由があるときでなければ，復代理人を選任することはできない。

---

③ Cは，本件代理権を付与された後，本件代理権に係る代理行為をする前に，後見開始の審判を受け成年被後見人となった。この場合，本件代理権は消滅する。

---

④ Cは，Aから付与された本件代理権が消滅した後に，Aの代理人としてBに甲自動車を売却する旨の売買契約を締結した。この場合において，Bが，本件代理権の消滅の事実を知らなかったときは，知らないことに過失があったとしても，Aは，Bに対して，Cの行為についての責任を負う。

解答欄

①◯ ②◯ ③◯ ④◯

チャレンジ問題

第11回・問題37

●Aがその所有する甲自動車をBに売却する旨の委任に係る代理権（以下，本問において「本件代理権」という。）を第三者であるCに付与する場合において，Cは，本件代理権を付与されていただけでなく，Bからも甲自動車を購入する旨の代理権を付与されていた。この場合において，Cが，A及びBの事前の許諾を得ることなく，A及びBの双方の代理人として，甲自動車をBに売却する旨の売買契約を締結したときは，Cの当該行為は無権代理行為となる。

分野別出題率

代理行為・無権代理からの出題状況

直近３回の出題率 **67%**

直近５回の出題率 **80%**

直近10回の出題率 **90%**

解答 解説

①・②・③は適切であるが，④は不適切である。よって，正解は④となる。

① **適切**である。代理人Ｃが本人Ａのためにすることを示さないでした意思表示は，自己のためにしたものとみなすのが原則である。しかし，相手方が，代理人Ｃが本人Ａのためにすることを知り，または知ることができたときは，本人Ａに対して直接にその効力を生ずることとされている。

(民法100条，99条１項)

② **適切**である。「代理権を付与」とされていることから，Ｃは任意代理人であり，Ｃが復代理人を選任する際にはＡの許諾を得るか，またはやむをえない事由がなければならない。

(民法104条)

③ **適切**である。代理権は，後見開始の審判を受けたこと，によって消滅する。

(民法111条１項２号)

④ **不適切**である。ＡがＣに付与した代理権の消滅後に，Ｃが当該代理権の範囲内において第三者Ｂとの間でした行為について，第三者Ｂが代理権の消滅の事実を知らなかった場合は，Ａは原則として第三者Ｂに対してその責任を負うこととされているが，第三者Ｂが過失によってその事実を知らなかったときは，Ａは，Ｂに対して，Ｃの行為についての責任を負わないものとされている。

(民法112条１項)

チャレンジ問題・解答

○ **適切**である。当事者双方の代理人としてした行為は，代理権を有しない者がした行為とみなされ，当事者双方の代理人となった場合には無権代理となる。ただし，債務の履行および本人があらかじめ許諾した行為については，当事者双方の代理人となることができる。

(民法108条１項)

2 - 22 代理Ⅳ

第17回・問題36

Aは，その所有する甲土地をBに売却する旨の委任に係る代理権（以下，本問において「本件代理権」という。）をCに付与しようとしている。この場合に関する次の①～④の記述のうち，民法上，その内容が**適切でない**ものを1つだけ選び，解答欄にその番号をマークしなさい。

① Cは，Aから本件代理権を付与され，Aの代理人としてBとの間で甲土地の売買契約を締結した。この場合において，当該売買契約の効力がBの詐欺があったことによって影響を受けるべきときには，その事実の有無は，Cについて決するものとされる。

② Cは，Aから本件代理権を付与されていた一方で，Bからも甲土地の購入について代理権を付与されていた。この場合において，Cが，A及びBの事前の許諾を得ることなく，A及びBの双方の代理人として，甲土地をBに3,000万円で売却する旨の契約を締結したときは，Cの当該行為は無権代理行為となる。

③ Cは，Aから本件代理権を付与されていなかったのに，Aの代理人と称してBとの間で甲土地の売買契約を締結した。この場合，Bは，Aに対して相当の期間を定めて当該売買契約を追認するか否かを催告することができる。

④ Cは，Aから本件代理権を付与されていなかったのに，Aの代理人と称してBとの間で甲土地の売買契約を締結した。この場合，Bは，当該売買契約締結時点において，Cに代理権がないことを知っていたときであっても，Aが追認をしない間は，当該売買契約を取り消すことができる。

解答欄

①〇 ②〇 ③〇 ④〇

分野別出題率

代理行為・無権代理からの出題状況

①・②・③は適切であるが，④は不適切である。よって，正解は④となる。

---

① **適切**である。

（民法101条）

---

② **適切**である。同一の法律行為について，相手方の代理として，または双方の代理としてした行為は，代理権を有しない者がした行為として，無効になる。よってＣの行為は，双方代理により無効になる。ただし，債務の履行および本人があらかじめ許諾した行為については，例外となる。

（民法108条）

---

③ **適切**である。

（民法114条）

---

④ **不適切**である。代理権を有しない者がした契約は，原則として，本人が追認をしない間は，相手方が取り消すことができるが，契約の時において代理権がないことを相手方が知っていたときは，取り消すことができない。

（民法115条）

2-23 代理Ⅴ

チャレンジ問題

代理に関する次の記述について，適切か不適切か答えなさい。

第12回・問題29

Aは，Bから何らの代理権も付与されていないのに，Cとの間で，Bの代理人として，B所有の不動産をCに売却する旨の売買契約（以下，本問において「本件契約」という。）を締結した。Cは，本件契約の締結時において，AがBから何らの代理権も付与されていないことを知っていた。

- Cは，Bに対し，相当の期間を定めて，当該期間内に本件契約に係る追認をするかどうかを確答すべき旨の催告をすることができる。Cが当該催告をした場合において，Bが当該期間内に確答をしないときは，Bは追認を拒絶したものとみなされる。
- 本件契約は，Bが本件契約に係る追認を拒絶するまでは，Bに対してその効力を生じる。

第10回・問題37

Aは，Bが所有する自動車甲をCに売却する旨の契約をCとの間で締結しようとしている。

- Aは，Bから自動車甲を売却する代理権を付与されていたが，Cとの間で，当該代理権に基づく代理行為を行うに際し，Bのためにすることを示さないで，Cに自動車甲を売却する旨の契約を締結した。この場合において，Cが，AがBのためにすることを知らず，かつ知ることができなかったときは，Aは，自己のために当該契約をしたものとみなされる。
- Bは，自動車甲を売却する代理権をAに付与していないが，Cに対して，Aに当該代理権を与えた旨を表示し，Aは，その表示された権限の範囲内において，Bの代理人として，Cとの間で，Cに自動車甲を売却する旨の契約を締結した。この場合，Cが，Aに当該代理権が与えられていないことを過失によって知らなかったときは，Bは，当該契約についてその責任を負わない。

分野別出題率

代理行為・無権代理からの出題状況

直近3回の出題率
67%

直近5回の出題率
80%

直近10回の出題率
90%

チャレンジ問題・解答

○　**適切**である。代理権を有しない者が，他人の代理人として交わした契約について，その相手方は本人に対し，相当の期間を定めて，その期間内に契約の追認をするかどうかを確答すべき旨の催告をすることができる。ただし，この場合において，本人がその期間内に確答をしないときは，追認を拒絶したものとみなされる。

（民法114条，113条）

×　**不適切**である。代理権を有しない者が他人の代理人としてした契約は，本人が追認しなければ，本人に対しその効力を生じない（ただし，表見代理が成立する場合を除く）。

（民法113条，109条，110条，112条）

○　**適切**である。代理人ＡがＢのためにすることを示さずに，相手方Ｃに対して行った意思表示は，代理人Ａのためにしたものとみなされる（相手方Ｃが，ＡがＢのためにすることを知らず，かつ知ることができなかった場合）。

なお，相手方Ｃが，代理人ＡがＢのためにすることを知り，または知ることができた場合は，Ｂに対して直接にその効力が生じる。

（民法100条，99条１項）

○　**適切**である。第三者Ｃに対して，Ａに代理権を与えた旨を表示したＢは，その代理権の範囲内において，Ａが第三者Ｃとの間でした行為について，その責任を負う。ただし，第三者Ｃが，Ａに代理権が与えられていないことを知っていたとき，または過失によって知らなかったときは，Ｂは責任を負わない。

（民法109条１項）

2-24 金銭消費貸借契約Ⅰ

第15回・問題41

消費貸借契約に関する次の①～④の記述のうち，民法上，その内容が**適切でない**ものを1つだけ選び，解答欄にその番号をマークしなさい。

① 借主は，返還の時期の定めの有無にかかわらず，いつでも返還をすることができる。

② 書面でする消費貸借の借主は，貸主から金銭その他の物を受け取るまで，契約の解除をすることができる。

③ 金銭その他の物を給付する義務を負う者がある場合において，当事者がその物を消費貸借の目的とすることを約したときは，消費貸借は，これによって成立したものとみなされる。

④ 貸主は，特約の有無にかかわらず，借主に対して法定利息を請求することができる。

解答欄

①◯ ②◯ ③◯ ④◯

チャレンジ問題

第5回・問題34

●民法上，金銭消費貸借契約において，当事者が利息を付すことを定めなかったときは，当該金銭消費貸借契約における利率は年5分（5％）となる。

分野別出題率

金銭消費貸借契約からの出題状況

直近３回の出題率 33%

直近５回の出題率 60%

直近10回の出題率 40%

解答 解説

①・②・③は適切であるが，④は不適切である。よって，正解は④となる。

① 適切である。

(民法591条２項)

② 適切である。なお，民法上，書面でする消費貸借契約については，当事者の一方が金銭その他の物を引き渡すことを約し，相手方がその受け取った物と種類，品質および数量の同じ物をもって返還することを約することによって，その効力を生ずる諾成契約である。他方で，書面でする消費貸借契約以外の消費貸借契約については，借主が金銭等を受け取ることをもって成立する要物契約である。

(民法587条の２第２項，１項)

③ 適切である。

(民法588条)

④ 不適切である。貸主は，特約がなければ，借主に対して法定利息を請求することができない。

(民法589条１項)

チャレンジ問題・解答

× 不適切である。金銭消費貸借契約においては，貸主は，特約がなければ，借主に対して利息を請求することができないものとされている。利息を取ることに合意したが，利息の額を定めなかったときに，はじめて法定利率（年３％，一定の指標を基準として，３年ごとに法定利率は自動的に見直し）が適用される。

※商人間での金銭消費貸借の場合は，商法が適用され，貸主は特約がなくても，法定利息（利率は，上記の法定利率）を請求することができる。

(民法404条，589条１項，商法513条１項)

2 - 25 金銭消費貸借契約 II

第18回・問題34

貸主をAとし借主をBとする金銭消費貸借契約に関する次の①～④の記述のうち，民法上，その内容が**適切なもの**を1つだけ選び，解答欄にその番号をマークしなさい。

---

① Aは，Bとの間で，書面でする金銭消費貸借契約を締結した。この場合，Bは，当該契約に基づきAから借入金を受け取る前であれば，当該契約を解除することができる。

---

② Aは，Bとの間の金銭消費貸借契約において，利息の約定をせずにBに金銭を貸し付けた。この場合，Aは，Bに対し法定利息を請求することができる。

---

③ Aは，Bとの間の金銭消費貸借契約において，貸付金を10回の分割で返済する旨の約定をしてBに金銭を貸し付けた。この場合において，Bが各回の借入金債務について，そのうちの1回でも債務の履行を遅滞したときは，Aは，Bに対し，残債務全部の一括弁済を請求することができる。

---

④ Aは，利息を定めてBとの間で金銭消費貸借契約を締結したが，Bは利息の支払を1年以上延滞し，Aが催告をしてもBはその利息を支払わなかった。この場合であっても，Aは，利息を元本に組み入れることはできない。

解答欄

分野別出題率

金銭消費貸借契約からの出題状況

直近３回の出題率 **33%**

直近５回の出題率 **60%**

直近10回の出題率 **40%**

解答 解説

①は適切であるが，②・③・④は不適切である。よって，正解は①となる。

① **適切**である。

(民法587条の２第２項)

② **不適切**である。貸主は，特約がないと借主に対して利息を請求できない。

(民法589条１項)

③ **不適切**である。１回の不払いは，法定の期限の利益喪失事由には該当しないので，期限の利益を喪失させて全額の請求はできない。

(民法137条)

④ **不適切**である。この場合，利息を元本に組み入れることができる。

(民法405条)

2-26 債務不履行Ⅰ

第18回・問題31

債権の目的及び効力に関する次の①～④の記述のうち，民法上，その内容が**適切なもの**を１つだけ選び，解答欄にその番号をマークしなさい。

① 債権の目的が特定物の引渡しであるときは，債務者は，その引渡しをするまで，契約その他の債権の発生原因及び取引上の社会通念に照らして定まる善良な管理者の注意をもって，その物を保存しなければならない。

② 債務の不履行に対する損害賠償の請求は，これによって通常生ずべき損害の賠償をさせることをその目的とし，特別の事情によって生じた損害については，損害賠償の対象とならない。

③ 債権者は，債務者が金銭債務の履行をしない場合，その不履行が不可抗力によるものであるときを除き，これによって生じた損害の賠償を請求することができる。

④ 債権者と債務者との間で金銭債務の不履行について賠償額の予定をしなかったときは，債権者は，その債務不履行による損害賠償については，その損害額を証明しなければならない。

解答欄

①〇　②〇　③〇　④〇

分野別出題率

債務不履行・履行遅滞からの出題状況

直近３回の出題率 67%

直近５回の出題率 80%

直近10回の出題率 90%

解答 解説

①は適切であるが，②・③・④は不適切である。よって，正解は①となる。

① 適切である。

（民法400条）

② 不適切である。特別の事情によって生じた損害は，当事者がその事情を予見すべきであったときには，その賠償も対象となる。

（民法416条２項）

③ 不適切である。金銭債務の不履行の損害賠償については，不可抗力であるという抗弁は認められない。

（民法419条３項）

④ 不適切である。金銭債務の不履行については，その損害賠償の額は，法定利率によって定め，約定利率が法定利率を超える場合には約定利率によることとなる。よって，賠償額の予定をしなくても，法定利率による賠償請求ができる。

（民法419条１項，２項）

2-27 債務不履行Ⅱ

第16回・問題38

債権の効力に関する次の①～④の記述のうち，民法上，その内容が**適切でない**ものを１つだけ選び，解答欄にその番号をマークしなさい。

① 債権者が債務の履行を受けることを拒み，又は受けることができない場合において，その債務の目的が特定物の引渡しであるときは，債務者は，履行の提供をした時からその引渡しをするまで，自己の財産に対するのと同一の注意をもって，その物を保存すれば足りる。

② 債務の不履行に対する損害賠償の請求は，これによって通常生ずべき損害の賠償をさせることをその目的とし，特別の事情によって生じた損害は，特約がなければ，その賠償を請求することができない。

③ 当事者は，債務の不履行について損害賠償の額を予定することができる。賠償額の予定は，履行の請求又は解除権の行使を妨げない。

④ 債権者が，損害賠償として，その債権の目的である物又は権利の価額の全部の支払を受けたときは，債務者は，その物又は権利について当然に債権者に代位する。

解答欄

チャレンジ問題

第13回・問題31(改)

●債権者は，自己の債権を保全するため，債務者に属する権利を行使することができる。当該権利が債務者の一身に専属する権利であっても，同様である。

分野別出題率

債務不履行・履行遅滞からの出題状況

直近3回の出題率 67%

直近5回の出題率 80%

直近10回の出題率 90%

解答 解説

①・③・④は適切であるが，②は不適切である。よって，正解は②となる。

① **適切**である。

(民法413条1項)

② **不適切**である。特別の事情によって生じた損害は，当事者がその事情を予見すべきであったときには，債権者は，その賠償を請求することができる。

(民法416条)

③ **適切**である。

(民法420条1項，2項)

④ **適切**である。

(民法422条)

チャレンジ問題・解答

× **不適切**である。債権者は，自己の債権を保全するため必要があるときは，債務者に属する権利を行使することができる。ただし，債務者の一身に専属する権利および差押えを禁じられた権利は，この限りでない。

(民法423条1項)

2-28 債務不履行Ⅲ

第15回・問題32

債権の目的及び効力に関する次の①〜④の記述のうち，民法上，その内容が適切なものを1つだけ選び，解答欄にその番号をマークしなさい。

① 債務の不履行に対する損害賠償の請求は，これによって通常生ずべき損害の賠償をさせることをその目的とする。特別の事情によって生じた損害は，当事者がその事情を予見すべきであったときは，債権者は，その賠償を請求することができる。

② 債務の履行について不確定期限があるときは，債務者は，その期限の到来したことを知り，かつ，債権者からその履行の請求を受けた時から遅滞の責任を負う。

③ 債務の不履行又はこれによる損害の発生もしくは拡大に関して債権者に過失があったときでも，裁判所は，これを考慮して，損害賠償の責任及びその額を減免することはできない。

④ 利息を生ずべき債権について別段の意思表示がないときは，その利率は，年5分となる。

解答欄

①◯　②◯　③◯　④◯

チャレンジ問題

第13回・問題31(改)

●債務者が，債権者を害することを知りながら，財産権を目的とする法律行為を行った場合において，その行為によって利益を受けた者がその行為の時において債権者を害すべき事実を知らなかったときは，債権者は，当該財産権を目的とする法律行為の取消しを請求することができない。

分野別出題率

債務不履行・履行遅滞からの出題状況

直近３回の出題率 **67%**

直近５回の出題率 **80%**

直近10回の出題率 **90%**

解答 解説

①は適切であるが，②・③・④は不適切である。よって，正解は①となる。

① **適切**である。

(民法416条)

② **不適切**である。債務の履行について不確定期限があるときは，債務者は，その期限の到来した後に履行の請求を受けた時またはその期限の到来したことを知った時のいずれか早い時から遅滞の責任を負う。

(民法412条２項)

③ **不適切**である。債務の不履行またはこれによる損害の発生もしくは拡大に関して債権者に過失があったときは，裁判所は，これを考慮して，損害賠償の責任およびその額を定める。

(民法418条)

④ **不適切**である。利息を生ずべき債権について別段の意思表示がないときは，その利率はその利息が生じた最初の時点における法定利率とする。法定利率は３％（年３分）である。なお，現在は３％だが，定期的な見直し条項が定められている。

(民法404条１項，２項，３項)

チャレンジ問題・解答

○ **適切**である。

(民法424条１項，２項)

2-29 債権譲渡Ⅰ

第14回・問題39

Aが，Bに対して有する貸付金債権（以下，本問において「本件債権」という。）をC及びDに二重に譲渡した場合に関する次の①～④の記述のうち，民法上，その内容が**適切でない**ものを１つだけ選び，解答欄にその番号をマークしなさい。なお，本件債権について，AとBとの間で譲渡禁止の特約はなされていないものとする。

① AC間の債権譲渡について，BがAに対して確定日付のある証書によらないで承諾をし，Cに対して本件債権の弁済をした後に，AD間の債権譲渡について，AがBに対して確定日付のある証書による通知をし，当該通知がBに到達した。この場合において，Bは，Dから本件債権の弁済を請求されたときは，既にCに弁済したことを主張して，Dに対する弁済を拒絶することはできない。

② AC間の債権譲渡について，AがBに対して確定日付のある証書によらない通知をし，当該通知がBに到達した後に，AD間の債権譲渡について，AがBに対して確定日付のある証書による通知をし，当該通知がBに到達した。この場合，Dは，AD間の債権譲渡をCに対抗することができる。

③ AC間の債権譲渡について，AがBに対して確定日付のある証書によらない通知をし，当該通知がBに到達した後に，AD間の債権譲渡について，AがBに対して確定日付のある証書によらない通知をし，当該通知がBに到達した。この場合において，BがDに対して本件債権のすべてを弁済したときは，Bは，Cに対して本件債権の弁済を拒絶することができる。

④ AC間の債権譲渡について，AがBに対して確定日付のある証書による通知をし，当該通知がBに到達した後に，AD間の債権譲渡について，AがBに対して確定日付のある証書による通知をし，当該通知がBに到達した。この場合，Cは，AC間の債権譲渡をDに対抗することができる。

解答欄

①◯ ②◯ ③◯ ④◯

分野別出題率

債権譲渡（民法・債権譲渡特例法）からの出題状況

直近３回の出題率

67%

直近５回の出題率

60%

直近10回の出題率

60%

②・③・④は適切であるが，①は不適切である。よって，正解は①となる。 

① **不適切**である。債権譲渡については，譲渡人が確定日付のある証書によって債務者に通知または債務者から承諾を得なければ，第三者に対抗することができない。本肢は，AD間の債権譲渡についてのみ確定日付のある証書による通知が行われている。しかし，当該通知が到達するより前に，BがCにすでに弁済し債務が消滅しており，対抗の問題は生じる余地はなく（債権が存在し，その帰属について両立しない地位が成立した場合のみ対抗の問題が生じる），BはDに対して弁済を拒絶することができる。

（民法467条）

② **適切**である。債権譲渡については，譲渡人が確定日付のある証書によって債務者に通知または債務者から承諾を得なければ，第三者に対抗することができない。AD間の債権譲渡についてのみ確定日付のある証書によって通知がなされ，第三者対抗要件が具備されており，Dは，Cに対抗することができる。

（民法467条）

③ **適切**である。AC間の債権譲渡，AD間の債権譲渡のいずれについても確定日付のある証書によらない通知がなされているにすぎないため，CとDは相互に債権譲渡を受けたことを対抗し得ず，Bにも対抗できないが，BがCとDのいずれかに弁済することは可能である。BがDに弁済をすれば債務は消滅するため，BはCに対しては弁済を拒絶することができる。

（民法467条）

④ **適切**である。いずれの譲渡に関しても譲渡人が確定日付のある証書によって債務者に通知した場合には，譲受人相互の間の優劣は，債務者への通知の到達の先後によって決まるものとされている。

（最判昭49．３．７）

2 - 30 債権譲渡Ⅱ

第16回・問題39

債権の譲渡に関する次の①～④の記述のうち，民法上，その内容が**適切でない**ものを1つだけ選び，解答欄にその番号をマークしなさい。

① 債務者は，譲渡制限の意思表示(注1)がされた金銭の給付を目的とする債権が譲渡されたときは，その債権の全額に相当する金銭を債務の履行地（債務の履行地が債権者の現在の住所により定まる場合にあっては，譲渡人の現在の住所を含む。）の供託所に供託することができる。

② 債権の譲渡は，その意思表示の時に債権が現に発生していることを要しない。

③ 債権の譲渡は，譲渡人が債務者に確定日付のある証書による通知をし，又は債務者が確定日付のある証書による承諾をしなければ，債務者に対抗することができない。

④ 債務者が対抗要件具備時(注2)より後に取得した譲渡人に対する債権であっても，その債権が対抗要件具備時より前の原因に基づいて生じたものであるときは，債務者は，その債権による相殺をもって譲受人に対抗することができる。ただし，債務者が対抗要件具備時より後に他人からその債権を取得した場合はこの限りでない。

（注1） 譲渡制限の意思表示とは，当事者が債権の譲渡を禁止し，又は制限する旨の意思表示をいう。

（注2） 対抗要件具備時とは，債権が譲渡された場合において，譲渡人が民法第467条（債権の譲渡の対抗要件）の規定による通知をし，又は債務者が同条の規定による承諾をした時をいう。

解答欄

①◯ ②◯ ③◯ ④◯

分野別出題率

債権譲渡（民法・債権譲渡特例法）からの出題状況

①・②・④は適切であるが，③は不適切である。よって，正解は③となる。

① 適切である。

（民法466条の２第１項）

② 適切である。

（民法466条の６第１項）

③ 不適切である。債権の譲渡について，債務者以外の第三者に対抗するためには，確定日付のある証書による通知または承諾が必要となるが，債務者に対する債権譲渡の対抗要件は，債務者に通知するか，債務者が承諾することで足りる。

（民法467条）

④ 適切である。

（民法469条２項１号）

2-31 債権譲渡Ⅲ

第18回・問題32

　ＡのＢに対する貸付金債権（以下，本問において「本件債権」という。）の譲渡に関する次の①〜④の記述のうち，民法上，その内容が**適切なもの**を１つだけ選び，解答欄にその番号をマークしなさい。

① 本件債権については，ＡとＢとの間で，第三者への譲渡を禁止する旨の特約がなされていたにもかかわらず，Ａは本件債権を第三者Ｃに譲渡した。この場合，本件債権の譲渡は無効であり，Ｃは，本件債権を取得することができない。

② Ａは，本件債権をＣに譲渡し，Ｃへの本件債権の譲渡についてＢに対し確定日付のある証書によらない通知をした。この場合，Ｃは，本件債権の譲渡をＢに対抗することができず，Ｂは，Ｃからの本件債権の弁済の請求を拒むことができる。

③ Ａは，本件債権をＣとＤに二重に譲渡した。Ｂが，Ｃへの本件債権の譲渡について確定日付のある証書によらない承諾をした後，ＢからＣに本件債権の弁済がなされる前に，Ｄへの本件債権の譲渡について，Ａが確定日付のある証書による通知をし，当該通知がＢに到達した。この場合，Ｃは，本件債権の譲渡をＤに対抗することができず，Ｂは，Ｃからの本件債権の弁済の請求を拒むことができる。

④ Ａは，本件債権をＣとＤに二重に譲渡し，そのいずれについても確定日付のある証書によりＢに通知をした。Ｄへの本件債権の譲渡についての通知は，Ｃへの本件債権の譲渡についての通知がＢに到達するより早くＢに到達したが，確定日付のある証書に付された日付は，Ｄへの譲渡についての日付よりＣへの譲渡についての日付の方が早い日付であった。この場合，債権が二重に譲渡された場合の優劣は確定日付の先後で決せられるので，Ｂは，Ｃからの本件債権の弁済の請求を拒むことができない。

解答欄

①◯　②◯　③◯　④◯

分野別出題率

債権譲渡（民法・債権譲渡特例法）からの出題状況

③は適切であるが，①・②・④は不適切である。よって，正解は③となる。

① **不適切**である。譲渡制限債権であっても，譲渡の効力は妨げられない。

（民法466条２項）

② **不適切**である。債務者への通知，債務者の承諾を確定日付のある証書によって行うことが対抗要件として必要なのは債務者以外の第三者である。債務者に対する対抗のみが問題になる場面では，債務者対抗要件である通知がされれば足りる。そのため，Ｂは請求を拒めない。

（民法467条１項，２項）

③ **適切**である。第三者Ｄに対する対抗の可否が問題になる場面では，Ｃは確定日付のある証書によらない通知のみでは第三者Ｄに対抗できず，債務者ＢもＣの弁済請求を拒むことができる。

（民法467条２項）

④ **不適切**である。二重譲渡がなされ，譲渡人の双方が債務者に対して確定日付ある証書による通知を行った場合の優劣は，当該通知の到達の前後で決せられる。

（民法467条２項，最判昭49.３.７）

2-32 保証・債務引受Ⅰ

第14回・問題32

保証に関する次の①～④の記述のうち，民法上，その内容が適切なものを1つだけ選び，解答欄にその番号をマークしなさい。

① 保証債務は，当事者間に特約がなければ，主たる債務の元本及び主たる債務に関する利息を包含するが，主たる債務に関する違約金及び損害賠償を包含しない。

② 債権者が保証人に催告をした場合，当該保証人は，当該債権者自身が，主たる債務者に弁済をする資力があり，かつ，執行が容易であることを調査し，まず主たる債務者の財産について執行すべき旨を，当該債権者に請求することができる。

③ 債務者が保証人を立てる義務に従い保証人を立てた後に，当該保証人が保佐開始の審判を受け被保佐人となった場合であっても，債権者は，「保証人が行為能力者であり，かつ弁済をする資力を有すること」という要件を具備する者をもって当該保証人に代えることを請求することはできない。

④ 主たる債務者の意思に反して保証をすることは認められていない。

解答欄

①〇 ②〇 ③〇 ④〇

チャレンジ問題

第12回・問題33(改)

●保証契約は，債権者と保証人となろうとする者との間において，保証契約を締結する旨の口頭の合意がなされることによって，その効力を生じる。

分野別出題率

保証契約・債務引受からの出題状況

③は適切であるが，①・②・④は不適切である。よって，正解は③となる。 

---

① **不適切**である。保証債務は，主たる債務に関する利息，違約金，損害賠償その他その債務に従たるすべてのものを包含する。

（民法447条１項）

---

② **不適切**である。保証人が，主たる債務者に弁済をする資力があり，かつ，執行が容易であることを証明したときは，債権者は，まず主たる債務者の財産について執行をしなければならない。

（民法453条，452条）

---

③ **適切**である。保証人が，弁済する資力を失ったときは，債権者は弁済する資力を有する保証人を新たに立てることを請求することができるが，保証人が被保佐人となって，行為能力を失っても，債権者は行為能力者である保証人を新たに立てることを請求することはできない。

（民法450条１項，２項）

---

④ **不適切**である。主たる債務者の意思に反しても保証をすることは認められている。主たる債務者の意思に反して保証をした者は，主たる債務者が現に利益を受けている限度においてのみ求償権を有する。

（民法462条２項）

チャレンジ問題・解答

× **不適切**である。保証契約は，書面で行わなければ，その効力を生じない。

（民法446条２項）

2-33 保証・債務引受Ⅱ

第15回・問題39

Aは貸金業者，Bは個人事業主である借主，CはBの子でありBと共同して事業を行っていない保証人である。保証に関する次の①～④の記述のうち，民法上，その内容が**適切でない**ものを1つだけ選び，解答欄にその番号をマークしなさい。なお，本問における契約等は，2020年4月1日以降に行われているものとする。

---

① Aが，Bの事業資金を融資するに当たってCとの間で保証契約を締結するに先立ち，Cの保証債務を履行する意思を表示するために作成しなければならない公正証書は，Bが主たる債務を履行しないときにCがその全額について履行する意思を表示した文書をCが作成し，公証人がその内容を認証して署名押印する方式に従って作成されなければならない。

---

② Aは，Bとの間で貸付契約を締結し，当該契約につきCとの間で保証契約を締結した。BがAに対して負う貸付金の返還債務について期限の利益を喪失した場合において，Aは，Cに対し，その利益の喪失を知った時から2か月を超えてもその旨を通知しなかったときは，Bが期限の利益を喪失した時から当該通知を現にするまでに生じた遅延損害金（期限の利益を喪失しなかったとしても生ずべきものを除く。）に係る保証債務の履行を請求することができない。

---

③ Aは，Bとの間で，Bの事業資金を融資する目的で極度方式基本契約を締結し，当該契約につき，Cとの間で個人根保証契約を締結しようとする場合，当該個人根保証契約の締結に先立ち，その締結の日前1か月以内に作成された公正証書でCが保証債務を履行する意思を表示していなければ，当該個人根保証契約はその効力を生じない。

---

④ Aが，Bとの間で，Bの事業資金を融資する目的で極度方式基本契約を締結し，当該契約に基づく不特定の債務を主たる債務とする根保証をBがCに委託するときは，Bは，Cに対し，「財産及び収支の状況」，「主たる債務以外に負担している債務の有無並びにその額及び履行状況」，「主たる債務の担保として他に提供し，又は提供しようとするものがあるときは，その旨及びその内容」に関する情報を提供しなければならない。

解答欄

①〇 ②〇 ③〇 ④〇

分野別出題率

保証契約・債務引受からの出題状況

直近３回の出題率
100％

直近５回の出題率
100％

直近10回の出題率
70％

②・③・④は適切であるが，①は不適切である。よって，正解は①となる。 

---

① **不適切**である。公正証書は，借主Bが主たる債務を履行しないときには，保証人Cが，その債務の全額について履行する意思を有していることを確認するため，(i) 公証人が，保証人になろうとする者の口述を筆記し，これを保証人になろうとする者に読み聞かせ，または閲覧させること，(ii) 保証人になろうとする者が，筆記の正確なことを承認した後，署名し，印を押すこと，(iii) 公証人が，その証書は (i)，(ii) に掲げる方式に従って作ったものである旨を付記して，これに署名し，印を押すこと，の要件がある。

(民法465条の６第２項)

---

② **適切**である。

(民法458条の３第１項，２項)

---

③ **適切**である。

(民法465条の６第１項)

---

④ **適切**である。

(民法465条の10第１項)

2-34 保証・債務引受Ⅲ

第17回・問題31

保証に関する次の①〜④の記述のうち，民法上，その内容が適切なものを1つだけ選び，解答欄にその番号をマークしなさい。

① 保証債務は，主たる債務に関する利息，違約金，損害賠償その他その債務に従たるすべてのものを包含するが，保証人は，その保証債務についてのみ，違約金又は損害賠償の額を約定することはできない。

② 主たる債務の目的又は態様が保証契約の締結後に軽減又は加重されたときは，保証人の負担もこれに応じて軽減又は加重される。

③ 主たる債務者に対する履行の請求その他の事由による消滅時効の完成猶予及び更新は，保証人に対しては，その効力を生じない。

④ 主たる債務者が期限の利益を有する場合において，その利益を喪失したときは，債権者は，保証人（法人である場合を除く。）に対し，その利益の喪失を知った時から2か月以内に，その旨を通知しなければならない。

解答欄

①〇 ②〇 ③〇 ④〇

分野別出題率

保証契約・債務引受からの出題状況

④は適切であるが，①・②・③は不適切である。よって，正解は④となる。 

① **不適切**である。保証人は，その保証債務についてのみ，違約金または損害賠償の額を約定することができる。

(民法447条２項)

② **不適切**である。主たる債務の目的または態様が保証契約の締結後に加重された場合でも，保証人の負担は加重されることはない。

(民法448条２項)

③ **不適切**である。主たる債務者への履行請求等の消滅時効の完成猶予，更新は保証人に対しても，その効力を生じる。

(民法457条１項)

④ **適切**である。

(民法458条の３第１項)

2-35 保証・債務引受Ⅳ

第17回・問題38

債務の引受けに関する次の①～④の記述のうち，民法上，その内容が**適切でないもの**を1つだけ選び，解答欄にその番号をマークしなさい。

① 併存的債務引受の引受人は，債務者と連帯して，債務者が債権者に対して負担する債務と同一の内容の債務を負担する。

② 併存的債務引受は，債権者，債務者及び引受人となる者との三者間で契約を締結しなければ，その効力を生じない。

③ 免責的債務引受の引受人は，債務者が債権者に対して負担する債務と同一の内容の債務を負担し，債務者は，自己の債務を免れる。

④ 免責的債務引受の引受人は，債務者に対して求償権を取得しない。

解答欄

分野別出題率

保証契約・債務引受からの出題状況

直近３回の出題率 100%

直近５回の出題率 100%

直近10回の出題率 70%

①・③・④は適切であるが，②は不適切である。よって，正解は②となる。

① 適切である。

(民法470条１項)

② 不適切である。併存的債務引受は，債務者と引受人となる者との契約によっても，債権者と引受人となる者との間の契約によってもすることができる。

(民法470条２項，３項)

③ 適切である。

(民法472条１項)

④ 適切である。

(民法472条の３)

2-36 保証・債務引受Ⅴ

第18回・問題39

保証に関する次の①～④の記述のうち，民法上，その内容が**適切でない**ものを1つだけ選び，解答欄にその番号をマークしなさい。

① 保証人の負担が債務の目的又は態様において主たる債務より重いときは，主たる債務の限度に減縮されるため，保証人は，その保証債務についてのみ，違約金又は損害賠償の額を約定することはできない。

② 保証人は，主たる債務者と連帯して債務を負担したときは，民法第452条（催告の抗弁）及び同第453条（検索の抗弁）のいずれの権利も有しない。

③ 行為能力の制限によって取り消すことができる債務を保証した者は，保証契約の時にその取消しの原因を知っていた場合において，主たる債務が不履行となり又はその債務が取り消されたときは，これと同一の目的を有する独立の債務を負担したものと推定される。

④ 債務者が保証人を立てる義務を負う場合には，債権者が保証人を指名したときを除き，その保証人は，行為能力者であること及び弁済する資力を有することのいずれの要件も具備する者でなければならない。

分野別出題率

保証契約・債務引受からの出題状況

②・③・④は適切であるが，①は不適切である。よって，正解は①となる。 

① 不適切である。保証人はその保証債務についてのみ，違約金または損害賠償の額を約定できる。

(民法447条２項)

② 適切である。

(民法454条)

③ 適切である。

(民法449条)

④ 適切である。

(民法450条１項，３項)

2-37 連帯債権・連帯債務・連帯保証Ⅰ

第13回・問題32(改)

連帯債権又は連帯債務に関する次の①～④の記述のうち，民法上，その内容が適切なものを１つだけ選び，解答欄にその番号をマークしなさい。なお，本問における連帯債務者各自の負担部分は等しいものとする。

① 連帯債権者の１人と債務者との間に混同があったときは，その債務者は，弁済をしたものとみなされる。

② 連帯債権者の１人と債務者との間においてなされた更改又は免除は，連帯債権者全員の同意がなければ，他の連帯債権者に対してその効力を生じない。

③ 連帯債務者の１人のために消滅時効が完成したときは，他の連帯債務者の債務は，すべて時効によって消滅する。

④ 連帯債務者の１人に対してした債務の免除は，他の連帯債務者に対しても，その効力を生じる。

解答欄

①〇 ②〇 ③〇 ④〇

チャレンジ問題

第10回・問題32

●数人が連帯債務を負担するときは，債権者は，その返済期日において，すべての連帯債務者に対し，同時に，全部の履行を請求しなければならない。

分野別出題率

連帯債権・連帯債務・連帯保証・貸金根保証からの出題状況

①は適切であるが，②・③・④は不適切である。よって，正解は①となる。

① **適切**である。

(民法435条)

② **不適切**である。連帯債権者の１人と債務者との間に更改または免除があったときは，債権はその連帯債権者がその権利を失わなければ分与されるべき利益に係る部分については，他の連帯債権者は，履行を請求することができない。

(民法433条)

③ **不適切**である。時効の完成の効力は，他の連帯債務者には及ばないものとされている。

(民法441条)

④ **不適切**である。連帯債務者の１人に対してした債務の免除の効力は，他の連帯債務者には及ばないものとされている。

(民法441条)

チャレンジ問題・解答

× **不適切**である。数人が連帯債務を負担するときは，各債権者は，その連帯債務者の１人に対し，または同時にもしくは順次にすべての連帯債務者に対し，全部または一部の履行を請求することができる（同時かつ全部の履行請求が必須というわけではない）。

(民法436条)

2-38 連帯債権・連帯債務・連帯保証Ⅱ

第16回・問題31

連帯保証に関する次の①～④の記述のうち，民法上，その内容が適切なものを1つだけ選び，解答欄にその番号をマークしなさい。

① 主たる債務者の意思に反して連帯保証をすることは認められていない。

② 主たる債務の目的又は態様が連帯保証契約の締結後に加重されたときは，連帯保証人の負担も加重される。

③ 債権者が連帯保証人に債務の履行を請求したときは，当該連帯保証人は，まず主たる債務者に催告をすべき旨を請求することができる。

④ 連帯保証人に対する履行の請求その他の事由による時効の完成猶予及び更新は，債権者及び主たる債務者が別段の意思を表示したときを除き，主たる債務者に対して，その効力を生じない。

解答欄

①◯　②◯　③◯　④◯

チャレンジ問題

第11回・問題39(改)

●連帯債務者の1人について法律行為の無効の原因があっても，他の連帯債務者の債務は，その効力を妨げられない。

●連帯債務者の1人が債権者に対して債権を有する場合において，その連帯債務者が相殺を援用したときは，債権は，すべての連帯債務者の利益のために消滅する。

分野別出題率

連帯債権・連帯債務・連帯保証・貸金根保証からの出題状況

④は適切であるが，①・②・③は不適切である。よって，正解は④となる。 

① **不適切**である。主たる債務者の意思にかかわらず，連帯保証をすることは可能である。

（民法462条）

② **不適切**である。主たる債務の目的または態様が保証契約の締結後に加重されたときであっても，保証人の負担は加重されない。なお，保証人の負担が，債務の目的または態様において，主たる債務より重いときは，これを主たる債務の限度に減縮することとされている（保証契約の附従性）。

（民法448条２項，１項）

③ **不適切**である。債権者が保証人に債務の履行を請求したときは，保証人は，まず主たる債務者に催告をすべき旨を請求することができるが（催告の抗弁権），連帯保証人には，催告の抗弁権は認められていない。

（民法452条，454条）

④ **適切**である。

（民法441条，458条）

チャレンジ問題・解答

○ **適切**である。連帯債務者の１人について法律行為の無効または取消しの原因があっても，他の連帯債務者の債務は，その効力を妨げられない。

（民法437条）

○ **適切**である。

（民法439条１項）

2-39 質権・抵当権 I

第18回・問題38

質権及び抵当権に関する次の①～④の記述のうち，民法上，その内容が**適切でない**ものを1つだけ選び，解答欄にその番号をマークしなさい。

① 債権を目的とする質権の設定は，第三債務者への質権の設定の通知又は第三債務者の承諾がなければ，第三債務者に対抗することができない。

② 貸金債権を被担保債権として売買代金債権に質権を設定した場合，質権者は，売買代金債権の額が貸金債権の額を超えていても，売買代金債権の全部を直接に取り立てることができる。

③ 根抵当権者は，確定した元本並びに利息その他の定期金及び債務の不履行によって生じた損害の賠償の全部について，極度額を限度として，その根抵当権を行使することができる。

④ 根抵当権の被担保債権の元本の確定前においては，後順位の抵当権者その他の第三者の承諾を得ることなく，根抵当権の担保すべき債権の範囲の変更をすることができる。

解答欄

分野別出題率

質権・抵当権からの出題状況

直近３回の出題率

67%

直近５回の出題率

80%

直近10回の出題率

90%

①・③・④は適切であるが，②は不適切である。よって，正解は②となる。

① 適切である。

（民法364条）

② 不適切である。自己の債権額に対応する部分に限り取り立てることができる。

（民法366条２項）

③ 適切である。

（民法398条の３第１項）

④ 適切である。

（民法398条の４第１項，２項）

2-40 質権・抵当権Ⅱ

第15回・問題31

抵当権に関する次の①～④の記述のうち，民法上，その内容が適切なものを1つだけ選び，解答欄にその番号をマークしなさい。

① 土地に設定された抵当権の効力は，当該抵当権の目的である土地の上に存する建物及び当該土地に付加して一体となっている物に及ぶ。

② 同一の不動産について数個の抵当権が設定されたときは，その抵当権の順位は，抵当権設定契約の締結日付の先後による。

③ 抵当権者は，その抵当権を他の債権の担保とし，又は同一の債務者に対する他の債権者の利益のためにその抵当権もしくはその順位を譲渡し，もしくは放棄することができる。

④ 抵当権は，債務者及び抵当権設定者に対し，その担保する債権とは別に，時効によって消滅する。

解答欄

①◯ ②◯ ③◯ ④◯

チャレンジ問題

第9回・問題31

●抵当不動産について所有権又は地上権を買い受けた第三者が，抵当権者の請求に応じてその者に代価を弁済したときは，抵当権は，その第三者のために消滅する。

分野別出題率

質権・抵当権からの出題状況

直近3回の出題率 67%

直近5回の出題率 80%

直近10回の出題率 90%

解答 

③は適切であるが，①・②・④は不適切である。よって，正解は③となる。 

① **不適切**である。抵当権は，土地に付加して一体となっている物には及ぶが，建物には及ばない。

（民法370条）

② **不適切**である。同一の不動産について数個の抵当権が設定されたときは，その抵当権の順位は，登記の前後による。

（民法373条）

③ **適切**である。

（民法376条１項）

④ **不適切**である。抵当権は，債務者および抵当権設定者に対しては，その担保する債権と同時でなければ，時効によって消滅しない。

（民法396条）

チャレンジ問題・解答

○ **適切**である。

（民法378条）

2-41 質権・抵当権Ⅲ

第14回・問題38

根抵当権に関する次の①～④の記述のうち，民法上，その内容が**適切でない**ものを1つだけ選び，解答欄にその番号をマークしなさい。

① 根抵当権の担保すべき不特定の債権の範囲は，債務者との特定の継続的取引契約によって生ずるものその他債務者との一定の種類の取引によって生ずるものに限定して，定めなければならない。

② 根抵当権の極度額の変更は，利害関係を有する者の承諾を得なければ，することができない。

③ 根抵当権の担保すべき元本については，その確定すべき期日を定め又は変更することができる。その期日は，これを定め又は変更した日から3年以内でなければならない。

④ 債務者又は根抵当権設定者が破産手続開始の決定を受けたときは，根抵当権の担保すべき元本は，確定する。

解答欄

①◯ ②◯ ③◯ ④◯

チャレンジ問題

第11回・問題30

●抵当権の被担保債権の保証人は，民法第383条（抵当権消滅請求の手続）の定めるところにより，抵当権消滅請求をすることができるが，抵当権の被担保債権の債務者及びその承継人は，抵当権消滅請求をすることができない。

分野別出題率

質権・抵当権からの出題状況

①・②・④は適切であるが，③は不適切である。よって，正解は③となる。

① **適切**である。

（民法398条の２第２項）

② **適切**である。

（民法398条の５）

③ **不適切**である。根抵当権の担保すべき元本について，その確定すべき期日を定めた日または変更した日から５年以内の日を元本確定期日としなければならない。

（民法398条の６第１項，３項）

④ **適切**である。

（民法398条の20第１項４号）

チャレンジ問題・解答

× **不適切**である。主たる債務者，保証人およびこれらの者の承継人は，抵当権消滅請求をすることができない。

（民法379条，380条）

2-42 質権・抵当権Ⅳ

第17回・問題30

質権及び抵当権に関する次の①～④の記述のうち，民法上，その内容が適切なものを1つだけ選び，解答欄にその番号をマークしなさい。

① 動産を目的とする質権の設定は，債権者に当該動産を引き渡すことによって，その効力を生ずる。

② 質権者は，質権設定者の承諾を得なければ，質物について，転質をすることができない。

③ 抵当権は，その担保する債権について不履行があったとしても，抵当不動産の果実に及ばない。

④ 抵当権者は，利息その他の定期金を請求する権利を有するときは，その全額についてその抵当権を行使することができる。

解答欄

①◯ ②◯ ③◯ ④◯

分野別出題率

質権・抵当権からの出題状況

①は適切であるが，②・③・④は不適切である。よって，正解は①となる。

① 適切である。

（民法344条）

② 不適切である。質権者は，自己の責任で転質することができる。なお，転質したことによって生じた損失については，不可抗力によるものであっても，その責任を負う。

（民法348条）

③ 不適切である。抵当権は，その担保する債権について不履行があったときには，その後に生じた抵当不動産の果実にも及ぶ。

（民法371条）

④ 不適切である。満期となった最後の2年分についてのみ，その抵当権を行使することができる。ただし，それ以前の定期金についても，満期後に特別の登記をした場合は，その登記の時からその抵当権の行使を防ぐことはできない。

（民法375条１項）

2-43 質権・抵当権Ⅴ

チャレンジ問題

質権及び抵当権に関する次の記述について，適切か不適切か答えなさい。

第13回・問題38

●抵当権者は，債務者又は第三者が占有を移転しないで債務の担保に供した不動産について，他の債権者に先立って自己の債権の弁済を受ける権利を有する。
●抵当権の順位は，利害関係者の承諾があれば，各抵当権者の合意によって変更することができる。この抵当権の順位の変更は，当事者間の合意によりその効力を生じるが，その登記をしなければ，第三者に対抗できない。

第10回・問題30

●質権は，動産をその目的とすることはできるが，不動産及び債権をその目的とすることはできない。
●動産に質権の設定を受けた質権者は，質権設定者に，自己に代わって質物の占有をさせることができ，これをもって質権を第三者に対抗することができる。

第8回・問題32

●土地及びその上に存する建物が同一の所有者に属する場合において，その土地又は建物につき抵当権が設定され，所有者がその建物のみを売買により第三者に譲渡しその土地及び建物の所有者を異にするに至ったときは，その建物について，地上権が設定されたものとみなされる。
●抵当権は，その担保する債権について不履行があるか否かにかかわらず，抵当権が設定された後に生じた抵当不動産の果実に及ばない。

分野別出題率

質権・抵当権からの出題状況

直近３回の出題率
67%

直近５回の出題率
80%

直近10回の出題率
90%

チャレンジ問題・解答

○　**適切**である。なお，地上権および永小作権も，抵当権の目的とすることができる。

(民法369条)

×　**不適切**である。抵当権の順位は，各抵当権者の合意によって変更することができるが，その順位の変更は，その登記をしなければ，その効力を生じない。

(民法374条)

×　**不適切**である。不動産や債権も，質権の目的とすることができる。

(民法362条１項)

×　**不適切**である。質権者は，質権設定者に，自己に代わって質物の占有をさせることができない。また，動産質権者は，継続して質物を占有しなければ，その質権をもって第三者に対抗することができない。

(民法345条，352条)

×　**不適切**である。法定地上権に関する問題だが，法定地上権は売買においては発生しない。土地およびその上に存する建物が同一の所有者に属する場合において，その土地または建物につき抵当権が設定されており，抵当権の実行の結果，所有者を異にするに至ったときは，その建物について，地上権が設定されたものとみなされる。

(民法388条)

×　**不適切**である。抵当権は，その担保する債権について不履行があったときは，その後に生じた抵当不動産の果実に及ぶ。

(民法371条)

2-44 条件・期限

第14回・問題37

条件及び期限に関する次の①〜④の記述のうち，民法上，その内容が**適切でない**ものを1つだけ選び，解答欄にその番号をマークしなさい。

① 債務者が担保を減少させた場合であっても，債務者は，期限の利益を主張することができる。

② 条件の成否が未定である間における当事者の権利義務は，一般の規定に従い，処分し，相続し，もしくは保存し，又はそのために担保を供することができる。

③ 法律行為に始期を付したときは，その法律行為の履行は，期限が到来するまで，これを請求することができない。法律行為に終期を付したときは，その法律行為の効力は，期限が到来した時に消滅する。

④ 解除条件付法律行為は，解除条件が成就した時からその効力を失う。

解答欄

①◯　②◯　③◯　④◯

分野別出題率

条件・期限からの出題状況

解答 解説

②・③・④は適切であるが，①は不適切である。よって，正解は①となる。

① 不適切である。(i) 債務者が破産手続開始の決定を受けたとき，(ii) 債務者が担保を滅失させ，損傷させ，または減少させたとき，(iii) 債務者が担保を供する義務を負う場合において，これを供しないとき，債務者は期限の利益を主張することができないものとされている。

（民法137条）

② 適切である。

（民法129条）

③ 適切である。

（民法135条）

④ 適切である。

（民法127条２項）

2-45 期間

第18回・問題37

期間の計算に関する次の①～④の記述のうち，民法上，その内容が**適切でない**ものを１つだけ選び，解答欄にその番号をマークしなさい。

① 10月１日午前10時30分から６時間という期間を定めた場合，その期間は，即時から起算されるので，午後４時30分をもって満了する。

② ある事実を知った日から２週間以内に届け出ることが法令により義務付けられている場合において，当該事実を10月１日午前10時に知ったときは，当該事実の届出の期限は10月15日となる。

③ 期間の末日が日曜日，国民の祝日に関する法律に規定する休日その他の休日に当たるときは，期間は，その前日に満了する。

④ 10月31日午前０時から１か月という期間を定めた場合，その期間は，11月においてその起算日に応当する31日はないので，11月30日をもって満了する。

解答欄

分野別出題率

期間からの出題状況

解答　解説

①・②・④は適切であるが，③は不適切である。よって，正解は③となる。

① **適切**である。

(民法139条)

② **適切**である。

(民法140条)

③ **不適切**である。その日に取引をしない慣習がある場合に限り，期間は，その翌日に満了する。

(民法142条)

④ **適切**である。

(民法143条２項)

2-46 時効等Ⅰ

第15回・問題38

時効に関する次の①～④の記述のうち，民法上，その内容が**適切でないもの**を1つだけ選び，解答欄にその番号をマークしなさい。

① 裁判上の請求がなされた場合において，確定判決又は確定判決と同一の効力を有するものによって権利が確定したときは，時効は，裁判上の請求が終了した時から新たにその進行を始める。

② 強制執行が申し立てられた場合において，当該申立ての取下げ又は法律の規定に従わないことによる取消しによって強制執行が終了したときは，その終了の時から6か月を経過するまでの間は，時効は，完成しない。

③ 仮差押えが申し立てられた場合，仮差押えは時効の更新事由に該当するため，時効は，仮差押えが終了した時から新たにその進行を始める。

④ 債権者が権利を行使することができることを知った時から5年間行使しないとき，又は権利を行使することができる時から10年間行使しないときは，債権は，時効によって消滅する。

解答欄

①○ ②○ ③○ ④○

チャレンジ問題

第13回・問題30(改)

●10年間，所有の意思をもって，平穏に，かつ，公然と他人の物を占有した者は，その占有の開始の時に，善意であったときは，過失の有無を問わず，その所有権を取得する。

分野別出題率

消滅時効・時効の中断からの出題状況

直近３回の出題率 100%

直近５回の出題率 80%

直近10回の出題率 90%

解答 解説

①・②・④は適切であるが，③は不適切である。よって，正解は③となる。

① **適切**である。なお，民事訴訟法275条１項の和解または民事調停法もしくは家事事件手続法による調停が不調となり，確定判決または確定判決と同一の効力を有するものによって権利が確定することなく終了した場合には，６カ月を経過するまでの間は，時効の完成が猶予される。

(民法147条２項，１項１号，３号)

② **適切**である。

(民法148条１項１号)

③ **不適切**である。仮差押えは時効の完成猶予の事由である。その事由が終了した時から６カ月を経過するまでの間は，時効は，完成しない。

(民法149条１号)

④ **適切**である。

(民法166条)

チャレンジ問題・解答

× **不適切**である。10年間所有の意思をもって平穏に，かつ公然と他人の物を占有した者は，その占有の開始の時に善意であり，かつ過失がなかったときは，その所有権を取得する。

(民法162条２項)

2-47 時効等Ⅱ

第16回・問題30

時効に関する次の①～④の記述のうち，民法上，その内容が適切なものを1つだけ選び，解答欄にその番号をマークしなさい。

① 裁判上の請求がある場合において，確定判決又は確定判決と同一の効力を有するものによって権利が確定したときは，時効は，その事由が終了した時から6か月を経過した時から新たにその進行を始める。

② 仮差押えがある場合には，その事由が終了した時から6か月を経過するまでの間は，時効は，完成しない。

③ 時効の更新事由である権利の承認をするには，相手方の権利についての処分につき行為能力の制限を受けていないこと又は権限があることを要する。

④ 時効の利益は，あらかじめ放棄することができる。

解答欄

①〇 ②〇 ③〇 ④〇

チャレンジ問題

第13回・問題30(改)

●時効の期間の満了の時に当たり，天災その他避けることのできない事変のため裁判上の請求や強制執行の時効の完成猶予のための手段をとれない場合には，その障害が消滅した時から3か月を経過するまでの間は，時効は，完成しない。

分野別出題率

消滅時効・時効の中断からの出題状況

解答　解説

②は適切であるが，①・③・④は不適切である。よって，正解は②となる。

① **不適切**である。裁判上の請求については，確定判決または確定判決と同一の効力を有するものによって権利が確定した場合は，裁判上の請求が終了した時（確定時）から，時効は新たに進行する。なお，確定することなく終了した場合には，その終了時から６カ月を経過するまでの間は，時効は完成しないこととされている。そのため，訴えの取下げにより終了した場合も当該終了時から６カ月を経過するまでの間は，時効は完成しない。

（民法147条１項，２項）

② **適切**である。

（民法149条１号）

③ **不適切**である。時効の更新事由である権利の承認をするには，相手方の権利についての処分につき行為能力の制限を受けていないことまたは権限があることを要しない。

（民法152条２項）

④ **不適切**である。時効の利益は，あらかじめ放棄することができない。

（民法146条）

チャレンジ問題・解答

○ **適切**である。

（民法161条）

2 - 48 時効等Ⅲ

第18回・問題30

時効に関する次の①～④の記述のうち，民法上，その内容が**適切なもの**を1つだけ選び，解答欄にその番号をマークしなさい。

---

① 債権は，債権者が権利を行使することができることを知った時から10年間行使しないとき，又は権利を行使することができる時から20年間行使しないときは，時効によって消滅する。

---

② 当事者は，あらかじめ時効の利益を放棄したときは，時効を援用することができない。

---

③ 時効の完成猶予又は更新は，完成猶予又は更新の事由が生じた当事者，その承継人及び当該時効の完成猶予又は更新により利害関係が生じるすべての者の間において，その効力を有する。

---

④ 確定判決又は確定判決と同一の効力を有するものによって確定した権利については，確定の時に弁済期の到来していない債権を除き，10年より短い時効期間の定めがあるものであっても，その時効期間は，10年とされる。

解答欄

分野別出題率

消滅時効・時効の中断からの出題状況

④は適切であるが，①・②・③は不適切である。よって，正解は④となる。 

① **不適切**である。知った時から５年間，権利行使することができる時から10年間で債権は時効によって消滅する。

（民法166条１項）

② **不適切**である。時効の利益は，あらかじめ放棄することができない。

（民法146条）

③ **不適切**である。当事者およびその承継人の間のみで効力を生じる。

（民法153条）

④ **適切**である。

（民法169条）

2-49 時効等Ⅳ

第15回・問題42

次の①～④の記述のうち，民法上，その内容が**適切でない**ものを1つだけ選び，解答欄にその番号をマークしなさい。なお，本問において，「改正前民法」とは平成29年法律第44号により改正される前の民法をいい，「改正民法」とは同法により改正された後の民法をいうものとする。

---

① Aは，2020年3月1日に，Bとの間で，金銭消費貸借契約を締結しBに10万円を貸し付けた。この場合，AのBに対する貸付金債権の消滅時効の期間については，改正前民法が適用され，当該債権は，10年間行使しないときは，時効によって消滅する。

---

② Aは，2020年3月1日に，Bとの間で，債権の譲渡を禁止する旨の特約を付した金銭消費貸借契約を締結しBに10万円を貸し付けた。その後，Aは，2020年5月1日に，Cとの間で，AのBに対する貸付金債権を譲渡した。この場合，AのCに対する債権の譲渡については，改正前民法が適用され，AとCとの間の債権譲渡契約は無効となる。

---

③ Aは，2020年3月1日に，Bとの間で，定型取引（注）に係る契約を締結した。この場合において，2020年3月31日以前に，A又はBが書面又は電磁的記録により反対の意思を表示していないときは，当該契約については，改正民法が適用される。

---

④ Aは，2010年5月1日に，Bとの間で，金銭消費貸借契約を締結しBに10万円を貸し付けた。BがAに借入金を返済していない場合において，2020年4月15日に天災その他避けることのできない事変が生じた。この場合，天災等による時効の完成猶予については，改正民法が適用され，その障害が消滅した時から3か月を経過するまでの間は，時効は，完成しない。

（注） 定型取引とは，改正民法第548条の2（定型約款の合意）第1項に規定する定型取引（ある特定の者が不特定多数の者を相手方として行う取引であって，その内容の全部又は一部が画一的であることがその双方にとって合理的なもの）をいう。

解答欄

① ○ ② ○ ③ ○ ④ ○

分野別出題率

消滅時効・時効の中断からの出題状況

直近3回の出題率 100%

直近5回の出題率 80%

直近10回の出題率 90%

①・③・④は適切であるが，②は不適切である。よって，正解は②となる。

① **適切**である。改正民法の施行日前に債権が生じた場合におけるその債権の消滅時効の援用については，改正前民法の規定による。

(改正民法附則10条1項，改正前民法167条1項)

② **不適切**である。改正民法の施行日前に債権の譲渡の原因である法律行為がなされた場合におけるその債権の譲渡については，改正前民法の規定が適用されるが，本肢の場合は，改正民法の規定が適用される。この点，改正民法のもとでは，債権譲渡を禁止する特約（譲渡制限特約）が付されていても，これによって債権譲渡の効力は妨げられない。当事者間では，有効とされている。

(改正民法附則22条，改正民法466条2項)

③ **適切**である。

(改正民法附則33条)

④ **適切**である。施行日後に時効の完成猶予事由が生じた場合には，改正民法が適用される。

(改正民法附則10条2項，改正民法161条)

2-50 時効等Ⅴ

第17回・問題29

消滅時効に関する次の①〜④の記述のうち，民法上，その内容が適切なものを1つだけ選び，解答欄にその番号をマークしなさい。

① 時効の利益は，あらかじめ放棄することができる。

② 民事調停が申し立てられた場合において，当該民事調停が不調に終わったときは，当該民事調停が不調に終わった時から6か月を経過するまでの間は，時効は完成しない。

③ 催告があった場合，その時から6か月を経過するまでの間に，再度の催告をしたときは，再度の催告の時から6か月を経過するまでの間は，時効は完成しない。

④ 権利についての協議を行う旨の合意が書面でなされた場合，時効は，その合意がなされた時から新たにその進行を始める。

解答欄

①◯ ②◯ ③◯ ④◯

分野別出題率

消滅時効・時効の中断からの出題状況

②は適切であるが，①・③・④は不適切である。よって，正解は②となる。

① **不適切**である。時効の利益は，あらかじめ放棄することはできない。

(民法146条)

② **適切**である。

(民法147条１項３号)

③ **不適切**である。催告によって時効の完成が猶予されている間にされた再度の催告に，時効完成猶予の効力は認められない。

(民法150条２項)

④ **不適切**である。(i) 合意があった時から１年を経過した時，(ii) 合意において当事者が協議を行う期間（１年に満たないものに限る）を定めたときは，その期間を経過した時，(iii) 当事者の一方から相手方に対して協議の続行を拒絶する旨の通知が書面でされたときは，その通知の時から６カ月を経過した時，のうちいずれか早い時までの間は，時効が完成しない。

(民法151条１項)

2-51 弁済Ⅰ

第15回・問題40

弁済に関する次の①～④の記述のうち，民法上，その内容が**適切でない**ものを1つだけ選び，解答欄にその番号をマークしなさい。

① 債務者が債権者に対して債務の弁済をしたときは，その債権は，消滅する。

② 弁済をするについて正当な利益を有する者でない第三者は，債権者及び債務者のいずれの意思にも反しない場合であっても，弁済をすることはできない。

③ 弁済をすべき場所について別段の意思表示がないときは，特定物の引渡しは債権発生の時にその物が存在した場所において，その他の弁済は債権者の現在の住所において，それぞれしなければならない。

④ 債務者は，弁済の提供の時から，債務を履行しないことによって生ずべき責任を免れる。

解答欄

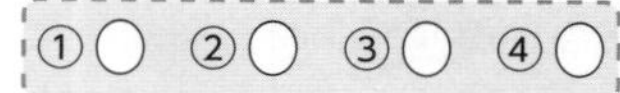

分野別出題率

弁済・第三者弁済・債務の消滅原因・代位からの出題状況

①・③・④は適切であるが，②は不適切である。よって，正解は②となる。

① 適切である。

（民法473条）

② 不適切である。弁済をするについて正当な利益を有する者でない第三者は，原則として，債権者および債務者の意思に反して弁済をすることができない。

（民法474条3項，2項）

③ 適切である。

（民法484条1項）

④ 適切である。

（民法492条）

2-52 弁済Ⅱ

第12回・問題39(改)

弁済に関する次の①～④の記述のうち，民法上，その内容が**適切でない**ものを1つだけ選び，解答欄にその番号をマークしなさい。

① 債務の弁済は，第三者もすることができる。ただし，その債務の性質がこれを許さないとき，又は当事者が第三者の弁済を禁止し，若しくは制限する旨の意思表示をしたときは，適用しない。弁済をするについて正当な利益を有する者でない第三者は，債務者の意思に反して弁済をすることができない。

② 債務者の債務を弁済するについて正当な利益を有する者は，債務者のために有効な弁済をした場合であっても，債権者の承諾を得たときでなければ，債権者に代位しない。

③ 代位弁済によって全部の弁済を受けた債権者は，債権に関する証書及び自己の占有する担保物を代位者に交付しなければならない。

④ 差押えを受けた債権の第三債務者が自己の債権者に弁済をしたときは，差押債権者は，その受けた損害の限度において更に弁済をすべき旨を第三債務者に請求することができる。

解答欄

①◯ ②◯ ③◯ ④◯

チャレンジ問題

第7回・問題31

●契約により生じた債権の一部について代位弁済があった場合において，債務者が残債務を履行しないことによって契約の解除権が発生したときは，代位者は，債権者とともに契約を解除することができる。

分野別出題率

弁済・第三者弁済・債務の消滅原因・代位からの出題状況

直近3回の出題率 **100%**

直近5回の出題率 **100%**

直近10回の出題率 **100%**

解答 解説

①・③・④は適切であるが，②は不適切である。よって，正解は②となる。

① **適切**である。

(民法474条1項，2項，4項)

② **不適切**である。債務者のために弁済をした者は，債権者に代位する。

(民法499条)

③ **適切**である。

(民法503条1項)

④ **適切**である。

(民法481条)

チャレンジ問題・解答

× **不適切**である。債権の一部について代位弁済があったときは，代位者は，その弁済をした価額に応じて，債権者とともにその権利を行使することができるが，債務不履行による契約の解除は，債権者のみがすることができる。

(民法502条1項，4項)

2-53 弁済Ⅲ

第14回・問題33

弁済に関する次の①～④の記述のうち，民法上，その内容が適切なものを1つだけ選び，解答欄にその番号をマークしなさい。

---

① 弁済の費用について別段の意思表示がないときは，その費用は，債権者及び債務者が等しい割合で負担する。

---

② 債務者が同一の債権者に対して同種の給付を目的とする数個の債務を負担する場合において，弁済として提供した給付がすべての債務を消滅させるのに足りないときは，弁済をする者は，給付の時に，その弁済を充当すべき債務を指定することができる。ただし，弁済を受領する者がその充当に対して直ちに異議を述べたときは，この限りでない。

---

③ 弁済の提供は，債権者があらかじめその受領を拒んでいるときであっても，債務の本旨に従って現実にしなければならない。

---

④ 弁済により債権者に代位した者は，自己の権利に基づいて求償をすることができる範囲内において，債権の効力及び担保としてその債権者が有していた一切の権利を行使することができる。

解答欄

①◯　②◯　③◯　④◯

分野別出題率

弁済・第三者弁済・債務の消滅原因・代位からの出題状況

解答 解説

④は適切であるが，①・②・③は不適切である。よって，正解は④となる。

---

① **不適切**である。弁済の費用について別段の意思表示がないときは，その費用は，債務者の負担とする。

（民法485条）

---

② **不適切**である。債務者が同一の債権者に対して同種の給付を目的とする数個の債務を負担する場合において，弁済として提供した給付がすべての債務を消滅させるのに足りないときは，弁済をする者は，給付の時に，弁済を充当すべき債務を指定できるが，弁済を受領する者は異議を述べることはできない。

（民法488条）

---

③ **不適切**である。弁済の提供は，原則は債務の本旨に従って現実にしなければならないものとされているが，債権者があらかじめその受領を拒み，または債務の履行について債権者の行為を要するときは，弁済の準備をしたことを通知してその受領の催告をすれば足りるものとされている。

（民法493条）

---

④ **適切**である。

（民法501条１項，２項）

2-54 弁済Ⅳ

第17回・問題32

弁済に関する次の①～④の記述のうち，民法上，その内容が適切なものを1つだけ選び，解答欄にその番号をマークしなさい。

① 受領権者（債権者及び法令の規定又は当事者の意思表示によって弁済を受領する権限を付与された第三者をいう。）以外の者であって取引上の社会通念に照らして受領権者としての外観を有するものに対してした弁済は，その弁済をした者が善意であれば，過失の有無にかかわらず，その効力を有する。

② 当事者が第三者の弁済を禁止した場合は，弁済をするについて正当な利益を有する第三者であっても，弁済をすることができない。

③ 債務者が一個又は数個の債務について元本のほか利息及び費用を支払うべき場合において，弁済をする者がその債務の全部を消滅させるのに足りない給付をしたときは，弁済の充当の順序に関する合意の有無にかかわらず，これを順次に費用，利息及び元本に充当しなければならない。

④ 弁済の提供は，債権者があらかじめその受領を拒んでいるときであっても，弁済の準備をしたことを通知してその受領の催告をすることでは足りず，債務の本旨に従って現実にしなければならない。

解答欄

①◯ ②◯ ③◯ ④◯

分野別出題率

弁済・第三者弁済・債務の消滅原因・代位からの出題状況

解答 解説

②は適切であるが，①・③・④は不適切である。よって，正解は②となる。

① 不適切である。受領権者以外の者であって，取引上の社会通念に照らして受領権者としての外観を有する者に対してした弁済は，その弁済をした者が善意であり，かつ，過失がなかったときに限り，その効力を有する。

(民法478条)

② 適切である。

(民法474条4項)

③ 不適切である。弁済をする者と弁済を受領する者との間に弁済の充当の順序に関する合意があるときは，それに従う必要がある。

(民法489条1項，490条)

④ 不適切である。債権者があらかじめその受領を拒んだ場合は，弁済の準備をしたことを通知して，その受領の催告をすればよい。

(民法493条)

2 - 55 相殺 I

第 16 回・問題 32

AのBに対する金銭債権を「甲債権」とし, BのAに対する金銭債権を「乙債権」とする。この場合に関する次の①～④の記述のうち，民法上，その内容が適切なものを１つだけ選び，解答欄にその番号をマークしなさい。

① 甲債権の弁済期が11月１日であり，乙債権の弁済期が同年10月15日である場合，Aは，同年10月15日の時点で，甲債権と乙債権とを相殺することができる。

② Aは，甲債権と乙債権とを相殺するにあたり，相殺の意思表示に条件又は期限を付することができる。

③ 甲債権と乙債権とが相殺に適するようになった後に，甲債権が時効によって消滅した場合であっても，Aは，甲債権と乙債権とを相殺することができる。

④ 甲債権が他人から譲り受けた債権である場合において，その譲受けの時期が，乙債権に係る債権差押命令がAに送達された後であっても，甲債権が当該差押え前の原因に基づき発生したものであるときは，Aは，甲債権と乙債権との相殺をもって乙債権の差押債権者に対抗することができる。

解答欄

①◯　②◯　③◯　④◯

分野別出題率

相殺からの出題状況

解答 解説

③は適切であるが，①・②・④は不適切である。よって，正解は③となる。

① **不適切**である。２人が互いに同種の目的を有する債務を負担する場合，双方の債務が弁済期にあるときは，各債務者はその対当額について相殺によってその債務を免れることができる。よって，Aが債権者である甲債権の弁済期が未到来であるため，相殺をすることができない。

(民法505条1項)

② **不適切**である。相殺は，当事者の一方から相手方に対する意思表示によってするが，その意思表示には，条件または期限を付することができない。

(民法506条1項)

③ **適切**である。時効によって消滅した債権がその消滅以前に相殺に適するようになっていた場合には，その債権者は，相殺をすることができる。

(民法508条)

④ **不適切**である。差押えを受けた債権の第三債務者は，差押え後に取得した債権による相殺をもって差押債権者に対抗することはできないとされている。そのため，差押えを受けた乙債権の第三者であるAは差押え後に第三者から取得した甲債権との相殺をもって，差押債権者に対抗することができない。

(民法511条)

2-56 相殺Ⅱ

第15回・問題33

AのBに対する金銭債権を「甲債権」とし，BのAに対する金銭債権を「乙債権」とする。甲債権と乙債権との相殺に関する次の①～④の記述のうち，民法及び破産法上，その内容が適切なものを1つだけ選び，解答欄にその番号をマークしなさい。なお，甲債権及び乙債権は，2020年4月1日以降に生じたものとする。

---

① 甲債権の弁済期が10月15日であり，乙債権の弁済期が同年11月1日である場合，同年10月15日の時点においては，乙債権の弁済期が到来していないため，Aは，甲債権と乙債権とを相殺することができない。

---

② 甲債権が時効によって消滅した後は，甲債権が時効により消滅する以前に，甲債権と乙債権とが相殺に適するようになっていたときであっても，Aは，甲債権と乙債権とを相殺することができない。

---

③ Aに対して金銭債権を有するCの申立てに基づき甲債権が差し押さえられ，その差押命令がBに送達されていた場合において，Bが乙債権を当該差押命令の送達後に取得したときは，Bは，甲債権と乙債権との相殺をもってCに対抗することができる。

---

④ Aが破産債権者であり，Bが破産者である場合において，Aが甲債権を破産手続開始前に取得し，Bが乙債権を破産手続開始前に取得していたときは，Aは，破産手続によらないで，甲債権と乙債権とを相殺することができる。

解答欄

①◯　②◯　③◯　④◯

分野別出題率

相殺からの出題状況

解答 解説

④は適切であるが，①・②・③は不適切である。よって，正解は④となる。

---

① **不適切**である。２人が互いに同種の目的を有する債務を負担する場合，各債務者はその対当額について，相殺によってその債務を免れることができる。Aは，乙債権の期限の利益を放棄し，双方の債権を弁済期にすることで相殺をすることができる。

(民法505条１項)

---

② **不適切**である。時効によって消滅した債権がその消滅以前に相殺に適するようになっていた場合には，その債権者は，相殺をすることができる。

(民法508条)

---

③ **不適切**である。差押えを受けた債権の第三債務者は，差押え後に取得した債権による相殺をもって差押債権者に対抗することができないが，差押え前に取得した債権による相殺をもって対抗することができる。

(民法511条１項)

---

④ **適切**である。

(破産法67条１項)

2-57 相殺Ⅲ

第14回・問題34

AのBに対する金銭債権を「甲債権」とし，BのAに対する金銭債権を「乙債権」とする。甲債権と乙債権の相殺に関する次の①～④の記述のうち，民法上，その内容が適切なものを１つだけ選び，解答欄にその番号をマークしなさい。

---

① A及びBは，甲債権と乙債権とを相殺しようとする場合，その相手方に対して相殺の意思表示をしなければならないが，その意思表示には，条件又は期限を付することができる。

---

② 甲債権と乙債権の双方の債務の履行地が異なる場合，A及びBは，甲債権と乙債権とを相殺することができない。

---

③ 甲債権の弁済期が11月１日であり，乙債権の弁済期が同年11月25日である場合，Aは，同年11月１日の時点で，乙債権についての期限の利益を放棄して，甲債権と乙債権とを相殺することができる。

---

④ 甲債権が貸付金債権であり，乙債権が不法行為に基づく損害賠償債権である場合，Aは，甲債権と乙債権とを相殺することができる。

解答欄

①◯　②◯　③◯　④◯

チャレンジ問題

第13回・問題33(改)

●乙債権が差押えを禁じられたものである場合でも，Aは，甲債権と乙債権との相殺をもってBに対抗することができる。

分野別出題率

相殺からの出題状況

③は適切であるが，①・②・④は不適切である。よって，正解は③となる。

① **不適切**である。相殺は，当事者の一方から相手方に対する意思表示によって行うが，その意思表示には，条件または期限を付することができない。

これは，相殺の効力は相殺適状時に遡るとされているため，期限をつけても無意味であるほか，相殺のような一方当事者による法律行為（単独行為）に条件を許すと，法律関係が紛糾するという理由によるものである。

（民法506条）

② **不適切**である。債務履行地が異なる場合でも，相殺はできる。なお，相殺をする当事者は，相手方に対し，これによって生じた損害を賠償しなければならない。

（民法507条）

③ **適切**である。相殺の要件の１つとして，双方の債権が弁済期にあることが必要であるが，相殺をしようとする者が有する債権（自働債権）の履行期が到来していることは必要であるが，当該者が負う債務（受働債権）の履行期が到来していなくても，当該者は，期限の利益を放棄できる限り，相殺できると解されている。

（民法505条１項，最判昭32.７.19等）

④ **不適切**である。債務が悪意による不法行為によって生じた損害賠償債務であるときや人の生命または身体の侵害による損害賠償債務である場合には，その債務者（乙債権の債務者であるA）は，相殺をもって債権者に対抗することができない。

（民法509条）

チャレンジ問題・解答

× **不適切**である。差押禁止債権の債務者は，相殺をもって債権者に対抗することができない。

（民法510条）

2-58 相殺Ⅳ

第17回・問題39

相殺に関する次の①〜④の記述のうち，民法上，その内容が適切でないものを1つだけ選び，解答欄にその番号をマークしなさい。

① Aは，Bに対して悪意による不法行為に基づく損害賠償債権を有するとともに売買契約に基づく代金債務を負っている。この場合において，Aは，当該損害賠償債権と当該代金債務とを相殺することができない。

② Aは，Bに対して売買契約に基づく代金債権を有するとともに金銭消費貸借契約に基づく借入金債務を負っている。当該売買契約においては，Bは，代金の支払期日に，Aからの商品の納品と引き換えに，代金をAに支払う旨の約定がなされている。この場合において，Aは，代金の支払期日が到来しても，Bに商品を納品していないときは，当該代金債権と当該借入金債務とを相殺することができない。

③ Bは，Aに対して売買契約に基づく代金債権を有しており，Bの債権者であるCは，当該代金債権を差し押さえた。Aに当該差押命令が送達された後，Aが，DからDのBに対する貸付金債権を譲り受けた場合，Aは，当該貸付金債権とBに対して負う代金債務との相殺をもってCに対抗することができない。

④ Aは，Bに対して金銭消費貸借契約に基づく貸付金債権を有するとともに売買契約に基づく代金債務を負っている。この場合において，AがBに当該貸付金債権と当該代金債務との相殺の意思表示をしたときは，当該意思表示は双方の債務が互いに相殺に適するようになった時にさかのぼってその効力を生ずる。

解答欄

①○　②○　③○　④○

分野別出題率

相殺からの出題状況

②・③・④は適切であるが，①は不適切である。よって，正解は①となる。 

① **不適切**である。悪意の不法行為に基づく損害賠償の債務および人の生命または身体の侵害による損害賠償の債務の債務者は，相殺ができないが，債権者にはこのような制限は設けられていない。

（民法509条）

② **適切**である。

（民法505条１項）

③ **適切**である。

（民法511条２項）

④ **適切**である。

（民法506条２項）

2-59 相殺Ⅴ

第18回・問題33

Ａの Ｂに対する金銭債権を「甲債権」とし，Ｂの Ａに対する金銭債権を「乙債権」とする。甲債権と乙債権の相殺に関する次の①～④の記述のうち，民法及び民事執行法上，その内容が**適切なもの**を１つだけ選び，解答欄にその番号をマークしなさい。

① Ａに対して金銭債権を有するＣの申立てにより甲債権が差押えを受けた。この場合，Ａは，甲債権と乙債権とを相殺することができる。

② 乙債権の弁済期は到来しているが，甲債権の弁済期は到来していない。この場合，Ａは，甲債権と乙債権とを相殺することができない。

③ Ａが甲債権を取得した後に，Ｂに対して金銭債権を有するＤの申立てにより乙債権が差押えを受けた。この場合，Ａは，甲債権と乙債権との相殺をもってＤに対抗することができない。

④ 甲債権及び乙債権が相殺適状となった後，甲債権が時効により消滅した。この場合，Ａは，甲債権と乙債権とを相殺することができない。

解答欄

①◯ ②◯ ③◯ ④◯

分野別出題率

相殺からの出題状況

②は適切であるが，①・③・④は不適切である。よって，正解は②となる。 

① 不適切である。甲債権が差押えにより処分禁止状態になっているので，乙債権との相殺はできない。

（民法505条１項ただし書，民事執行法145条１項）

② 適切である。Aは，期限の利益を放棄し，相殺適状にして相殺することができる。

（民法505条１項，136条２項本文）

③ 不適切である。差押え前に取得した自働債権による相殺は可能である。

（民法511条１項）

④ 不適切である。時効による消滅以前に相殺適状となっていた場合は，相殺は可能である。

（民法508条）

2-60 債権の消滅Ⅰ

第13回・問題39(改)

債権の消滅に関する次の①～④の記述のうち，民法上，その内容が**適切でない**ものを１つだけ選び，解答欄にその番号をマークしなさい。

---

① Ａは，Ｂに対する貸付金債権をＣに譲渡する旨の債権譲渡契約をＣとの間で締結し，ＡからＢにその旨の債権譲渡通知がなされた後に，当該債権譲渡契約は解除された。その後，Ｂは，Ｃから当該債権の弁済の請求を受けてＣに弁済した。Ｂが，当該債権譲渡契約が解除されたことを過失なく知らなかった場合，ＢがＣに対して行った弁済は有効である。

---

② Ａが，Ｂに対して貸付金債権を有している場合において，Ｂが，Ａの承諾を得て，借入金の弁済に代えてＢが所有する絵画を引き渡したときは，当該債権は消滅する。

---

③ Ａが，Ｃとの間で，ＡのＢに対する貸付金債権について債務者をＣとする旨の債務者の交替による更改の契約を締結した場合，更改は，債権者が更改前の債務者に対してその契約をした旨を通知した時に，その効力を生ずる。

---

④ Ａは，Ｂに対して貸付金債権を有しており，当該債権についてＡの債権者であるＣが質権の設定を受けている場合において，Ａが死亡し，Ｂがその唯一の相続人としてＡを相続したときは，混同により，当該債権は消滅する。

解答欄

分野別出題率

弁済・第三者弁済・債務の消滅原因・代位からの出題状況

直近3回の出題率

100%

直近5回の出題率

80%

直近10回の出題率

90%

解説

①・②・③は適切であるが，④は不適切である。よって，正解は④となる。

---

① **適切**である。AからCへの債権譲渡契約が解除されると，債権は譲渡人Aに復帰するが，解除による債権の復帰をもって，債務者その他の第三者に対抗するためには，対抗要件を備える必要がある。

つまり，債権譲渡契約の解除による債権の譲渡人Aへの復帰について，債務者Bに対抗するためには，譲受人Cから債務者Bに通知するか，債務者Bの承諾が必要となるが，Bが当該解除について過失なく知らないのであれば，当該通知・承諾は得られていないと考えられる。

この場合，Aは債権の復帰について，Bに対抗することができず，BがCに対して行った支払は有効となる。

（民法467条１項，478条）

---

② **適切**である。本肢における絵画の引渡しは，代物弁済として有効である。

（民法482条）

---

③ **適切**である。

（民法514条１項）

---

④ **不適切**である。債権および債務が同一人に帰属したとき，その債権は消滅するのが原則であるが，債権が第三者の権利（質権）の目的となっているときは消滅しない。

（民法520条）

2-61 債権の消滅Ⅱ

第11回・問題40(改)

Ａは Ｂに対して貸付金債権（以下，本問において「本件債権」という。）を有している。この場合における債権の消滅に関する次の①～④の記述のうち，民法上，その内容が**適切でない**ものを１つだけ選び，解答欄にその番号をマークしなさい。

---

① ＡがＣとの間で本件債権をＣに譲渡する契約を締結し，ＡからＢにその旨の債権譲渡通知が有効になされた後に，当該契約は解除された。その後，Ｂは，Ｃから本件債権の弁済の請求を受けてＣに弁済した。Ｂが，当該契約が解除されたことを過失なく知らなかった場合，ＢがＣに対してした弁済は，その効力が認められる。

---

② Ａが本件債権を有する一方で，ＢはＡに対して人の生命又は身体の侵害による損害賠償債権を有する場合，Ａは，本件債権と当該損害賠償債権とを相殺することができない。

---

③ Ａが死亡し，Ｂがその唯一の相続人としてＡを相続した場合，本件債権が第三者の権利の目的であるときを除き，本件債権は，混同により消滅する。

---

④ Ａが，Ｂ及びＤとの間で，本件債権を消滅させてＤのＢに対する貸付金債権を生じさせる旨の債権者の交替による更改の契約を締結する場合，当該更改の契約は，確定日付のある証書によってしなければその効力を生じない。

解答欄

① ○　② ○　③ ○　④ ○

チャレンジ問題

第9回・問題33(改)

●債務者の債務を弁済するについて正当な利益を有しない者であっても，債務者のために有効な弁済をした場合に債権者に代位するにあたっては，何らの対抗要件を備える必要はない。

分野別出題率

弁済・第三者弁済・債務の消滅原因・代位からの出題状況

直近3回の出題率 100%

直近5回の出題率 80%

直近10回の出題率 90%

①・②・③は適切であるが，④は不適切である。よって，正解は④となる。

① 適切である。債権譲渡契約の解除により，債権は譲渡人に復帰するが，譲受人が解除の事実を債務者に通知しなければ，譲渡人は債務者に対抗できない。

（民法467条１項，478条）

② 適切である。人の生命または身体の侵害による損害賠償債務の債務者は，相殺をもって債権者に対抗することができない。

（民法509条２号）

③ 適切である。債権および債務が同一人に帰属したときは，その債権は，消滅する。ただし，その債権が第三者の権利の目的であるときは，この限りでない。

（民法520条）

④ 不適切である。債権者を交替する旨の更改の契約は，旧債権者，新債権者，債務者の三者間の契約により効力が生じるので，確定日付のある証書は必要ない。

ただし，債権者の交替による更改を第三者に対抗するためには，確定日付のある証書が必要となる。

（民法515条）

チャレンジ問題・解答

× 不適切である。弁済をするについて正当な利益を有しない者が債務者のために弁済をした場合に債権者に代位するにあたっては，債権譲渡の対抗要件を備える必要がある。なお，弁済をするについて正当な利益を有する者は，債権者に代位するにあたって，当該対抗要件を備える必要はない。

（民法499条，500条，467条）

2-62 定型約款

第16回・問題40

定型約款(注1)に関する次の①～④の記述のうち，民法上，その内容が**適切でない**ものを1つだけ選び，解答欄にその番号をマークしなさい。

---

① 定型取引を行い，又は行おうとする定型約款準備者(注2)は，定型約款を用いて契約を締結しようとする場合，事前に相手方にその定型約款の内容を示さなければならない。

---

② 定型約款の条項のうち，相手方の権利を制限し，又は相手方の義務を加重する条項であって，その定型取引の態様及びその実情並びに取引上の社会通念に照らして民法第1条第2項に規定する基本原則に反して相手方の利益を一方的に害すると認められるものについては，合意をしなかったものとみなされる。

---

③ 定型約款準備者は，民法第548条の4（定型約款の変更）第1項の規定による定型約款の変更をするときは，その効力発生時期を定め，かつ，定型約款を変更する旨及び変更後の定型約款の内容並びにその効力発生時期をインターネットの利用その他の適切な方法により周知しなければならない。

---

④ 定型約款準備者は，定型約款の変更が，相手方の一般の利益に適合する場合には，定型約款の変更をすることにより，変更後の定型約款の条項について合意があったものとみなし，個別に相手方と合意をすることなく契約の内容を変更することができる。

（注1） 定型約款とは，定型取引（ある特定の者が不特定多数の者を相手方として行う取引であって，その内容の全部又は一部が画一的であることがその双方にとって合理的なものをいう。）において，契約の内容とすることを目的としてその特定の者により準備された条項の総体をいう。
（注2） 定型約款準備者とは，定型約款を準備した者をいう。

解答欄

①◯ ②◯ ③◯ ④◯

分野別出題率

定型約款からの出題状況

②・③・④は適切であるが，①は不適切である。よって，正解は①となる。

① **不適切**である。定型約款を契約の内容とする旨の合意をしたとき，または，定型約款を準備した者があらかじめその定型約款を契約の内容とする旨を相手方に表示していたときには，定型約款の個別の条項に合意していなくとも，個別の条項についても合意したものとみなされ，定型約款準備者と相手方との間に，定型約款による契約が成立する。

(民法548条の２第１項)

② **適切**である。

(民法548条の２第２項)

③ **適切**である。

(民法548条の４第２項，１項)

④ **適切**である。

(民法548条の４第１項)

2-63 不当利得・不法行為 I

第 13 回・問題 34

不当利得に関する次の①～④の記述のうち，民法上，その内容が適切なものを1つだけ選び，解答欄にその番号をマークしなさい。

① 債務者でない者が錯誤によって他人の債務の弁済をした場合は，当該債務の債権者が，当該事情を知らずに，当該債務に係る証書を滅失させたときであっても，その弁済をした者は，当該債権者に対して，その弁済として給付したものの返還を請求することができる。

② 債務者は，弁済期にない債務の弁済として給付をしたときは，その給付したものの返還を請求することができる。

③ 債務の弁済として給付をした者は，その時において債務の存在しないことを知っていたときは，その給付したものの返還を請求することができない。

④ 不法な原因のために給付をした者は，当該不法な原因が当該給付を受けた受益者についてのみ存した場合であっても，その給付したものの返還を請求することができない。

解答欄

①○ ②○ ③○ ④○

チャレンジ問題

第 10 回・問題 35

●法律上の原因なく他人の財産又は労務によって利益を受けた者（以下，本問において「受益者」という。）は，そのために他人に損失を及ぼしたか否かを問わず，その利益を返還する義務を負う。悪意の受益者は，その受けた利益に利息を付して返還しなければならないが，その場合は，その他人に損害があっても，その賠償の責任を負わない。

分野別出題率

不当利得・不法行為からの出題状況

直近3回の出題率

33%

直近5回の出題率

40%

直近10回の出題率

30%

解答 解説

③は適切であるが，①・②・④は不適切である。よって，正解は③となる。 

① 不適切である。債務者でない者が錯誤によって債務の弁済をした場合において，債権者が善意で証書を滅失させ，もしくは損傷し，担保を放棄し，または時効によってその債権を失ったときは，その弁済をした者は，返還の請求をすることができない。

（民法707条1項）

② 不適切である。弁済期にない債務の弁済として給付をしたとき，債務者は，その給付したものの返還を請求することができない（期限前弁済は，期限の利益の放棄として原則有効である）。ただし，債務者が錯誤によってその給付をしたときは，債権者は，これによって得た利益を返還しなければならない。（民法706条）

③ 適切である。

（民法705条）

④ 不適切である。不法な原因のために給付をした者は，その給付したものの返還を請求することができない。ただし，不法な原因が受益者についてのみ存したときは，この限りでない。（民法708条）

チャレンジ問題・解答

× 不適切である。法律上の原因なく，他人の財産または労務によって利益を受け，そのために他人に損失を及ぼした者（受益者）は，その利益の存する限度において，これを返還する義務を負う。なお，悪意の受益者は，その受けた利益に利息を付して返還しなければならないが，損失を受けた他人が，さらに損害を被っているときは，その賠償責任を負う。

（民法703条，704条）

2-64 不当利得・不法行為Ⅱ

第17回・問題42

不当利得及び不法行為に関する次の①～④の記述のうち，民法上，その内容が**適切でない**ものを１つだけ選び，解答欄にその番号をマークしなさい。

① 数人が共同の不法行為によって他人に損害を加えたときは，各自が連帯してその損害を賠償する責任を負う。

② 人の生命又は身体を害する不法行為による損害賠償請求権を除き，不法行為による損害賠償の請求権は，被害者又はその法定代理人が損害及び加害者を知った時から３年間行使しないとき，又は不法行為の時から20年間行使しないときは，時効によって消滅する。

③ 法律上の原因なく他人の財産又は労務によって利益を受け，そのために他人に損失を及ぼした受益者は，善意であるか悪意であるかを問わず，その受けた利益に利息を付して返還する義務を負う。

④ 債務者は，弁済期にない債務の弁済として給付をしたときは，その給付したものの返還を請求することができない。ただし，債務者が錯誤によってその給付をしたときは，債権者は，これによって得た利益を返還しなければならない。

解答欄

①◯ ②◯ ③◯ ④◯

チャレンジ問題

第10回・問題35

●数人が共同の不法行為によって他人に損害を加えたときは，共同行為者は，その他人に生じた損害につき，各自の加害の割合により按分された価額についてのみ，それぞれ独立して賠償する責任を負う。

●ある事業のために他人を使用する者は，被用者がその事業の執行について第三者に加えた損害を賠償する責任を負う。ただし，使用者が被用者の選任及びその事業の監督について相当の注意をしたとき，又は相当の注意をしても損害が生ずべきであったときは，この限りでない。

分野別出題率

不当利得・不法行為からの出題状況

直近３回の出題率 **33%**

直近５回の出題率 **40%**

直近10回の出題率 **30%**

解答 解説

①・②・④は適切であるが，③は不適切である。よって，正解は③となる。

① **適切**である。

(民法719条１項)

② **適切**である。

(民法724条)

③ **不適切**である。悪意の受益者は，その受けた利益に利息を付して返還しなければならない。

(民法703条，704条)

④ **適切**である。

(民法706条)

チャレンジ問題・解答

× **不適切**である。数人が共同の不法行為によって他人に損害を加えたときは，各自が連帯してその損害を賠償する責任を負う。 (民法719条１項)

○ **適切**である。

(民法715条１項)

2-65 相続Ⅰ

第15回・問題34

相続に関する次の①～④の記述のうち，民法上，その内容が適切なものを1つだけ選び，解答欄にその番号をマークしなさい。

① 被相続人の子が，民法第891条（相続人の欠格事由）の規定に該当したことにより相続人となることができなくなったときは，その者の子は，被相続人の直系卑属であっても，その者を代襲して相続人となることができない。

② 被相続人の配偶者及び被相続人の兄弟姉妹が相続人である場合，当該兄弟姉妹の法定相続分は，3分の1である。

③ 被相続人の配偶者のみが相続人となる場合，当該配偶者は，遺留分として，被相続人の財産の2分の1に相当する額を受ける。

④ 相続人は，自己のために相続の開始があったことを知った時から6か月以内に，相続について，単純もしくは限定の承認又は放棄をしなければならない。

解答欄

① ◯　② ◯　③ ◯　④ ◯

チャレンジ問題

第6回・問題34

●共同相続人中に，被相続人の療養看護その他の方法により被相続人の財産の維持又は増加について特別の寄与をした者があるときは，被相続人が相続開始の時において有した財産の価額から共同相続人の協議で定めたその者の寄与分を控除したものを相続財産とみなし，法定相続分に寄与分を加えた額がその者の相続分となる。

分野別出題率

相続からの出題状況

③は適切であるが，①・②・④は不適切である。よって，正解は③となる。

① 不適切である。被相続人の子が，相続の開始以前に死亡したとき，または民法891条の規定（相続人の欠格事由）に該当し，もしくは廃除によって，その相続権を失ったときは，その者の子がこれを代襲して相続人となる。ただし，被相続人の直系卑属でない者は，この限りでない。

(民法887条 2 項)

② 不適切である。配偶者および兄弟姉妹が相続人であるとき，配偶者の法定相続分は 4 分の 3 となり，兄弟姉妹の法定相続分は 4 分の 1 となる。

(民法900条 3 号)

③ 適切である。直系尊属のみが相続人である場合以外の場合には，遺留分は 2 分の 1 となる。よって，配偶者のみが相続人となる場合，遺留分は相続分の 2 分の 1 となる。

(民法1042条 1 項 2 号)

④ 不適切である。単純承認もしくは限定承認または相続放棄をするためには，相続人が自己のために相続の開始があったことを知った時から 3 カ月以内に，家庭裁判所に対してその旨を申述しなければならない。限定承認または相続放棄をしなかったときは，相続人は，単純承認をしたものとみなされる。なお，上記期間は，利害関係人または検察官の請求によって，家庭裁判所において伸長することができる。

(民法915条 1 項，921条 2 号)

チャレンジ問題・解答

○ 適切である。

(民法904条の 2 第 1 項)

2 - 66 相続Ⅱ

第18回・問題40

Aは，配偶者B，子C及びD，並びにDの子でありAの孫であるEを遺して死亡した。この場合の相続に関する次の①～④の記述のうち，民法上，その内容が**適切でない**ものを1つだけ選び，解答欄にその番号をマークしなさい。

① B，C及びDが単純承認した場合は，C及びDの法定相続分はそれぞれ4分の1である。

② Aは，遺言で，共同相続人B，C及びDの相続分について法定相続分と異なる相続分を指定していた場合であっても，Aの債権者は，B，C及びDに対し，その法定相続分に応じてその権利を行使することができる。

③ Bは，相続財産の一部を費消したときは，単純承認をしたものとみなされる。

④ Dが相続放棄をしたときは，B，C及びEが共同相続人となる。

解答欄

①○ ②○ ③○ ④○

分野別出題率

相続からの出題状況

①・②・③は適切であるが，④は不適切である。よって，正解は④となる。

---

① **適切**である。

（民法900条１号，４号）

---

② **適切**である。

（民法902条の２）

---

③ **適切**である。

（民法921条１号）

---

④ **不適切**である。Dは放棄により，相続人ではなかったことになるので，BおよびCが相続人となる。なお，被相続人の子が相続放棄を行った場合には，当該子の子は代襲して相続人となるものではなく，Eによる代襲相続は発生しない。

（民法939条，887条２項）

2-67 相続Ⅲ

第16回・問題33

相続に関する次の①～④の記述のうち，民法上，その内容が適切なものを1つだけ選び，解答欄にその番号をマークしなさい。

① 相続人は，相続によって得た財産の限度においてのみ被相続人の債務及び遺贈を弁済すべきことを留保して，相続の承認をすることができる。

② 被相続人の子が，相続の開始以前に相続放棄をした場合，その者の子がこれを代襲して相続人となる。

③ 相続の承認及び放棄は，民法第915条（相続の承認又は放棄をすべき期間）第1項の期間内は，いつでも撤回することができる。

④ 配偶者及び兄弟姉妹が相続人であるときは，配偶者の法定相続分は，3分の2であり，兄弟姉妹の法定相続分は3分の1である。

解答欄

①○ ②○ ③○ ④○

チャレンジ問題

第10回・問題40

●相続の放棄をした者は，その放棄によって相続人となった者が相続財産の管理を始めることができるまで，善良な管理者の注意をもって，その財産の管理を継続しなければならない。

分野別出題率

相続からの出題状況

直近3回の出題率 100%

直近5回の出題率 100%

直近10回の出題率 100%

解答 解説

①は適切であるが，②・③・④は不適切である。よって，正解は①となる。

① 適切である。これを限定承認という。

(民法922条)

② 不適切である。限定承認または相続放棄をするためには，相続人は自己のために相続の開始があったことを知った時から３カ月以内に，家庭裁判所に対して，限定承認または相続放棄をする旨を申述しなければならない。

(民法915条１項)

③ 不適切である。相続の承認および放棄は，３カ月の「相続の承認又は放棄をすべき期間」内であっても撤回することができない。

(民法919条１項，915条１項)

④ 不適切である。配偶者および兄弟姉妹が相続人であるときは，配偶者の法定相続分は，４分の３であり，兄弟姉妹の法定相続分は４分の１である。

(民法900条３号)

チャレンジ問題・解答

× 不適切である。相続の放棄をした者は，その放棄によって相続人となった者が相続財産の管理を始めることができるまで，自己の財産におけるのと同一の注意をもって，その財産の管理を継続しなければならない。

(民法940条１項)

2-68 相続Ⅳ

第14回・問題41

相続に関する次の①～④の記述のうち，民法上，その内容が**適切でない**ものを1つだけ選び，解答欄にその番号をマークしなさい。

① Aは，配偶者B，弟Cの孫Dのみを遺して死亡した。C及びCの子E（Dの直系尊属であるものとする。）は，Aより先に死亡していた。この場合，Dは，Aの相続人とならない。

② Aは，配偶者B及び子Cのみを遺して死亡した。B及びCは，遺産分割協議により，AのDに対する借入金債務をCのみが相続することとした。この場合，Dは，B及びCに対して，当該借入金債務に係るそれぞれの法定相続分の割合に相当する債務の弁済を請求することができる。

③ Aは，配偶者B及び子Cのみを遺して死亡した。Bは，Cの同意を得ることなく，単独で限定承認をすることができる。

④ Aは，配偶者B，Aの孫であるC及びDのみを遺して死亡した。C及びDの親でありAの子であるEは，Aより先に死亡していた。この場合，Cの相続分は，4分の1である。

解答欄

①◯ ②◯ ③◯ ④◯

チャレンジ問題

第9回・問題40

●Aは，配偶者B，Bとの間の子C及び子D並びに子Dの子でありAの孫であるEを遺して死亡した。Dは，Aの遺言書を偽造していた。この場合，Dは，相続人の欠格事由に該当してAの相続人となることができないため，Dの子であるEも，Aの相続人となることはできない。

分野別出題率

相続からの出題状況

①・②・④は適切であるが，③は不適切である。よって，正解は③となる。

① **適切**である。被相続人の子が死亡していた場合には，その子（被相続人の孫）が代襲相続できるとともに，当該子も死亡していた場合には，被相続人の直系卑属である場合の当該子の子（被相続人の曾孫）が代襲相続できる。他方で，被相続人の兄弟姉妹が死亡していた場合には，その子は代襲相続できるが，当該子が死亡していた場合には当該子の子は代襲相続できない。 **(民法887条２項，３項，889条)**

② **適切**である。共同相続人は，被相続人が遺言で禁じた場合を除き，いつでも，その協議で，遺産を分割することができる。ただし，遺産債務を共同相続の協議により自由に分割（債務引受け）することはできず，債権者ＤはＢ・Ｃに対して，法定相続分の割合に相当する債務の弁済を請求することができる。

(民法907条，909条，最判昭34.６.19)

③ **不適切**である。相続人が複数あるときは，限定承認は，共同相続人の全員が共同してのみ，これをすることができる。したがって，Ｂは共同相続人であるＣの同意を得なければ，限定承認することができない。 **(民法923条)**

④ **適切**である。被相続人Ａの子Ｅが，相続の開始以前に死亡していたときは，その者の子ＣとＤがこれを代襲して相続人となり，子Ｅの相続分を，相等しい割合で（２分の１ずつ）相続する。したがって，Ｃの相続分は，４分の１となる。

(民法900条，901条)

チャレンジ問題・解答

× **不適切**である。被相続人Ａの子Ｄが，相続の開始以前の死亡，欠格（遺言書の偽造等），廃除によって，その相続権を失ったときは，その者の子Ｅがこれを代襲して相続人となる（代襲相続）。

(民法887条２項，891条５号)

2-69 相続Ⅴ

第17回・問題33

相続に関する次の①～④の記述のうち，民法上，その内容が適切なものを1つだけ選び，解答欄にその番号をマークしなさい。

① Aは，配偶者B及び胎児Cのみを遺して死亡した。Cは，生きて産まれたときであってもAの相続人とならない。

② Aは，配偶者B及び親Cのみを遺して死亡した。この場合，Cの法定相続分は，3分の2である。

③ Aは，配偶者B，子C及び子Dのみを遺して死亡した。Bが相続を単純承認した場合であっても，C及びDは，限定承認をすることができる。

④ Aは，配偶者B及び子Cのみを遺して死亡した。B及びCは，遺産分割協議により，AのDに対する借入金債務をBのみが相続することとした場合であっても，Dは，B及びCに対して，当該借入金債務に係るそれぞれの法定相続分の割合に相当する債務の弁済を請求することができる。

解答欄

①○　②○　③○　④○

分野別出題率

相続からの出題状況

直近３回の出題率 **100%**

直近５回の出題率 **100%**

直近10回の出題率 **100%**

解答 解説

④は適切であるが，①・②・③は不適切である。よって，正解は④となる。

① **不適切**である。胎児は相続についてはすでに生まれたものとみなす。よって，相続の権利を有する。

(民法886条１項)

② **不適切**である。配偶者および直系尊属が相続人であるときは，直系尊属の相続分は，３分の１である。そのため，Cの相続割合は，３分の１である。

(民法900条２号)

③ **不適切**である。相続人が数人の場合，限定承認は，相続人全員で行わなければならない。

(民法923条)

④ **適切**である。

(民法902条の２)

2-70 会社法

第8回・問題40

取締役会設置会社に関する次の①～④の記述のうち，その内容が**適切でない**ものを1つだけ選び，解答欄にその番号をマークしなさい。なお，本問における取締役会設置会社は委員会設置会社ではないものとする。

① 取締役会設置会社においては，取締役は，3人以上でなければならない。

② 取締役が自己又は第三者のために株式会社の事業の部類に属する取引をしようとする場合には，当該取締役は，取締役会において，当該取引につき重要な事実を開示し，その承認を受けなければならない。

③ 取締役会は，取締役の中から代表取締役を選定しなければならない。

④ 取締役会は，多額の借財その他の重要な業務執行の決定については，代表取締役に委任しなければならない。

解答欄

①◯ ②◯ ③◯ ④◯

分野別出題率

取締役会設置会社（会社法）からの出題状況

①・②・③は適切であるが，④は不適切である。よって，正解は④となる。

① **適切**である。

（会社法331条５項）

② **適切**である。

（会社法356条１項１号，365条１項）

③ **適切**である。

（会社法362条３項）

④ **不適切**である。取締役会は，多額の借財等の重要な業務執行の決定については，（代表）取締役に委任することができない。

（会社法362条４項）

2-71 民事訴訟法

第18回・問題42

民事訴訟法に関する次の①～④の記述のうち，その内容が**適切でない**ものを1つだけ選び，解答欄にその番号をマークしなさい。

① 当事者は，訴えについて法令に専属管轄の定めがある場合を除き，第一審に限り，合意により管轄裁判所を定めることができる。

② 地方裁判所における訴えの提起は，訴状を裁判所に提出してしなければならないが，簡易裁判所においては，訴えは口頭で提起することができる。

③ 商業登記簿に支配人として登記された支配人は，民事訴訟における訴訟代理人となることができる。

④ 地方裁判所に提起された民事訴訟において，当事者は，口頭弁論の続行の期日に裁判所に出頭しなかったとしても，準備書面を裁判所に提出している場合には，口頭弁論において当該準備書面に記載した事項を陳述したものとみなされる。

解答欄

①◯　②◯　③◯　④◯

分野別出題率

支払催促（民事訴訟法）からの出題状況

直近3回の出題率
33%

直近5回の出題率
20%

直近10回の出題率
10%

解答 

①・②・③は適切であるが，④は不適切である。よって，正解は④となる。 

① **適切**である。

（民事訴訟法11条）

② **適切**である。

（民事訴訟法134条１項，271条）

③ **適切**である。登記された支配人は商人に代わってその営業に関する一切の裁判上または裁判外の行為をする権限を有する（商法21条）ので，法令（商法21条）により裁判上の行為をすることができる代理人に該当する。

（民事訴訟法54条）

④ **不適切**である。地方裁判所に提起された民事訴訟においては，最初にすべき口頭弁論の期日に出頭しなかったとしても，その者が提出した訴状または答弁書その他の準備書面に記載した事項を陳述したものとみなされるが，続行期日に出頭しなかった場合には，準備書面を提出していたとしても，当該準備書面に記載した事項を陳述したものとみなされることはない。

（民事訴訟法158条）

2-72 民事執行法Ⅰ

第8回・問題41

強制執行手続に関する次の①～④の記述のうち，その内容が**適切でない**ものを1つだけ選び，解答欄にその番号をマークしなさい。

① 強制執行は，執行文の付された債務名義の正本に基づいて実施される。ただし，少額訴訟における確定判決又は仮執行の宣言を付した少額訴訟の判決もしくは支払督促により，これに表示された当事者に対し，又はその者のためにする強制執行は，その正本に基づいて実施される。

② 執行文は，債権の完全な弁済を得るため執行文の付された債務名義の正本が数通必要であるとき，又はこれが滅失したときに限り，更に付与されることがある。

③ 強制執行の目的物について所有権その他目的物の譲渡又は引渡しを妨げる権利を有する第三者は，債権者に対し，当該強制執行の根拠となる債務名義による強制執行の不許を求めるために，請求異議の訴えを提起することができる。

④ 強制執行は，強制執行を免れるための担保を立てたことを証する文書の提出があったときは，停止される。

解答欄

①◯ ②◯ ③◯ ④◯

チャレンジ問題

第6回・問題42

●金銭債権に対する強制執行において，債権の一部が差し押さえられ，又は仮差押えの執行を受けた場合において，その残余の部分を超えて差押命令が発せられたときは，各差押え又は仮差押えの執行の効力は，その債権の全部に及ぶ。

分野別出題率

強制執行（民事執行法）からの出題状況

①・②・④は適切であるが，③は不適切である。よって，正解は③となる。

① 適切である。

（民事執行法25条）

② 適切である。

（民事執行法28条１項）

③ 不適切である。「請求異議の訴え」とは，債務名義に係る請求権の存在または内容について異議のある債務者が，その債務名義による強制執行の不許を求めるために，訴えを提起することである。

※本肢は，「第三者異議の訴え」についての説明である。

（民事執行法35条１項，38条１項）

④ 適切である。

（民事執行法39条１項５号）

チャレンジ問題・解答

○ 適切である。なお，債権の全部が差し押さえられ，または仮差押えの執行を受けた場合において，その債権の一部について差押命令が発せられたときのその差押えの効力も，その債権の全部に及ぶ。

（民事執行法149条）

2-73 民事執行法Ⅱ

第16回・問題35

強制執行手続に関する次の①～④の記述のうち，その内容が適切なものを1つだけ選び，解答欄にその番号をマークしなさい。

---

① 債権者が自己の貸金返還請求権につき執行証書(注)を有する場合における強制執行は，執行証書の正本に基づいて実施され，執行証書に執行文が付されていることを要しない。

---

② 不動産（登記することができない土地の定着物を除く。）に対する強制執行は，強制競売又は強制管理の方法により行われ，これらの方法は，併用することができない。

---

③ 動産に対する強制執行は，執行裁判所の差押命令により開始する。

---

④ 債務者が会社から受ける給料（毎月25日払い，月額28万円であるものとする。）に係る債権は，その支払期に受けるべき給付の4分の3に相当する部分は，差し押さえることができない。

（注） 執行証書とは，金銭の一定の額の支払又はその他の代替物もしくは有価証券の一定の数量の給付を目的とする請求について公証人が作成した公正証書で，債務者が直ちに強制執行に服する旨の陳述が記載されているものをいう。

解答欄

①○ ②○ ③○ ④○

分野別出題率

強制執行（民事執行法）からの出題状況

解答 解説

④は適切であるが，①・②・③は不適切である。よって，正解は④となる。

① **不適切**である。強制執行は，執行文の付された債務名義の正本に基づいて実施するとされており，執行文の付与が必要である。ただし，少額訴訟における確定判決または仮執行の宣言を付した少額訴訟の判決もしくは支払督促により，これに表示された当事者に対し，またはその者のためにする強制執行は，その正本に基づいて実施される。

（民事執行法25条）

② **不適切**である。不動産（登記することができない土地の定着物を除く）に対する強制執行は，強制競売または強制管理の方法により行われ，これらの方法は，併用することができる。

（民事執行法43条１項）

③ **不適切**である。動産に対する強制執行は，執行官の目的物に対する差押えにより開始するとされている。

（民事執行法122条１項）

④ **適切**である。給与や退職年金としての性質を有する金銭については，支払期に受けるべき給付の４分の３に相当する部分（その額が標準的な世帯の必要生計費を勘案して政令で定める額を超えるときは，政令で定める額に相当する部分）の差押えが禁じられている。なお，執行裁判所は，申立てにより，債務者および債権者の生活の状況その他の事情を考慮して，差押命令の全部または一部を取り消したり，上記の差押禁止債権の部分について，差押命令を発することができる。

（民事執行法152条１項２号，153条１項）

2-74 倒産手続 I

第 16 回・問題 41

破産法に関する次の①～④の記述のうち，その内容が**適切でない**ものを1つだけ選び，解答欄にその番号をマークしなさい。

① 破産債権とは，破産者に対して破産手続開始前の原因に基づいて生じた財産上の請求権であって，財団債権に該当しないものをいい，破産債権は，破産法に特別の定めがある場合を除き，破産手続によらなければ，行使することができない。

② 破産債権者の共同の利益のためにする裁判上の費用の請求権は，財団債権に該当し，破産手続によらないで，破産財団から随時弁済を受けることができる。

③ 別除権とは，破産手続開始の時において破産財団に属する財産につき特別の先取特権，質権又は抵当権を有する者がこれらの権利の目的である財産について行使することができる権利をいい，別除権は，破産手続によらなければ，行使することができない。

④ 破産債権者は，破産手続開始の申立てがあった時より1年以上前に生じた原因に基づき破産者に対して債務を負担するときは，破産手続によらないで，相殺をすることができる。

解答欄

分野別出題率

倒産手続からの出題状況

①・②・④は適切であるが，③は不適切である。よって，正解は③となる。

① 適切である。

(破産法２条５項，100条１項)

② 適切である。「財団債権」とは，破産手続によらないで破産財団から随時弁済を受けることができる債権をいう。破産債権者の共同の利益のためにする裁判上の費用の請求権や破産財団の管理，換価および配当に関する費用の請求権などは財団債権となる。

(破産法２条７項，148条１項)

③ 不適切である。別除権は，破産手続によらないで，行使することができる。

(破産法65条１項)

④ 適切である。

(破産法72条２項３号)

2-75 倒産手続Ⅱ

第11回・問題41

破産法に関する次の①～④の記述のうち，その内容が**適切でない**ものを1つだけ選び，解答欄にその番号をマークしなさい。

① 債権者が破産手続開始の申立てをするときは，その有する債権の存在及び破産手続開始の原因となる事実を疎明しなければならない。

② 破産手続開始後の利息の請求権は，財団債権であるものを除き，破産債権に含まれる。

③ 破産債権の届出をした破産債権者は，配当表の記載に不服があっても，最後配当に関する公告がなされた後は，破産裁判所に対し，異議を申し立てることはできない。

④ 個人である債務者（破産手続開始の決定後にあっては，破産者）は，破産手続開始の申立てがあった日から破産手続開始の決定が確定した日以後1か月を経過する日までの間に，破産裁判所に対し，免責許可の申立てをすることができる。

解答欄

分野別出題率

倒産手続からの出題状況

直近3回の出題率 67%

直近5回の出題率 60%

直近10回の出題率 70%

解答 解説

①・②・④は適切であるが，③は不適切である。よって，正解は③となる。

① 適切である。

（破産法18条２項）

② 適切である。

（破産法97条１号）

③ 不適切である。届出をした破産債権者で配当表の記載に不服があるものは，最後配当に関する除斥期間が経過した後１週間以内に限り，裁判所に対し，異議を申し立てることができる。

（破産法200条１項）

④ 適切である。

（破産法248条１項）

2-76 倒産手続Ⅲ

第10回・問題41

倒産処理手続に関する次の①～④の記述のうち，その内容が**適切でない**ものを1つだけ選び，解答欄にその番号をマークしなさい。

① 民事再生法上，債権者は，債務者が事業の継続に著しい支障を来すことなく弁済期にある債務を弁済することができないときは，再生手続開始の申立てをすることができる。

② 破産法上，債権者は，破産手続開始の申立てをするときは，その有する債権の存在及び破産手続開始の原因となる事実を疎明しなければならない。

③ 会社更生法上，株式会社は，当該株式会社に，破産手続開始の原因となる事実が生ずるおそれがある場合，又は弁済期にある債務を弁済することとすれば，その事業の継続に著しい支障を来すおそれがある場合は，当該株式会社について更生手続開始の申立てをすることができる。

④ 会社法上，清算株式会社に債務超過の疑いがあるときは，清算人は，特別清算開始の申立てをしなければならない。

解答欄

①◯　②◯　③◯　④◯

分野別出題率

倒産手続からの出題状況

②・③・④は適切であるが，①は不適切である。よって，正解は①となる。

---

① **不適切**である。民事再生法では，債務者に破産手続開始の原因となる事実の生ずるおそれがあるとき，または債務者が事業の継続に著しい支障を来すことなく弁済期にある債務を弁済することができないときに，債務者は裁判所に対し，再生手続開始の申立てをすることができるとされている。

一方，債権者側からの再生手続開始の申立ては，債務者に破産手続開始の原因となる事実の生ずるおそれがあるときにしか認められない。

（民事再生法21条）

---

② **適切**である。

（破産法18条２項）

---

③ **適切**である。

（会社更生法17条１項）

---

④ **適切**である。

（会社法511条２項）

2-77 倒産手続Ⅳ

第14回・問題42

倒産処理手続に関する次の①～④の記述のうち，その内容が**適切でない**ものを1つだけ選び，解答欄にその番号をマークしなさい。

---

① 破産法上，破産手続開始の決定があった場合において，当該決定と同時に破産手続廃止の決定がなされなかったときは，破産財団に属する財産の管理及び処分をする権利は，裁判所が選任した破産管財人に専属する。

---

② 民事再生法上，再生手続開始の決定があった場合には，再生債務者の業務の遂行並びに財産（日本国内にあるかどうかを問わない。）の管理及び処分をする権利は，裁判所が選任した監督委員に専属する。

---

③ 会社更生法上，更生手続開始の決定があった場合には，更生会社の事業の経営並びに財産（日本国内にあるかどうかを問わない。）の管理及び処分をする権利は，裁判所が選任した管財人に専属する。

---

④ 会社法上，特別清算が開始された場合には，清算人は，債権者，清算株式会社及び株主に対し，公平かつ誠実に清算事務を行う義務を負う。

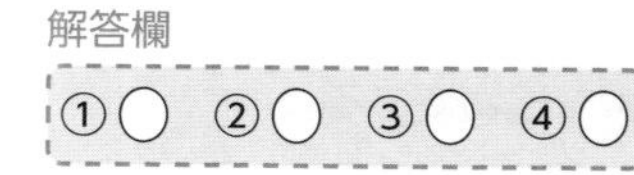

分野別出題率

倒産手続からの出題状況

①・③・④は適切であるが，②は不適切である。よって，正解は②となる。

① 適切である。

（破産法78条１項）

② 不適切である。民事再生手続における財産の管理処分権限は監督命令，管理命令がない限り再生債務者にある。

（民事再生法38条１項）

③ 適切である。

（会社更生法72条１項）

④ 適切である。

（会社法523条）

2-78 倒産手続Ⅴ

第17回・問題34

破産法に関する次の①～④の記述のうち，その内容が適切なものを1つだけ選び，解答欄にその番号をマークしなさい。

① 破産手続開始の申立てがあった場合において，破産財団をもって破産手続の費用を支弁するのに不足するときは，その申立ては却下される。

② 免責許可の申立ては，破産手続廃止の決定が確定した後1か月以内に限り，破産裁判所に対し，当該申立てをすることができる。

③ 裁判所は，破産者について，浪費又は賭博その他の射幸行為をしたことによって著しく財産を減少させ，又は過大な債務を負担したと認めるときは，他にいかなる事由があるときであっても，免責許可の決定をすることはできない。

④ 破産者は，免責許可の決定が確定したときは，復権する。

解答欄

①◯ ②◯ ③◯ ④◯

分野別出題率

倒産手続からの出題状況

④は適切であるが，①・②・③は不適切である。よって，正解は④となる。

①　**不適切**である。本肢の場合，裁判所は破産手続開始の決定と同時に，破産手続廃止の決定をしなければならない。

（破産法216条１項）

②　**不適切**である。破産手続開始の申立てがあった日から，破産手続開始の決定が確定した日以後１カ月以内に，申立てをすることができる。

（破産法248条１項）

③　**不適切**である。裁判所は，免責不許可事由のいずれかに該当する場合であっても，破産手続開始の決定に至った経緯その他いっさいの事情を考慮して免責を許可することが相当であると認めるときは，免責許可の決定をすることができる。

（破産法252条２項）

④　**適切**である。

（破産法255条１項１号）

2-79 手形・電子記録債権Ⅰ

第16回・問題34

手形法及び電子記録債権法に関する次の①～④の記述のうち，その内容が適切なものを1つだけ選び，解答欄にその番号をマークしなさい。

① 確定日払いの約束手形の所持人は，支払をなすべき日又はこれに次ぐ2取引日内に支払のため約束手形を呈示して，約束手形の支払を受けることができる。

② 約束手形に，一定の金額を支払うべき旨の単純な約束（以下，本問において「支払約束文句」という。）の記載に付加して「手形金を2回に分割して支払う」旨の条件を記載した場合，支払約束文句に付加された記載は無効となるが，当該約束手形自体は無効とならない。

③ 電子記録債権の譲渡は，当事者間の合意のみによりその効力を生じ，譲渡記録は，電子記録債権の譲渡の対抗要件である。

④ 電子記録債権は，分割をすることができない。

解答欄

①◯ ②◯ ③◯ ④◯

チャレンジ問題

第12回・問題42

●満期日のみ未記載のまま振り出された約束手形の受取人が，当該手形に，あらかじめ振出人と受取人との間でなされていた合意と異なる満期日の補充をして，第三者である譲受人に裏書譲渡した。当該譲受人は，当該満期日に支払のため当該手形を呈示した。この場合，当該譲受人が合意と異なる満期日の補充がなされていることを知って当該手形を取得していたときであっても，当該手形の振出人は，当該手形が合意に反して補充されたことを当該譲受人に対抗することができない。

分野別出題率

手形法・小切手法・電子記録債権法からの出題状況

①は適切であるが，②・③・④は不適切である。よって，正解は①となる。

① **適切**である。

(手形法38条１項，77条１項３号)

② **不適切**である。「一定の金額を支払うべき旨の単純なる約束」が約束手形の記載事項とされている。「手形金を２回に分割して支払う」旨の条件を付す記載は有害的記載事項に該当し、当該記載のある約束手形は無効となる。

(手形法75条２号，77条１項３号)

③ **不適切**である。電子記録債権の譲渡は，譲渡記録をしなければ，その効力を生じない。

(電子記録債権法17条)

④ **不適切**である。電子記録債権は，分割をすることができる。

(電子記録債権法43条１項)

チャレンジ問題・解答

× **不適切**である。未完成のまま振り出された約束手形に，あらかじめ合意した内容と異なる補充を行った場合，その違反した事実をもって，所持人に対抗することはできない。ただし，所持人が悪意または重大な過失によって約束手形を取得したときは，この限りでない。

(手形法10条，77条２項)

2-80 手形・電子記録債権Ⅱ

第18回・問題41

手形法及び電子記録債権法に関する次の①～④の記述のうち，その内容が**適切でない**ものを１つだけ選び，解答欄にその番号をマークしなさい。

① 詐欺によって振り出された約束手形を裏書により譲り受けた所持人は，当該事情を知らず，かつ知らないことにつき過失がなかった。この場合，当該約束手形の振出人は，当該所持人から手形金の支払を請求されたときは，詐欺を理由とする手形行為取消しの抗弁をもって，当該所持人に対抗することができる。

② 裏書が連続している約束手形の所持人は，正当な権利者と推定されるため，正当な権利者であることを証明しなくても手形上の債務者に対し手形金の支払を求めることができる。

③ 電子記録債権は，保証記録に係るもの及び電子記録保証をした者が電子記録債権法第35条第１項の規定により取得する特別求償権を除き，発生記録をすることによって生ずる。

④ 電子記録名義人に対してした電子記録債権についての支払は，その支払をした者に悪意又は重大な過失がない限り，当該電子記録名義人がその支払を受ける権利を有しない場合であっても，その効力を有する。

解答欄

①◯ ②◯ ③◯ ④◯

分野別出題率

手形法・小切手法・電子記録債権法からの出題状況

②・③・④は適切であるが，①は不適切である。よって，正解は①となる。

---

① 不適切である。手形の振出人は，善意で無過失の所持人に対し，抗弁できない。

（手形法17条）

---

② 適切である。

（手形法16条）

---

③ 適切である。

（電子記録債権法15条）

---

④ 適切である。

（電子記録債権法21条）

2-81 手形・電子記録債権Ⅲ

第15回・問題35

手形法及び電子記録債権法に関する次の①～④の記述のうち，その内容が適切なものを1つだけ選び，解答欄にその番号をマークしなさい。

① 強迫によって振り出された約束手形を裏書により譲り受けた所持人は，当該事情を知っていた。この場合，当該約束手形の振出人は，当該所持人から手形金の支払を請求されたときは，強迫を理由とする手形行為取消しの抗弁をもって，当該所持人に対抗することができない。

② 満期において手形金の支払がないときは，約束手形の所持人は，裏書人，振出人その他の債務者に対してその遡求権を行使することができるが，満期前においては，たとえ支払の全部又は一部の拒絶があっても，遡求権を行使することができない。

③ 電子記録債権の譲渡は，当事者間の合意のみによってその効力を生じるが，譲渡記録をしなければ，これを第三者に対抗できない。

④ 電子記録名義人に対してした電子記録債権についての支払は，当該電子記録名義人がその支払を受ける権利を有しない場合であっても，その効力を有する。ただし，その支払をした者に悪意又は重大な過失があるときは，この限りでない。

解答欄

①◯ ②◯ ③◯ ④◯

チャレンジ問題

第12回・問題42

●約束手形の記載事項には，証券の文言中にその証券の作成に用いる語をもって記載する約束手形であることを示す文字，一定の金額を支払うべき旨の単純な約束，満期の表示，支払をなすべき地の表示，支払を受け又はこれを受ける者を指図する者の名称，手形を振り出す日及び地の表示，並びに手形を振り出す者の署名がある。

分野別出題率

手形法・小切手法・電子記録債権法からの出題状況

④は適切であるが，①・②・③は不適切である。よって，正解は④となる。

① **不適切**である。強迫による意思表示は取消しができ，第三者にも対抗できる。もっとも，約束手形の振出人は，原則として，人的抗弁をもって所持人に対抗できず，最高裁においても「強迫に因る手形行為取消の抗弁は，手形法上いわゆる人的抗弁として，善意の手形所持人には，対抗できない」と判示されているが，所持人が債務者を害することを知って取得している場合は，対抗可能である。

（手形法17条，民法96条，最判昭26.10.19）

② **不適切**である。満期前においても，支払の全部または一部の拒絶があるときは，遡求権を行使することができる。

（手形法43条１項１号，77条１項４号）

③ **不適切**である。電子記録債権の譲渡は，譲渡記録をしなければ，その効力を生じない。

（電子記録債権法17条）

④ **適切**である。

（電子記録債権法21条）

チャレンジ問題・解答

○ **適切**である。

（手形法75条）

2 - 82 手形・電子記録債権Ⅳ

第14回・問題35

約束手形及び電子記録債権に関する次の①～④の記述のうち，その内容が適切なものを１つだけ選び，解答欄にその番号をマークしなさい。なお，本問におけるA，B及びCは，いずれも法人であるものとする。

① Aは，Bに対して，一定の金額を支払うべき旨の単純な約束（以下，本問において「支払約束文句」という。）に加え「商品の受領と引換えに手形金を支払う」旨の記載を付した約束手形を振り出した。この場合，支払約束文句に付加された記載は無効となるが，当該約束手形自体は無効とならない。

② Aは，AのBに対する電子記録債権をCに譲渡する旨をCとの間で合意した。この場合，当該電子記録債権の譲渡は，AとCとの間の合意のみではその効力を生じず，譲渡記録をしなければ，その効力を生じない。

③ Aは，AのBに対する電子記録債権（その発生記録において，電子記録債権法第20条（抗弁の切断）第１項の規定を適用しない旨の定めが記録されていないものとする。）をCに譲渡した。Bは，当該電子記録債権の原因となった契約をAの債務不履行を理由として解除した後，当該電子記録債権の支払期日において，Cから当該電子記録債権の支払を請求された場合，当該電子記録債権の原因となった契約が解除されたことを主張して，Cの請求を拒むことができる。

④ Aは，Bの詐欺により，Bに対して約束手形を振り出した。Cは，当該事情を知らず，かつ知らないことに過失なく，Bから当該約束手形の裏書譲渡を受けた。Aは，Cから手形金の支払を請求された場合，Bの詐欺を理由とする手形行為取消しの抗弁をもって，Cに対抗することができる。

解答欄

①◯　②◯　③◯　④◯

分野別出題率

手形法・小切手法・電子記録債権法からの出題状況

直近３回の出題率 100%

直近５回の出題率 100%

直近10回の出題率 80%

②は適切であるが，①・③・④は不適切である。よって，正解は②となる。

---

① **不適切**である。約束手形には，「一定の金額を支払うべき旨の単純なる約束」を記載する必要があり，単純に「この手形と引換えに」というのならよいが，「商品の受領と引換えに手形金を支払う」など，支払に条件を付与した場合は「有害的記載事項」となり，その手形は無効とされる。

(手形法75条２号，76条１項)

---

② **適切**である。電子記録債権の譲渡は，譲渡記録をしなければ，その効力を生じない。

(電子記録債権法17条)

---

③ **不適切**である。債務者Ｂは，譲受人Ｃに害意がない限り，Ａの債務不履行等を理由によって支払を拒むことはできない（人的抗弁の切断）。

(電子記録債権法20条)

---

④ **不適切**である。振出人Ａが詐欺などにより取消しできる人的抗弁をもっていたとしても，この事情について取得者Ｃが，振出人Ａを害することを知って取得したような事情がない限り，振出人Ａは取得者Ｃに取消しをもって対抗できない。

(手形法17条，77条１項１号)

2-83 犯罪収益移転防止法 I

第15回・問題36

犯罪による収益の移転防止に関する法律（以下，本問において「犯罪収益移転防止法」という。）に関する次の①〜④の記述のうち，その内容が適切なものを1つだけ選び，解答欄にその番号をマークしなさい。

---

① 貸金業者が，株式会社（「外国に本店又は主たる事務所を有する法人」ではないものとする。）である顧客の取引時確認として確認しなければならない事項である事業の内容の確認方法には，当該取引時確認をする日前1年以内に作成された当該株式会社の設立の登記に係る登記事項証明書又はその写しを確認する方法がある。

---

② 貸金業者は，取引時確認を行った場合には，直ちに，主務省令で定める方法により，当該取引時確認に係る事項，当該取引時確認のためにとった措置その他の主務省令で定める事項に関する記録（以下，本問において「確認記録」という。）を作成しなければならない。貸金業者は，確認記録を，特定取引等に係る契約が終了した日その他の主務省令で定める日から，3年間保存しなければならない。

---

③ 貸金業者は，特定業務に係る取引を行った場合には，少額の取引その他の政令で定める取引を除き，直ちに，主務省令で定める方法により，顧客等の確認記録を検索するための事項，当該取引の期日及び内容その他の主務省令で定める事項に関する記録（以下，本問において「取引記録」という。）を作成し，取引記録を，当該取引の行われた日から7年間保存しなければならない。

---

④ 貸金業者（その役員及び使用人を含む。）は，犯罪収益移転防止法第8条第1項の規定による届出（以下，本問において「疑わしい取引の届出」という。）を行おうとすること又は行ったことを当該疑わしい取引の届出に係る顧客等又はその者の関係者に開示することができる。

解答欄

分野別出題率

犯罪収益移転防止法からの出題状況

直近３回の出題率
100%

直近５回の出題率
80%

直近10回の出題率
70%

③は適切であるが，①・②・④は不適切である。よって，正解は③となる。

① 不適切である。取引時確認における事業内容の確認方法の１つとして，当該株式会社の設立の登記に係る登記事項証明書またはその写しを確認する方法があるが，確認日の前６カ月以内に作成されていることが求められている。

（犯罪収益移転防止法４条１項３号，犯罪収益移転防止法施行規則10条２号ハ）

② 不適切である。確認記録は，特定取引等に係る契約が終了した日その他の主務省令で定める日から７年間保存しなければならない。

（犯罪収益移転防止法６条）

③ 適切である。

（犯罪収益移転防止法７条１項，３項）

④ 不適切である。疑わしい取引の届出を行おうとすることまたは行ったことを当該疑わしい取引の届出に係る顧客等または関係者に漏らしてはならない。

（犯罪収益移転防止法８条３項）

2 - 84 犯罪収益移転防止法 Ⅱ

第 16 回・問題 42

貸金業者であるAが，自然人である顧客Bから融資の申込みを受けた場合において，Bについて確認すべき，犯罪による収益の移転防止に関する法律第４条第１項第１号に規定する本人特定事項の確認方法に関する次の①～④の記述のうち，その内容が同法上の確認方法に**該当しない**ものを１つだけ選び，解答欄にその番号をマークしなさい。なお，Bの国民健康保険の被保険者証，国民年金手帳及び運転免許証は，いずれもAがその提示又は送付を受ける日において有効なもので，Bの現在の住居の記載があるものとする。

① Bの国民健康保険の被保険者証及びBの国民年金手帳の提示を受ける方法

② Bの国民健康保険の被保険者証の提示を受け，かつ，Bの現在の住居の記載のある電気料金の領収証書（領収日付の押印又は発行年月日の記載があるもので，その日がAが送付を受ける日前６か月以内のものに限る。）の写しの送付を受ける方法

③ Aが提供するソフトウェアを使用して，Bに当該ソフトウェアを使用して撮影させたBの容貌及びBの運転免許証の画像情報（当該画像情報が，当該運転免許証に記載されている氏名，住居及び生年月日，当該運転免許証に貼り付けられた写真並びに当該運転免許証の厚みその他の特徴を確認することができるもの）の送信を受ける方法

④ Bの運転免許証の写しの送付を受けるとともに，当該運転免許証の写しに記載されているBの住居に宛てて，取引関係文書を書留郵便の方法により，転送不要郵便物（その取扱いにおいて転送しない郵便物）として送付する方法

解答欄

①◯ ②◯ ③◯ ④◯

分野別出題率

犯罪収益移転防止法からの出題状況

直近３回の出題率 100%

直近５回の出題率 80%

直近10回の出題率 70%

①・②・③は該当するが，④は該当しない。よって，正解は④となる。

① **該当する。**取引時確認に必要な本人特定事項（対自然人）は，氏名，住居および生年月日である。なお，法人の場合の本人特定事項は，名称，本店または主たる事務所の所在地である。

（犯罪収益移転防止法４条１項１号，犯罪収益移転防止法施行規則６条１項１号ハ）

② **該当する。**

（犯罪収益移転防止法４条１項１号，犯罪収益移転防止法施行規則６条１項１号ニ）

③ **該当する。**

（犯罪収益移転防止法４条１項１号，犯罪収益移転防止法施行規則６条１項１号ホ）

④ **該当しない。**運転免許証の写しなど本人確認書類の写しの送付を受けて，本人確認書類の写しに記載されている住居に宛てて，取引関係文書を書留郵便の方法により，転送不要郵便で送る方法においては，２種類の本人確認書類の写しが必要である。

（犯罪収益移転防止法４条１項１号，犯罪収益移転防止法施行規則６条１項１号リ）

2-85 犯罪収益移転防止法Ⅲ

第12回・問題36

犯罪による収益の移転防止に関する法律（以下，本問において「犯罪収益移転防止法」という。）についての次の①〜④の記述のうち，その内容が適切なものを1つだけ選び，解答欄にその番号をマークしなさい。

① 貸金業者が，顧客である法人（外国に本店又は主たる事務所を有する法人ではないものとする。）の取引時確認として確認しなければならない事項である事業の内容の確認方法の1つとして，当該法人に係る「法令の規定により当該法人が作成することとされている書類で，当該法人の事業の内容の記載があるもの」を確認する方法がある。

② 貸金業者が，顧客である株式会社の取引時確認を行うに際して本人特定事項の確認を行わなければならない当該株式会社の実質的支配者とは，当該株式会社の議決権の総数の5分の1を超える議決権を有する者をいう。

③ 厳格な顧客管理を行う必要性が特に高いと認められる取引等として犯罪収益移転防止法施行令第12条第1項に規定する取引には，「その取引の相手方が特定取引に該当することとなる契約の締結に際して行われた取引時確認に係る顧客等又は代表者等になりすましている疑いがある場合における当該取引」は該当するが，「取引時確認が行われた際に当該取引時確認に係る事項を偽っていた疑いがある顧客等との間で行う取引」は該当しない。

④ 貸金業者は，取引時確認を行った場合には，遅滞なく，当該取引時確認に係る事項，当該取引時確認のためにとった措置その他の主務省令で定める事項に関する記録（以下，本問において「確認記録」という。）を作成しなければならない。また，貸金業者は，確認記録を，当該取引時確認を行った日から，10年間保存しなければならない。

解答欄

分野別出題率

犯罪収益移転防止法からの出題状況

①は適切であるが，②・③・④は不適切である。よって，正解は①となる。 

① 適切である。犯罪収益移転防止法上の取引時確認において，顧客が法人（外国に本店または主たる事務所を有する法人以外）の場合には，以下の（i）～（iv）の書類のいずれか，またはその写しにより，事業内容を確認する必要がある。

(i) 定款
(ii) (i) 以外で，法令の規定により当該法人が作成することとされている書類で，当該法人の事業の内容の記載があるもの
(iii) 法人の設立の登記に係る登記事項証明書
(iv) (iii) 以外で，官公庁から発行され，または発給された書類その他これに類するもので，当該法人の事業の内容の記載があるもの

（犯罪収益移転防止法４条１項３号，犯罪収益移転防止法施行規則10条２号）

② 不適切である。実質的支配者は，原則として，株式会社その他の資本多数決法人の場合，議決権の総数の４分の１を超える議決権を，直接または間接に有していると認められる自然人とされている。

（犯罪収益移転防止法４条１項４号，犯罪収益移転防止法施行規則11条２項１号）

③ 不適切である。「取引時確認が行われた際に，当該取引時確認に係る事項を偽っていた疑いがある顧客等との間で行う取引」も，厳格な顧客管理を行う必要性が特に高いと認められる取引等に該当する。

（犯罪収益移転防止法施行令12条１項２号）

④ 不適切である。確認記録は，「遅滞なく」ではなく「直ちに」作成しなければならない。また，特定取引等に係る契約が終了した日その他の主務省令で定める日から，７年間保存しなければならない。

（犯罪収益移転防止法６条）

2-86 犯罪収益移転防止法Ⅳ

第17回・問題35

犯罪による収益の移転防止に関する法律についての次の①～④の記述のうち，その内容が適切なものを１つだけ選び，解答欄にその番号をマークしなさい。

---

① 貸金業者は，顧客である株式会社（その株式を金融商品取引所に上場しているものとする。）の取引時確認を行う場合においては，当該会社のために当該貸金業者との間で当該取引時確認の対象となる取引を行っている当該会社の担当者の本人特定事項の確認を行わなければならない。

---

② 貸金業者は，個人顧客との間で特定取引を行うに際し，当該顧客から電気料金等の公共料金の領収証書の原本の提示を受けたときは，取引時確認における本人特定事項の確認を行ったものと認められる。

---

③ 貸金業者は，特定業務に係る取引について，顧客が組織的な犯罪の処罰及び犯罪収益の規制等に関する法律第10条（犯罪収益等隠匿）の罪に当たる行為を行っている疑いがあると認められる場合においては，速やかに，管轄の行政庁及び当該貸金業者が加入している貸金業法上の指定信用情報機関に届け出なければならない。

---

④ 貸金業者は，取引時確認を行った場合には，直ちに，主務省令で定める方法により，当該取引時確認に係る事項，当該取引時確認のためにとった措置その他の主務省令で定める事項に関する記録を作成し，当該記録を，当該取引時確認を行った日から７年間保存しなければならない。

解答欄

①◯　②◯　③◯　④◯

分野別出題率

犯罪収益移転防止法からの出題状況

直近３回の出題率 **100%**

直近５回の出題率 **80%**

直近10回の出題率 **70%**

①は適切であるが，②・③・④は不適切である。よって，正解は①となる。

---

① **適切**である。

（犯罪収益移転防止法４条４項）

---

② **不適切**である。電気料金等の公共料金の領収証書の原本の提示だけでは，犯罪収益移転防止法に基づく本人特定事項の確認方法とは認められない。

（犯罪収益移転防止法施行規則６条）

---

③ **不適切**である。貸金業者は，特定業務に係る取引について，顧客が組織的な犯罪の処罰及び犯罪収益の規制等に関する法律10条（犯罪収益等隠匿）の罪に当たる行為を行っている疑いがあると認められる場合においては，速やかに，行政庁に届け出なければならないが，貸金業者が加入している貸金業法上の指定信用情報機関への届け出は不要である。

（犯罪収益移転防止法８条１項）

---

④ **不適切**である。賃金業者は，取引時確認を行った場合には，直ちに当該確認記録を作成し，特定取引等に係る契約が終了した日その他の主務省令で定める日から，７年間保存しなければならない。

（犯罪収益移転防止法 ６ 条２項）

2-87 犯罪収益移転防止法Ⅴ

第18回・問題35

犯罪による収益の移転防止に関する法律についての次の①～④の記述のうち，その内容が**適切なもの**を1つだけ選び，解答欄にその番号をマークしなさい。

① 貸金業者が，自然人である顧客の取引時確認として確認しなければならない事項は，氏名，住居，生年月日，職業及び収入である。

② 貸金業者が，自然人である顧客の取引時確認として本人特定事項の確認をするために，当該顧客の運転免許証の提示を受ける場合には貸金業者が当該運転免許証の提示を受ける日において有効なもの，また住民票の写しの提示を受ける場合には貸金業者が当該住民票の写しの提示を受ける日前6か月以内に作成されたものに限られる。

③ 貸金業者が，自然人である顧客の取引時確認として本人特定事項の確認をするために運転免許証の提示を受ける場合，その原本ではなく写しの提示を受けることも認められている。

④ 貸金業者が，既に取引をしたことのある顧客との間で金銭の貸付けを内容とする契約を締結する場合，過去の取引において取引時確認を行っているときであっても，契約を締結する都度，当該顧客の取引時確認をしなければならない。

解答欄

①◯　②◯　③◯　④◯

分野別出題率

犯罪収益移転防止法からの出題状況

②は適切であるが，①・③・④は不適切である。よって，正解は②となる。

① **不適切**である。収入での確認を行う必要はない。氏名，住居，生年月日，職業のほか，「取引を行う目的」を確認する必要がある。

(犯罪収益移転防止法４条１項１号～３号)

② **適切**である。

(犯罪収益移転防止法施行規則７条)

③ **不適切**である。

(犯罪収益移転防止法施行規則６条１項１号イ)

④ **不適切**である。過去の取引における取引時確認について，犯罪収益防止法６条による確認記録の作成および保存をしている場合においては，疑わしい取引などを除き，当該顧客がすでに取引時確認を行っている顧客であることを確かめる措置をとれば，再度取引時確認をする必要はない。

(犯罪収益移転防止法４条３項，犯罪収益移転防止法施行令13条２項)

第3章

資金需要者等の保護に関すること

3-1 個人情報保護Ⅰ

第16回・問題43

個人情報の保護に関する法律に関する次の①～④の記述のうち，その内容が適切なものを1つだけ選び，解答欄にその番号をマークしなさい。

① 個人識別符号とは，当該情報単体から特定の個人を識別できるものとして個人情報の保護に関する法律施行令第1条に定められた文字，番号，記号その他の符号をいい，携帯電話番号やクレジットカード番号は個人識別符号に該当する。

② 個人情報取扱事業者とは，個人情報データベース等を事業の用に供している者（国の機関，地方公共団体，独立行政法人等及び地方独立行政法人を除く。）をいい，個人情報データベース等を事業の用に供している者であれば，当該個人情報データベース等を構成する個人情報によって識別される特定の個人の数の多寡にかかわらず，個人情報取扱事業者に該当する。

③ 保有個人データとは，個人情報取扱事業者が管理する個人情報データベース等を構成する個人情報をいい，本人又はその代理人から請求される開示，内容の訂正，追加もしくは削除，利用の停止，消去又は第三者への提供の停止のいずれかに応じることができる権限を有する個人情報に限られる。

④ 要配慮個人情報とは，本人の人種，信条，社会的身分，病歴，犯罪の経歴が含まれる個人情報をいうが，犯罪により害を被った事実は要配慮個人情報に含まれない。

解答欄

①〇 ②〇 ③〇 ④〇

分野別出題率

個人情報保護からの出題状況

直近3回の出題率	直近5回の出題率	直近10回の出題率
100%	100%	100%

②は適切であるが，①・③・④は不適切である。よって，正解は②となる。

---

① 不適切である。旅券の番号や運転免許証の番号などは個人識別符号に該当するが，携帯電話番号やクレジットカード番号は個人識別符号に該当しない。

（個人情報保護法２条２項，個人情報保護法施行令１条）。

---

② 適切である。（個人情報データベース等を構成する）個人情報の数による個人情報取扱事業者該当の要件は，現在廃止されており，個人情報のデータベース等を事業の用に供している者は，（国の機関などを除き）すべて「個人情報取扱事業者」となる。

（個人情報保護法16条２項）

---

③ 不適切である。保有個人データとは，「個人情報取扱事業者が，開示，内容の訂正，追加又は削除，利用の停止，消去及び第三者への提供の停止を行うことのできる権限を有する個人データ」をいう。すなわち，保有個人データとは，本人またはその代理人から請求される開示，内容の訂正，追加もしくは削除，利用の停止，消去または第三者への提供の停止のすべてに応じる権限を有する個人データであり，選択肢は「いずれかに応じることができる権限を有する個人情報」という点が誤っている。

（個人情報保護法16条４項）

---

④ 不適切である。要配慮個人情報とは，「本人の人種，信条，社会的身分，病歴，犯罪の経歴，犯罪により害を被った事実その他本人に対する不当な差別，偏見その他の不利益が生じないようにその取扱いに特に配慮を要するものとして政令で定める記述等が含まれる個人情報」をいう。犯罪により害を被った事実も要配慮個人情報に含まれる。

（個人情報保護法２条３項）

3-2 個人情報保護Ⅱ

第14回・問題46(改)

個人情報の保護に関する法律（以下，本問において「個人情報保護法」という。）についての次の①～④の記述のうち，その内容が**適切でない**ものを１つだけ選び，解答欄にその番号をマークしなさい。

① 個人情報取扱事業者は，個人データを第三者（個人情報保護法第16条（定義）第２項各号に掲げる者を除く。）に提供し，個人情報保護委員会規則で定めるところにより，当該個人データを提供した年月日，当該第三者の氏名又は名称その他の個人情報保護委員会規則で定める事項に関する記録を作成した。この場合，当該個人情報取扱事業者は，当該記録を，当該記録を作成した日から個人情報保護委員会規則で定める期間保存しなければならない。

② 個人情報取扱事業者は，第三者（個人情報保護法第16条第２項各号に掲げる者を除く。）から個人データの提供を受けるに際しては，個人情報保護委員会規則で定めるところにより，「当該第三者の氏名又は名称及び住所並びに法人にあっては，その代表者（法人でない団体で代表者又は管理人の定めのあるものにあっては，その代表者又は管理人）の氏名」，「当該第三者による当該個人データの取得の経緯」の確認を行わなければならない。ただし，当該個人データの提供が個人情報保護法第27条（第三者提供の制限）第１項各号又は第５項各号のいずれかに該当する場合は，この限りでない。

③ 個人情報の保護に関する法律についてのガイドライン（通則編）によれば，個人情報取扱事業者は，あらかじめ本人の同意を得ないで個人データを第三者に提供してはならないが，フランチャイズ組織の本部と加盟店の間で個人データを交換する場合は，第三者提供に該当しないとされている。

④ 金融分野における個人情報保護に関するガイドラインによれば，金融分野における個人情報取扱事業者は，個人情報保護法第27条第１項に従い，個人データの第三者提供についての本人の同意を得る際には，原則として，書面（電磁的記録を含む。）によることとし，当該書面における記載を通じて，個人データの提供先の第三者，提供先の第三者における利用目的，第三者に提供される個人データの項目を本人に認識させた上で同意を得ることとされている。

解答欄

①◯　②◯　③◯　④◯

分野別出題率

個人情報保護からの出題状況

解答 解説

①・②・④は適切であるが，③は不適切である。よって，正解は③となる。

① 適切である。個人情報取扱事業者は，個人データを第三者に提供する場合には，個人データの提供先が追跡できるように記録を作成し，保存しなければならない。追跡可能性（トレーサビリティ）を確保し，違法な第三者提供がなされることを防止するためである。

（個人情報保護法29条１項，２項）

② 適切である。個人情報取扱事業者は，個人データの提供を受ける際には，適切に取得された個人データかを確認するために，「個人データの取得の経緯」等を確認しなければならない。「第27条第１項各号又は第５項各号」とは，本人の同意なく第三者に個人データを提供できる場合であり，具体的には，法令に基づく第三者提供や共同利用の場合などを指す。

（個人情報保護法30条１項）

③ 不適切である。「親子兄弟会社，グループ会社の間で個人データを交換する場合」，「フランチャイズ組織の本部と加盟店の間で個人データを交換する場合」，「同業者間で，特定の個人データを交換する場合」は，第三者提供に該当する事例とされている。

（個人情報保護法ガイドライン（通則編）３－６－１）

④ 適切である。個人情報保護法上は，第三者提供の同意の取得方法の特段の定めはないが，個人情報保護法ガイドライン（通則編）３－６－１では，「同意の取得に当たっては，事業の規模及び性質，個人データの取扱状況（取り扱う個人データの性質及び量を含む。）等に応じ，本人が同意に係る判断を行うために必要と考えられる合理的かつ適切な範囲の内容を明確に示さなければならない」とされている。金融分野ガイドラインでは，本肢のように，第三者提供の同意についての具体的な方法が規定されている。

（金融分野ガイドライン12条１項）

3-3 個人情報保護Ⅲ

第14回・問題43(改)

個人情報の保護に関する法律についてのガイドライン（通則編）に関する次の①～④の記述のうち，その内容が適切なものを1つだけ選び，解答欄にその番号をマークしなさい。

① 個人情報とは生存する個人に関する情報をいうが,「個人に関する情報」とは,氏名,住所，性別，生年月日，顔画像等個人を識別する情報に限られず，個人の身体，財産，職種，肩書等の属性に関して，事実，判断，評価を表すすべての情報であり，評価情報，公刊物等によって公にされている情報や，映像，音声による情報が含まれるが，これらが暗号化等によって秘匿化されている場合には「個人に関する情報」には該当しない。

② 個人データとは，個人情報取扱事業者が管理する個人情報データベース等を構成し，又は構成の用に供されるべき個人情報をいい，個人情報データベース等から外部記録媒体に保存された個人情報，個人情報データベース等から紙面に出力された帳票等に印字された個人情報，及び個人情報データベース等を構成する前の入力用の帳票等に記載されている個人情報は，すべて個人データに該当する。

③ 個人情報取扱事業者は，個人情報を取得した場合は，その利用目的を，本人に通知し，又は公表しなければならないが,「公表」とは，不特定多数の人々が知ることができるように発表することをいい，自社のホームページのトップページから5回程度の操作で到達できる場所への掲載は「公表」に該当するが,自社の店舗や事務所等,顧客が訪れることが想定される場所におけるポスター等の掲示は，自社の顧客という特定の者のみが知ることができるため「公表」には該当しない。

④ 個人情報取扱事業者は，個人情報の保護に関する法律第27条第1項各号に掲げる場合を除くほか，あらかじめ本人の同意を得ないで，個人データを第三者に提供してはならないが,「提供」とは，個人データ，保有個人データ，個人関連情報，仮名加工情報又は匿名加工情報（以下，本問において「個人データ等」という。）を，自己以外の者が利用可能な状態に置くことをいい，個人データ等が，物理的に提供されていない場合であっても，ネットワーク等を利用することにより，個人データ等を利用できる状態にあれば（利用する権限が与えられていれば),「提供」に該当する。

解答欄

①○ ②○ ③○ ④○

分野別出題率

個人情報保護からの出題状況

直近３回の出題率 100%

直近５回の出題率 100%

直近10回の出題率 100%

④は適切であるが，①・②・③は不適切である。よって，正解は④となる。 

---

① 不適切である。「個人に関する情報」が，暗号化等によって秘匿化されている場合であっても「個人に関する情報」に該当する。

(個人情報保護法ガイドライン（通則編） 2－1）

---

② 不適切である。「個人情報データベース等を構成する前の入力用の帳票等に記載されている個人情報」は，個人データに該当しない。

(個人情報保護法ガイドライン（通則編） 2－6）

---

③ 不適切である。「自社のホームページのトップページから１回程度の操作で到達できる場所への掲載」，「自社の店舗や事務所等，顧客が訪れることが想定される場所におけるポスター等の掲示，パンフレット等の備置き・配布」，通信販売の場合には「通信販売用のパンフレット・カタログ等への掲載」は，公表に該当するとされている。

(個人情報保護法ガイドライン（通則編） 2－15)

---

④ 適切である。

(個人情報保護法ガイドライン（通則編） 2－17)

3-4 個人情報保護Ⅳ

第15回・問題43(改)

個人情報の保護に関する法律についてのガイドライン（通則編）に関する次の①～④の記述のうち，その内容が適切なものを1つだけ選び，解答欄にその番号をマークしなさい。

① 個人情報取扱事業者は，個人情報を取り扱うに当たっては，その利用の目的（以下，本問において「利用目的」という。）をできる限り特定しなければならない。例えば，「マーケティング活動に用いるため」という記載は，具体的に利用目的を特定している事例に該当する。

② 個人情報取扱事業者は，あらかじめ本人の同意を得ないで，個人情報の保護に関する法律第17条の規定により特定された利用目的の達成に必要な範囲を超えて，個人情報を取り扱ってはならない。なお，当該同意を得るために個人情報を利用することは，当初特定した利用目的としてその旨が記載されていない場合には，目的外利用に該当する。

③ 個人情報取扱事業者は，あらかじめその利用目的を公表していない場合であっても，インターネット上で本人が自発的に公にしている個人情報を取得したときは，その利用目的を，本人に通知し，又は公表する必要はない。

④ 個人情報取扱事業者は，例えば，アンケートに記載された個人情報を直接本人から取得する場合等，本人から直接書面に記載された当該本人の個人情報を取得する場合は，あらかじめ，本人に対し，その利用目的を明示しなければならない。ただし，人の生命，身体又は財産の保護のために緊急に必要がある場合は，この限りでない。

解答欄

①◯　②◯　③◯　④◯

分野別出題率

個人情報保護からの出題状況

解答 

④は適切であるが，①・②・③は不適切である。よって，正解は④となる。 

---

① **不適切**である。「マーケティング活動に用いるため」という記載は，具体的に利用目的を特定していない事例に該当するとされている。

（個人情報保護法ガイドライン（通則編）３－１－１）

---

② **不適切**である。当該同意を得るために個人情報を利用すること（メールの送信や電話をかけること等）は，当初特定した利用目的として記載されていない場合でも，目的外利用には該当しないとされている。

（個人情報保護法ガイドライン（通則編）３－１－３）

---

③ **不適切**である。インターネット上で本人が自発的に公にしている個人情報を取得した場合（単に閲覧しただけの場合を除く）やインターネット，官報，職員録等から個人情報を取得した場合（単に閲覧しただけの場合を除く）であっても，本人への通知または公表が必要とされている。

（個人情報保護法ガイドライン（通則編）３－３－３）

---

④ **適切**である。

（個人情報保護法ガイドライン（通則編）３－３－４本文）

3-5 個人情報保護Ⅴ

第12回・問題43(改)

個人データの安全管理措置に関する次の①～④の記述のうち，金融分野における個人情報保護に関するガイドラインによれば，その内容が適切なものを1つだけ選び，解答欄にその番号をマークしなさい。

① 金融分野における個人情報取扱事業者（以下，本問において「個人情報取扱事業者」という。）が，不特定多数者が書店で随時に購入可能な名簿で個人情報取扱事業者において全く加工をしていないものを処分するために文書細断機等による処理を行わずに廃棄し，又は廃品回収に出した場合には，個人情報取扱事業者の安全管理措置の義務違反となる。

② 個人情報取扱事業者が，個人データの安全管理に係る実施体制の整備として講ずべき組織的安全管理措置には，従業者による個人データ管理手続の遵守状況の確認がある。

③ 個人情報取扱事業者が，個人データの安全管理に係る実施体制の整備として講ずべき技術的安全管理措置には，個人データを取り扱う情報システムの稼働状況の記録及び分析がある。

④ 個人情報取扱事業者が，個人データの安全管理に係る実施体制の整備として講ずべき人的安全管理措置には，個人データの取扱状況を確認できる手段の整備がある。

解答欄

① ○　② ○　③ ○　④ ○

分野別出題率

個人情報保護からの出題状況

解答 解説

③は適切であるが，①・②・④は不適切である。よって，正解は③となる。

---

① **不適切**である。金融分野ガイドラインでは，金融分野における個人情報取扱事業者は，その取り扱う個人データの安全管理措置を講じる必要があると定められているが，当該措置は，個人データが漏えい等をした場合に，本人が被る権利利益の侵害の大きさを考慮し，事業の性質，個人データの取扱状況および個人データを記録した媒体の性質等に起因するリスクに応じたものとされている（リスクアプローチ）。

同ガイドラインでは，リスクアプローチの例として，「不特定多数者が書店で随時に購入可能な名簿で，事業者において全く加工をしていないものについては，個人の権利利益を侵害するおそれは低いと考えられることから，それを処分するために文書細断機等による処理を行わずに廃棄し，又は廃品回収に出したとしても，事業者の安全管理措置の義務違反にはならない」ことをあげている。

（金融分野ガイドライン８条１項）

---

② **不適切**である。金融分野における個人情報取扱事業者は，個人データの安全管理に係る実施体制の整備の一環として，「組織的安全管理措置」，「人的安全管理措置」，「物理的安全管理措置」，「技術的安全管理措置」を講じなければならないが，「従業者による個人データ管理手続の遵守状況の確認」は，人的安全管理措置として講ずべき措置の１つである。

（金融分野ガイドライン８条８項）

---

③ **適切**である。

（金融分野ガイドライン８条８項）

---

④ **不適切**である。「個人データの取扱状況を確認できる手段の整備」は，組織的安全管理措置として講ずべき措置の１つである。

（金融分野ガイドライン８条８項）

3-6 個人情報保護Ⅵ

第16回・問題46

個人情報の保護に関する法律についてのガイドライン（通則編）（以下，本問において「ガイドライン（通則編）」という。）及び金融分野における個人情報保護に関するガイドライン（以下，本問において「金融分野ガイドライン」という。）に関する次の①～④の記述のうち，その内容が**適切でない**ものを1つだけ選び，解答欄にその番号をマークしなさい。

① ガイドライン（通則編）によれば，親子兄弟会社，グループ会社の間で個人データを交換する場合は，個人情報の保護に関する法律第27条第5項各号に該当するときを除き，第三者提供に該当するとされている。

② ガイドライン（通則編）によれば，個人情報取扱事業者は，個人データを共同利用する場合において，「共同利用する者の利用目的」については，社会通念上，本人が通常予期し得る限度と客観的に認められる範囲内で変更することができ，「個人データの管理について責任を有する者の氏名又は名称」についても変更することができるが，いずれも変更する前に，本人に通知し，又は容易に知り得る状態に置かなければならないとされている。

③ ガイドライン（通則編）によれば，個人データの取扱いに関する業務の全部又は一部を委託することに伴い，当該個人データが提供される場合は，利用目的の達成に必要な範囲内であっても，当該提供先は第三者に該当するとされている。

④ 金融分野ガイドラインによれば，金融分野における個人情報取扱事業者は，与信事業に係る個人の返済能力に関する情報を個人信用情報機関へ提供するに当たっては，個人情報の保護に関する法律第27条第2項（オプトアウト）の規定を適用しないこととされている。

解答欄

①◯　②◯　③◯　④◯

チャレンジ問題

第13回・問題43

●個人情報取扱事業者は，利用目的の達成に必要な範囲内において，個人データを正確かつ最新の内容に保つとともに，利用する必要がなくなったときは，当該個人データを直ちに消去しなければならない。

分野別出題率

個人情報保護からの出題状況

①・②・④は適切であるが，③は不適切である。よって，正解は③となる。

① **適切**である。

(個人情報保護ガイドライン（通則編）3－6－1)

② **適切**である。

(個人情報保護ガイドライン（通則編）3－6－3（3))

③ **不適切**である。利用目的の達成に必要な範囲内において，個人データの取扱いに関する業務の全部または一部を委託することに伴い，当該個人データが提供される場合は，当該提供先は第三者に該当しない。

(個人情報保護ガイドライン（通則編）3－6－3（1))

④ **適切**である。

(金融分野ガイドライン12条３項)

チャレンジ問題・解答

× **不適切**である。個人情報取扱事業者は，利用目的の達成に必要な範囲内において，個人データを正確かつ最新の内容に保つとともに，利用する必要がなくなったときは，当該個人データを遅滞なく消去するよう努めなければならない。

(個人情報保護法22条)

3-7 個人情報保護Ⅶ

第17回・問題43

個人情報の保護に関する法律に関する次の①～④の記述のうち，その内容が適切なものを1つだけ選び，解答欄にその番号をマークしなさい。

① 個人情報取扱事業者は，個人情報を取り扱うに当たっては，その利用の目的（以下，本問において「利用目的」という。）をできる限り特定しなければならない。個人情報取扱事業者は，利用目的を変更する場合には，変更前の利用目的と関連性を有すると合理的に認められる範囲を超えて行ってはならない。

② 個人情報取扱事業者は，合併その他の事由により他の個人情報取扱事業者から事業を承継することに伴って個人情報を取得した場合において，承継前における当該個人情報の利用目的の達成に必要な範囲を超えて当該個人情報を取り扱うときは，速やかに，その利用目的を，本人に通知し，又は公表しなければならない。

③ 個人情報取扱事業者は，利用目的を変更した場合は，取得の状況からみて利用目的が明らかであると認められるときであっても，変更された利用目的について，本人に通知し，又は公表しなければならない。

④ 個人情報取扱事業者は，本人との間で契約を締結することに伴って契約書その他の書面（電磁的記録を含む。）に記載された当該本人の個人情報を取得する場合は，あらかじめ，本人に対し，その利用目的を明示しその同意を得なければならない。

解答欄

①◯ ②◯ ③◯ ④◯

分野別出題率

個人情報保護からの出題状況

①は適切であるが，②・③・④は不適切である。よって，正解は①となる。

① 適切である。

(個人情報保護法17条)

② 不適切である。承継前の利用目的を超えて利用することは第三者提供になる。よって同意が必要となる。

(個人情報保護法27条５項２号，18条２項)

③ 不適切である。取得の状況からみて利用目的が明らかであると認められるときは不要である。

(個人情報保護法21条４項４号)

④ 不適切である。同意の取得まで義務づけられていない。

(個人情報保護法21条２項)

3-8 個人情報保護Ⅷ

第17回・問題46

個人情報の保護に関する法律についてのガイドライン（通則編）に関する次の①～④の記述のうち，その内容が**適切でない**ものを1つだけ選び，解答欄にその番号をマークしなさい。

① 個人情報取扱事業者は，物理的安全管理措置として，個人データを取り扱う機器，電子媒体及び書類等の盗難又は紛失等を防止するために，適切な管理を行わなければならない。

② 個人情報取扱事業者は，人的安全管理措置として，従業者に，個人データの適切な取扱いを周知徹底するとともに適切な教育を行わなければならない。

③ 個人情報取扱事業者は，組織的安全管理措置として，個人データの取扱いに係る規律に従った運用，担当者及び取り扱う個人情報データベース等の範囲を限定するための適切なアクセス制御を行わなければならない。

④ 個人情報取扱事業者は，情報システム（パソコン等の機器を含む。）を使用して個人データを取り扱う場合（インターネット等を通じて外部と送受信等する場合を含む。），技術的安全管理措置として，個人データを取り扱う情報システムを使用する従業者が正当なアクセス権を有する者であることを，識別した結果に基づき認証しなければならない。

解答欄

①○ ②○ ③○ ④○

分野別出題率

個人情報保護からの出題状況

①・②・④は適切であるが，③は不適切である。よって，正解は③となる。

① **適切**である。

(個人情報保護法ガイドライン（通則編）10－５（２))

② **適切**である。

(個人情報保護法ガイドライン（通則編）10－４）

③ **不適切**である。個人情報保護法ガイドライン（通則編）10－３では，整備された個人データの取扱いに係る規律に従った運用の状況を確認するため，利用状況等を記録することも重要であるとされており，アクセス制御は，技術的安全管理措置に該当する。

(個人情報保護法ガイドライン（通則編）10－３（２)，10－６（１))

④ **適切**である。

(個人情報保護法ガイドライン（通則編）10－６（２))

3-9 個人情報保護Ⅸ

第18回・問題43

個人情報の保護に関する法律についての次の①～④の記述のうち，その内容が**適切なもの**を１つだけ選び，解答欄にその番号をマークしなさい。

---

① 取得時に生存する特定の個人を識別することができなかった情報は，取得後に新たな情報が付加され，又は照合された結果，生存する特定の個人を識別できるに至っても，個人情報に該当しない。

---

② 個人データとは，氏名，生年月日など複数の情報を含む個人情報の集合体をいい，個人情報データベース等を構成するものに限られない。

---

③ 特定の個人の身体の一部の特徴を電子計算機の用に供するために変換した文字，番号，記号その他の符号であって，当該特定の個人を識別することができるもののうち，政令で定めるものは，個人識別符号に該当し，生存する個人に関する情報であって，個人識別符号が含まれるものは個人情報となる。

---

④ 個人関連情報とは，生存する個人に関する情報であって，個人情報，仮名加工情報及び匿名加工情報のいずれかに該当するものをいう。

解答欄

分野別出題率

個人情報保護からの出題状況

③は適切であるが，①・②・④は不適切である。よって，正解は③となる。

① 不適切である。たとえば，死者の情報に喪主などの生存する個人情報が付加された結果，個人情報となる場合がある。

（個人情報保護法２条１項，個人情報保護ガイドライン２－１事例６）

② 不適切である。個人データは，個人情報データベース等を構成するものである。

（個人情報保護法16条３項）

③ 適切である。

（個人情報保護法２条２項）

④ 不適切である。個人関連情報は，生存する個人に関する情報であって，個人情報，仮名加工情報，匿名加工情報のいずれにも該当しない情報である。

（個人情報保護法２条７項）

3-10 個人情報保護X

第18回・問題45

個人情報の保護に関する法律（以下，本問において「法」という。）についての次の①～④の記述のうち，その内容が**適切でない**ものを１つだけ選び，解答欄にその番号をマークしなさい。

① 本人（注）は，個人情報取扱事業者に対し，当該本人が識別される保有個人データの電磁的記録の提供による方法その他の個人情報保護委員会規則で定める方法による開示を請求することができる。

② 本人は，個人情報取扱事業者に対し，当該本人が識別される保有個人データの内容が事実でないときは，当該保有個人データの内容の訂正，追加又は削除を請求することができる。

③ 本人が，個人情報取扱事業者に対し，当該本人が識別される保有個人データについて利用の停止又は消去（以下，本問において「利用停止等」という。）を請求することができるのは，当該保有個人データが法第18条（利用目的による制限）もしくは法第19条（不適正な利用の禁止）の規定に違反して取り扱われているとき，又は法第20条（適正な取得）の規定に違反して取得されたものであるときに限られる。

④ 個人情報取扱事業者は，法第35条（利用停止等）第１項又は第５項の規定による請求に係る保有個人データの全部又は一部について利用停止等を行ったとき又は利用停止等を行わない旨の決定をしたときは，本人に対し，遅滞なく，その旨を通知しなければならない。

（注） 本人とは，個人情報によって識別される特定の個人をいう。

解答欄

分野別出題率

個人情報保護からの出題状況

①・②・④は適切であるが，③は不適切である。よって，正解は③となる。 

① **適切**である。

(個人情報保護法33条１項)

② **適切**である。

(個人情報保護法34条１項)

③ **不適切**である。本人が利用停止等を請求できるのは，本肢の違反行為（個人情報保護法35条２項）のほか，当該個人情報取扱事業者が利用する必要がなくなった場合，当該本人が識別される保有個人データに係る漏えい等の事態が生じた場合その他当該本人が識別される保有個人データの取扱いにより当該本人の権利または正当な利益が害されるおそれがある場合である。

(個人情報保護法35条５項)

④ **適切**である。

(個人情報保護法35条７項)

3 - 11 消費者契約法 I

第 18 回・問題 44

消費者契約法に関する次の①～④の記述のうち，その内容が**適切なもの**を１つだけ選び，解答欄にその番号をマークしなさい。

---

① 適格消費者団体は，事業者が，消費者契約の締結について勧誘をするに際し，不特定かつ多数の消費者に対して重要事項について事実と異なることを告げる行為を現に行い又は行うおそれがあるときは，その事業者に対し，当該行為の停止もしくは予防又は当該行為に供した物の廃棄もしくは除去その他の当該行為の停止もしくは予防に必要な措置をとることを請求することができる。

---

② 事業者が消費者契約の締結について勧誘をするに際し，当該事業者に対し，消費者が，その住居又はその業務を行っている場所から退去すべき旨の意思を示したにもかかわらず，当該事業者がそれらの場所から退去しないことにより困惑し，それによって当該消費者契約の申込み又はその承諾の意思表示をしたときは，当該消費者契約は，無効となる。

---

③ 消費者契約において，消費者の不作為をもって当該消費者が新たな消費者契約の申込み又はその承諾の意思表示をしたものとみなす条項その他の法令中の公の秩序に関しない規定の適用による場合に比して消費者の権利を制限し又は消費者の義務を加重する消費者契約の条項であって，民法第１条第２項に規定する基本原則に反して消費者の利益を一方的に害するものが含まれている場合，当該消費者は，当該消費者契約を取り消すことができる。

---

④ 消費者契約法に基づき消費者に認められる取消権は，追認をすることができる時から６か月間行わないときは，時効によって消滅する。当該消費者契約の締結の時から５年を経過したときも，同様とする。

解答欄

①◯ ②◯ ③◯ ④◯

分野別出題率

消費者契約法からの出題状況

直近3回の出題率	直近5回の出題率	直近10回の出題率
100%	100%	100%

①は適切であるが，②・③・④は不適切である。よって，正解は①となる。

① **適切**である。

(消費者契約法12条２項，４条１項１号)

② **不適切**である。退去要求に応じず，困惑して契約の申込み等を行ったときは，取消しができる。

(消費者契約法４条３項１号)

③ **不適切**である。このような契約条項は，無効となる。

(消費者契約法10条)

④ **不適切**である。取消権が認められる期間は，追認することができる時から１年間である。

(消費者契約法７条１項)

3-12 消費者契約法Ⅱ

第16回・問題44

消費者契約法に関する次の①～④の記述のうち，その内容が適切なものを1つだけ選び，解答欄にその番号をマークしなさい。

① 事業者とは法人その他の団体をいい，事業として又は事業のために契約の当事者となる場合における個人は消費者契約法上の事業者には当たらない。

② 事業者が消費者契約の締結について消費者を勧誘するに際し，当該消費者に対してある重要事項又は当該重要事項に関連する事項について当該消費者の利益となる旨を告げ，かつ，当該重要事項について当該消費者の不利益となる事実を故意に告げなかったことにより，当該消費者が，当該事実が存在しないとの誤認をし，それによって当該消費者契約の申込み又はその承諾の意思表示をしたときは，当該消費者契約は無効である。

③ 消費者契約の解除に伴う損害賠償の額を予定する条項であって，その額が，当該条項において設定された解除の事由，時期等の区分に応じ，当該消費者契約と同種の消費者契約の解除に伴い当該事業者に生ずべき平均的な損害の額を超えるものは，無効である。

④ 事業者の債務不履行（当該事業者，その代表者又はその使用する者の故意又は重大な過失によるものに限る。）により消費者に生じた損害を賠償する責任の一部を免除する消費者契約の条項は，無効である。

解答欄

分野別出題率

消費者契約法からの出題状況

④は適切であるが，①・②・③は不適切である。よって，正解は④となる。 

① 不適切である。「事業者」とは，法人その他の団体および事業としてまたは事業のために契約の当事者となる場合における個人をいう。よって，事業のために契約の当事者となる場合における個人は，消費者契約法上の事業者に含まれる。なお，「消費者契約」とは，消費者と事業者との間で締結される契約をいう。

（消費者契約法２条２項，３項）

② 不適切である。消費者は，事業者が消費者契約の締結について勧誘をするに際し，当該消費者に対して重要事項について当該消費者の利益となる旨を告げ，かつ，当該重要事項について当該消費者の不利益となる事実を故意または重大な過失によって告げなかったことにより，当該事実が存在しないとの誤認をし，それによって当該消費者契約の申込みまたはその承諾の意思表示をしたときは，これを取り消すことができる。無効と異なり，取消しは消費者が取消しの意思表示をするまでは，契約は有効である。

（消費者契約法４条２項）

③ 不適切である。当該消費者契約の解除に伴う損害賠償の額を予定し，または違約金を定める条項であって，これらを合算した額が，当該条項において設定された解除の事由，時期等の区分に応じ，当該消費者契約と同種の消費者契約の解除に伴い当該事業者に生ずべき平均的な損害の額を超えるものは，当該超える部分について無効となる。

（消費者契約法９条１号）

④ 適切である。

（消費者契約法８条１項２号）

3-13 消費者契約法Ⅲ

第15回・問題44

消費者契約法に関する次の①～④の記述のうち，その内容が適切なものを1つだけ選び，解答欄にその番号をマークしなさい。

① 消費者契約法の適用がある取引については，消費者には，消費者契約法に基づき，契約の申込み又は契約の締結後一定の期間内であれば，無条件に当該契約の申込みを撤回し又は当該契約を解除することができる権利であるクーリング・オフを行使する権利が認められている。

② 事業者が，消費者契約の締結について勧誘をするに際し，勧誘をしている場所から退去する旨の意思を消費者が示したにもかかわらず，当該消費者を退去させないなど，消費者を困惑させることにより当該消費者契約を締結した場合，消費者契約法第2条（定義）第4項に規定する適格消費者団体には，当該消費者契約についての取消権が認められている。

③ 消費者契約法に基づき消費者に認められる取消権は，追認をすることができる時から1年間行わないときは，時効によって消滅する。当該消費者契約の締結の時から5年を経過したときも，同様とする。

④ 消費者契約の解除に伴う損害賠償の額を予定する条項であって，その額が，当該条項において設定された解除の事由，時期等の区分に応じ，当該消費者契約と同種の消費者契約の解除に伴い当該事業者に生ずべき平均的な損害の額を超えるものは，当該条項そのものを無効とする。

解答欄

①◯ ②◯ ③◯ ④◯

チャレンジ問題

第12回・問題46

●消費者契約の申込み又はその承諾の意思表示の取消し及び消費者契約の条項の効力については，消費者契約法の規定によるほか，民法及び商法の規定による。消費者契約の申込み又はその承諾の意思表示の取消し及び消費者契約の条項の効力について民法及び商法以外の他の法律に別段の定めがあるときは，その定めるところによる。

分野別出題率

消費者契約法からの出題状況

解答 解説

③は適切であるが，①・②・④は不適切である。よって，正解は③となる。 

① 不適切である。クーリング・オフの権利は認められていない。

② 不適切である。勧誘をしている場所から退去する旨の意思を消費者が示したにもかかわらず，当該消費者を退去させないなど，消費者を困惑させることにより当該消費者契約を締結した場合，消費者が当該消費者契約についての取消しができるが，適格消費者団体に取消権が認められているわけではない。

(消費者契約法 4 条 3 項 2 号，12条，23条)

③ 適切である。

(消費者契約法 7 条 1 項)

④ 不適切である。平均的な損害の額を超えるものは，当該条項が無効になるのではなく，超える額が無効となる。

(消費者契約法 9 条 1 号)

チャレンジ問題・解答

○ 適切である。

(消費者契約法11条)

3-14 消費者契約法Ⅳ

第17回・問題44

消費者契約法に関する次の①～④の記述のうち，その内容が適切なものを1つだけ選び，解答欄にその番号をマークしなさい。

① 事業者が消費者契約の締結について勧誘をするに際し，消費者に対して重要事項について事実と異なることを告げる行為をした場合，当該消費者が，当該告げられた内容が事実であるとの誤認をしたか否かにかかわらず，当該消費者は，それによってなされた当該消費者契約の申込み又はその承諾の意思表示を取り消すことができる。

② 消費者が消費者契約法に基づいて消費者契約を取り消すことができる場合において，追認をすることができる時から6か月間取消権を行使しないとき，又は当該消費者契約の締結の時から5年を経過したときは，当該消費者は，当該消費者契約を取り消すことができなくなる。

③ 事業者が，消費者契約の締結について勧誘をするに際し，勧誘をしている場所から退去する旨の意思を消費者が示したにもかかわらず，当該消費者を退去させないなど，消費者を困惑させることにより当該消費者契約を締結した場合，当該消費者契約は，無効である。

④ 消費者契約の条項のうち，消費者契約に基づき支払うべき金銭の全部を消費者が支払期日までに支払わない場合における損害賠償の額を予定し，又は違約金を定める条項であって，これらを合算した額が，支払期日の翌日からその支払をする日までの期間について，その日数に応じ，当該支払期日に支払うべき額から当該支払期日に支払うべき額のうち既に支払われた額を控除した額に年14.6%の割合を乗じて計算した額を超えることとなるものは，当該超える部分につき無効である。

解答欄

①◯　②◯　③◯　④◯

分野別出題率

消費者契約法からの出題状況

解答 解説

④は適切であるが，①・②・③は不適切である。よって，正解は④となる。

① 不適切である。告げられた内容が事実であるとの誤認があったときに取消しができる。

(消費者契約法 4 条 1 項 1 号)

② 不適切である。原則として追認をすることができる時から 1 年間行わないときは，時効によって消滅する。当該消費者契約の締結の時から 5 年を経過したときも同様とされている。

(消費者契約法 7 条 1 項)

③ 不適切である。事業者に対し，当該消費者が，その住民またはその業務を行っている場所から退去すべき旨の意思を示したにもかかわらず，それらの場所から退去しない行為をしたことにより困惑し，それによって当該消費者契約を締結したときは，取り消すことができる。

(消費者契約法 4 条 3 項 1 号)

④ 適切である。

(消費者契約法 9 条 2 号)

3-15 景品表示法 I

第14回・問題45

不当景品類及び不当表示防止法（以下，本問において「景品表示法」という。）に関する次の①～④の記述のうち，その内容が適切なものを1つだけ選び，解答欄にその番号をマークしなさい。

① 「景品類」とは，顧客を誘引するための手段として，くじの方法により，事業者が相手方に提供する物品，金銭その他の経済上の利益であって，内閣総理大臣が指定するものをいい，事業者が自己の供給する商品又は役務の取引に付随して相手方に提供する物品等に限られない。

② 「表示」とは，顧客を誘引するための手段として，事業者が自己の供給する商品又は役務の内容又は取引条件その他これらの取引に関する事項について行う広告その他の表示であって，公正取引委員会が指定するものをいう。

③ 事業者は，自己の供給する商品又は役務の取引について，景品類の提供又は表示により不当に顧客を誘引し，一般消費者による自主的かつ合理的な選択を阻害することのないよう，景品類の価額の最高額，総額その他の景品類の提供に関する事項及び商品又は役務の品質，規格その他の内容に係る表示に関する事項を適正に管理するために必要な体制の整備その他の必要な措置を講じなければならない。

④ 事業者が，景品表示法第4条（景品類の制限及び禁止）及び第5条（不当な表示の禁止）の規定に違反する行為をした場合，内閣総理大臣は，当該事業者に対し，政令で定める方法により算定した額の課徴金を国庫に納付することを命じなければならない。

解答欄

①◯　②◯　③◯　④◯

分野別出題率

景品表示法からの出題状況

直近3回の出題率 **67%**

直近5回の出題率 **80%**

直近10回の出題率 **90%**

解答 解説

③は適切であるが，①・②・④は不適切である。よって，正解は③となる。

① 不適切である。「景品類」とは，顧客を誘引するための手段として，その方法が直接的であるか間接的であるかを問わず，くじの方法によるかどうかを問わず，事業者が自己の供給する商品または役務の取引（不動産に関する取引を含む）に付随して相手方に提供する物品，金銭その他の経済上の利益であって，内閣総理大臣が指定するものをいう。したがって，くじの方法によらず提供される物品等も，景品類に該当しうる。

（景品表示法 2 条 3 項）

② 不適切である。「表示」とは，顧客を誘引するための手段として，事業者が自己の供給する商品または役務の内容または取引条件その他これらの取引に関する事項について行う広告その他の表示であって，内閣総理大臣が指定するものをいう。景品表示法の所管官庁は，2009年 9 月に公正取引委員会から消費者庁に移管された。

（景品表示法 2 条 4 項）

③ 適切である。

（景品表示法26条 1 項）

④ 不適切である。事業者が，景品表示法 5 条（不当な表示の禁止）の規定に違反する行為（課徴金対象行為）をしたときは，内閣総理大臣は，当該事業者に対し，当該課徴金対象行為に係る課徴金対象期間に取引をした当該課徴金対象行為に係る商品または役務の政令で定める方法により算定した売上額に100分の 3 を乗じて得た額に相当する額の課徴金を国庫に納付することを命じなければならない。課徴金対象行為に景品表示法 4 条（景品類の制限及び禁止）は含まれない。

（景品表示法 8 条 1 項）

3-16 景品表示法Ⅱ

第15回・問題46

不当景品類及び不当表示防止法（以下，本問において「景品表示法」という。）に関する次の①～④の記述のうち，その内容が**適切でない**ものを1つだけ選び，解答欄にその番号をマークしなさい。

① 表示とは，顧客を誘引するための手段として，事業者が自己の供給する商品又は役務の内容又は取引条件その他これらの取引に関する事項について行う広告その他の表示であって，内閣総理大臣が指定するものをいう。

② 内閣総理大臣は，景品表示法第4条（景品類の制限及び禁止）の規定による制限もしくは禁止又は同法第5条（不当な表示の禁止）の規定に違反する行為があるときは，当該事業者に対し，その行為の差止めもしくはその行為が再び行われることを防止するために必要な事項又はこれらの実施に関連する公示その他必要な事項を命ずることができる。ただし，その命令は，当該違反行為が既になくなっている場合にはすることができない。

③ 内閣総理大臣は，景品表示法第7条（措置命令）第1項の規定による命令に関し，事業者がした表示が同法第5条（不当な表示の禁止）第1号に該当する表示（以下，本問において「優良誤認表示」という。）か否かを判断するため必要があると認めるときは，当該表示をした事業者に対し，期間を定めて，当該表示の裏付けとなる合理的な根拠を示す資料の提出を求めることができる。この場合において，当該事業者が当該資料を提出しないときは，同法第7条第1項の規定の適用については，当該表示は優良誤認表示とみなされる。

④ 内閣総理大臣は，事業者が正当な理由がなくて景品表示法第26条（事業者が講ずべき景品類の提供及び表示の管理上の措置）第1項の規定に基づき事業者が講ずべき措置を講じていないと認めるときは，当該事業者に対し，景品類の提供又は表示の管理上必要な措置を講ずべき旨の勧告をすることができる。内閣総理大臣は，当該勧告を行った場合において当該事業者がその勧告に従わないときは，その旨を公表することができる。

解答欄

①◯　②◯　③◯　④◯

分野別出題率

景品表示法からの出題状況

直近３回の出題率 **67%**

直近５回の出題率 **80%**

直近10回の出題率 **90%**

①・③・④は適切であるが，②は不適切である。よって，正解は②となる。

① **適切**である。なお，「事業者」とは，商業，工業，金融業その他の事業を行う者をいい，当該事業を行う者の利益のためにする行為を行う役員，従業員，代理人その他の者は，景品表示法２条２項および31条の規定の適用については，これを当該事業者とみなすとされている。

（景品表示法２条４項，１項）

② **不適切**である。違反行為がすでになくなっている場合も措置命令は発出できる。

（景品表示法７条１項）

③ **適切**である。なお，不実証広告規制のなかの「有利誤認表示」と「優良誤認表示」は，下記のような表示のことである。

有利誤認表示…商品または役務の価格その他の取引条件について，実際のものよりも取引の相手方に著しく有利であること，または事実に相違して当該事業者と同種，もしくは類似の商品，もしくは役務を供給している他の事業者に係るものよりも，取引の相手方に「著しく有利である」ことを示す表示

優良誤認表示…商品または役務の品質，規格その他の内容について，実際のものよりも著しく優良であること，または事実に相違して当該事業者と同種，もしくは類似の商品，もしくは役務を供給している他の事業者に係るものよりも「著しく優良である」ことを示す表示

（景品表示法７条２項，８条１項１号，２号，３項）

④ **適切**である。

（景品表示法28条）

3-17 景品表示法Ⅲ

第18回・問題46

次の①～④の記述のうち，不当景品類及び不当表示防止法（以下，本問において「景品表示法」という。）上，その内容が**適切でない**ものを1つだけ選び，解答欄にその番号をマークしなさい。

---

① 事業者が，商品の価格その他の取引条件について，実際のものよりも取引の相手方に著しく有利であると一般消費者に誤認される表示（有利誤認表示）をしたおそれがある場合，内閣総理大臣は，当該事業者に対して，期間を定めて，当該表示の裏付けとなる合理的な根拠を示す資料の提出を求めることができ，当該資料の提出を求めたにもかかわらず，当該事業者がその期間内に当該資料を提出しないときは，当該表示は，景品表示法第5条（不当な表示の禁止）第2号に規定する，不当な表示とみなされる。

---

② 内閣総理大臣は，景品表示法第4条（景品類の制限及び禁止）の規定による制限もしくは禁止もしくは第5条第3号の規定による指定をし，又はこれらの変更もしくは廃止をしようとするときは，内閣府令で定めるところにより，公聴会を開き，関係事業者及び一般の意見を求めるとともに，消費者委員会の意見を聴かなければならない。

---

③ 表示とは，顧客を誘引するための手段として，事業者が自己の供給する商品又は役務の内容又は取引条件その他これらの取引に関する事項について行う広告その他の表示であって，内閣総理大臣が指定するものをいう。

---

④ 景品類とは，顧客を誘引するための手段として，その方法が直接的であるか間接的であるかを問わず，くじの方法によるかどうかを問わず，事業者が自己の供給する商品又は役務の取引（不動産に関する取引を含む。）に付随して相手方に提供する物品，金銭その他の経済上の利益であって，内閣総理大臣が指定するものをいう。

解答欄

①◯　②◯　③◯　④◯

分野別出題率

景品表示法からの出題状況

直近3回の出題率 67%

直近5回の出題率 80%

直近10回の出題率 90%

解答 解説

②・③・④は適切であるが，①は不適切である。よって，正解は①となる。

① 不適切である。表示内容に「優良誤認表示」のおそれがあるときに，「合理的な根拠を示す資料」の提出が求められ，提出がないときは，「優良誤認表示」とみなされる。

(景品表示法7条2項)

② 適切である。

(景品表示法3条1項)

③ 適切である。

(景品表示法2条4項)

④ 適切である。

(景品表示法2条3項)

3 - 18 景品表示法Ⅳ

第 17 回・問題 47

不当景品類及び不当表示防止法（以下，本問において「景品表示法」という。）に関する次の①～④の記述のうち，その内容が**適切でない**ものを１つだけ選び，解答欄にその番号をマークしなさい。

① 「景品類」とは，顧客を誘引するための手段として，その方法が直接的であるか間接的であるかを問わず，くじの方法によるかどうかを問わず，また事業者が自己の供給する商品又は役務の取引に付随して行われるものかどうかを問わず，相手方に提供する物品，金銭その他の経済上の利益であって，内閣総理大臣が指定するものをいう。

② 内閣総理大臣は，不当な顧客の誘引を防止し，一般消費者による自主的かつ合理的な選択を確保するため必要があると認めるときは，景品類の価額の最高額もしくは総額，種類もしくは提供の方法その他景品類の提供に関する事項を制限し，又は景品類の提供を禁止することができる。

③ 内閣総理大臣は，景品表示法第７条（措置命令）第１項の規定による命令に関し，事業者がした表示が同法第５条（不当な表示の禁止）第１号に該当する表示（以下，本問において「優良誤認表示」という。）であるか否かを判断するため必要があると認めるときは，当該表示をした事業者に対し，期間を定めて，当該表示の裏付けとなる合理的な根拠を示す資料の提出を求めることができる。この場合において，当該事業者が当該資料を提出しないときは，同法第７条第１項の規定の適用については，当該表示は優良誤認表示とみなされる。

④ 景品表示法第７条第１項の規定による命令に違反した者は，刑事罰に処される。

解答欄

①◯ ②◯ ③◯ ④◯

分野別出題率

景品表示法からの出題状況

直近3回の出題率 67%

直近5回の出題率 80%

直近10回の出題率 90%

解答 解説

②・③・④は適切であるが，①は不適切である。よって，正解は①となる。

① 不適切である。「景品類」とは，顧客を誘引するための手段として，その方法が直接的であるか間接的であるかを問わず，くじの方法によるかどうかを問わず，事業者が自己の供給する商品または役務の取引（不動産に関する取引を含む）に付随して相手方に提供する物品，金銭その他の経済上の利益であって，内閣総理大臣が指定するものをいう。したがって，自己の供給する商品または役務の取引に付随して行われるものを問わない点が誤りである。

（景品表示法２条３項）

② 適切である。

（景品表示法４条）

③ 適切である。

（景品表示法７条２項）

④ 適切である。措置命令に対する違反は，２年以下の懲役，または300万円以下の罰金に処せられる。

（景品表示法36条１項）

3-19 貸金業協会規則Ⅰ（貸付けの契約に係る勧誘）

第12回・問題47

日本貸金業協会が定める貸金業の業務運営に関する自主規制基本規則に規定する「貸付けの契約に係る勧誘に関する規則」についての次の①～④の記述のうち，その内容が**適切でない**ものを1つだけ選び，解答欄にその番号をマークしなさい。

---

① 協会員は，勧誘リスト等を作成するに当たっては，当該勧誘リストに個人信用情報を正確に記載し，これを適切に管理するための措置を講じなければならない。

---

② 協会員は，資金需要者等が，協会員が勧誘を行った取引に係る勧誘を引き続き受けることを希望しない旨の明確な意思の表示を行った場合，当該意思表示のあった日から最低6か月間は当該勧誘に係る取引及びこれと類似する取引の勧誘を見合わせるものとすることを目処として対応しなければならない。

---

③ 協会員は，債務者等に対して貸付けの契約に係る勧誘を行うに際しては，例えば，店頭窓口において口頭での承諾の事実を確認し，当該承諾に係る記録を作成及び保管する方法により，当該債務者等から当該勧誘を行うことについての承諾を得なければならない。

---

④ 協会員は，債務者等に対して貸付けの契約に係る勧誘を行うに際しては，例えば，協会員のホームページを用いて承諾を取得する方法により，当該債務者等から当該勧誘を行うことについての承諾を得なければならないが，この方法により承諾を受けた場合，当該承諾の事実を事後に確認できるよう記録・保存しなければならない。

分野別出題率

貸金業協会規則（紛争解決等業務を除く）からの出題状況

直近3回の出題率 67%

直近5回の出題率 80%

直近10回の出題率 70%

解答 解説

②・③・④は適切であるが，①は不適切である。よって，正解は①となる。

① 不適切である。勧誘または勧誘リストの作成を目的として，信用情報を使用することや，勧誘リスト等に信用情報について記載等をすることは，信用情報の目的外使用として禁止されている。

（自主規制規則39条の３第２項（１））

② 適切である。

（自主規制規則55条１項（２））

③ 適切である。

（自主規制規則54条１項（１））

④ 適切である。

（自主規制規則54条１項（２），２項）

3-20 貸金業協会規則Ⅱ（広告及び勧誘に関する規則）

第16回・問題47

日本貸金業協会が定める貸金業の業務運営に関する自主規制基本規則に規定する「広告及び勧誘に関する規則」についての次の①～④の記述のうち，その内容が**適切でない**ものを１つだけ選び，解答欄にその番号をマークしなさい。

① 協会員は，資金需要者等が，協会員からの勧誘を一切拒否する旨の強い意思表示を行った場合，当該意思の表示のあった日から最低１年間は一切の勧誘を見合わせるものとし，当該期間経過後も架電，ファックス，電子メールもしくはダイレクトメール等の送信又は訪問等，当該資金需要者等の私生活や業務に与える影響が大きい方法による勧誘は行わないことを目処として対応しなければならない。

② 協会員は，資金需要者等が，協会員が勧誘を行った取引に係る勧誘を引き続き受けることを希望しない旨の明確な意思の表示を行った場合，当該意思表示のあった日から最低６か月間は当該勧誘に係る取引及びこれと類似する取引の勧誘を見合わせることを目処として対応しなければならない。

③ 協会員は，貸付けの契約の締結の勧誘に際し，資金需要者等が身体的・精神的な障害等により契約の内容が理解困難なことを認識した場合，当該資金需要者等に対し，契約内容を丁寧に説明し十分にその内容を理解させるように努めなければならない。

④ 協会員は，債務者等に対して貸付けの契約に係る勧誘を行うに際しては，例えば，店頭窓口において口頭での承諾の事実を確認し，当該承諾に係る記録を作成及び保管する方法により，当該債務者等から当該勧誘を行うことについての承諾を得なければならない。

解答欄

分野別出題率

貸金業協会規則（紛争解決等業務を除く）からの出題状況

①・②・④は適切であるが，③は不適切である。よって，正解は③となる。

① 適切である。

（自主規制規則55条１項（１））

② 適切である。

（自主規制規則55条１項（２））

③ 不適切である。協会員は，資金需要者等が身体的・精神的な障害等により契約の内容が理解困難なことを認識した場合には，貸付けの契約の締結に係る勧誘を行ってはならないとされている。

（自主規制規則54条４項）

④ 適切である。

（自主規制規則54条１項（１））

3-21 貸金業協会規則Ⅲ（広告及び勧誘に関する規則）

第17回・問題45

次の①～④の記述のうち，日本貸金業協会が定める貸金業の業務運営に関する自主規制基本規則に規定する「広告及び勧誘に関する規制」によれば，協会に加入している貸金業者が個人向け貸付けの契約に係る広告を出稿するに当たり，協会が設ける審査機関から承認を受けなければならないものを1つだけ選び，解答欄にその番号をマークしなさい。

① インターネットによる広告

② 新聞及び雑誌広告

③ チラシによる広告

④ 看板広告

解答欄

①◯ ②◯ ③◯ ④◯

分野別出題率

貸金業協会規則（紛争解決等業務を除く）からの出題状況

解答　解説

②は必要であるが，①・③・④は不要である。よって，正解は②となる。

---

①　承認は不要である。

（自主規制規則45条１項）

---

②　承認が必要である。自主規制基本規則第45条１項において，審査機関の審査が必要なものは，テレビCM，新聞および雑誌広告，電話帳広告とされている。

（自主規制規則45条１項）

---

③　承認は不要である。

（自主規制規則45条１項）

---

④　承認は不要である。

（自主規制規則45条１項）

3-22 貸金業協会規則Ⅳ（貸付自粛対応）

第14回・問題47

日本貸金業協会（以下，本問において「協会」という。）が定める貸付自粛対応に関する規則についての次の①～④の記述のうち，その内容が**適切でない**ものを1つだけ選び，解答欄にその番号をマークしなさい。

① 貸付自粛とは，本人が，自らに浪費の習癖があることもしくはギャンブル等依存症により本人やその家族の生活に支障を生じさせるおそれがあることその他の理由により自らを自粛対象者（注1）とする旨又は親族のうち一定の範囲の者が金銭貸付による債務者を自粛対象者とする旨を協会もしくは全銀協センター（注2）に対して申告することにより，協会が，これに対応する情報を個人信用情報機関に登録を依頼し，当該情報を登録した個人信用情報機関が，一定期間，当該個人信用情報機関の会員に対して当該情報を提供することをいう。

② 自粛対象者本人，自粛対象者の親権者，後見人，保佐人もしくは補助人又は自粛対象者の配偶者もしくは二親等内の親族は，いつでも，協会に対し，貸付自粛の申告をすることができる。

③ 自粛対象者の配偶者は，当該自粛対象者の同意を得ずに当該自粛対象者について貸付自粛の申告をした。この場合，当該自粛対象者は，いつでも当該申告を取り消すことができる。

④ 協会員は，個人信用情報機関と個人信用情報の提供を受けることに関し契約を締結している場合において，個人顧客との間で貸付けに係る契約（貸金業法施行規則第1条の2の3第2号から第5号のいずれかに該当する契約及び極度方式貸付けに係る契約を除く。）を締結しようとするときは，当該個人信用情報機関に対し，貸付自粛情報の提供を求めなければならない。

（注1） 自粛対象者とは，本人が貸金業者に対し金銭の貸付けを求めてもこれに応じないこととするよう求める対象となる個人をいう。
（注2） 全銀協センターとは，一般社団法人全国銀行協会全国銀行個人信用情報センターをいう。

解答欄

分野別出題率

貸金業協会規則（紛争解決等業務を除く）からの出題状況

①・③・④は適切であるが，②は不適切である。よって，正解は②となる。

① **適切**である。なお，貸付自粛情報とは，自粛対象者の氏名，住所，生年月日その他自粛対象者を識別できる事項ならびに貸付自粛の申告があった旨およびその年月日その他協会が個人信用情報機関と協議して定める事項を内容とする情報をいう。

（貸付自粛規則２条（２），（４））

② **不適切**である。自粛対象者の配偶者または二親等内の親族は（i）自粛対象者が所在不明者であり，その原因が金銭の貸付けによる金銭債務の負担を原因としている可能性があること，（ii）貸付自粛の対応をとることが自粛対象者の生命，身体または財産の保護のために必要であること，（iii）申告を行うことにつき自粛対象者の同意を得ることが困難と認められることのすべてに該当しなければ，貸付自粛の申告をすることができない。

（貸付自粛規則７条１項，２項）

③ **適切**である。貸付自粛の申告をした者は，登録の依頼日から３カ月を超えた日以降でなければ，当該申告を撤回することができないが，自粛対象者の配偶者が申告をした場合には，自粛対象者は，いつでも当該申告を取り消すことができる。

（貸付自粛規則10条２項）

④ **適切**である。

（貸付自粛規則17条１項）

3-23 紛争解決等業務Ⅰ

第15回・問題47

日本貸金業協会が定める紛争解決等業務に関する規則についての次の①～④の記述のうち，その内容が**適切でない**ものを1つだけ選び，解答欄にその番号をマークしなさい。

① 契約者等(注1)による紛争解決手続開始の申立てが受理され，相手方に対してその旨の通知がなされた場合，当該通知を受けた協会員等(注2)は，正当な理由がある場合を除き，紛争解決手続に応じなければならない。

② 紛争解決委員は，当事者もしくは参考人から意見を聴取し，もしくは文書もしくは口頭による報告を求め，又は当事者から参考となるべき帳簿書類その他の物件の提出もしくは提示を求めることができる。

③ 紛争解決委員は，申立てに係る紛争の解決に必要な和解案を作成し，当事者に対し提示して，その受諾を勧告することができる。当事者双方が紛争解決委員の和解案を受諾したときは，裁判所に届け出ることにより，当該和解案の内容で和解が成立したものとされる。

④ 紛争解決委員は，和解案の受諾の勧告によっては当事者間に和解が成立する見込みがない場合において，事案の性質，当事者の意向，当事者の手続追行の状況その他の事情に照らして相当であると認めるときは，貸金業務関連紛争の解決のために必要な特別調停案を作成し，理由を付して当事者に提示することができる。

（注1） 契約者等とは，顧客等，債務者等もしくは債務者等であったもの又はその一般承継人をいう。
（注2） 協会員等とは，日本貸金業協会の会員及び日本貸金業協会と手続実施基本契約を締結した貸金業者をいう。

解答欄
①◯ ②◯ ③◯ ④◯

チャレンジ問題

第12回・問題45

●日本貸金業協会は，当事者から異議の申出がない限り，当該当事者に係る苦情処理手続及び紛争解決手続を公開しなければならない。

分野別出題率

苦情対応・相談対応からの出題状況

①・②・④は適切であるが，③は不適切である。よって，正解は③となる。

① 適切である。

(紛争解決規則63条)

② 適切である。

(紛争解決規則83条1項)

③ 不適切である。当該双方が紛争解決委員会の和解案を受諾したときは，裁判所に届け出ることなく，和解案が成立する。

(紛争解決規則89条)

④ 適切である。

(紛争解決規則90条1項)

チャレンジ問題・解答

× 不適切である。苦情処理手続はすべて非公開であり，紛争解決手続も原則非公開である。

(紛争解決規則53条，94条1項)

3-24 紛争解決等業務Ⅱ

第16回・問題45

日本貸金業協会が定める紛争解決等業務に関する規則についての次の①～④の記述のうち，その内容が適切なものを１つだけ選び，解答欄にその番号をマークしなさい。

① 貸金業務等関連苦情とは，貸金業務等に関し，その契約者等による当該貸金業務等を行った者に対する不満足の表明をいう。

② 貸金業務関連紛争とは，貸金業務等関連苦情のうち，当該苦情の相手方である貸金業者と当該苦情に係る契約者等の自主的な交渉では解決ができないものであって，当事者が和解をすることができないものをいう。

③ 苦情処理手続の申立人又は相手方が，苦情処理手続において代理人とすることができるのは，その法定代理人，弁護士，司法書士，行政書士に限られる。

④ 紛争解決手続開始の申立てをすることができるのは，貸金業務関連紛争の当事者である個人又は法人とされており，法人ではない社団又は財団は，紛争解決手続開始の申立てをすることができない。

解答欄

①〇 ②〇 ③〇 ④〇

チャレンジ問題

第9回・問題47

●紛争解決委員は，紛争の円満な解決を図るために特に必要又は適切と認める場合には，当事者の請求により又は職権で，複数の申立てについて併合し，又は併合された複数の申立てを分離することができる。

分野別出題率

苦情対応・相談対応からの出題状況

直近３回の出題率 **100%**

直近５回の出題率 **80%**

直近10回の出題率 **90%**

解答 解説

①は適切であるが，②・③・④は不適切である。よって，正解は①となる。

① **適切**である。

（紛争解決規則２条（１））

② **不適切**である。貸金業務関連紛争とは，貸金業務等関連苦情に関し，その契約者等とその相手方である貸金業者との自主的な交渉では解決ができないものであって，当事者が和解をすることができるものをいう。

（紛争解決規則２条（２））

③ **不適切**である。原則として，代理人は，法定代理人，弁護士，認定司法書士であり，行政書士は含まれない。ただし，申立人または相手方に苦情処理手続において代理人によることが必要と認められる事情がある場合であって，細則で定めるところに従い代理人によることの許可を申請した場合には，苦情受付課は，紛争解決規則38条１項各号に該当しない者を苦情処理手続における代理人として許可することができる。

（紛争解決規則38条１項，２項）

④ **不適切**である。紛争解決手続開始の申立ては，「契約者等若しくは加入貸金業者である個人，法人又は権利能力なき社団等であって貸金業務関連紛争の当事者である者」が行うことができる。ここでいう「権利能力なき社団等」とは，「法人でない社団若しくは財団で代表者若しくは管理者の定めがある者」を指すため，法人ではない社団または財団であっても，代表者もしくは管理者の定めがある者であれば，紛争解決手続開始の申立てを行うことができる。

（紛争解決規則59条１項，37条）

チャレンジ問題・解答

○ **適切**である。

（紛争解決規則82条１項）

3 - 25 紛争解決等業務Ⅲ

第18回・問題47

日本貸金業協会が定める紛争解決等業務に関する規則についての次の①～④の記述のうち，その内容が**適切でない**ものを１つだけ選び，解答欄にその番号をマークしなさい。

① 貸金業務関連紛争とは，貸金業務等関連苦情のうち，当該苦情の相手方である貸金業者と当該苦情に係る契約者等の自主的な交渉では解決ができないものであって，当事者が和解をすることができるものをいう。

② 紛争解決手続開始の申立ては，加入貸金業者との間で貸金業務関連紛争のある契約者等のみが行うことができ，加入貸金業者から行うことはできない。

③ 紛争解決手続において，当事者双方が紛争解決委員の和解案を受諾したときには，その時点で当該和解案の内容で和解が成立したものとされる。

④ 当事者である協会員等は，紛争解決委員から特別調停案の提示を受けた場合において，当該特別調停案の受諾を拒むときには，拒否の事由を明らかにして書面により行わなければならない。

解答欄

①◯　②◯　③◯　④◯

分野別出題率

苦情対応・相談対応からの出題状況

直近３回の出題率

100%

直近５回の出題率

80%

直近10回の出題率

90%

①・③・④は適切であるが，②は不適切である。よって，正解は②となる。

① 適切である。

（紛争解決規則２条２号）

② 不適切である。紛争解決手続開始の申し立ては，貸金業者も行うことができる。

（紛争解決規則59条１項）

③ 適切である。

（紛争解決規則89条２項）

④ 適切である。

（紛争解決規則90条３項）

第4章

財務及び会計に関すること

4-1 資力を明らかにする書面Ⅰ

第10回・問題48

給与所得の源泉徴収票に関する次の①～④の記述のうち，その内容が適切なものを1つだけ選び，解答欄にその番号をマークしなさい。

---

① 源泉徴収票における「源泉徴収税額」の欄には，所得税額及び住民税額の合計額が記載される。

---

② 源泉徴収票における「控除対象扶養親族の数（配偶者を除く。）」の欄には，控除対象扶養親族について，特定扶養親族，老人扶養親族，及びそれら以外の控除対象扶養親族に区分してそれぞれの数が記載される。

---

③ 源泉徴収票には「控除対象配偶者の有無等」を記載する欄があり，控除対象配偶者とは，民法の規定による配偶者又は婚姻の届出はしていないが事実上婚姻関係と同様の事情にある人であって，かつ納税者と生計を一にしている，年間の合計所得金額が141万円未満の人をいう。

---

④ 源泉徴収票における「社会保険料等の金額」の欄には，事業主（会社）が負担した社会保険料が記載される。

解答欄

① ◯　② ◯　③ ◯　④ ◯

分野別出題率

資力を明らかにする書面からの出題状況

②は適切であるが，①・③・④は不適切である。よって，正解は②となる。

① **不適切**である。住民税は，前年の所得等に基づいて翌年に課税されるものであり，源泉徴収票における「源泉徴収税額」の欄には，住民税額は反映されない。

なお，「給与所得控除後の金額」から「所得控除の額の合計額」を差し引いた額に税率を乗じて得られる額が，「源泉徴収税額」である。また，源泉徴収票における「支払金額」には，その年中に支払の確定した給与等の総額（源泉徴収税額その他の控除の額を差し引く前の金額）が記載される。

② **適切**である。なお，特定扶養親族とは，扶養親族のうち，その年の12月31日において年齢19歳以上23歳未満の者であり，老人扶養親族とは，扶養親族のうち，その年の12月31日において年齢70歳以上の者である。

③ **不適切**である。源泉徴収票には「(源泉）控除対象配偶者の有無等」を記載する欄があるが，控除対象配偶者とは，その年の12月31日において，(i) 民法の規定による配偶者であること（婚姻の届出をしていないが，事実上婚姻関係と同様の事情にある者は該当しない)，(ii) 納税者と生計を一にしていること，(iii) 年間の合計所得金額が48万円以下（2019年分以前は38万円以下）であること（給与のみの場合は給与収入が103万円以下)，(iv) 青色申告者の事業専従者としてその年を通じて一度も給与の支払を受けていないこと，または白色申告者の事業専従者でないことの４要件のすべてに該当する者である。

なお，2018年分以後は，控除を受ける納税者本人の合計所得金額が1,000万円を超える場合，配偶者控除は受けられない。　**(国税庁 タックスアンサー No.1191)**

④ **不適切**である。社会保険料は事業主（会社）と従業員の両者が負担するものであるが，源泉徴収票における「社会保険料等の金額」には，給与等から控除された社会保険料の金額（従業員が負担した社会保険料の金額）だけが反映される。

4-2 資力を明らかにする書面Ⅱ

第17回・問題48

給与所得者の収入及び給与所得の源泉徴収票等に関する次の①～④の記述のうち，その内容が適切なものを１つだけ選び，解答欄にその番号をマークしなさい。

① 給与所得者の収入を把握できるものは，雇用主により作成され交付される源泉徴収票及び給与明細書のみである。

② 単一の事業者のみから給与を受けている給与所得者のうち，給与の年間収入金額が1,500万円を超える者は，確定申告書の提出が必要である。

③ 源泉徴収票には，支払金額，給与所得控除後の金額及び源泉徴収税額が記載される欄はあるが，前年度の市町村民税の控除額が記載される欄はない。

④ 源泉徴収票には控除対象配偶者の有無等の欄がある。ここでいう控除対象配偶者とは，その年の12月31日の現況で，民法の規定による配偶者又は婚姻の届出はしていないが事実上婚姻関係と同様の事情にある者であること，納税者と生計を一にしていること，年間の合計所得金額が103万円以下であることの条件を満たす者をいう。

解答欄

①○ ②○ ③○ ④○

分野別出題率

資力を明らかにする書面からの出題状況

③は適切であるが，①・②・④は不適切である。よって正解は③となる。

---

① **不適切**である。個人顧客の勤務先が発行する所得証明書，地方公共団体が交付する所得・課税証明書があり，以下の書類が該当する。

- 源泉徴収票
- 支払調書
- 給与の支払明細書
- 確定申告書
- 青色申告決算書
- 収支内訳書
- 納税通知書
- 納税証明書
- 所得証明書
- 年金証書
- 年金通知書

（日本貸金業協会　収入を証明する書類とは）

---

② **不適切**である。確定申告が必要となるのは，給与年間2,000万円以上の場合である。

（国税庁　タックスアンサー No.1900）

---

③ **適切**である。

（国税庁　給与所得の源泉徴収票等の法定調書の作成と提出の手引）

---

④ **不適切**である。控除対象配偶者には，婚姻の届出はしていないが事実上婚姻関係と同様の事情にある者（内縁関係の人）は含まれない。

（国税庁　タックスアンサー No.1191）

4-3 企業会計原則Ⅰ（一般原則）

第15回・問題49

企業会計原則（大蔵省企業会計審議会発表）の一般原則に関する次の①～④の記述のうち，その内容が**適切でない**ものを１つだけ選び，解答欄にその番号をマークしなさい。

---

① 企業会計は，企業の財政状態及び経営成績に関して，真実な報告を提供するものでなければならない。これを一般に真実性の原則という。

---

② 企業会計は，財務諸表によって，利害関係者に対し必要な会計事実を明瞭に表示し，企業の状況に関する判断を誤らせないようにしなければならない。これを一般に明瞭性の原則という。

---

③ 企業の財政状態に影響を及ぼす多額の取引については，その取引の内容をできる限り詳細かつ堅実に注記しなければならない。これを一般に堅実性の原則という。

---

④ 株主総会提出のため，信用目的のため，租税目的のため等種々の目的のために異なる形式の財務諸表を作成する必要がある場合，それらの内容は，信頼し得る会計記録に基づいて作成されたものであって，政策の考慮のために事実の真実な表示をゆがめてはならない。これを一般に単一性の原則という。

解答欄

①◯ ②◯ ③◯ ④◯

分野別出題率

企業会計原則からの出題状況

①・②・④は適切であるが，③は不適切である。よって，正解は③となる。

① 適切である。

（企業会計原則　第一　一般原則１）

② 適切である。

（企業会計原則　第一　一般原則４）

③ 不適切である。一般原則において「堅実性の原則」と呼ばれるものは存在しない。一般原則では，「企業の財政に不利な影響を及ぼす可能性がある場合には，これに備えて適当に健全な会計処理をしなければならない」と規定されており，これを「保守主義の原則」という。

（企業会計原則　第一　一般原則６）

④ 適切である。また，「企業会計は，財務諸表によって，利害関係者に対し必要な会計事実を明瞭に表示し，企業の状況に関する判断を誤らせないようにしなければならない」と規定されており，これを「明瞭性の原則」という。

（企業会計原則　第一　一般原則４，７）

4-4 企業会計原則Ⅱ（一般原則）

第16回・問題50

企業会計原則（大蔵省企業会計審議会発表）の一般原則に関する次の①～④の記述のうち，その内容が**適切でない**ものを１つだけ選び，解答欄にその番号をマークしなさい。

① 企業会計は，すべての取引につき，正規の簿記の原則に従って，正確な会計帳簿を作成しなければならない。これを一般に正規の簿記の原則という。

② 資本取引と負債取引とを明確に区別し，特に資本金と借入金とを混同してはならない。これを一般に明瞭性の原則という。

③ 企業会計は，その処理の原則及び手続を毎期継続して適用し，みだりにこれを変更してはならない。これを一般に継続性の原則という。

④ 企業の財政に不利な影響を及ぼす可能性がある場合には，これに備えて適当に健全な会計処理をしなければならない。これを一般に保守主義の原則という。

解答欄

①○ ②○ ③○ ④○

分野別出題率

企業会計原則からの出題状況

①・③・④は適切であるが，②は不適切である。よって，正解は②となる。 

---

① 適切である。なお，一般原則には，「企業会計は，定められた会計処理の方法に従って正確な計算を行うべきものであるが，（中略）重要性の乏しいものについては，本来の厳密な会計処理によらないで他の簡便な方法によることも正規の簿記の原則に従った処理として認められる」という規定があり，これを「重要性の原則」という。

（企業会計原則　第一　一般原則２，（注１））

---

② 不適切である。一般原則において「明瞭性の原則」は，「企業会計は，財務諸表によって，利害関係者に対し必要な会計事実を明瞭に表示し，企業の状況に関する判断を誤らせないようにしなければならない」と規定されている。なお，一般原則では，「資本取引と損益取引とを明瞭に区別し，特に資本剰余金と利益剰余金とを混同してはならない」と規定されており，これを「資本取引・損益取引区分の原則」という。資本剰余金は，資本取引から生じた剰余金であり，利益剰余金は損益取引から生じた剰余金，すなわち利益の留保額であるから，両者が混同されると，企業の財政状態および経営成績が適正に示されないことになる。

（企業会計原則　第一　一般原則３，（注２））

---

③ 適切である。なお，いったん採用した会計処理の原則または手続は，正当な理由により変更を行う場合を除き，財務諸表を作成する各時期を通じて継続して適用しなければならず，正当な理由によって，会計処理の原則または手続に重要な変更を加えたときは，これを当該財務諸表に注記しなければならない。

（企業会計原則　第一　一般原則５，（注３））

---

④ 適切である。なお，「保守主義の原則」に関しては，予測される将来の危険に備えて慎重な判断に基づく会計処理を行わなければならないが，過度に保守的な会計処理を行うことにより，企業の財政状態および経営成績の真実な報告をゆがめてはならないとされている。

（企業会計原則　第一　一般原則６，（注４））

4-5 企業会計原則Ⅲ（一般原則）

第18回・問題48

企業会計原則（大蔵省企業会計審議会発表）の一般原則に関する次の①～④の記述のうち，その内容が**適切なもの**を1つだけ選び，解答欄にその番号をマークしなさい。

① 株主総会提出のため，信用目的のため，租税目的のため等，種々の目的のために異なる形式の財務諸表を作成してはならない。これを一般に単一性の原則という。

② 自己資本と他人資本とを明確に区別し，純資産と負債とを混同してはならない。これを一般に総資本区分の原則という。

③ 企業会計は，その処理の原則及び手続を毎期継続して適用し，みだりにこれを変更してはならない。これを一般に継続性の原則という。

④ 企業の財政状態に影響を及ぼす多額の取引については，その取引の内容をできる限り詳細かつ正確に注記しなければならない。これを一般に正確性の原則という。

解答欄

①◯ ②◯ ③◯ ④◯

分野別出題率

企業会計原則からの出題状況

③は適切であるが，①・②・④は不適切である。よって，正解は③となる。

① **不適切**である。一般に単一性の原則とは，「株主総会提出のため，信用目的のため，租税目的のため等種々の目的のために異なる形式の財務諸表を作成する必要がある場合，それらの内容は，信頼しうる会計記録に基づいて作成されたものであって，政策の考慮のために事実の真実な表示をゆがめてはならない」と規定されている。

（企業会計原則　第一　一般原則７）

② **不適切**である。一般原則において「総資本区分の原則」と呼ばれるものは存在しない。一般原則では，「資本取引と損益取引とを明瞭に区別し，特に資本剰余金と利益剰余金とを混同してはならない」と規定されており，これを「資本取引・損益取引区分の原則」という。

（企業会計原則　第一　一般原則３）

③ **適切**である。なお，いったん採用した会計処理の原則または手続は，正当な理由により変更を行う場合を除き，財務諸表を作成する各時期を通じて継続して適用しなければならず，正当な理由によって，会計処理の原則または手続に重要な変更を加えたときは，これを当該財務諸表に注記しなければならない。

（企業会計原則　第一　一般原則５，（注３））

④ **不適切**である。一般原則において「正確性の原則」と呼ばれるものは存在しない。一般原則では，「企業の財政に不利な影響を及ぼす可能性がある場合には，これに備えて適当に健全な会計処理をしなければならない」と規定されており，これを「保守主義の原則」という。

（企業会計原則　第一　一般原則６）

4-6 企業会計原則Ⅳ（一般原則）

第17回・問題50

企業会計原則（大蔵省企業会計審議会発表）の一般原則に関する次の①～④の記述のうち，その内容が**適切でない**ものを1つだけ選び，解答欄にその番号をマークしなさい。

① 企業会計は，企業の財政状態及び経営成績に関して，真実な報告を提供するものでなければならない。これを一般に真実性の原則という。

② 資本取引と損益取引とを明瞭に区別し，特に資本剰余金と利益剰余金とを混同してはならない。これを一般に資本取引と損益取引との区分の原則という。

③ 企業会計は，財産目録及び出納帳簿によって，利害関係者に対し必要な会計事実を明瞭に表示し，企業の状況に関する適切な判断がなされるようにしなければならない。これを一般に適切性の原則という。

④ 株主総会提出のため，信用目的のため，租税目的のため等種々の目的のために異なる形式の財務諸表を作成する必要がある場合，それらの内容は，信頼しうる会計記録に基づいて作成されたものであって，政策の考慮のために事実の真実な表示をゆがめてはならない。これを一般に単一性の原則という。

解答欄

①○　②○　③○　④○

分野別出題率

企業会計原則からの出題状況

①・②・④は適切であるが，③は不適切である。よって正解は③となる。 

① 適切である。

（企業会計原則　第一　一般原則１）

② 適切である。資本剰余金は，資本取引から生じた剰余金であり，利益剰余金は損益取引から生じた剰余金，すなわち利益の留保額であるから，両者が混同されると，企業の財政状態および経営成績が適正に示されないことになる。

（企業会計原則　第一　一般原則３，（注２））

③ 不適切である。一般原則において「適切性の原則」と呼ばれるものは存在しない。一般原則では，「企業会計は，財務諸表によって，利害関係者に対し必要な会計事実を明瞭に表示し，企業の状況に関する判断を誤らせないようにしなければならない」と規定されており，これを「明瞭性の原則」という。

（企業会計原則　第一　一般原則４）

④ 適切である。

（企業会計原則　第一　一般原則７）

4-7 貸借対照表Ⅰ

第15回・問題50

会社計算規則に規定する貸借対照表等[注]に関する次の①～④の記述のうち，その内容が**適切でない**ものを1つだけ選び，解答欄にその番号をマークしなさい。

① 固定資産に係る項目は，有形固定資産，無形固定資産及び投資その他の資産に区分しなければならない。

② 資産の部は，流動資産，固定資産及び金融資産に区分しなければならない。

③ 長期借入金は，固定負債に属するものとされている。

④ 未払費用は，流動負債に属するものとされている。

（注） 貸借対照表等とは，貸借対照表及び連結貸借対照表をいう。

解答欄

①◯ ②◯ ③◯ ④◯

チャレンジ問題

第11回・問題49

●株式会社の貸借対照表における純資産の部は，株主資本，自己株式及び社債に区分しなければならない。

分野別出題率

貸借対照表からの出題状況

①・③・④は適切であるが，②は不適切である。よって，正解は②となる。

---

① **適切**である。

（会社計算規則74条２項）

---

② **不適切**である。資産の部は，「流動資産」，「固定資産」，「繰延資産」の３つの項目に区分しなければならない。

（会社計算規則74条１項）

---

③ **適切**である。なお，長期借入金のうち１年内に返済されると認められる部分は，流動負債に属するものとされている。社債についても同様の取扱いとなる。

（会社計算規則75条２項１号ヌ，２号ロ，イ）

---

④ **適切**である。経過勘定科目としては，「前払費用」，「未収収益」，「未払費用」，「前受収益」の４つがある。「未収収益」は流動資産の区分に計上し，「未払費用」，「前受収益」は流動負債の区分に計上する。

（会社計算規則75条２項１号へ，ト，財務諸表等規則48条，49条１項６号，10号）

チャレンジ問題・解答

× **不適切**である。純資産の部は，「株主資本」，「評価・換算差額等」，「株式引受権」，「新株予約権」に区分しなければならない。このうち，株主資本に係る項目は，「資本金」，「新株式申込証拠金」，「資本剰余金」，「利益剰余金」，「自己株式」，「自己株式申込証拠金」の６つの項目に区分しなければならない。

自己株式は株主資本の区分であり，社債は負債の部に分類される。

（会社計算規則75条２項２号イ，76条１項１号，同２項）

4-8 貸借対照表Ⅱ

第16回・問題48

会社計算規則に規定する貸借対照表等(注)に関する次のa～dの記述のうち，その内容が適切なものの個数を①～④の中から1つだけ選び，解答欄にその番号をマークしなさい。

a　貸借対照表等は，資産，負債及び純資産の各部に区分して表示しなければならない。

b　負債の部は，流動負債，固定負債及び繰延負債に区分して表示しなければならない。

c　前受金（受注工事，受注品等に対する前受金をいう。）は，流動資産に属するものとされている。

d　前払費用であって，1年内に費用となるべきものは，流動負債に属するものとされている。

（注）　貸借対照表等とは，貸借対照表及び連結貸借対照表をいう。

選択肢

①1個　②2個　③3個　④4個

解答欄

①〇　②〇　③〇　④〇

分野別出題率

貸借対照表からの出題状況

解答 解説

ａは適切であるが，ｂ・ｃ・ｄは不適切である。よって，正解は①となる。

ａ　適切である。連結会社が２以上の異なる種類の事業を営んでいる場合，連結貸借対照表の資産の部および負債の部は，その営む事業の種類ごとに区分することができる。なお，資産の部または負債の部の各項目は，当該項目に係る資産または負債を示す適当な名称を付さなければならない。

（会社計算規則73条）

ｂ　不適切である。負債の部は，「流動負債」，「固定負債」に区分しなければならない。なお，資産の部は，「流動資産」，「固定資産」，「繰延資産」の３つに区分しなければならない。

（会社計算規則74条１項，75条１項）

ｃ　不適切である。受注工事，受注品等に対する前受金は，流動資産ではなく，流動負債に属する。

（会社計算規則75条２項１号ハ）

ｄ　不適切である。前払費用であって，１年以内に費用となるべきものは，流動負債ではなく，流動資産に属するものとされている。なお，費用化されるまでの期間が１年超となる前払費用について，１年内に費用となるべき部分の金額がある場合において，その金額が僅少であるものについては，「長期前払費用」として固定資産（内訳：投資その他の資産）に計上される。

（会社計算規則74条３項１号カ，財務諸表等規則ガイドライン32－１－11，財務諸表等規則32条１項11号）

4-9 貸借対照表Ⅲ

第14回・問題49

企業会計原則（大蔵省企業会計審議会発表）の貸借対照表原則に関する次の①～④の記述のうち，その内容が適切なものを1つだけ選び，解答欄にその番号をマークしなさい。

① 資産は，流動資産に属する資産，固定資産に属する資産及び繰延資産に属する資産に区別しなければならない。仮払金，未決算等の勘定を貸借対照表に記載するには，その性質を示す適当な科目で表示しなければならない。

② 取引先との通常の商取引によって生じた支払手形，買掛金等の債務，社債，退職金給与引当金，特別修繕引当金及び期限が一年以内に到来する債務は，流動負債に属するものとする。

③ 資本は，資本金に属するものと剰余金に属するものとに区別しなければならない。資本金の区分には，法定資本の額を記載する。剰余金は，貸借対照表の欄外に資本準備金，利益準備金等の種類別に注記するものとする。

④ 貸借対照表に記載する資産の価額は，原則として，当該資産の期末時点における評価額を基礎として計上しなければならない。

解答欄

分野別出題率

貸借対照表からの出題状況

①は適切であるが，②・③・④は不適切である。よって，正解は①となる。

---

① 適切である。なお，固定資産は，有形固定資産，無形固定資産および投資その他の資産に区分しなければならない。

(企業会計原則　第三　貸借対照表原則４（１))

---

② 不適切である。流動負債に属するものは，取引先との通常の商取引によって生じた支払手形，買掛金等の債務および期限が１年以内に到来する債務である。社債，長期借入金等の長期債務は，固定負債に属するものとし，引当金のうち，退職給与引当金，特別修繕引当金のように，通常１年を超えて使用される見込みのものは，固定負債に属するものとする。

(企業会計原則　第三　貸借対照表原則４（２）A，B)

---

③ 不適切である。剰余金は，貸借対照表の欄外に注記するものではなく，資本準備金，利益準備金およびその他の剰余金に区分して貸借対照表に記載しなければならない。

(企業会計原則　第三　貸借対照表原則４（３）A，B)

---

④ 不適切である。貸借対照表に記載する資産の価額は，原則として，当該資産の期末時点における評価額ではなく，取得原価を基礎として計上しなければならないとされている。また，資産の取得原価は，資産の種類に応じた費用配分の原則によって，各事業年度に配分しなければならない。有形固定資産は，当該資産の耐用期間にわたり，定額法，定率法等の一定の減価償却の方法によって，その取得原価を各事業年度に配分し，無形固定資産は，当該資産の有効期間にわたり，一定の減価償却の方法によって，その取得原価を各事業年度に配分しなければならない。繰延資産についても，これに準じて，各事業年度に均等額以上を配分しなければならないとされている。

(企業会計原則　第三　貸借対照表原則５)

4-10 損益計算書Ⅰ

第15回・問題48

損益計算書に関する次の図表の空欄ａ～ｃに当てはまる語句の組み合わせとして適切なものを，次の①～④の中から１つだけ選び，解答欄にその番号をマークしなさい。

損益計算書

自平成31年４月１日至令和２年３月31日　　（単位：百万円）

科目	金額
売上高 売上原価	3,850 2,950
（　ａ　）	900
販売費及び一般管理費	730
（　ｂ　）	170
営業外費用 営業外収益	20 3
（　ｃ　）	153
特別利益 特別損失	0 1
税引前当期純利益	152
法人税等	80
当期純利益	72

① ａ－売上総利益　ｂ－営業利益　ｃ－経常利益
② ａ－経常利益　ｂ－営業利益　ｃ－売上総利益
③ ａ－売上総利益　ｂ－粗利益　ｃ－経常利益
④ ａ－粗利益　ｂ－売上総利益　ｃ－営業利益

解答欄

①○　②○　③○　④○

分野別出題率

損益計算書からの出題状況

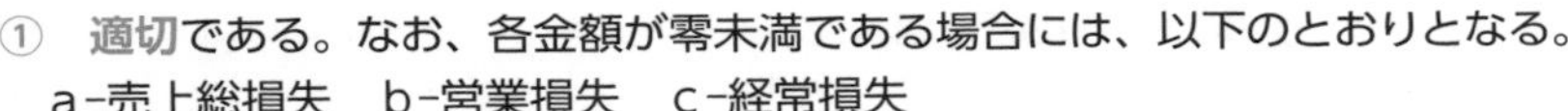

① **適切**である。なお、各金額が零未満である場合には、以下のとおりとなる。
a-売上総損失　b-営業損失　c-経常損失

(会社計算規則89条～ 91条)

② aとcが**不適切**である。aについては、売上高から売上原価を減じて得た額は、売上総利益として表示しなければならない。cについては、営業利益に営業外収益を加えて得た額から営業外費用を減じて得た額は、経常利益として表示しなければならない。

(会社計算規則89条～ 91条)

③ bが**不適切**である。bについては、売上総利益から販売費および一般管理費を控除した額は営業利益として表示しなければならない。

(会社計算規則89条～ 91条)

④ すべて**不適切**である。aについては、売上高から売上原価を減じて得た額は、売上総利益として表示しなければならない。bについては、売上総利益から販売費および一般管理費を控除した額は営業利益として表示しなければならない。cについては、営業利益に営業外収益を加えて得た額から営業外費用を減じて得た額は、経常利益として表示しなければならない。

(会社計算規則89条～ 91条)

4-11 損益計算書Ⅱ

第14回・問題50

企業会計原則（大蔵省企業会計審議会発表）の損益計算書原則に関する次の①～④の記述のうち，その内容が**適切でない**ものを1つだけ選び，解答欄にその番号をマークしなさい。

① 損益計算書は，企業の経営成績を明らかにするため，一会計期間に属するすべての収益とこれに対応するすべての費用とを記載して経常利益を表示し，これに特別損益に属する項目を加減して当期純利益を表示しなければならない。

② すべての費用及び収益は，その支出及び収入に基づいて計上し，その発生した期間に正しく割り当てられるように処理しなければならない。未実現収益も，当期の損益計算に計上しなければならない。

③ 前払費用及び前受収益は，これを当期の損益計算から除去し，未払費用及び未収収益は，当期の損益計算に計上しなければならない。

④ 費用及び収益は，総額によって記載することを原則とし，費用の項目と収益の項目とを直接に相殺することによってその全部又は一部を損益計算書から除去してはならない。

分野別出題率

損益計算書からの出題状況

①・③・④は適切であるが，②は不適切である。よって，正解は②となる。

① 適切である。なお，損益計算書には，営業損益計算，経常損益計算および純損益計算の区分を設けなければならない。

(企業会計原則　第二　損益計算書原則１，２)

② 不適切である。すべての費用および収益は，その支出および収入に基づいて計上し，その発生した期間に正しく割り当てられるように処理しなければならないが，未実現収益は，原則として，当期の損益計算に計上してはならない。

(企業会計原則　第二　損益計算書原則１A)

③ 適切である。

(企業会計原則　第二　損益計算書原則１A)

④ 適切である。なお，費用および収益は，その発生源泉に従って明瞭に分類し，各収益項目とそれに関連する費用項目とを損益計算書に対応表示しなければならない。

(企業会計原則　第二　損益計算書原則１B，C)

4-12 損益計算書Ⅲ

第18回・問題49

財務諸表等の用語，様式及び作成方法に関する規則に規定する損益計算書に関する次の①～④の記述のうち，その内容が**適切なもの**を1つだけ選び，解答欄にその番号をマークしなさい。

---

① 売上高から売上原価を控除した額（売上原価が売上高をこえる場合は，売上原価から売上高を控除した額）は，営業利益金額又は営業損失金額として表示しなければならない。

---

② 売上総利益金額から販売費及び一般管理費の合計額を控除した額（販売費及び一般管理費の合計額が売上総利益金額をこえる場合は，販売費及び一般管理費の合計額から売上総利益金額を控除した額）を経常利益金額もしくは経常損失金額として表示し，又は売上総損失金額に販売費及び一般管理費の合計額を加えた額を経常損失金額として表示しなければならない。

---

③ 営業利益金額又は営業損失金額に，営業外収益の金額を加減し，次に営業外費用の金額を加減した額を，営業外利益金額又は営業外損失金額として表示しなければならない。

---

④ 経常利益金額又は経常損失金額に特別利益の金額を加減し，次に特別損失の金額を加減した額を，税引前当期純利益金額又は税引前当期純損失金額として表示しなければならない。

解答欄

①◯　②◯　③◯　④◯

分野別出題率

損益計算書からの出題状況

直近3回の出題率 **67%**

直近5回の出題率 **80%**

直近10回の出題率 **70%**

解答 解説

④は適切であるが，①・②・③は不適切である。よって，正解は④となる。

① **不適切**である。売上高から売上原価を控除した額（売上原価が売上高を超える場合は，売上原価から売上高を控除した額）は，売上総利益金額または売上総損失金額として表示しなければならない。

（財務諸表等規則83条）

② **不適切**である。売上総利益金額から販売費および一般管理費の合計額を控除した額（販売費および一般管理費の合計額が売上総利益金額を超える場合は，販売費および一般管理費の合計額から売上総利益金額を控除した額）を営業利益金額もしくは営業損失金額として表示し，または売上総損失金額に販売費および一般管理費の合計額を加えた額を営業損失金額として表示しなければならない。

（財務諸表等規則89条）

③ **不適切**である。営業利益金額または営業損失金額に，営業外収益の金額を加減し，次に営業外費用の金額を加減した額を，経常利益金額または経常損失金額として表示しなければならない。

（財務諸表等規則95条）

④ **適切**である。

（財務諸表等規則95条の４）

4-13 損益計算書Ⅳ

第13回・問題50

会社計算規則に規定する損益計算書等(注)に関する次の①～④の記述のうち，その内容が**適切でない**ものを1つだけ選び，解答欄にその番号をマークしなさい。

① 損益計算書等の各項目は，当該項目に係る収益もしくは費用又は利益もしくは損失を示す適当な名称を付さなければならない。

② 売上高から売上原価を減じて得た額（以下，本問において「売上総損益金額」という。）が零以上の場合を売上総利益金額という。

③ 売上総損益金額から販売費及び一般管理費の合計額を減じて得た額（以下，本問において「営業損益金額」という。）が零以上の場合を営業利益金額という。

④ 営業損益金額に特別利益を加えて得た額から特別損失を減じて得た額が零以上の場合を経常利益金額という。

（注） 損益計算書等とは，損益計算書及び連結損益計算書をいう。

解答欄

①○ ②○ ③○ ④○

チャレンジ問題

第8回・問題48

●特別損失に属する損失は，原則として，固定資産売却損，減損損失，災害による損失，前期損益修正損その他の項目の区分に従い，細分しなければならない。

分野別出題率

損益計算書からの出題状況

①・②・③は適切であるが，④は不適切である。よって，正解は④となる。

① 適切である。なお，貸借対照表についても同様に，資産の部または負債の部の各項目は，当該項目に係る資産または負債を示す適当な名称を付さなければならないとされている。

（会社計算規則73条２項，88条７項）

② 適切である。なお，売上総損益金額が零未満である場合には，零から売上総損益金額を減じて得た額を，売上総損失金額として表示しなければならない。

（会社計算規則89条）

③ 適切である。なお，営業損益金額が零未満である場合には，零から営業損益金額を減じて得た額を，営業損失金額として表示しなければならない。

（会社計算規則90条）

④ 不適切である。営業損益金額に営業外収益を加えて得た額から，営業外費用を減じて得た額が零以上の場合は，経常利益金額として表示しなければならず，当該金額が零未満である場合には，零から経常損益金額を減じて得た額を，経常損失金額として表示しなければならない。

（会社計算規則91条）

チャレンジ問題・解答

○ 適切である。同様に，特別利益に属する利益は，固定資産売却益，前期損益修正益，負ののれん発生益その他の項目の区分に従い，細分しなければならないと規定されている。

なお，特別利益または特別損失のうち，その金額が重要でないものについては，当該利益または損失を細分しないこともできる。 **（会社計算規則88条２～４項）**

4-14 損益計算書V

第17回・問題49

会社計算規則に規定する損益計算書等(注)に関する次の①～④の記述のうち，その内容が適切なものを1つだけ選び，解答欄にその番号をマークしなさい。

① 損益計算書とは，ある時点における企業の財政状態を表す財務諸表である。

② 売上総損益金額から販売費及び一般管理費の合計額を減じて得た額が零以上の場合を営業利益金額という。

③ 営業損益金額に特別利益を加えて得た額から特別損失を減じて得た額が零以上の場合を経常利益金額という。

④ 経常利益金額から税金を差し引いた額が零以上の場合を当期純利益金額という。

(注) 損益計算書等とは，損益計算書及び連結損益計算書をいう。

解答欄

①◯ ②◯ ③◯ ④◯

分野別出題率

損益計算書からの出題状況

直近3回の出題率 **67%**

直近5回の出題率 **80%**

直近10回の出題率 **70%**

②は適切であるが，①・③・④は不適切である。よって，正解は②となる。

---

① **不適切**である。損益計算書とは，一会計期間における企業の財政状態を表す財務諸表である。

（企業会計原則　第二　損益計算書原則一）

---

② **適切**である。なお，営業損益金額が零未満である場合には，零から営業損益金額を差し引いた額を営業損失金額として表示しなければならない。

（会社計算規則90条）

---

③ **不適切**である。営業損益金額に営業外収益を加えて得た額から営業外費用を減じて得た額が零以上の場合は経常利益金額としなければならず，当該金額が零未満である場合には，零から経常損益金額を差し引いた額を，経常損失金額として表示しなければならない。

（会社計算規則91条）

---

④ **不適切**である。経常損益金額に特別利益を加え，特別損失を減じて得た額は，税引前当期純利益金額として表示しなければならず，当該金額から法人税等を差し引いた額が零以上の場合を当期純利益金額という。なお，税引前当期純利益金額が零未満である場合には，零から当該金額を減じて得た額を税引前当期純損失金額として表示しなければならない。

（会社計算規則92条，94条）

4-15 キャッシュ・フロー計算書Ⅰ

第16回・問題49

財務諸表等の用語，様式及び作成方法に関する規則に規定するキャッシュ・フロー計算書に関する次の①～④の記述のうち，その内容が適切なものを1つだけ選び，解答欄にその番号をマークしなさい。

① 短期借入れによる収入，短期借入金の返済による支出は，営業活動によるキャッシュ・フローの区分に掲記される。

② 棚卸資産の増加額又は減少額は，投資活動によるキャッシュ・フローの区分に掲記される。

③ 営業活動によるキャッシュ・フローの区分には，営業利益又は営業損失の計算の対象となった取引に係るキャッシュ・フローのほか，投資活動及び財務活動以外の取引に係るキャッシュ・フローが掲記される。

④ 貸付けによる支出，貸付金の回収による収入は，財務活動によるキャッシュ・フローの区分に掲記される。

解答欄

①◯ ②◯ ③◯ ④◯

分野別出題率

キャッシュ・フロー計算書からの出題状況

直近3回の出題率 **67%**

直近5回の出題率 **80%**

直近10回の出題率 **90%**

③は適切であるが，①・②・④は不適切である。よって，正解は③となる。

---

① **不適切**である。短期借入れによる収入，短期借入金の返済による支出は，営業活動ではなく，財務活動によるキャッシュ・フローの区分に掲記される。

(財務諸表等規則115条)

---

② **不適切**である。棚卸資産の増加額または減少額は，投資活動ではなく，営業活動によるキャッシュ・フローの区分に掲記される。

(財務諸表等規則113条 2 号ロ)

---

③ **適切**である。

(財務諸表等規則113条)

---

④ **不適切**である。貸付けによる支出，貸付金の回収による収入は，財務活動ではなく，投資活動によるキャッシュ・フローの区分に掲記される。

(財務諸表等規則114条)

4-16 キャッシュ・フロー計算書Ⅱ

第18回・問題50

財務諸表等の用語，様式及び作成方法に関する規則に規定するキャッシュ・フロー計算書に関する次の①～④の記述のうち，その内容が**適切でない**ものを1つだけ選び，解答欄にその番号をマークしなさい。

---

① 売上債権，棚卸資産，仕入債務により生じた資産及び負債の増加額又は減少額は，営業活動によるキャッシュ・フローの区分に掲記される。

---

② 社債の発行による収入，社債の償還による支出，株式の発行による収入は，投資活動によるキャッシュ・フローの区分に掲記される。

---

③ 有形固定資産の取得による支出，有形固定資産の売却による収入は，投資活動によるキャッシュ・フローの区分に掲記される。

---

④ 長期借入れによる収入，長期借入金の返済による支出は，財務活動によるキャッシュ・フローの区分に掲記される。

解答欄

①◯ ②◯ ③◯ ④◯

分野別出題率

キャッシュ・フロー計算書からの出題状況

直近3回の出題率 67%

直近5回の出題率 80%

直近10回の出題率 90%

①・③・④は適切であるが，②は不適切である。よって，正解は②となる。 

---

① **適切**である。なお，営業活動によるキャッシュ・フローの区分に掲記される内容としては，以下の項目もある。

- 損益計算書に収益または費用として計上されている項目のうち資金の増加又は減少を伴わない項目
- 損益計算書に収益または費用として計上されている項目のうち投資活動によるキャッシュ・フローおよび財務活動によるキャッシュ・フローの区分に含まれる項目

(財務諸表等規則113条)

---

② **不適切**である。社債の発行による収入，社債の償還による支出，株式の発行による収入は，財務活動によるキャッシュ・フローの区分に掲記される。

(財務諸表等規則115条)

---

③ **適切**である。なお，投資活動によるキャッシュ・フローの区分に掲記される内容としては，以下の項目もある。

- 有価証券の売却による収入
- 投資有価証券の取得による支出，投資有価証券の売却による収入
- 貸付けによる支出，貸付金の回収による収入

(財務諸表等規則114条)

---

④ **適切**である。なお，財務活動によるキャッシュ・フローの区分に掲記される内容としては，以下の項目もある。

- 短期借入れによる収入，短期借入金の返済による支出
- 社債の発行による収入，社債の償還による支出
- 株式の発行による収入，自己株式の取得による支出

(財務諸表等規則115条)

2024年度
貸金主任者試験 分野別 精選過去問解説集

2024年6月2日　2024年度版発行

編　者　石川　貴教
　　　　池田　和世
　　　　西村　晃一
　　　　吉元　利行
発行者　加藤　一浩
発行所　一般社団法人　金融財政事情研究会
　　　　〒160-8519　東京都新宿区南元町19
　　　　電話　03-3358-2891（販売）
　　　　URL https://www.kinzai.jp/

本書の内容に関して，万が一，誤りと思われる箇所がありましたら，書籍名・発行年月日・お客さまのご芳名およびご連絡先（住所等）を明記のうえ，弊会編集部宛てに郵送かファクシミリでお願いします（電話でのご照会にはお答えいたしかねます）。
ご照会内容によっては，回答にお時間等がかかる場合がある旨，ご容赦ください。
また，本書の内容に訂正等がある場合には，下記URLに当該情報を掲載いたします。
　https://www.kinzai.jp/seigo/

なお，誤りと思われる箇所以外のご照会に関しては，お答えいたしかねます。
「本書の内容に関する追加解説や受験指導」「実務に関する内容」「資格取得方法，学習方法，資格試験実施に関する内容」等に関するご照会には，いっさい回答できません。あらかじめご了承ください。
お問合せFAX番号　03-3226-7907

印刷　三松堂印刷株式会社
ISBN978-4-322-14429-1　©KINZAI 2024

落丁，乱丁はお取替えします。
定価は裏表紙に表示してあります。